nuevo PRISMA

Curso de español para extranjeros

fusión

LIBRO DEL PROFESOR

NIVELES

B1 + B2

Equipo nuevo Prisma

Edinumen

nuevo Prisma Fusión B1+B2

© **Autoras de nuevo Prisma B1 y nuevo Prisma B2, Libro del profesor:** Paula Cerdeira y María José Gelabert

© **Adaptador de Nuevo Prisma Fusión B1+B2, Libro del profesor:** José Manuel Foncubierta

Material ELEteca:

Fichas sobre léxico:
© Paula Cerdeira y María José Gelabert

El componente estratégico en el aprendizaje de ELE:
© María José Gelabert

El aprendizaje cooperativo (AC) en la clase de ELE:
© María José Gelabert

La educación emocional y aprendizaje de segundas lenguas (2L):
© Rafael Bisquerra

Actividades interactivas:
© Amelia Guerrero y Javier Leal

ISBN: 978-84-9848-905-7
Depósito Legal: M-54-2017
Impreso en España
Printed in Spain

Coordinación pedagógica:
María José Gelabert

Coordinación editorial:
Mar Menéndez

Edición:
Amelia Guerrero y Mar Menéndez

Diseño de cubierta:
Juanjo López

Diseño y maquetación:
Sara Serrano y Ana Gil

Fotografías:
Shutterstock.com
Foto de Joaquín Sabina, ficha 47: Featureflash Photo Agency / Shutterstock.com
Foto de Antonio Banderas, ficha 47: criben / Shutterstock.com

Impresión:
Gráficas Glodami. Madrid

Editorial Edinumen
José Celestino Mutis, 4. 28028 - Madrid
Teléfono: 91 308 51 42
Fax: 91 319 93 09
e-mail: edinumen@edinumen.es
www.edinumen.es

Con EXTENSIÓN DIGITAL

ELEteca
un espacio en constante actualización

Extensión digital de ***Nuevo Prisma fusión niveles B1+B2***: consulta nuestra **ELEteca**, en la que puedes encontrar, con descarga gratuita, materiales que complementan este curso.
www.edinumen.es/eleteca

La Extensión digital para el **alumno** contiene, entre otros materiales, prácticas interactivas de consolidación de contenidos, quizzes de repaso y todos aquellos recursos de apoyo al alumno en su proceso de aprendizaje.

Recursos del alumno:
Código de acceso
Localiza el código de acceso en el **Libro del alumno**

La Extensión digital para el **profesor** contiene, entre otros materiales, transcripciones, material fotocopiable y material proyectable, así como diversos contenidos de apoyo a la labor docente.

Extensión digital
Código de acceso
2e7693ad

En el futuro, podrás encontrar nuevas actividades. **Visita la ELEteca**

INTRODUCCIÓN

nuevo PRISMA fusión es un curso de español que sigue los criterios y recomendaciones del *Marco común europeo de referencia* (MCER).

nuevo PRISMA fusión está elaborado bajo una metodología de enfoque comunicativo, orientado a la acción y centrado en el alumno con el fin de utilizar la lengua para comunicarse y poder actuar de manera competente, considerando al estudiante como un agente social que deberá realizar tareas en diversos contextos socioculturales.

El objetivo general de **nuevo PRISMA fusión** es ofrecer al estudiante un material para que pueda desarrollar tanto las competencias generales como las competencias comunicativas, con el fin de realizar las actividades de lengua apropiadas para llevar a cabo las tareas que deba realizar y proporcionarle los conocimientos necesarios para desenvolverse en un ambiente hispano en el que convergen diferentes culturas.

El proceso de aprendizaje está relacionado con los conocimientos que se establecen entre el estudiante, su grupo de compañeros y el profesor. **nuevo PRISMA fusión** tiene en cuenta estos recursos cognitivos de los estudiantes e introduce actividades específicas para procesar información a partir de la percepción, el conocimiento adquirido (experiencia) y las características subjetivas que permiten valorar esa información.

nuevo PRISMA fusión también comprende una serie de técnicas y de estrategias de aprendizaje y de comunicación que contribuirán a que el alumno reflexione sobre su aprendizaje y a que su comunicación sea cada vez más eficaz, siendo capaz de cubrir sus necesidades de comprensión y expresión, y de superar sus deficiencias en cualquiera de las áreas de competencia comunicativa, ya sean de tipo lingüístico, discursivo o sociocultural.

nuevo PRISMA fusión ofrece una serie de actividades enmarcadas dentro del enfoque del aprendizaje cooperativo. Actividades diseñadas con el fin de desarrollar el trabajo en equipo que permite la colaboración de todos y cada uno de sus miembros en la consecución de las tareas, atendiendo a la diversidad de los estudiantes. Se fomenta, así, una enseñanza más reflexiva, basada en las habilidades propias, de manera que ayude a mejorar el nivel de conocimientos de cada aprendiz, a aumentar sus capacidades comunicativas, y a aumentar el número de interacciones en clase. El aprendizaje cooperativo es, además, una estrategia que promueve la participación colaborativa entre los estudiantes en el desarrollo afectivo, cognitivo y social.

Con todo ello, **nuevo PRISMA fusión** • Niveles B1 + B2, siguiendo las indicaciones del MCER, pretende formar usuarios independientes que serán capaces de:

- Hablar con fluidez, precisión y eficacia sobre una amplia serie de temas generales, académicos, profesionales o de ocio, marcando con claridad la relación entre las ideas.
- Comunicarse espontáneamente adoptando un nivel de formalidad adecuado a las circunstancias.
- Comprender las ideas principales de conferencias, charlas e informes, y otras formas de presentación académica y profesional lingüísticamente complejas.
- Escribir descripciones claras y detalladas de hechos y experiencias reales o imaginarias en textos claros y estructurados, marcando la relación entre las ideas y siguiendo las normas establecidas del género literario elegido.
- Escribir una reseña de una película, de un libro o de una obra de teatro.
- Comprender cualquier tipo de habla, tanto conversaciones cara a cara como discursos retransmitidos, sobre temas habituales o no, de la vida personal, social, académica o profesional.
- Tener capacidad lingüística para negociar la solución de conflictos, como pueden ser reclamar, pedir responsabilidad económica por daños y perjuicios, etc., utilizando un lenguaje persuasivo.
- Desenvolverse bien en la mayoría de las transacciones que pueden surgir mientras viaja, organiza el viaje o el alojamiento, o trata con las autoridades competentes durante un viaje al extranjero.
- Tomar la iniciativa en una entrevista y desarrollar sus ideas, obteniendo ayuda del entrevistador si la necesita.

nuevo PRISMA fusión • Niveles B1 + B2 • **PROFESOR**, se ofrece en papel y en soporte digital (ELEteca), de manera que se pueda actualizar y complementar siempre que sea necesario. Este material digital es proyectable e imprimible y aparece referenciado en el libro en el momento adecuado mediante una serie de símbolos gráficos o iconos. El libro del profesor ha sido diseñado como una guía fácil e intuitiva que permitirá al profesor localizar de manera inmediata y completa toda la información y material complementario de cada actividad del libro del alumno y preparar así sus clases de manera rápida y eficaz.

A continuación podrá encontrar:

- la descripción general del libro en papel;
- la descripción general del material digital disponible en la ELEteca;
- el índice general del libro y su correspondencia con el material digital;
- los índices pormenorizados del material digital.

El libro en papel incluye:

- **guía visual** de las páginas del libro del alumno que se están tratando;
- **referencias cruzadas** al material disponible en la ELEteca;
- **sugerencias de explotación** y **dinámicas de las actividades** del libro del alumno;
- **sugerencias de explotación y dinámicas** de las **fichas** y **proyecciones** complementarias de cada unidad;
- **soluciones** de las actividades;
- **transcripciones**.

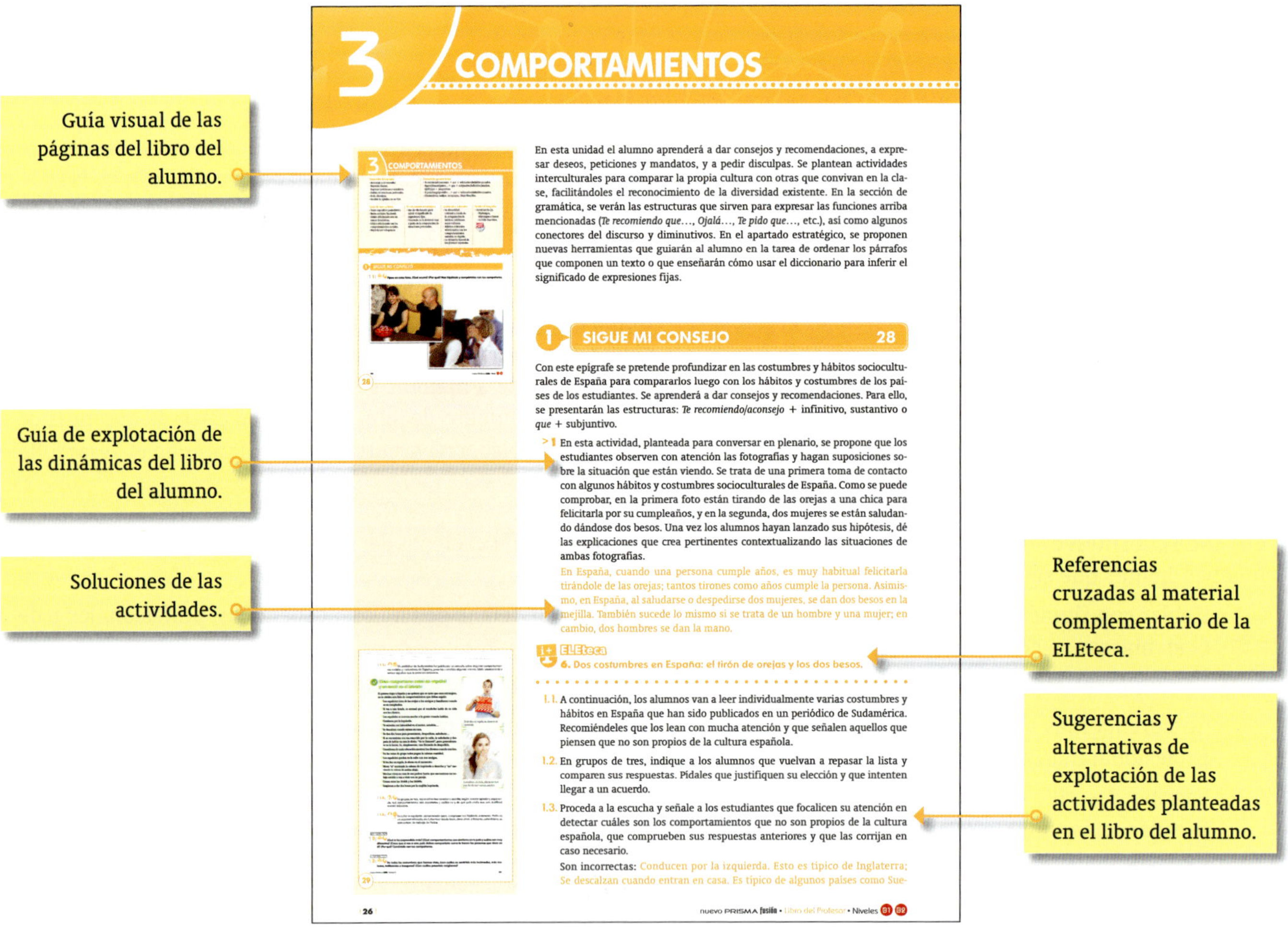

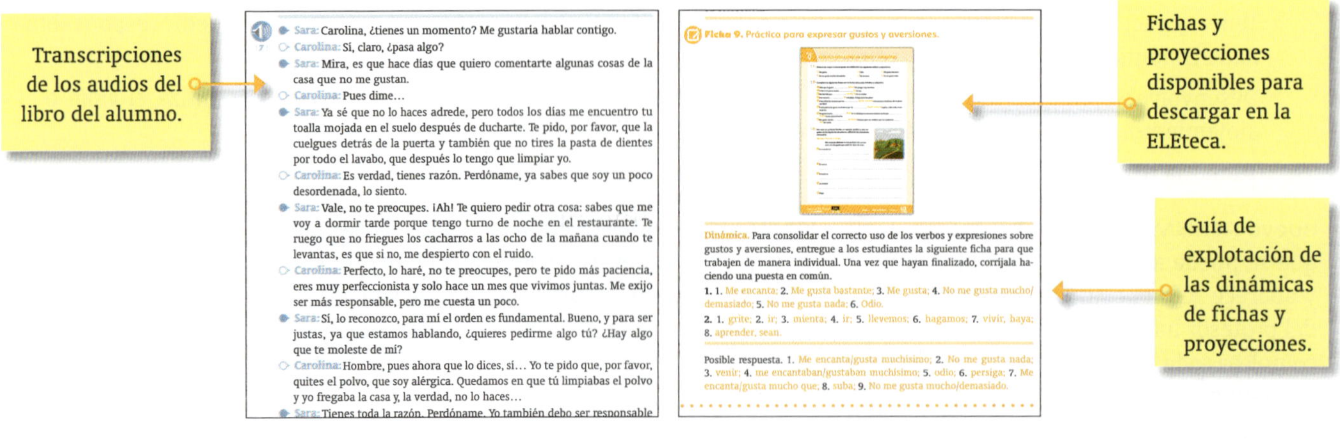

La **ELEteca** incluye:

- **fichas** y **proyecciones** como **material didáctico complementario** para reforzar o ampliar los contenidos vistos;
- **información sociocultural y lingüística extra**;
- **63 actividades interactivas** para practicar los contenidos trabajados en tres ámbitos: COMUNICACIÓN, GRAMÁTICA y LÉXICO;
- **21 fichas** sobre léxico en las que, mediante la práctica de distintas destrezas, se amplían algunos contenidos léxicos tratados en la unidad;
- **apéndice de Fonética y ortografía** con 21 fichas para trabajar diferentes aspectos fonéticos del español;
- **guía didáctica** para el profesor sobre el **aprendizaje cooperativo (AC) en clase de ELE**;
- **guía didáctica** para el profesor sobre el **componente estratégico en el aprendizaje de ELE**;
- **guía didáctica** para el profesor sobre la **educación emocional y aprendizaje de segundas lenguas (2L)**;
- **audios y transcripciones** del libro del alumno.

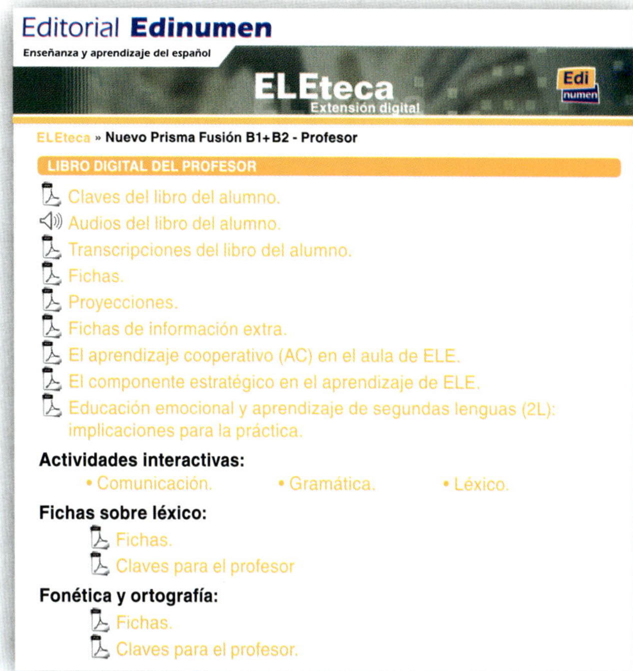
Editorial Edinumen
Enseñanza y aprendizaje del español
ELEteca
Extensión digital
ELEteca » Nuevo Prisma Fusión B1+B2 - Profesor
LIBRO DIGITAL DEL PROFESOR
Claves del libro del alumno.
Audios del libro del alumno.
Transcripciones del libro del alumno.
Fichas.
Proyecciones.
Fichas de información extra.
El aprendizaje cooperativo (AC) en el aula de ELE.
El componente estratégico en el aprendizaje de ELE.
Educación emocional y aprendizaje de segundas lenguas (2L): implicaciones para la práctica.
Actividades interactivas:
• Comunicación. • Gramática. • Léxico.
Fichas sobre léxico:
Fichas.
Claves para el profesor
Fonética y ortografía:
Fichas.
Claves para el profesor.

ÍNDICE GENERAL

ÍNDICES DEL MATERIAL DIGITAL

FICHAS

1. Experiencias y sensaciones.
2. *Ser* y *estar*.
3. ¿Inocente o culpable?
4. El presente de subjuntivo: verbos irregulares.
5. Expresar acuerdo o desacuerdo total, acuerdo parcial y escepticismo.
6. Mis mejores deseos.
7. Estrategias para ordenar los párrafos de un texto.
8. Conectores del discurso.
9. Práctica para expresar gustos y aversiones.
10. Práctica de las oraciones de relativo.
11. Preguntar y responder por la existencia de algo.
12. Interactuamos en la plataforma.
13. Adjetivos que cambian de significado con *ser* o *estar*.
14. Diario de una universitaria.
15. Práctica de las oraciones temporales.
16. Imágenes con historia.
17. Es cierto que...
18. Expresamos la causa.
19. Muy interesante.
20. Disciplinas y personas.
21. La carta de motivación.
22. El pretérito perfecto de subjuntivo.
23. *El capullo*, de David Generoso. Texto completo.
24. Adjetivos para describir el carácter.
25. Hijos de un mismo dios, Macaco.
26. Propuesta de canciones.
27. Entrevista a Viengsay Valdés. Transcripción.
28. Transcripción del audio 29.
29. ¿Qué me aconsejas?
30. *Viaje con nosotros*.
31. Guía de culturas.
32. Definiciones de arte.
33. La vida de Frida Kahlo.
34. *Ser/estar* + adjetivo.
35. El cine en el aprendizaje de una lengua extranjera.
36. Transcripción del audio 41.
37. Otras transformaciones en el discurso referido.
38. Crítica de la película *El secreto de sus ojos*.
39. Ficha técnica de *La vida de nadie*.
40. Si por un instante...
41. Una canción de Antonio Flores.
42. Foro. Recuerdos con sentido.
43. La historia de Mercedes.
44. Tres restaurantes españoles.
45. Algunos avances tecnológicos que cambiarán el mundo.
46. ¿Adicción a la tecnología?
47. Joaquín Sabina vive aislado en un mundo de otro siglo.
48. Perífrasis aspectuales.
49. Verbos de cambio y léxico asociado.
50. Los españoles vuelven a ser emigrantes.
51. Barrios de Malasaña (Madrid) y Palermo (Buenos Aires).
52. Practiquísimo.
53. San Sebastián y Monterrey, dos de las ciudades más felices del mundo.
54. El eneagrama.
55. Titulares.
56. Restar fuerza a la propia opinión.

PROYECCIONES

1. Los conectores del discurso.
2. Expresar opinión y valoración.
3. Opina y reacciona.
4. Dar consejos y hacer recomendaciones.
5. Expresar deseos.
6. Expresar gustos y aversiones.
7. Las oraciones de relativo.
8. Expresar sentimientos negativos.
9. Productos de España.
10. Oraciones temporales con *cuando*.
11. Oraciones temporales.
12. Confirmar una realidad o desmentirla.
13. Sensaciones profesionales.
14. Usos del subjuntivo.
15. El aeropuerto.
16. Expresar hipótesis.
17. Somos lo que escuchamos.
18. Partes de un texto argumentativo y su orden.
19. Audio 27. El problema de la descarga ilegal de música.
20. Textos de las actividades 2 y 2.1.
21. Pedir y dar consejos.
22. Expresar consecuencia y las estructuras consecutivas con matiz intensificativo.
23. Usos de *se*.
24. Oraciones pasivas de proceso y resultado.
25. *El Guernica* de Pablo Picasso.
26. Discurso referido o estilo indirecto.
27. Notas de Francesca.
28. Pretérito pluscuamperfecto de subjuntivo.
29. Oraciones condicionales reales e irreales en presente y futuro.
30. Conectores condicionales.
31. Oraciones condicionales irreales en el pasado.
32. Estructuras para expresar sentimientos, gustos y emociones.
33. Tres restaurantes.

34. Gerundio circunstancial.
35. Argumentar para convencer.
36. Oraciones y conectores concesivos.
37. Perífrasis verbales.
38. *Instagram, la aplicación que cambió nuestras vidas.* Texto ordenado.
39. Verbos de cambio.
40. Hacer comparaciones.
41. Usos de *como/como si/ni que*.
42. Portada de El eneagrama, de Andrea Vargas.
43. Colocaciones: relaciones típicas entre las palabras.
44. Oraciones temporales.

INFORMACIÓN EXTRA

1. Definición de anécdota.
2. La situación del español en el mundo.
3. El día E: la fiesta de todos los que hablamos español.
4. Revista Internacional de Sociología (RIS).
5. Las ONG Unicef, Greenpeace, Aldeas Infantiles SOS y Médicos sin fronteras.
6. Dos costumbres en España: el tirón de orejas y los dos besos.
7. Expresiones coloquiales.
8. Los diminutivos en español.
9. Los parques temáticos.
10. Algunos edificios emblemáticos de la arquitectura española contemporánea.
11. Ciudades españolas e hispanoamericanas declaradas Patrimonio de la Humanidad por la Unesco.
12. Plataformas: Change.org, MoveOn.org, Oiga.me y Actuable.
13. El clictivismo.
14. Biografía de Jorge Bucay.
15. Productos de España. Denominación de Origen.
16. Steve Jobs.
17. Personajes famosos: Albert Einstein, J.K. Rowling, Walt Disney, Stephen King, Winston Churchill, Isaac Newton, Soichiro Honda.
18. La universidad de Salamanca.
19. Antonio Machado.
20. Manuel Vicent.
21. Las líneas de Nazca.
22. Fenómenos curiosos.
23. Revista *Muy interesante*.
24. Estereotipos españoles.
25. Ritmos latinos.
26. La central nuclear de Cofrentes.
27. Macaco.
28. Viengsay Valdés.
29. El sistema público de salud español.
30. Mandalas, reiki, reflexología, aromaterapia, yoga y meditación.
31. La ruta Quetzal.
32. Eduardo Chillida, Diego Rivera y Pedro Luis Raota.
33. El museo Guggenheim de Bilbao.
34. Frida Kahlo y Pablo Picasso.
35. *El Guernica* de Pablo Picasso.
36. Algunas películas españolas.
37. *De aquí y de allí.* Información para la actividad 1.
38. *Vivir es fácil con los ojos cerrados* y *Relatos salvajes*.
39. Ismael Serrano.
40. La película *Conducta*.
41. Johnny Welch.
42. Victoria Subirana.
43. Personajes y hechos históricos de España e Hispanoamérica.
44. Santiago de Chile, isla de Chiloé, Parque Nacional Torres del Paine y el glaciar Grey.
45. *Afrodita*, de Isabel Allende y *En busca del tiempo perdido*, de Marcel Proust.
46. Paco Roncero, los hermanos Roca y Sobrino de Botín.
47. Joaquín Sabina.
48. Movimiento lento o *slow*.
49. Oficios perdidos.
50. Biografías de artistas hispanos famosos.
51. Instagram.
52. Facebook y Twitter.
53. Nuevos modelos de familia.
54. Arturo Pérez-Reverte.
55. Ana M.ª Matute y Nicanor Parra.
56. Definición de *hipster*.
57. El sentimiento de propiedad.
58. El eneagrama.
59. Microrrelato.
60. *Expreso nocturno*, de Imanol Ortiz López.

ACTIVIDADES INTERACTIVAS

COMUNICACIÓN

1. Hablar del pasado.
2. ¿Estás de acuerdo?
3. Que te vaya bien…
4. Hablar sobre la existencia de algo.
5. Expresar sentimientos.
6. Oraciones temporales.
7. Expresar hipótesis o probabilidad.
8. Negar la causa de un hecho o situación.
9. Contraste *por/para*.
10. Hipótesis y probabilidad (II).
11. ¿Estás de acuerdo?
12. Pedir y dar consejos.
13. Expresar consecuencia.
14. Proceso, resultado e impersonalidad.
15. Expresar sorpresa, indiferencia e incredulidad.
16. Expresar condiciones.
17. Sentimientos, gustos y emociones.
18. Argumentar para convencer.
19. Perífrasis verbales.
20. Hacer comparaciones.
21. Hablar de otros…

ACTIVIDADES INTERACTIVAS

GRAMÁTICA

1. Cuenta, cuenta...
2. Opinión y valoración.
3. Conectores del discurso.
4. Las oraciones de relativo con *que* y *donde*.
5. ¿*Ser* o *estar*?
6. Cuando...
7. Marcadores de hipótesis o probabilidad.
8. Oraciones causales.
9. Conectores.
10. Deseos.
11. Los tiempos del pasado.
12. Correlación de tiempos verbales.
13. Conectores consecutivos.
14. ¿*Ser* o *estar*?
15. Transformaciones en el discurso referido.
16. Pluscuamperfecto de subjuntivo.
17. Oraciones finales.
18. Oraciones concesivas.
19. El artículo indeterminado y determinado.
20. *Cómo/como/como si/ni que*.
21. Oraciones temporales.

LÉXICO

1. Anécdotas.
2. Las ONG.
3. Expresiones coloquiales.
4. Los parques temáticos.
5. Adjetivos y nombres sobre los sentimientos.
6. Expresiones coloquiales relacionadas con los estudios.
7. Los fenómenos paranormales y los sueños.
8. Expresiones idiomáticas.
9. Cartas formales.
10. Sentimientos y sensaciones.
11. Los textos argumentativos.
12. Vida saludable.
13. Léxico referente a las culturas precolombinas.
14. Adjetivos con *ser* y *estar*.
15. Crítica de cine.
16. Vivencias personales.
17. Expresiones relacionadas con la comida.
18. Tipos de trabajadores.
19. Etapas de la vida.
20. Descripciones.
21. ¡Qué carácter!

FICHAS SOBRE LÉXICO

1. Las anécdotas.
2. La comunicación en las redes.
3. Los comportamientos sociales.
4. Tres ciudades españolas.
5. Los sentimientos.
6. Los poemas.
7. El lenguaje de los sueños.
8. Los artículos de divulgación científica.
9. La música hispana.
10. El trabajo y la felicidad.
11. La música y sus beneficios.
12. Hábitos saludables.
13. El arte en los viajes.
14. El arte español.
15. El cine hispano.
16. Sueños cumplidos.
17. Viajes gastronómicos.
18. Avances tecnológicos.
19. Fotos para el recuerdo.
20. Comparaciones odiosas.
21. El autoconocimiento.

FONÉTICA Y ORTOGRAFÍA

1. La puntuación en español: los dos puntos, los puntos suspensivos. Acentuación (1): palabras agudas y llanas.
2. Acentuación (2): palabras esdrújulas y sobresdrújulas. Revisión de las reglas generales de acentuación en español.
3. Acentuación (3): diptongos, triptongos e hiatos. La tilde diacrítica.
4. Consonantes oclusivas (1): contraste sordas/sonoras: /p/, /b/; /d/, /t/; /k/, /g/.
5. Consonantes oclusivas (2): grafías *g/j*, *c/qu/k*, *b/v*.
6. Consonantes fricativas: /s/, /z/, /f/, /j/. Grafías *g/j*, *h*. Palabras homófonas.
7. Seseo, ceceo y yeísmo rehilado. Consonantes vibrantes: contraste /r/, /rr/, /l/. Grafías *r/rr*.
8. Consonantes palatales: contraste /ch/, /y/. Abreviaturas, siglas y acrónimos.
9. Consonantes nasales: contraste /n/, /ñ/. La grafía *ñ*: la identidad del español.
10. Entonación (1): identificación y producción de patrones melódicos enunciativos, interrogativos y exclamativos.
11. Entonación (2): agrupaciones que normalmente no admiten pausa. Las interrogativas disyuntivas y la entonación de mandato.
12. Lectura y entonación de poemas sencillos.
13. Entonación (3): identificación y producción de patrones melódicos correspondientes a distintos actos de habla.
14. Manual de estilo (1): escritura de citas.
15. Acentuación gráfica (1): la tilde diacrítica en los pronombres interrogativos y exclamativos en comparación con los relativos.
16. Acentuación gráfica (2): la tilde en las palabras compuestas, voces latinas y voces adaptadas.
17. Símbolos alfabetizables y no alfabetizables en español.
18. Signos especiales de puntuación: (¿) (¡), [...], (a), *.
19. Manual de estilo (2): escritura de fechas y horas.
20. Acento enfático, expresivo u oratorio.
21. La pragmática en la pronunciación: recursos pragmáticos.

1 EXPERIENCIAS EN ESPAÑOL

Esta primera unidad aborda el tema de las experiencias, en concreto, las relacionadas con el aprendizaje de una lengua. Los contenidos funcionales que se trabajan son contar y describir anécdotas en el pasado, y situar acciones en el pasado, expresando anterioridad y posterioridad inmediata de una acción con respecto a otra. Desde el punto de vista gramatical, se hace una revisión de los tiempos del pasado, del condicional y de los conectores del discurso, y se repasan los verbos *ser* y *estar* para describir características de la personalidad y estados de ánimo. Por último, se presenta el pretérito pluscuamperfecto de indicativo. Los contenidos culturales hacen alusión a la situación del español en el mundo.

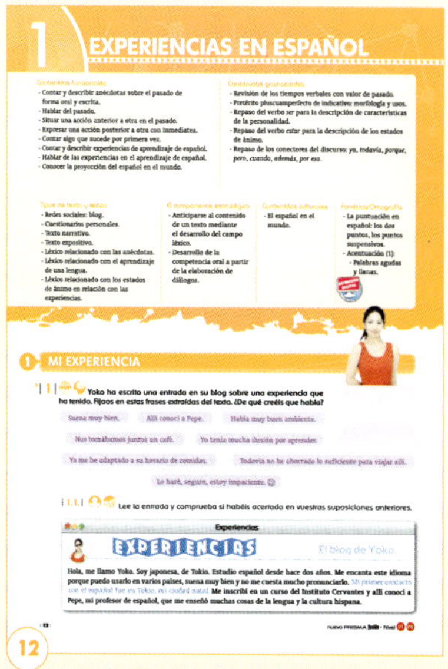

1 MI EXPERIENCIA 12

Este epígrafe tiene como objetivo principal la revisión de los tiempos del pasado y del condicional, además de los conectores del discurso. Los alumnos van a contar y a describir su experiencia sobre el aprendizaje del español y, bajo el formato textual de un blog, se trabajará el léxico correspondiente a los estados de ánimo en relación con las experiencias.

> 1 Con esta dinámica oral se presentan expresiones extraídas del texto que los alumnos van a leer en la siguiente actividad. De este modo se pretende que se familiaricen con dichas expresiones, previendo el contenido del texto y facilitando, al mismo tiempo, su posterior comprensión.

1.1. De manera individual los estudiantes procederán a una lectura del texto y comprobarán si han acertado en sus hipótesis. Adviértales que esta primera lectura se realizará con la única finalidad de constatar las suposiciones.

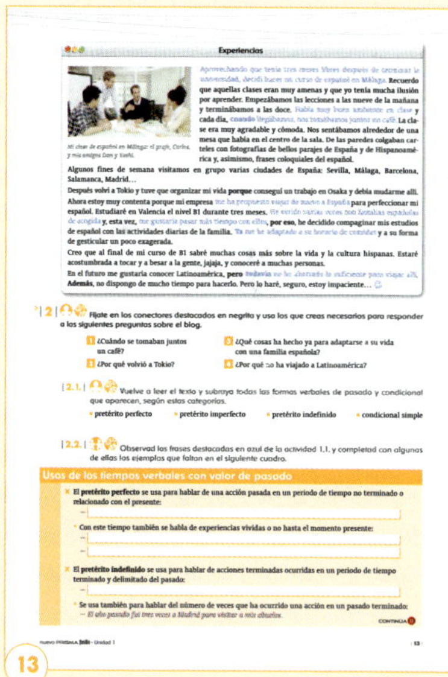

> 2 Proponga una nueva lectura del texto anterior, donde se preste especial atención a los conectores en negrita. Antes de contestar a las preguntas, haga una revisión de los conectores del discurso con la proyección 1.

Proyección 1. Los conectores del discurso.

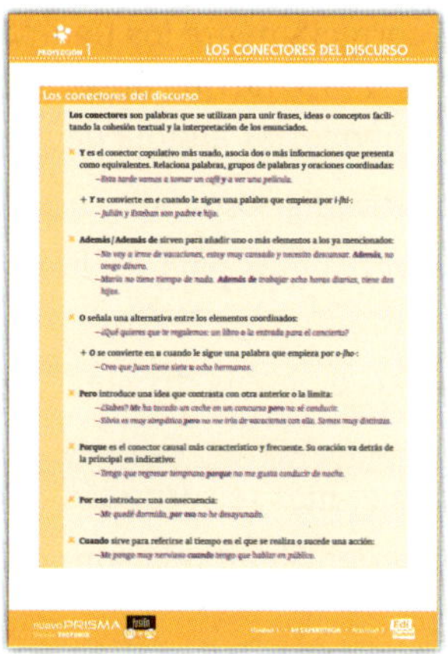

Dinámica. Proyecte la lámina haciendo una revisión de los principales conectores que se utilizan para unir frases, ideas, conceptos... Una vez explicados, mantenga la imagen proyectada para la práctica de la actividad.

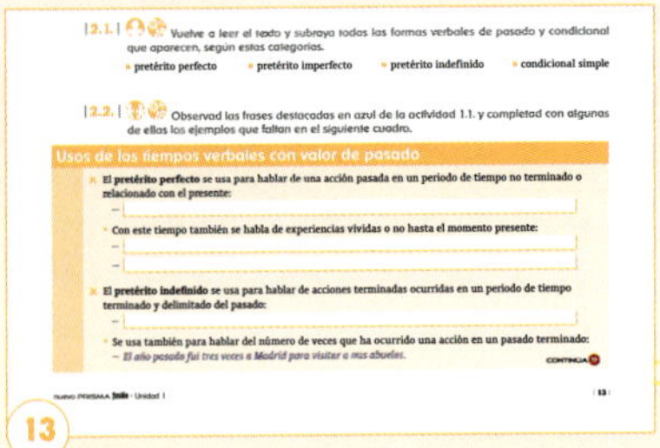

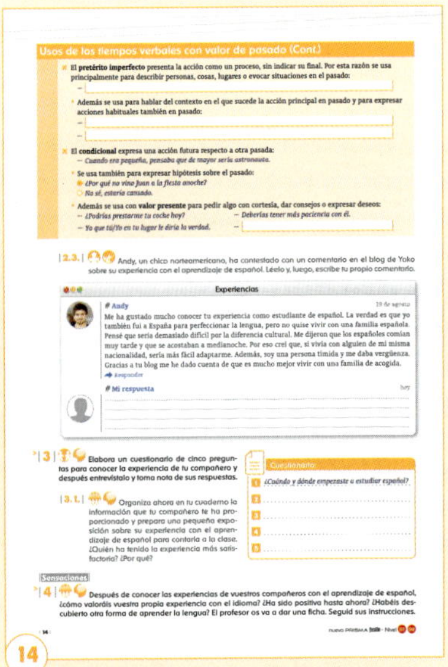

1. Cada día, cuando llegaban a clase; 2. Porque consiguió un trabajo en Osaka y se tuvo que mudar allí; 3. Cambiar su horario de comidas por el de la familia y acostumbrarse a su forma de gesticular; 4. Porque todavía no ha ahorrado lo suficiente para viajar allí y porque, además, no tiene mucho tiempo.

2.1. Indique a los alumnos que vuelvan a leer el texto prestando atención a las formas verbales del pasado y condicional, que las señalen y que las clasifiquen en la categoría correspondiente.

Pretérito perfecto: ha propuesto; He vivido; he decidido; me he adaptado; he ahorrado; Pretérito indefinido: fue; Me inscribí; conocí; enseñó; decidí; visitamos; volví; tuve; conseguí; Pretérito imperfecto: tenía; eran; tenía; Empezábamos; terminábamos; Había; llegábamos; nos tomábamos; era; Nos sentábamos; había; colgaban, debía; Condicional simple: me gustaría, me gustaría.

2.2. Remita a los alumnos al texto de la actividad 1.1. e indíqueles que, en parejas, completen el cuadro sobre los usos de los tiempos verbales tal y como se sugiere en la actividad. Si detecta cualquier laguna o malentendido en relación a estos contenidos por parte de sus alumnos, tanto en lo que respecta a la forma como al uso de estos pasados, es el momento de detenerse a resolverlos.

El pretérito perfecto: He vivido varias veces con familias españolas de acogida/mi empresa me ha propuesto viajar de nuevo a España; Ya me he adaptado a su horario de comidas; todavía no he ahorrado lo suficiente para viajar allí. El pretérito indefinido: Mi primer contacto con el español fue en Tokio. El pretérito imperfecto: Había muy buen ambiente en clase; Aprovechando que tenía tres meses libres después de terminar la universidad, decidí hacer un curso de español en Málaga; Cada día, cuando llegábamos, nos tomábamos juntos un café. El condicional: (...) me gustaría pasar más tiempo con ellos.

2.3. Después de realizar la actividad de expresión escrita, puede proponer a los estudiantes que comenten con otros compañeros de la clase las respuestas que han escrito a Andy.

Para practicar el contraste de pasados, el condicional y los conectores del discurso, proponga la realización de los ejercicios 1 a 7 de la unidad 1 del *Libro de ejercicios*.

> 3 Recomiende a los alumnos que reflexionen primero sobre aquellas preguntas que consideran importantes para conocer la experiencia de sus compañeros como estudiantes de español. Guíeles en la elaboración del cuestionario, indicándoles que utilicen correctamente los tiempos del pasado en la formulación de las preguntas. En el caso de que observe alguna dificultad para crear el cuestionario, puede proponerles alguna de las siguientes preguntas:

- ¿Por qué has escogido estudiar español y no otro idioma?
- ¿Has visitado alguna vez algún país de habla hispana? ¿Cuál? ¿Cuánto tiempo?
- ¿Has vivido en algún país de habla hispana? ¿En cuál? ¿Cuándo? ¿Cuánto tiempo?
- ¿Cuál es la costumbre que más te sorprendió de la cultura hispana?
- ¿Cuál fue tu mejor experiencia en relación al aprendizaje del español? ¿Y la peor?

3.1. En esta actividad se trata de que cada alumno exponga brevemente las experiencias de sus compañeros. Para ello, indíqueles que primero lean con detenimiento la información recabada y que la organicen para poder contársela al resto de la clase. Una vez hayan expuesto todas las experiencias, haga una puesta en común para que, entre todos, comenten qué experiencia les parece más satisfactoria o interesante justificando su respuesta.

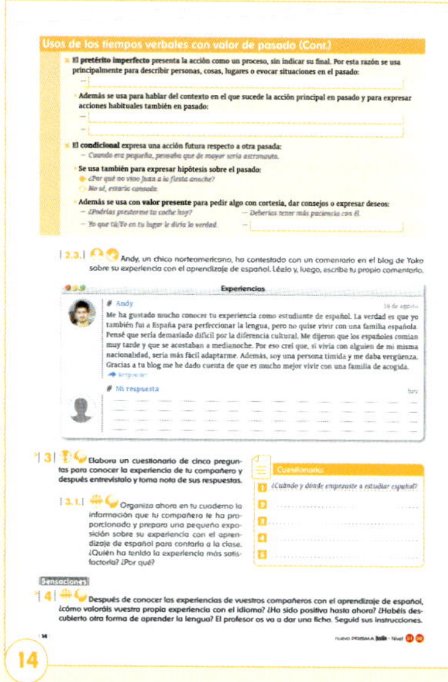

> 4 Con esta actividad, se pretende que los alumnos reflexionen sobre sus experiencias en su proceso de aprendizaje del español, valorando si estas han sido positivas o no. Es importante que los alumnos focalicen su atención en expresar su propia experiencia, qué sensaciones tienen en relación a la misma y que la compartan con sus compañeros.

Las actividades referidas al estado de ánimo y a la afectividad en el proceso de aprendizaje aparecen en el *Libro del alumno* bajo la etiqueta de **Sensaciones**.

Es recomendable que, antes de llevar a cabo la actividad, lea el apéndice *Las emociones en el aprendizaje de ELE* que puede encontrar en la ELEteca.

Para guiar esta actividad y poder profundizar en las experiencias de sus alumnos, se propone trabajar con la ficha 1.

Ficha 1. Experiencias y sensaciones.

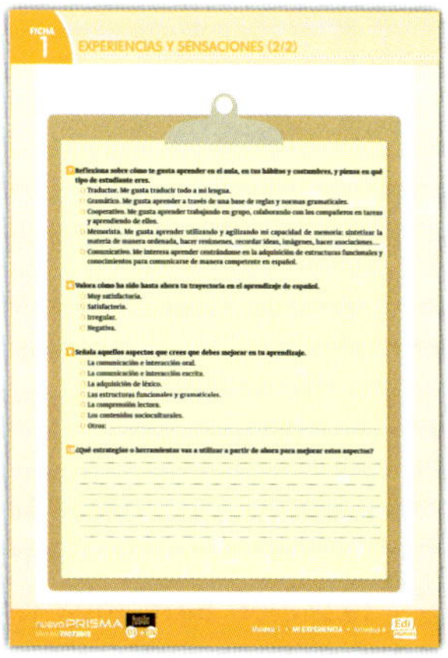

Dinámica. Entregue la ficha 1 a los alumnos y pídales que contesten individualmente al cuestionario con el fin de reflexionar sobre cómo ha sido su experiencia en el aprendizaje del español. Para hacer una valoración global sobre su experiencia, empezarán recordando cómo fue su contacto inicial con el español (por qué han querido estudiar esta lengua, cuáles fueron sus motivaciones e intereses para aprenderlo, sus primeras sensaciones al entrar en contacto con la lengua y la cultura…); a continuación, valorarán su proceso de aprendizaje y la manera en la que se enfrentan al español y, por último, reflexionarán sobre aquellos aspectos que piensan que deben cambiar o mejorar para que su aprendizaje sea más eficaz. Una vez que los alumnos hayan terminado de rellenar el formulario, haga una puesta en común para intercambiar experiencias y nuevas formas de abarcar el estudio de la lengua.

2 UNA ANÉCDOTA 15

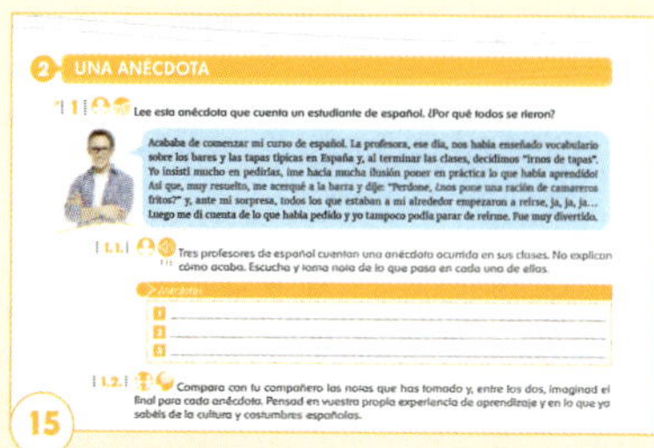

El tema central de este epígrafe gira en torno a las anécdotas relacionadas con el aprendizaje del español. Se trata de que los alumnos cuenten y describan anécdotas en pasado de forma oral y escrita, utilizando para ello un nuevo tiempo verbal: el pretérito pluscuamperfecto de indicativo, del que se presenta su morfología y se explican sus usos.

Antes de comenzar con este bloque de actividades, pregunte a sus estudiantes si saben qué es una anécdota y que, en parejas, intenten escribir una definición para este término. Después, ponga en común todas las definiciones y pídales que den algunos ejemplos de ellas.

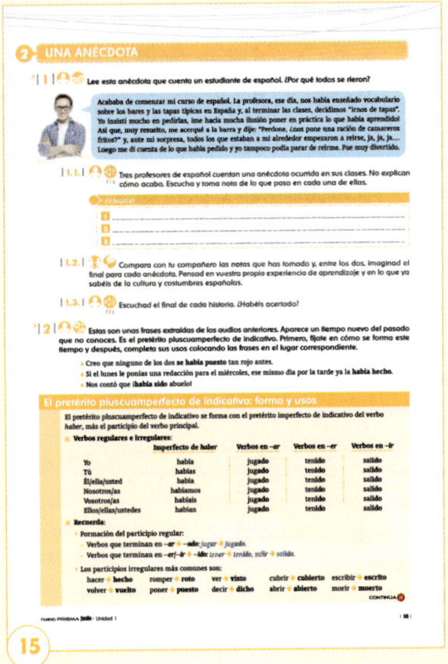

Para profundizar sobre el concepto de anécdota y sus efectos en el aprendizaje de una lengua, así como para ver algunos ejemplos, puede consultar la información extra de la ELEteca.

ELEteca

1. Definición de anécdota.

> 1 Esta actividad tiene como objetivo presentar el tema de las anécdotas relacionadas con el aprendizaje del español. En primer lugar, se procede a una lectura individual del texto por parte de los alumnos. Una vez leído, asegúrese que han entendido su contenido. Para ello, puede realizar las siguientes preguntas:

– ¿Qué estudió el alumno ese día en clase?

– ¿Qué hicieron los alumnos al terminar la clase?

– ¿Qué pidió el alumno en el bar?

– ¿Por qué se rieron las personas que estaban con él?

– ¿Qué quería pedir el alumno?

– ¿Por qué se confundió?

Porque dice que quiere unos camareros fritos en vez de calamares fritos.

1.1. En la primera escucha, recomiende a los alumnos que se centren en escuchar las tres anécdotas sin tomar nota. Luego, proceda a una segunda escucha y déjeles unos minutos para que puedan escribir lo que sucede en cada anécdota.

Diálogo 1

1 Era mi primer año como profesora de español y todavía no conocía bien las diferencias y malentendidos culturales. Hacía un mes que trabajaba en una pequeña academia en Barcelona y, además de dar clases de español, me encargaba de las visitas turísticas. Resulta que esa tarde me tocó hacer una ruta por el centro con una alumna de Inglaterra. En aquel momento yo vivía en Las Ramblas y le dije a Jessica que pasaríamos un momento por mi casa para dejar los libros de la escuela y, así, no iría tan cargada. Dio la casualidad de que mi novio estaba en casa y se lo presenté. Él le dio dos besos y ella los aceptó, pero no con muy buena cara. Dejé mis cosas en el salón y le dije que podíamos irnos. Mi novio tenía que bajar a hacer unos recados y salimos todos juntos. Ya en la calle quiso despedirse de ella y cuando fue a darle dos besos…

Diálogo 2

Como todo profesor de español, podría explicar mil anécdotas relacionadas con confusiones léxicas, pero la anécdota que nunca olvidaré (y seguro que mi alumna tampoco) es gestual. Era el último día de clase de una alumna brasileña, así que nos intercambiamos los correos electrónicos, nos hicimos unas fotos y cuando fuimos a darnos dos besos de despedida…

Diálogo 3

Yuki era uno de los alumnos más simpáticos que tuve en la clase el año pasado. Era japonés y tenía 60 años. Era supertrabajador: por ejemplo, si el lunes le ponías una redacción para el miércoles, ese mismo día por la tarde ya la había hecho. Bueno, pues resulta que un día llegó a clase con una sonrisa de oreja a oreja y con los deberes sin hacer; a todos nos extrañó muchísimo y entonces nos contó que ¡había sido abuelo! Me invitó a mí y a sus otras dos profesoras a cenar a un restaurante japonés y, como no rechazamos nunca una invitación a comer fuera, fuimos encantadas. Le compramos un regalito para su nieto y cuando se lo dimos…

1.2. En parejas, los estudiantes comentan las anécdotas de la audición y, entre los dos, idean un final para cada una de ellas. Si lo considera relevante, puede proponer a los estudiantes que comparen sus finales con otras parejas de la clase y los comenten.

1.3. En esta audición, los alumnos escucharán el final de cada historia. En plenario, comentan si han acertado con las hipótesis y dan su opinión de cada situación. Pregúnteles si les ha extrañado alguna de ellas y por qué. Si lo cree pertinente, puede hacer hincapié en este punto en el aspecto intercultural, proponiendo a los estudiantes que expliquen qué sucedería si estas situaciones ocurrieran en sus países.

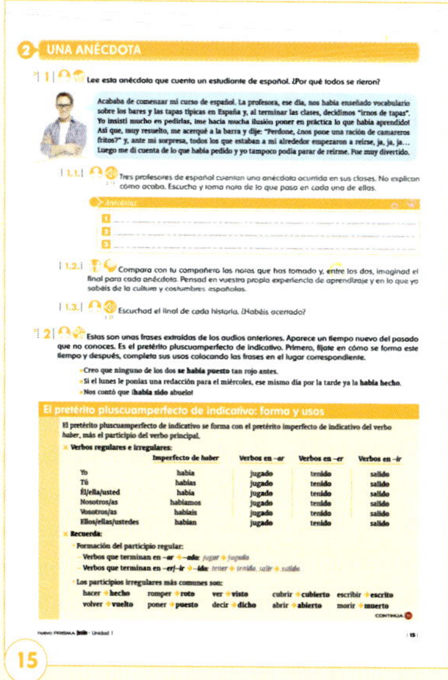

Diálogo 1

| 2 | ...ella se alejó unos pasos, mi novio se le acercó otra vez y ella se apartó mucho más. ¡Imagínate la cara que puse! ¡No entendía nada! Total que le pregunté qué pasaba y me dijo: "¡Tu novio me quiere besar!". Me costó un poco explicarle bien que en España nos damos dos besos en las situaciones informales para saludarnos.

Diálogo 2

...nos dimos cuenta de que ¡en Brasil empiezan por la mejilla izquierda y que en España por la derecha! En fin, que, sin querer, nos dimos un beso en los labios. Creo que ninguno de los dos se había puesto tan rojo antes. La chica era muy maja y nos reímos un montón.

Diálogo 3

...sonrió y dejó el paquete a su lado sin abrirlo. Nos miramos entre nosotras preguntándonos por qué no lo abría. Él no dejaba de sonreír y de mirarnos. Al final le preguntamos por qué no lo abría y, claro, nos explicó que en Japón no se abren los regalos delante de la persona que te lo ha dado. ¡Qué cosas tiene la cultura!

> 2 Actividad de reflexión gramatical en la que se presentará el pretérito pluscuamperfecto de indicativo a partir de frases extraídas de las audiciones anteriores.

Explique la formación del pretérito pluscuamperfecto a partir del siguiente cuadro. Una vez explicado, proponga a los alumnos que lean las frases, focalizando su atención en el nuevo tiempo verbal, y escriban la frase en el hueco adecuado según el uso. Si lo cree relevante, puede entregarles la transcripción completa para que puedan leer el contexto completo de las frases. Antes de una corrección final, indíqueles que, en parejas, comparen y justifiquen sus respuestas.

Expresar una acción pasada anterior a otra también pasada: Nos contó que ¡había sido abuelo!; Expresar una acción posterior a la del verbo principal, pero con la idea de inmediatez o rapidez en la realización de la acción: Si el lunes le ponías una redacción para el miércoles, ese mismo día por la tarde ya la había hecho; Contar algo que sucede por primera vez: Creo que ninguno de los dos se había puesto tan rojo antes.

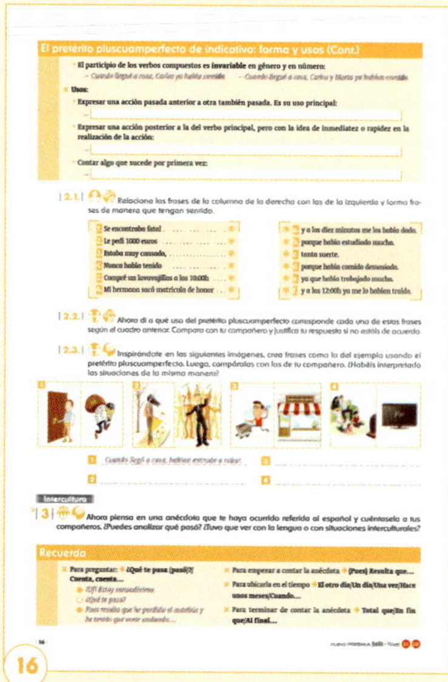

2.1. Actividad que servirá para verificar que los alumnos han entendido los contenidos comprendidos en el cuadro gramatical. Puede proponer que, antes de la corrección en común, comparen sus respuestas en parejas.

1. d; 2. a; 3. e; 4. c; 5. f; 6. b.

2.2. Mantenga las mismas parejas de la actividad anterior e indíqueles que reflexionen sobre los usos del pretérito pluscuamperfecto en cada frase. Después, corrija en plenario y aproveche para resolver las dudas que puedan surgir.

Expresar una acción pasada anterior a otra también pasada: 1. d.; 3. e; 6. b; Expresar una acción posterior a la del verbo principal, pero con la idea de inmediatez o rapidez en la realización de la acción: 2. a; 5. f. Contar algo que sucede por primera vez: 4. c.

2.3. Sugiera a los estudiantes que observen con atención las imágenes y que, tomando como referencia el ejemplo 1, elaboren frases que relacionen las imágenes utilizando el pretérito pluscuamperfecto de indicativo. Propónga-

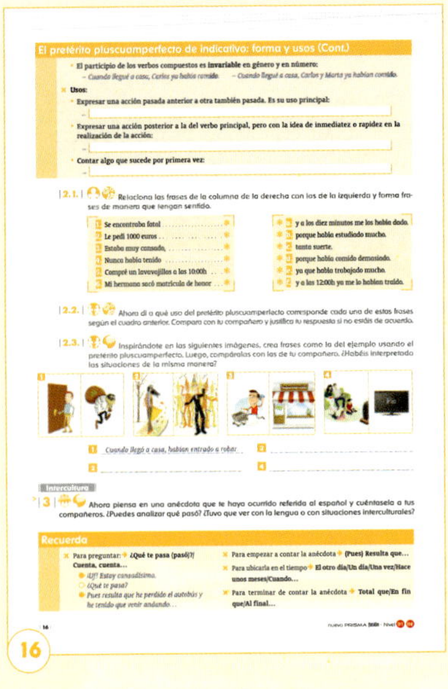

El pretérito pluscuamperfecto de indicativo: forma y usos (Cont.)

Recuerda

16

les que intercambien sus interpretaciones con otras parejas de la clase para, a continuación, comentarlas en plenario. ¿Ha habido interpretaciones muy diferentes? ¿Cuál ha sido la interpretación más original?

Posible respuesta: 2. Cuando María llegó a casa, sus amigos le habían preparado una fiesta sorpresa; 3. Cuando Antonio llegó al supermercado, ya habían cerrado; 4. Cuando pusieron la televisión, la película ya había terminado.

Puede continuar la práctica del pretérito pluscuamperfecto de indicativo con el ejercicio 8 de la unidad 1 del *Libro de ejercicios*.

> 3 Esta actividad tiene como finalidad trabajar la interculturalidad, fomentando la reflexión en búsqueda de la integración y la convivencia entre la cultura del estudiante y las diferentes dimensiones culturales de la lengua española. De este modo, se obtiene una panorámica amplia y rica de la diversidad cultural.

Recomiende a los estudiantes que se tomen unos minutos para pensar en una anécdota que les haya sucedido durante su andadura en el aprendizaje del español y que tomen nota si lo creen necesario. A continuación, indíqueles que cuenten a sus compañeros sus anécdotas. Para una eficaz narración de las mismas, recuérdeles que sigan las instrucciones y utilicen las estructuras del cuadro de atención.

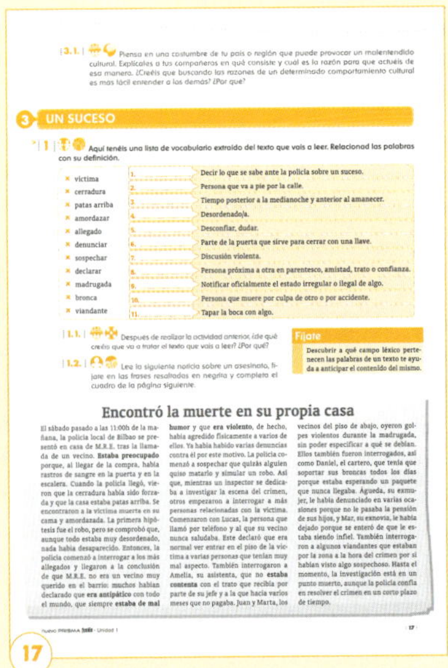

3 UN SUCESO

Encontró la muerte en su propia casa

17

3.1. Para finalizar el trabajo intercultural, se propone una actividad en la que los estudiantes deberán pensar en una costumbre de su país que crean que pueda provocar un malentendido cultural y explicarla al resto de la clase. Si se trata de una clase multicultural, puede agrupar a los alumnos por nacionalidades; en el caso de que todos los estudiantes tengan la misma nacionalidad, indíqueles que piensen en una costumbre de su región, de su ciudad o, incluso, de su pueblo. Una vez explicadas las anécdotas, concluya la actividad haciendo hincapié en lo importante que es entender los códigos culturales que rige un determinada lengua y cultura para poder entendernos mejor, evitar malentendidos y ser más tolerante ante las diferencias.

3 UN SUCESO 17

En este epígrafe, además de seguir revisando los tiempos del pasado, se repasa el uso del verbo *ser* para describir características de la personalidad y el uso del verbo *estar* para la descripción de los estados de ánimo. El estudiante aprenderá una nueva estrategia que le facilitará la comprensión lectora de un texto: anticipar el contenido del mismo mediante el desarrollo de su campo léxico. Se presenta, también, la primera actividad de carácter cooperativo de la unidad.

> 1 Actividad propuesta para realizar en parejas o, si se considera conveniente, en pequeños grupos. Advierta a los alumnos que estas palabras van a aparecer en el texto que leerán a continuación y que entender su significado previamente les va a facilitar la comprensión del mismo. En primer lugar, deben realizar una lectura de las palabras y ver de cuáles conocen ya el significado. Para aquellas palabras cuyo significado no conozcan ninguno de los miembros de la pareja, propóngales consultar un diccionario monolingüe.

1. declarar; 2. viandante; 3. madrugada; 4. patas arriba; 5. sospechar; 6. cerradura; 7. bronca; 8. allegado; 9. denunciar; 10. víctima; 11. amordazar.

1.1. Se presenta una actividad de activación de estrategias de aprendizaje. Este tipo de actividades aportan al alumno herramientas que facilitan su aprendizaje y están destacadas en el *Libro del alumno* con el icono ✚. Se sugiere que, previamente a su realización, consulte en la ELEteca el documento *El componente estratégico en el aprendizaje de ELE*.

En este caso, los alumnos deben reflexionar en plenario sobre el campo léxico al que pertenecen las palabras de la actividad anterior y que aparecen también en el texto que van a leer. Una vez detectado el campo léxico de estas palabras, ya sabrán de qué trata el texto y podrán abordar su lectura con mayor facilidad. Después de realizar la actividad, pregúnteles si ya conocían esta estrategia y si la habían utilizado alguna vez al estudiar español u otra segunda lengua.

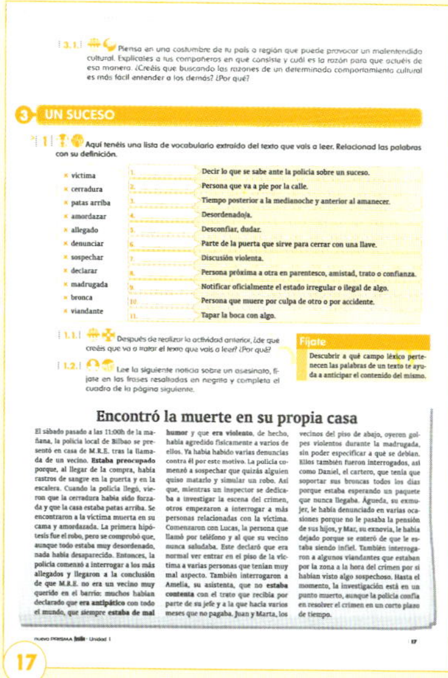

1.2. Indique a los alumnos que realicen una lectura del texto prestando especial atención a las frases con *ser* y *estar* que aparecen resaltadas en negrita. Posteriormente, deberán completar con dichas estructuras el cuadro que aparece a continuación en el que se explican diferentes usos de estos dos verbos.

Antes de que los alumnos completen el cuadro, asegúrese de que estos han comprendido el texto, para ello puede realizar diferentes preguntas de contenido:

- ¿De qué trata el texto?
- ¿Quién llamó a la policía? ¿Por qué?
- ¿Qué se encontró la policía al llegar a la casa de M.R.E?
- ¿Cómo describen los vecinos a la víctima?
- ¿Se ha resuelto la investigación?

Para consolidar el correcto uso de los verbos *ser* y *estar* y revisar usos estudiados en niveles anteriores, se recomienda utilizar la ficha 2.

Ficha 2. *Ser y estar.*

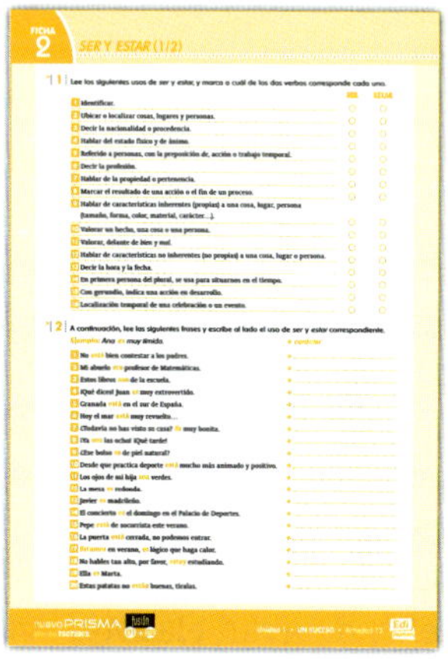

Dinámica. Entregue la ficha a los estudiantes para que puedan practicar los usos de estos dos verbos de manera individual. Una vez que hayan finalizado, corrija la actividad haciendo una puesta en común.

1. *Ser*: 1, 3, 6, 7, 9, 10, 13; *Estar*: 2, 4, 5, 8, 11, 12, 14, 15, 16.

2. 1. valoración; 2. profesión; 3. propiedad; 4. característica inherente/carácter; 5. localización; 6. característica no inherente; 7. valoración; 8. hora; 9. material; 10. estado de ánimo; 11. característica inherente/color; 12. característica inherente/forma; 13. nacionalidad; 14. localización temporal de un evento; 15. trabajo temporal; 16. resultado de una acción; 17. situarse en el tiempo, valoración; 18. acción en desarrollo; 19. identificación; 20. característica no inherente.

3. 1. es; 2. son; 3. Es; 4. está; 5. es; 6. está; 7. están; 8. estoy; 9. está; 10. es; 11. es; 12. es; 13. es; 14. son; 15. es; 16. estoy; 17. Es; 18. estamos; 19. es; 20. es, está; 21. está; 22. es, está.

4. 1. correcto; 2. Es; 3. Eres; 4. está; 5. correcto; 6. está; 7. correcto; 8. Está.

1. ser: era antipático; era violento. 2. estar: Estaba preocupado; estaba de mal humor; estaba contenta.

Puede continuar la práctica del contraste entre *ser* y *estar* con el ejercicio 9 de la unidad 1 del *Libro de ejercicios*.

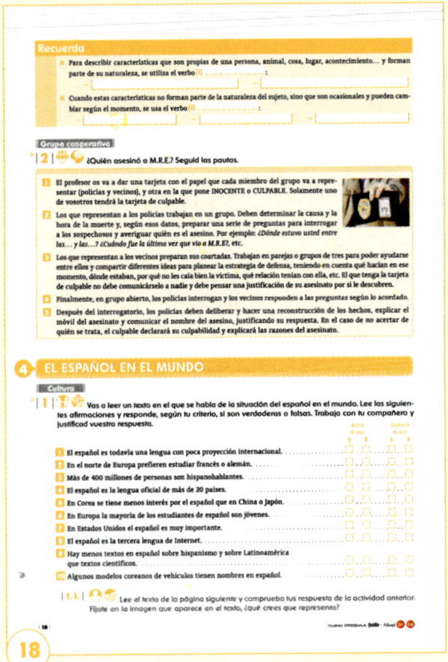

> 2 La siguiente actividad pretende fomentar la participación directa y activa de los estudiantes en la realización de la actividad: todos van a trabajar juntos, colaborando para alcanzar objetivos comunes. Como puede observar, las actividades de trabajo cooperativo aparecen bajo la etiqueta **Grupo cooperativo**. Se recomienda que, previamente a su realización, consulte en la ELEteca el documento *El trabajo cooperativo en el aula de ELE*, donde se aporta información sobre esta dinámica de trabajo.

En esta actividad en concreto los alumnos deben resolver el misterio de quién asesinó a M.R.E. Para ello, la clase se dividirá en policías y vecinos siguiendo las instrucciones del profesor. Utilice las tarjetas que aparecen en la ficha 3.

Ficha 3. ¿Inocente o culpable?

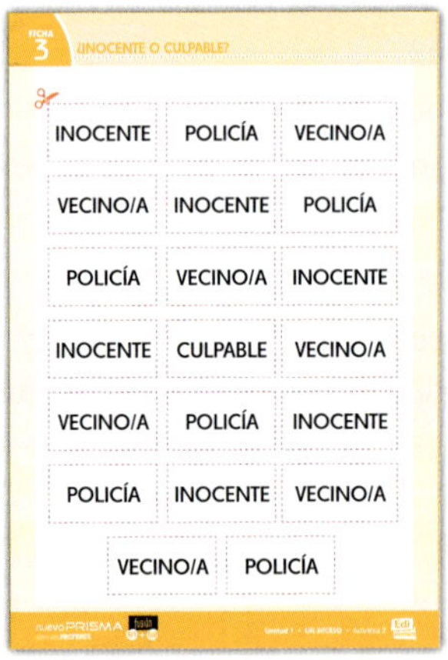

Dinámica. Reparta, en primer lugar, las tarjetas correspondientes al grupo "policías y vecinos"; después, entre los vecinos, reparta las fichas correspondientes al grupo "culpable o inocente". En todas las tarjetas aparece la palabra *inocente*, salvo en una que aparece la palabra *culpable*. El estudiante al que le haya tocado la tarjeta de culpable, no debe comunicárselo a nadie, pero puede ir pensando en los motivos que le han llevado a cometer el crimen. A partir de aquí, toda la dinámica de la actividad tiene como objetivo descubrir al asesino. El grupo de policías debe averiguar la causa y la hora de la muerte de la víctima. Para ello, deberán elaborar un cuestionario que les servirá para poder realizar el interrogatorio. El grupo de vecinos, tanto los inocentes como el que es culpable, debe construir una coartada y su estrategia de defensa: explican cómo era la relación con su vecino, dónde estaban en el momento en que creen se desarrollaron los hechos… A continuación, tiene lugar el interrogatorio por parte de los policías y, una vez terminado, estos deben deliberar y determinar quién es el asesino justificando su respuesta. Si los policías no han acertado, el asesino debe confesar su culpabilidad y explicar las razones del asesinato.

4 EL ESPAÑOL EN EL MUNDO 18

Este epígrafe, de contenido exclusivamente cultural, trata sobre la situación del español en el mundo. El alumno conocerá los países en los que el español es lengua oficial.

> 1 El objetivo de esta actividad de carácter cultural es que el alumno reflexione sobre la situación de la lengua española en el mundo, y que comente con su compañero si las afirmaciones que se presentan son verdaderas o falsas. Si lo considera oportuno, antes de abordar la lectura del texto, puede proponer una puesta en común en la que los estudiantes comparen y justifiquen sus respuestas. La información que aporten le ayudará también a saber los conocimientos previos que poseen los alumnos sobre la situación actual de la lengua española en el mundo para así, una vez realizada la lectura del texto, matizar aquellos aspectos que crea relevantes.

1.1. Lectura individual del texto donde el alumno podrá comprobar las respuestas de la actividad anterior y corregirlas en caso necesario. Los estudiantes pueden comentar aquella información que les ha llamado la atención. Para ampliar la información sobre la situación del español en el mundo y saber en qué consiste "El día E", se recomienda acceder a la información extra de la ELEteca.

1. F; 2. F; 3. V; 4. V; 5. F; 6. V; 7. V; 8. V; 9. F; 10. V.

La imagen que aparece en el texto representa la fusión de la letra *e*, de "español", con la *ñ*, letra más característica de esta lengua.

i+ **ELEteca**
2. La situación del español en el mundo.

i+ **ELEteca**
3. El día E: la fiesta de todos los que hablamos español.

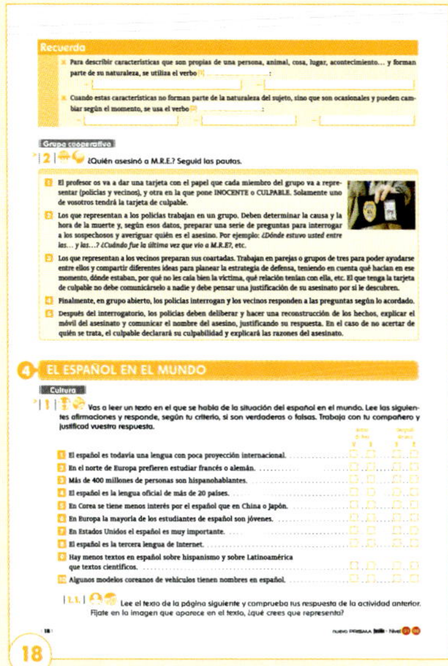

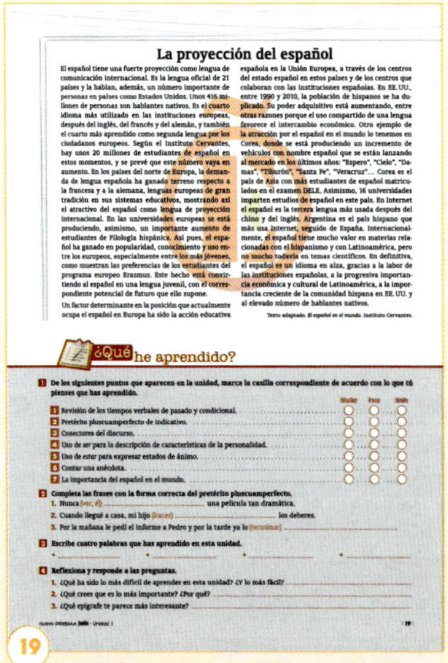

¿QUÉ HE APRENDIDO? 19

El apartado *¿Qué he aprendido?* cierra cada unidad. Estos epígrafes sirven para que el estudiante pueda comprobar qué nuevos contenidos ha asimilado y reflexione sobre su proceso de aprendizaje.

2. 1. había visto; 2. había hecho; 3. había terminado.

abc **ELEteca**
Léxico. Las anécdotas.

2 ¡MÓJATE!

El título de esta unidad, "¡Mójate!", es una expresión que significa "atrévete a dar tu opinión", y que servirá para introducir y favorecer el uso de las funciones de la unidad: expresar opiniones, valorar acciones y opiniones de otros, expresar acuerdo o desacuerdo, o posicionarse a favor o en contra de algo.

Como contenidos culturales que propiciarán que los estudiantes expresen su opinión, se presentan diversos temas de actualidad, como vivir fuera del país de origen, la medicina alternativa, o el trabajo desarrollado durante 150 años de la Cruz Roja o el de otras ONG. A través de las actividades propuestas, se trabajan contenidos gramaticales como los verbos de opinión, las estructuras de valoración y los conectores del discurso.

Antes de empezar con las actividades de la unidad, puede preguntar a los alumnos si conocen la expresión "mójate" y si saben cuándo y cómo se usa.

1 NO CREO QUE SEA BUENA IDEA... 20

El primer epígrafe de la unidad se centra en reflexionar sobre los medios y dispositivos que usamos a la hora de comunicarnos con otras personas. A través de una audición por Skype se trata el tema de vivir fuera del país de origen y se da pie a una reflexión donde se incluye la presentación de los verbos de opinión. De este modo, los alumnos entrarán en contacto con una forma verbal introducida en el nivel anterior: el presente de subjuntivo.

> 1 Actividad grupal en la que se pretende obtener la mayor información de los estudiantes sobre el medio o dispositivo que utilizan para comunicarse con otras personas. Se ha considerado que puede ser un tema interesante, ya que hoy en día, gracias a las redes sociales, hay diversidad de opciones. Si sus alumnos no coinciden a la hora de responder a las preguntas que se formulan, anímelos a que justifiquen sus respuestas.
>
> Todas estas imágenes hacen referencia a diferentes medios y dispositivos para comunicarse.

1.1. Esta actividad de comprensión auditiva se puede trabajar en el aula de manera alternativa si se propone a los estudiantes que, a modo de hipótesis, respondan a las preguntas propuestas y después realicen la escucha para comprobar si sus hipótesis eran las correctas. El objetivo que se pretende, en cualquier caso, es el de realizar una escucha global.

|3|
- **Antonio:** ¡Hola, mamá! ¿Cómo estáis?
- **Madre:** ¡Hola, hijo! Pues, echándote mucho de menos.
- **Antonio:** Y yo a vosotros también. Sobre todo vuestras comiditas caseras.
- **Madre:** Ya me lo imaginaba. No creo que comas muy bien, ¿verdad?
- **Antonio:** Pues ya sabes que no me gusta mucho cocinar. Oye, ¿está papá por ahí?
- **Madre:** No, hijo. Hoy llegará tarde… Pero, cuenta, cuenta, ¿cómo estás?
- **Antonio:** Estoy bien y muy contento. Tengo muchas cosas que contaros. ¿Sabes? Ya he encontrado trabajo. Vine a Chile para trabajar y lo he conseguido. ¿Qué te parece?
- **Madre:** ¡Qué bien! ¡Qué rápido! ¿Cómo fue?
- **Antonio:** Pues mira… La semana pasada mi compañera de piso, Teresa, me dijo que en el restaurante de unos amigos suyos necesitaban un

camarero y que ella les había hablado de mí. Le pidieron mi número de teléfono y me llamaron. Al día siguiente me entrevistaron y dos días más tarde me llamaron para decirme que… ¡estaba contratado! ¿Te lo puedes creer?

- **Madre:** Bueno, ¿de camarero? Por algo se empieza, ¿no? Pensaba que habías encontrado algo de tu profesión.
- **Antonio:** Ya, mamá. Ya sé que soy ingeniero… Pero está bien trabajar de camarero por un tiempo. Así puedo pagar las facturas y gastos de momento. ¿No es una buena oportunidad?
- **Madre:** Sí, hijo, sí. Ya encontrarás algo de lo tuyo más adelante…
- **Antonio:** El restaurante es muy moderno y elegante. Me parece que los clientes que van a comer allí tienen mucho dinero. Es una pena que no estéis aquí para verlo. Oye, ¿qué tal Marta?
- **Madre:** Al final, tu hermana ha dejado definitivamente a Miguel, y yo, la verdad, no creo que vuelvan a estar juntos. Es absurdo que una pareja siga adelante si la relación no funciona…
- **Antonio:** Sí, tienes razón… Bueno, mamá, dale muchos besos y un abrazo a papá. Te dejo, que tengo que ir a trabajar.
- **Madre:** Vale, hijo. Es una buena oportunidad que vivas esta experiencia.
- **Antonio:** Si puedo, os llamo el domingo.
- **Madre:** Un beso…

1. Son madre e hijo; 2. Skype; 3. Sí, sobre todo las comidas caseras; 5. Antonio es ingeniero; 6. Porque así puede pagar las facturas y los gastos; 7. Es un restaurante moderno y elegante; 8. Le dice que es una buena oportunidad y que ya encontrará algo de lo suyo más adelante.

1.2. Esta actividad pretende llevar a los estudiantes a una escucha de reconocimiento de estructuras. El objetivo es, pues, detectar el contenido de las frases que faltan en el texto y escribirlas en el lugar correspondiente. Para ello, es importante advertirles que no interpreten las frases que faltan por el contexto sino que, a través de la escucha y la lectura, identifiquen las frases exactas. Se trata de una actividad previa para llegar de manera inductiva a reconocer los verbos de opinión y crear la necesidad del uso y repaso de subjuntivo.

1. No creo que comas; 2. Pensaba que habías encontrado; 3. está bien trabajar de camarero; 4. Me parece que los clientes que van; 5. no creo que vuelvan; 6. Es absurdo que una pareja siga adelante; 7. Es una buena oportunidad que vivas esta experiencia.

1.3. Siguiendo con el aprendizaje inductivo de la gramática, es el momento de pedir a los alumnos que discriminen las frases escritas en la actividad anterior y anoten solo aquellas que, por su construcción, requieran el presente de subjuntivo. Si lo cree oportuno, puede proponer realizar esta actividad en parejas para que los alumnos puedan ayudarse entre ellos en la reflexión.

2. No creo que vuelvan; 3. Es absurdo que una pareja siga adelante; 4. Es una buena oportunidad que vivas esta experiencia. Están en modo subjuntivo.

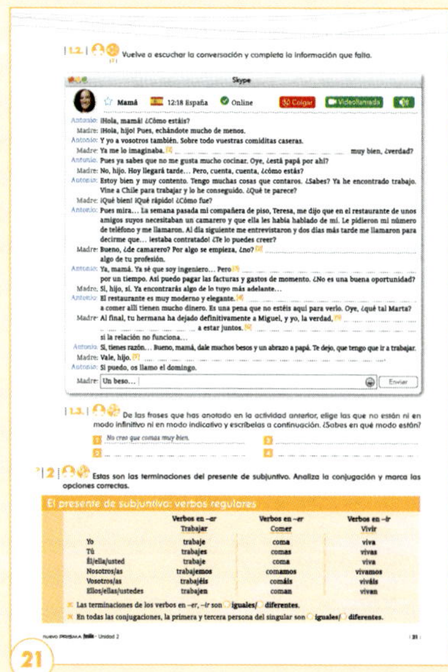

>2 Se ofrece la conjugación del presente regular del modo subjuntivo con el objetivo de que los alumnos recuerden las terminaciones estudiadas en el nivel anterior y se den cuenta por sí mismos de algunos aspectos como que los verbos en *–er, –ir* tienen las mismas terminaciones, o que la primera y la tercera persona del singular son iguales en las tres conjugaciones. Estas advertencias son importantes porque facilitan la memorización.

Las terminaciones de los verbos en *–er, –ir* son iguales. En todas las conjugaciones, la primera y la tercera persona del singular son iguales.

Para trabajar las formas irregulares del presente de subjuntivo, realice en clase la ficha 4.

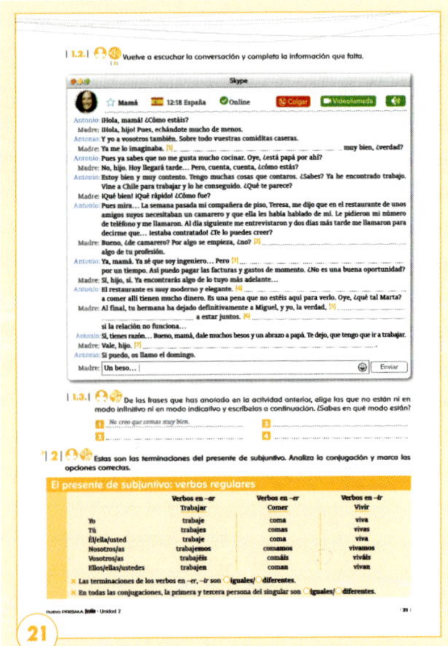

21

Ficha 4. El presente de subjuntivo: verbos irregulares.

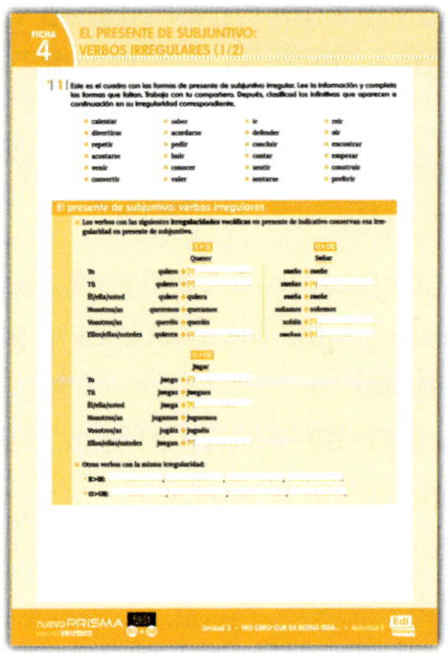

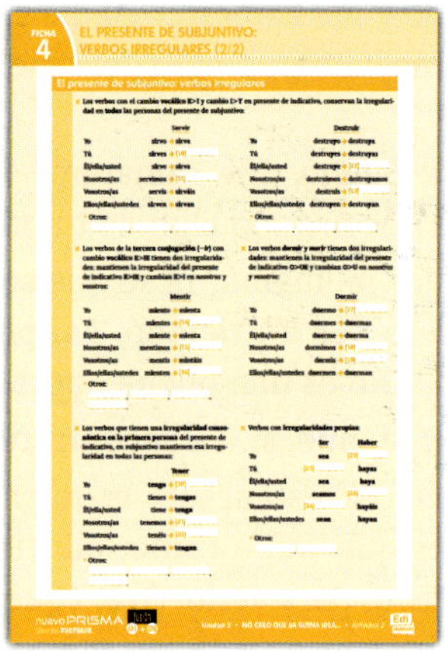

Dinámica. Entregue a los estudiantes la ficha y pídales que trabajen en parejas. Al ser una actividad mecánica, se propone que sean los propios alumnos los que completen los huecos con las formas que faltan. Para mostrarles que las irregularidades del presente de subjuntivo coinciden, en su mayoría, con las del presente de indicativo se partirá de lo conocido: el presente de indicativo. Con la información de la que ya disponen, los alumnos podrán terminar la actividad y clasificar, en el lugar correspondiente del cuadro, los infinitivos de la lista, según su irregularidad. El objetivo que se persigue es la consolidación de las formas del presente de subjuntivo.

1. quiera; 2. quieras; 3. quieran; 4. sueñes; 5. soñéis; 6. sueñen; 7. juegue; 8. juegue; 9. jueguen; E>IE: calentar; defender; sentarse; empezar; O>UE: acostarse; acordarse; contar; encontrar; 10. sirvas; 11. sirvamos; Otros: repetir; pedir; reír; 12. destruya; 13. destruyáis; Otros: huir; concluir; construir; 14. mientas; 15. mintamos; 16. mientan; Otros: divertirse; convertir; sentir; preferir; 17. duerma; 18. durmamos; 19. durmáis; 20. tenga; 21. tengamos; 22. tengáis; Otros: venir; conocer; valer; oír; 23. seas; 24. seáis; 25. haya; 26. hayamos; Otros: saber; ir.

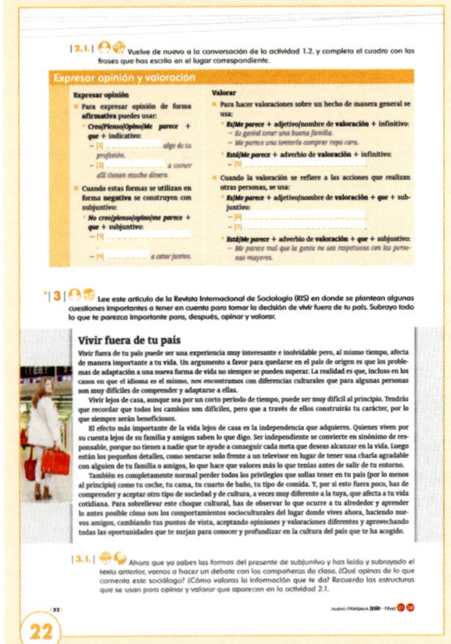

22

2.1. Pida a los estudiantes que, volviendo al texto de la actividad 1.2., completen con las frases que aparecen en este cuadro de gramática deductiva sobre la expresión de opinión y valoración. De este modo, podrán comprender mejor el significado y uso del presente de subjuntivo al obtenerlo del contexto que han trabajado anteriormente. Puede proponerles un primer trabajo individual y una posterior reflexión en parejas. Finalmente, si lo considera pertinente, puede utilizar, para una corrección grupal, la proyección 2 que se ofrece para la actividad 3.1. de este mismo epígrafe.

1. Pensaba que habías encontrado; 2. Me parece que los clientes que van; 3. No creo que comas muy bien, ¿verdad?; 4. No creo que vuelvan; 5. Está bien trabajar de camarero por un tiempo; 6. Es absurdo que una pareja siga adelante si la relación no funciona; 7. Es una buena oportunidad que vivas esta experiencia.

Para continuar la práctica de la formación del presente de subjuntivo, puede remitir a los alumnos a los ejercicios 1 a 3 de la unidad 2 del *Libro de ejercicios*.

>3 Se presenta ahora un artículo de la Revista Internacional de Sociología (RIS) sobre cuestiones importantes a tener en cuenta a la hora de tomar la decisión de vivir fuera del país de origen. La finalidad es que el estudiante, tanto a partir de los contenidos del artículo como por su conocimiento previo, pueda extraer información fidedigna y se sienta motivado para poder valorar y opinar sobre el tema.

i+ ELEteca
4. Revista Internacional de Sociología (RIS).

3.1. Con toda la información de la que ya disponen, los estudiantes se sentirán preparados para realizar la siguiente actividad, que se presenta a modo de debate. Se pretende que, en pequeños grupos o en plenario, opinen sobre lo que han leído, lo valoren y aporten sus propias ideas. Recuerde a los alumnos que, para tal fin, deberán usar las estructuras trabajadas en el epígrafe. Se propone utilizar la proyección 2.

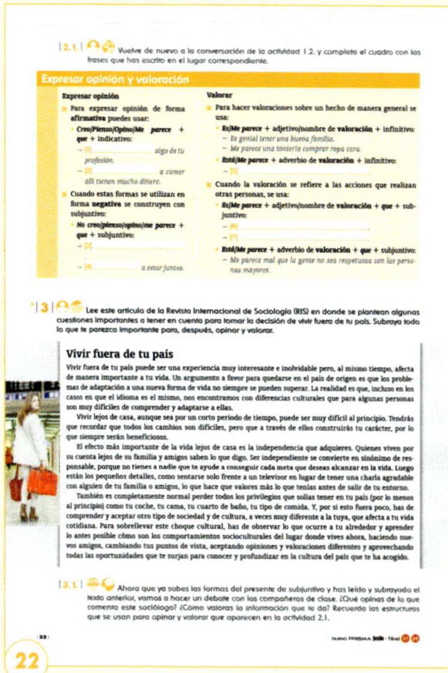

Proyección 2. Expresar opinión y valoración.

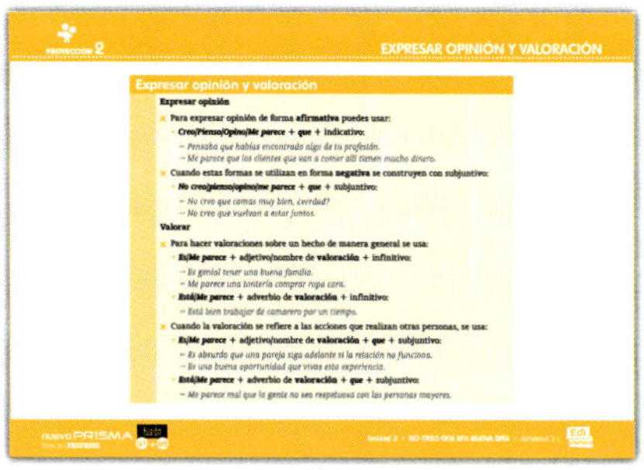

Dinámica. Se proyecta en la pantalla el cuadro correspondiente a las estructuras para expresar opinión y valoración. De esta manera, mientras los estudiantes realizan sus intervenciones, podrán apoyarse en el cuadro y se sentirán más seguros a la hora de producir las estructuras que acaban de aprender, agilizando la interacción durante la actividad oral.

Para la práctica de la expresión de opinión y valoración, y del contraste entre infinitivo, indicativo y subjuntivo, proponga la realización de los ejercicios 4 a 7 de la unidad 2 del *Libro de ejercicios*.

2 SI TÚ LO DICES... 23

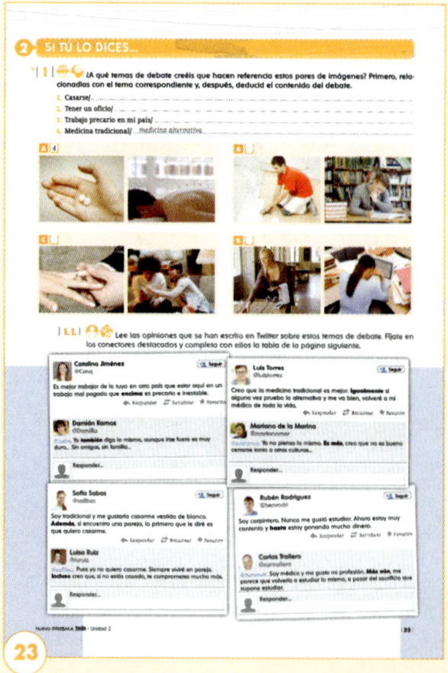

En este epígrafe se ofrecen diversos temas que propician el debate, como la medicina alternativa, casarse de manera tradicional, o tener un oficio o una profesión. El objetivo que se persigue es que los estudiantes interactúen expresando no solo opinión, sino también acuerdo, desacuerdo total, acuerdo parcial o escepticismo. La frase "Si tú lo dices", es representativa de esa expresión de escepticismo ante las palabras de un interlocutor.

> 1 Se empieza a trabajar a través de la imagen para que los estudiantes destaquen los temas que se van a desarrollar en actividades posteriores. En primer lugar, se ofrecen pares de imágenes contrastadas que los alumnos deberán relacionar con los temas propuestos. A continuación, deberán completar cuáles son los temas que se pretende confrontar a los que ya aparecen escritos. Si el profesor lo cree más adecuado, puede trabajar solo con las imágenes, obviando los textos, o pedir a los alumnos que propongan otros temas que a ellos les resulten motivadores o que sean de su interés.

1. C: casarse/vivir en pareja; 2. B: tener un oficio/estudiar; 3. D: trabajo precario en mi país/trabajo bien remunerado en el extranjero.

1.1. Los estudiantes deben leer unos textos de Twitter sobre los temas de debate presentados en la actividad anterior y que servirán de excusa para trabajar los conectores del discurso que aparecen destacados en negrita. El objetivo de la actividad consiste, pues, en que el estudiante, de manera inductiva a partir del contexto en el que aparecen, pueda matizar el significado de dichos conectores y los agrupe según la información que aporten al discurso.

1. también; 2. igualmente; 3. es más; 4. además; 5. incluso; 6. más aún; 7. encima; 8. hasta.

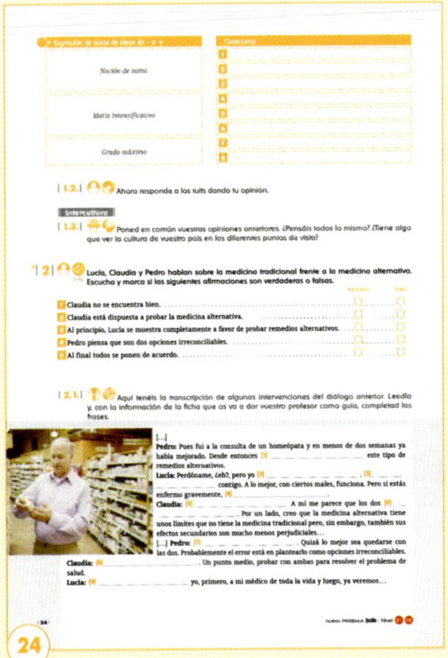

1.2. Con esta actividad escrita se pretende que los alumnos consoliden y confirmen el aprendizaje inductivo referente a los conectores del discurso llevado a cabo en la actividad anterior. Para ello, se pondrá fin a la secuencia pidiéndoles que respondan a los tuits de la actividad 1.1., teniendo en cuenta que deben dar su opinión y utilizar los conectores estudiados. Si bien Twitter no es el mejor medio para escribir y posee unas características propias para hacerlo, se ha optado por él porque sí que es un medio frecuente para expresar opiniones y seguro que los estudiantes lo usan a menudo. Aun así, se aconseja realizar esta tarea como una actividad de expresión escrita común y corregirla como tal.

1.3. Actividad intercultural en la que se propone que, en plenario, se abra un debate sobre hasta qué punto influye la propia cultura en los hábitos y costumbres de la gente. Lo importante es que surjan múltiples intervenciones con diferentes puntos de vista para promover la interacción en el aula.

>2 A continuación se realiza una actividad de comprensión auditiva, recordando a los alumnos que deben tener en cuenta que el objetivo de esta unidad es opinar y expresar acuerdo o desacuerdo. Es importante, también, que los estudiantes, antes de escuchar, lean las preguntas que se les proponen para que puedan realizar una escucha selectiva.

|4|

- **Lucía:** ¡Hombre, Claudia! Pero, mujer, ¿qué te pasa? ¡Qué mala cara tienes…!
- **Claudia:** Pues nada… Que desde hace un mes o así me duele muchísimo la cabeza. He ido al médico y me ha recetado unas pastillas pero no me hacen nada…
- **Pedro:** Yo también padecía dolores de cabeza continuos. Tomé toda clase de pastillas que me mandaba el médico y, al final, acudí a la medicina alternativa.
- **Claudia:** ¿Sí? ¿Y qué hiciste?
- **Pedro:** Pues fui a la consulta de un homeópata y en menos de dos semanas ya había mejorado. Desde entonces estoy completamente a favor de este tipo de remedios alternativos.
- **Lucía:** Perdóname, ¿eh?, pero yo no creo que eso sea serio. Estoy completamente en desacuerdo contigo. A lo mejor, con ciertos males, funciona. Pero si estás enfermo gravemente, dudo que sea una buena opción.
- **Claudia:** Bueno… Depende… A mí me parece que los dos tenéis razón. Por un lado, creo que la medicina alternativa tiene unos límites que no tiene la medicina tradicional, pero, sin embargo, también sus efectos secundarios son mucho menos perjudiciales…
- **Lucía:** Bueno, no tanto. Conozco gente que ha seguido tratamientos de este tipo y no solo no ha mejorado, sino que está peor de lo que estaba…
- **Pedro:** Si tú lo dices… Pero bueno… Quizá lo mejor sea quedarse con las dos. Probablemente el error está en plantearlo como opciones irreconciliables.
- **Claudia:** Totalmente de acuerdo. Un punto medio, probar con ambas para resolver el problema de salud.
- **Lucía:** Sí, sí…, pero yo, primero, a mi médico de toda la vida y luego, ya veremos…

1. V; 2. V; 3. F; 4. F; 5. F.

2.1. Reparta a sus estudiantes la ficha 5 y pídales que, después, realicen la actividad.

Ficha 5. Expresar acuerdo o desacuerdo total, acuerdo parcial y escepticismo.

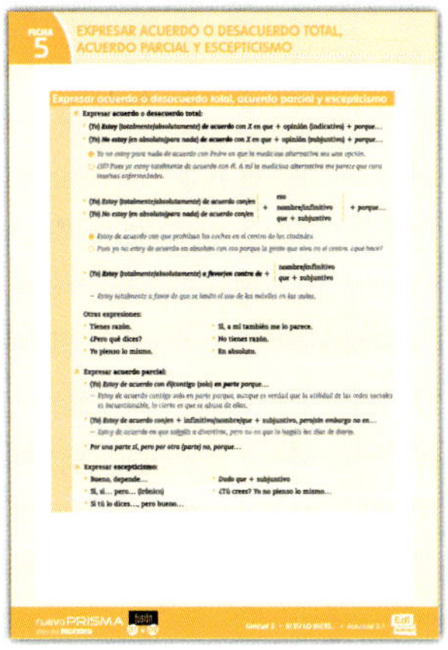

Dinámica. En primer lugar, pida a los estudiantes que, en parejas, lean el cuadro de la ficha 5 para expresar acuerdo, desacuerdo total, acuerdo parcial y escepticismo, y que reflexionen sobre su contenido. A continuación, explique aquello que no comprendan y resuelva las dudas que puedan surgir. Finalmente, indíqueles que completen, de manera deductiva y según la información del cuadro, la transcripción del diálogo de la actividad del libro seleccionando las frases adecuadas a cada contexto.

1. estoy completamente a favor de; 2. no creo que eso sea serio; 3. Estoy completamente en desacuerdo; 4. dudo que sea una buena opción; 5. Bueno… Depende…; 6. tenéis razón; 7. Si tú lo dices… Pero bueno…; 8. Totalmente de acuerdo; 9. Sí, sí…, pero.

2.2. Los estudiantes volverán a escuchar la audición de la actividad 2 para comprobar sus respuestas en 2.1. Es recomendable advertirles que la escucha que realicen debe ser selectiva y de reconocimiento, ya que el objetivo es centrarse solamente en las estructuras gramaticales de las funciones que se están trabajando.

2.3. Actividad de estrategias para completar la información de un texto auditivo. Es importante hacer reflexionar al estudiante sobre las estrategias que ha utilizado personalmente para poder resolver la actividad. El objetivo es que los alumnos tomen conciencia de todas las estrategias posibles en una comprensión auditiva para que, en función de sus necesidades, apliquen las que les sean de mayor utilidad en posteriores audiciones.

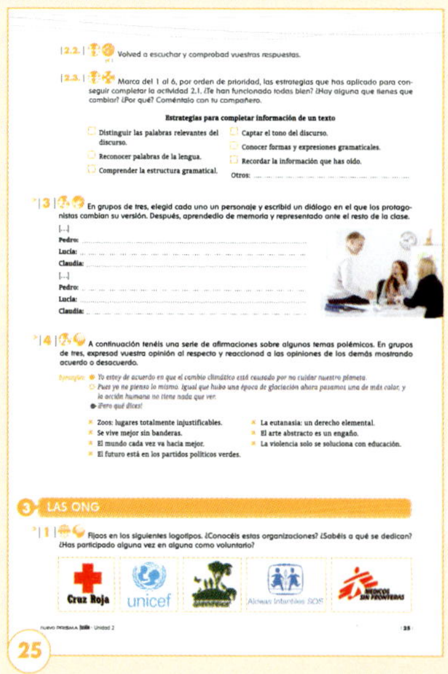

>3 Se propone una actividad escrita en grupos de tres con la intención de reproducir un diálogo similar al que se ha trabajado en la actividad 2. Sin embargo, el profesor puede adecuar los personajes según las necesidades. El primer objetivo de la actividad es escribir un diálogo utilizando las funciones y estructuras presentadas en este epígrafe con el fin de consolidarlas. El segundo, que realicen un trabajo de memorización. Memorizar para reproducir las funciones (con su correspondiente estructura gramatical) en su contexto adecuado es una manera de que el estudiante pueda recordarlas después y aplicarlas de forma automatizada en otras ocasiones en las que las necesite.

Puede continuar la práctica de las estructuras para expresar acuerdo, desacuerdo total, acuerdo parcial y escepticismo con los ejercicios 8 al 10 de la unidad 2 del *Libro de ejercicios*.

>4 Actividad para debatir en pequeños grupos sobre algunos temas polémicos. Como alternativa a los temas sugeridos en la actividad, se ofrecen las imágenes de la proyección 3.

|2.2.| Volved a escuchar y comprobad vuestras respuestas.

|2.3.| Marca del 1 al 6, por orden de prioridad, las estrategias que has aplicado para conseguir completar la actividad 2.1. ¿Te han funcionado todas bien? ¿Hay alguna que tienes que cambiar? ¿Por qué? Coméntalo con tu compañero.

Estrategias para completar información de un texto

- Distinguir las palabras relevantes del discurso.
- Reconocer palabras de la lengua.
- Comprender la estructura gramatical.
- Captar el tono del discurso.
- Conocer formas y expresiones gramaticales.
- Recordar la información que has oído.
- Otros: ....

|3| En grupos de tres, elegid cada uno un personaje y escribid un diálogo en el que los protagonistas cambian su versión. Después, aprendedlo de memoria y representadlo ante el resto de la clase.

[...]
Pedro: ....
Lucía: ....
Claudia: ....
[...]
Pedro: ....
Lucía: ....
Claudia: ....

|4| A continuación tenéis una serie de afirmaciones sobre algunos temas polémicos. En grupos de tres, expresad vuestra opinión al respecto y reaccionad a las opiniones de los demás mostrando acuerdo o desacuerdo.

Ejemplo: *Yo estoy de acuerdo en que el cambio climático está causado por no cuidar nuestro planeta.*
Pues yo no pienso lo mismo. Igual que hubo una época de glaciación ahora pasamos una de más calor, y la acción humana no tiene nada que ver.
¡Pero qué dices!

- Zoos: lugares totalmente injustificables.
- Se vive mejor sin banderas.
- El mundo cada vez va hacia mejor.
- El futuro está en los partidos políticos verdes.
- La eutanasia: un derecho elemental.
- El arte abstracto es un engaño.
- La violencia solo se soluciona con educación.

3 LAS ONG

|1| Fijaos en los siguientes logotipos. ¿Conocéis estas organizaciones? ¿Sabéis a qué se dedican? ¿Has participado alguna vez en alguna como voluntario?

Cruz Roja · unicef · Aldeas Infantiles SOS · Médicos sin fronteras

nuevo PRISMA fusión · Unidad 2 | 25 |

25

Proyección 3. Opina y reacciona.

Dinámica. Proyecte la actividad y pida a sus estudiantes que, a partir de las imágenes, expresen su opinión y reaccionen a las opiniones de otros compañeros. Se trata de propiciar un debate para seguir consolidando las funciones comunicativas que sirven para expresar acuerdo y desacuerdo, así como las estructuras gramaticales que contienen dichas funciones.

3 LAS ONG 25

En esta sección se presentan diversas ONG para realizar actividades de adquisición léxica. Asimismo, aprovechando el conocimiento previo de los alumnos, se proponen actividades interculturales de debate para poner en práctica las funciones y estructuras estudiadas en la unidad, y se culmina la sección elaborando una tarea cooperativa referida a las ONG.

> 1 Se pretende activar todos los conocimientos previos que puedan tener los estudiantes sobre las ONG a través de sus distintas aportaciones en una interacción oral en la que, además de compartir la información que conozcan, deberán explicar sus propias experiencias, en caso de tenerlas.

Cruz Roja es una institución humanitaria de carácter voluntario que se ocupa de la salud de las personas en situaciones de riesgo; Unicef es la organización de las Naciones Unidas que presta ayuda humanitaria y de desarrollo a niños y madres en países en vías de desarrollo. Nació en 1946 y trabaja en más de 190 países; Greenpeace es una ONG que se encarga de proteger y de defender el medioambiente. Lucha contra el cambio climático y por el mantenimiento de la biodiversidad; Aldeas Infantiles SOS es una organización internacional de ayuda a la infancia, que fue creada en 1949 y que trabaja en 133 países. Su labor consiste en prestar ayuda a las familias para que puedan atender adecuadamente a sus hijos y en dar un hogar a aquellos niños que no tengan familia; Médicos sin fronteras es una organización humanitaria que da ayuda médica a poblaciones en situación precaria, y a víctimas de catástrofes y de conflictos armados.

i+ ELEteca
5. Las ONG Unicef, Greenpeace, Aldeas Infantiles SOS y Médicos sin fronteras.

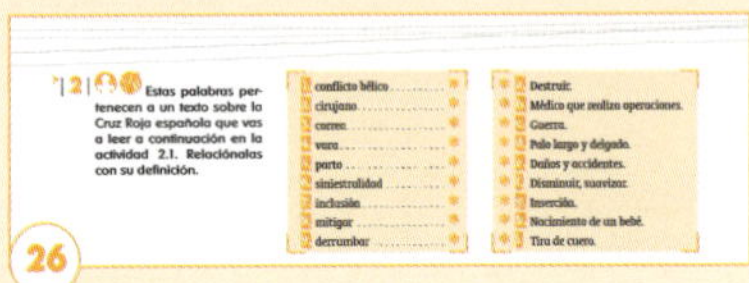

|2| Estas palabras pertenecen a un texto sobre la Cruz Roja española que vas a leer a continuación en la actividad 2.1. Relaciónalas con su definición.

conflicto bélico	Destruir.
cirujano	Médico que realiza operaciones.
correa	Guerra.
vara	Palo largo y delgado.
parto	Daños y accidentes.
siniestralidad	Disminuir, suavizar.
inclusión	Inserción.
mitigar	Nacimiento de un bebé.
derrumbar	Tira de cuero.

26

> 2 Se presenta una actividad de anticipación léxica para, posteriormente, leer un texto. Relacionar las palabras con su definición, según la acepción con la que aparecerán en el texto, ayudará a los estudiantes por un lado, a la comprensión del mismo y, por otro, al reconocimiento del vocabulario. Otra alternativa, si el profesor lo considera adecuado, sería la de proponer a los

estudiantes la lectura del texto de la actividad 2.1. y, luego, realizar la actividad de vocabulario.

1. c; 2. b; 3. i; 4. d; 5. h; 6. e; 7. g; 8. f; 9. a.

2.1. Se pide a los estudiantes que lean el texto con el objetivo de comprobar las respuestas de la actividad anterior, ya que en la lectura pueden reconocer el vocabulario que se ha trabajado a partir de las definiciones de las palabras.

2.2. Actividad estratégica sobre la comprensión del vocabulario en la que se ofrecen algunas alternativas recomendables a la hora de comprender el léxico. Cada alumno debe considerar cuáles de ellas son las que personalmente más le ayudan a comprender y recordar el vocabulario. Se abre un amplio abanico de posibilidades y, aunque en la actividad solo se anotan algunas, queda abierto a que el profesor las amplíe y tome en consideración otras estrategias que puedan aportar los propios estudiantes.

Para ampliar el léxico relacionado con las ONG, así como para trabajar los conectores vistos en la sección anterior y el uso del presente de subjuntivo, proponga la realización del ejercicio 11 de la unidad 2 del *Libro de ejercicios*.

2.3. Aprovechando el texto que trata sobre la Cruz Roja, se plantea una actividad intercultural de carácter oral para que los estudiantes respondan a las preguntas, expresen su opinión, valoren otras opiniones y expresen acuerdo y desacuerdo, posicionándose a favor o en contra de lo que opinen los demás.

>3 A través de esta actividad colaborativa se propone que cada grupo de alumnos cree su propia ONG, describiendo un informe sobre la labor humanitaria que quieran realizar e indicando a quién va dirigida. Es importante que cada componente del grupo tenga un papel y tarea asignados, de manera que el trabajo del grupo sea la suma de cada trabajo individual.

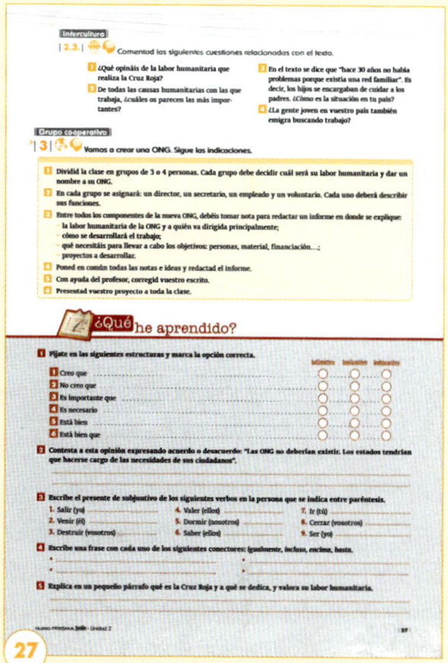

¿QUÉ HE APRENDIDO? 27

Este epígrafe ofrece al estudiante la posibilidad de comprobar qué nuevos contenidos ha asimilado y reflexionar sobre su proceso de aprendizaje.

1. 1. Indicativo; 2. Subjuntivo; 3. Subjuntivo; 4. Infinitivo; 5. Infinitivo; 6. Subjuntivo.

3. 1. salga; 2. venga; 3. destruyáis; 4. valgan; 5. durmamos; 6. sepan; 7. vayas; 8. cerréis. 9. sea.

5. Posible respuesta. La Cruz Roja es una organización mundial y humanitaria que se dedica a socorrer a las personas que están en países en guerra, que han sufrido una catástrofe o que se encuentran en una situación crítica. En mi opinión, su labor es importantísima y nos hace más humanos a todos.

ELEteca
Léxico. La comunicación en las redes.

3 COMPORTAMIENTOS

En esta unidad el alumno aprenderá a dar consejos y recomendaciones, a expresar deseos, peticiones y mandatos, y a pedir disculpas. Se plantean actividades interculturales para comparar la propia cultura con otras que convivan en la clase, facilitándoles el reconocimiento de la diversidad existente. En la sección de gramática, se verán las estructuras que sirven para expresar las funciones arriba mencionadas (*Te recomiendo que…*, *Ojalá…*, *Te pido que…*, etc.), así como algunos conectores del discurso y diminutivos. En el apartado estratégico, se proponen nuevas herramientas que guiarán al alumno en la tarea de ordenar los párrafos que componen un texto o que enseñarán cómo usar el diccionario para inferir el significado de expresiones fijas.

1 SIGUE MI CONSEJO 28

Con este epígrafe se pretende profundizar en las costumbres y hábitos socioculturales de España para compararlos luego con los hábitos y costumbres de los países de los estudiantes. Se aprenderá a dar consejos y recomendaciones. Para ello, se presentarán las estructuras: *Te recomiendo/aconsejo* + infinitivo, sustantivo o *que* + subjuntivo.

> 1 En esta actividad, planteada para conversar en plenario, se propone que los estudiantes observen con atención las fotografías y hagan suposiciones sobre la situación que están viendo. Se trata de una primera toma de contacto con algunos hábitos y costumbres socioculturales de España. Como se puede comprobar, en la primera foto están tirando de las orejas a una chica para felicitarla por su cumpleaños, y en la segunda, dos mujeres se están saludando dándose dos besos. Una vez los alumnos hayan lanzado sus hipótesis, dé las explicaciones que crea pertinentes contextualizando las situaciones de ambas fotografías.

En España, cuando una persona cumple años, es muy habitual felicitarla tirándole de las orejas; tantos tirones como años cumple la persona. Asimismo, en España, al saludarse o despedirse dos mujeres, se dan dos besos en la mejilla. También sucede lo mismo si se trata de un hombre y una mujer; en cambio, dos hombres se dan la mano.

i+ ELEteca
6. Dos costumbres en España: el tirón de orejas y los dos besos.

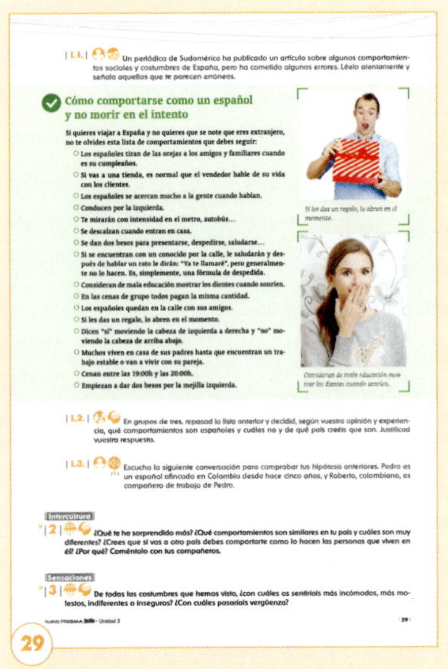

1.1. A continuación, los alumnos van a leer individualmente varias costumbres y hábitos en España que han sido publicados en un periódico de Sudamérica. Recomiéndeles que los lean con mucha atención y que señalen aquellos que piensen que no son propios de la cultura española.

1.2. En grupos de tres, indique a los alumnos que vuelvan a repasar la lista y comparen sus respuestas. Pídales que justifiquen su elección y que intenten llegar a un acuerdo.

1.3. Proceda a la escucha y señale a los estudiantes que focalicen su atención en detectar cuáles son los comportamientos que no son propios de la cultura española, que comprueben sus respuestas anteriores y que las corrijan en caso necesario.

Son incorrectas: Conducen por la izquierda. Esto es típico de Inglaterra; Se descalzan cuando entran en casa. Es típico de algunos países como Suecia; Consideran de mala educación mostrar los dientes cuando sonríen. Es típico de Japón; Dicen "sí" moviendo la cabeza de izquierda a derecha y "no" moviendo la cabeza de arriba abajo. Es típico de Bulgaria; Cenan entre las 7 y las 8 de la tarde. Es típico de otros países europeos como Francia o Alemania; Empiezan a dar dos besos por la mejilla izquierda. Es típico de Francia.

5

- **Pedro:** Mira, Roberto, ¿has leído este artículo sobre las costumbres españolas?
- **Roberto:** Sí, esta mañana. Pero creo que había algunos errores. O al menos hay algunas costumbres que no me parecen muy españolas.
- **Pedro:** Sí, sí, hay errores. Vamos a ver si sabes cuáles son. A ver, dime.
- **Roberto:** No conducís por la izquierda. Eso es en Inglaterra.
- **Pedro:** Muy bien.
- **Roberto:** Tú no te descalzas cuando entras en casa.
- **Pedro:** Pues no, eso es típico de países como Suecia.
- **Roberto:** Lo de los dos besos sí que es español, ¿eh?
- **Pedro:** Sí, no lo podemos evitar.
- **Roberto:** Aquí hay una muy incorrecta.
- **Pedro:** ¿Cuál?
- **Roberto:** La de que se considera maleducado mostrar los dientes cuando sonreís. Esto lo hacía una chica japonesa a la que conocí hace unos años.
- **Pedro:** Oye, vas muy bien. De momento todo correcto. Cómo se nota que me conoces bien, ¿eh?
- **Roberto:** Seguimos… Lo de cenar entre 7 y 8 de la tarde, yo creo que no es típico de España. Siempre se dice que los horarios de las comidas allí son muy tarde con respecto a otros países europeos como Francia o Alemania.
- **Pedro:** Exactamente, depende de las regiones pero, en general, la hora de la cena es entre las 9 y las 10 de la noche. Te quedan dos.
- **Roberto:** Esta tengo claro que no es española, pero no sabría decir de qué país es.
- **Pedro:** ¿Cuál?
- **Roberto:** La de que dicen "sí" moviendo la cabeza de izquierda a derecha y "no" moviendo la cabeza de arriba abajo.
- **Pedro:** ¡Ah, sí! Eso es típico en Bulgaria. ¿Y la última?
- **Roberto:** Los españoles no empiezan a dar los dos besos con la mejilla izquierda.
- **Pedro:** Pues no.
- **Roberto:** Eso lo hacen los franceses, ¿no?
- **Pedro:** ¡Bingo! Estás bien preparado para ir a vivir a España.

>2 Una vez que los alumnos ya conocen algunas costumbres y hábitos socioculturales en España, se propone una actividad de reflexión intercultural. En el caso de que se trate de una clase multicultural, mezcle las nacionalidades y pídales que comenten si les ha sorprendido estos hábitos españoles y si son iguales en sus respectivos países. Para finalizar, haga una puesta en común para que todos los grupos expresen sus conclusiones y debatan cómo se debe comportar uno cuando viaja y si debe o no adaptarse a las costumbres del país que visita.

>3 Para cerrar esta secuencia de actividades de reflexión cultural e intercultural, y a modo de conclusión, se propone una actividad cuyo objetivo es la exteriorización por parte del estudiante de sus sensaciones ante costumbres y hábitos ajenos a su cultura. Es recomendable que pregunte si alguno de ellos ha vivido alguna de estas situaciones y cómo se ha sentido. Haga hincapié en el hecho de que conocer una lengua extranjera conlleva conocer también las costumbres, hábitos y códigos socioculturales del país, y que reconocerlos ayuda a comprender el comportamiento de sus habitantes evitando situaciones que puedan provocar incomodidad o malestar.

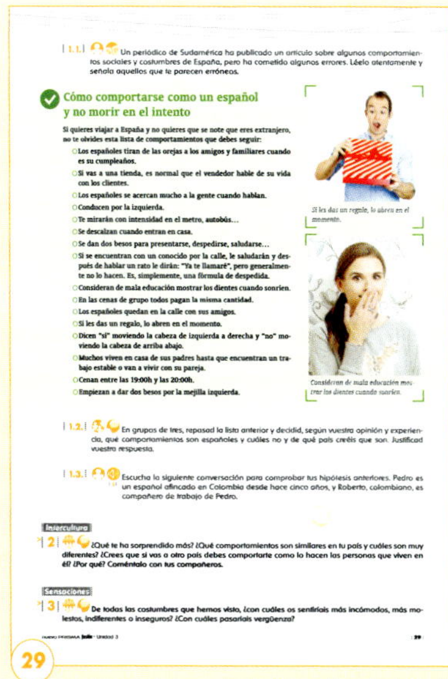
|1.1.| Un periódico de Sudamérica ha publicado un artículo sobre algunos comportamientos sociales y costumbres de España, pero ha cometido algunos errores. Léelo atentamente y señala aquellos que te parecen erróneos.

Cómo comportarse como un español y no morir en el intento

Si quieres viajar a España y no quieres que se note que eres extranjero, no te olvides esta lista de comportamientos que debes seguir:

- Los españoles tiran de las orejas a los amigos y familiares cuando es su cumpleaños.
- Si vas a una tienda, es normal que el vendedor hable de su vida con los clientes.
- Los españoles se acercan mucho a la gente cuando hablan.
- Conducen por la izquierda.
- Te mirarán con intensidad en el metro, autobús…
- Se descalzan cuando entran en casa.
- Se dan dos besos para presentarse, despedirse, saludarse…
- Si se encuentran con un conocido por la calle, le saludarán y después de hablar un rato le dirán: "Ya te llamaré", pero generalmente no lo hacen. Es, simplemente, una fórmula de despedida.
- Consideran de mala educación mostrar los dientes cuando sonríen.
- En las cenas de grupo todos pagan la misma cantidad.
- Los españoles quedan en la calle con sus amigos.
- Si les das un regalo, lo abren en el momento.
- Dicen "sí" moviendo la cabeza de izquierda a derecha y "no" moviendo la cabeza de arriba abajo.
- Muchos viven en casa de sus padres hasta que encuentran un trabajo estable o van a vivir con su pareja.
- Cenan entre las 19:00h y las 20:00h.
- Empiezan a dar dos besos por la mejilla izquierda.

Si les das un regalo, lo abren en el momento.

Consideran de mala educación mostrar los dientes cuando sonríen.

|1.2.| En grupos de tres, repasad la lista anterior y decidid, según vuestra opinión y experiencia, qué comportamientos son españoles y cuáles no y de qué país creéis que son. Justificad vuestra respuesta.

|1.3.| Escucha la siguiente conversación para comprobar tus hipótesis anteriores. Pedro es un español afincado en Colombia desde hace cinco años, y Roberto, colombiano, es compañero de trabajo de Pedro.

Intercultura

>|2| ¿Qué te ha sorprendido más? ¿Qué comportamientos son similares en tu país y cuáles son muy diferentes? ¿Crees que si vas a otro país debes comportarte como lo hacen las personas que viven en él? ¿Por qué? Coméntalo con tus compañeros.

Sensaciones

>|3| De todas las costumbres que hemos visto, ¿con cuáles os sentiríais más incómodos, más molestos, indiferentes o inseguros? ¿Con cuáles pasaríais vergüenza?

29

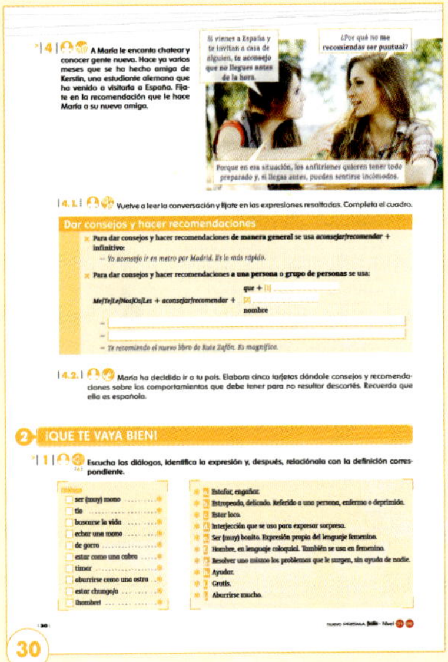

>4 Pida a sus alumnos que, en primer lugar y de manera individual, lean con atención el enunciado de la actividad para luego leer el diálogo prestando especial atención a las expresiones resaltadas en negrita. Indíqueles también que no deben resolver ninguna tarea y que el enunciado de la actividad les aportará la información necesaria para poder contextualizar la conversación que mantienen las dos amigas. La finalidad de esta lectura es una primera toma de contacto con las expresiones que se emplean para dar consejos y hacer recomendaciones, y que se presentarán en la siguiente actividad.

4.1. Indique a los estudiantes que, de manera individual, lean con atención el cuadro para dar consejos y recomendaciones, y completen los espacios con los ejemplos de la conversación de la actividad anterior. Una vez hayan realizado el ejercicio, puede indicarles que comparen sus respuestas en parejas antes de proceder a la corrección en plenario. Para facilitar la corrección, se propone utilizar la proyección 4.

1. subjuntivo; 2. infinitivo; Te aconsejo que no llegues antes de la hora; ¿Por qué no me recomiendas ser puntual?

Proyección 4. Dar consejos y hacer recomendaciones.

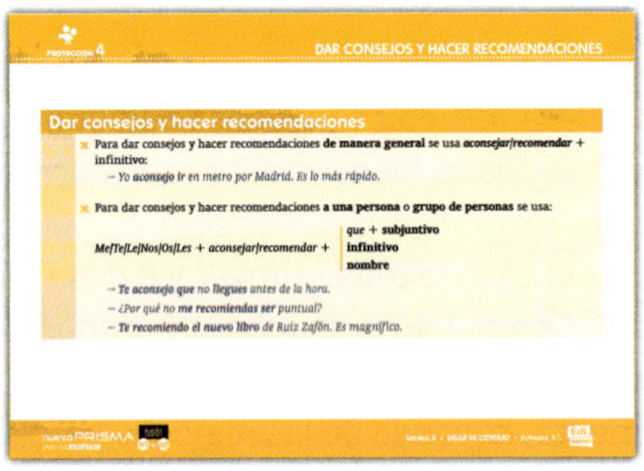

Dinámica. Proyecte el cuadro para dar consejos y hacer recomendaciones, y proceda a la corrección del ejercicio. Dé las explicaciones necesarias y facilite otros ejemplos, de modo que a sus estudiantes les quede clara la diferencia entre las alternativas presentadas para expresar ambas funciones.

4.2. Como alternativa para la realización de la siguiente actividad, puede proponer a los alumnos que trabajen en parejas. El objetivo es que comenten entre ellos los consejos que le darían a María y pongan en práctica las estructuras aprendidas. Como apoyo, durante la realización del ejercicio, puede dejar proyectado el cuadro de la actividad anterior.

2 ¡QUE TE VAYA BIEN! 30

Se introduce el epígrafe trabajando expresiones idiomáticas mediante el formato textual de Facebook y, a continuación, se presentan las estructuras para expresar deseos: *Espero/Deseo/Quiero*…+ infinitivo, sustantivo o *que* + subjuntivo; *Ojalá* (*que*) + subjuntivo y *Qué* + subjuntivo. Puede iniciar la sección preguntando a sus alumnos si conocen la expresión que sirve de título a la misma (*¡Que te vaya bien!*) y que digan en qué situaciones podrían usarla. Se trata únicamente de introducir el tema de la sección, así que no es necesario que se detenga dando una explicación exhaustiva al respecto.

>1 En la presente audición el alumno va a tener un primer contacto con varias expresiones coloquiales. Antes de proceder con la primera escucha, indíqueles que oirán diez breves diálogos y que, de momento, solo deben identificar qué expresión coloquial aparece en cada uno de ellos. A continuación, proceda a una segunda escucha para que los alumnos puedan relacionar las expresiones idiomáticas con su definición correspondiente. Es necesario que los alumnos lean con anterioridad las definiciones y que se asegure de que entienden el significado de todas las palabras para poder realizar la actividad de forma satisfactoria.

6 **Diálogo 1**

- ¿Te vas a ir a Irlanda sin trabajo?
- Sí… Allí ya me buscaré la vida.

Diálogo 2

- ¡Hombre, María! ¡Cuánto tiempo sin verte! ¡Qué sorpresa!
- Sí, es que pasaba por aquí y he dicho: "Voy a ver a Nuria".

Diálogo 3

- Ayer noche fui a casa de Ruth a llevarle unos libros y me invitó a cenar. Así que cené de gorra.
- ¡Qué suerte!

Diálogo 4

- Me han regalado una tele nueva y no sé configurarla.
- No te preocupes. Si quieres, esta tarde voy a tu casa, tomamos un café y te echo una mano.

Diálogo 5

- ¡Qué bonito el vestido que llevaba María ayer en la fiesta!
- Sí, era muy mono y le quedaba muy bien.

Diálogo 6

- Luis, ¿vas a ir mañana a la excursión de botánica?
- No, tío, no puedo.

Diálogo 7

- ¿Has visto a Mercedes?
- No viene hoy. Está chunga porque le duele mucho la cabeza.

Diálogo 8

- ¿Cómo te ha ido el fin de semana?
- Pues nada… No he hecho nada. Me he aburrido como una ostra.

Diálogo 9

- El domingo pasado fui al mercado de flores que me dijiste.
- ¿Y qué tal? ¿Compraste algo?
- Sí, tulipanes, pero cuando llegué a casa me di cuenta de que me habían timado.
- ¿Por qué?
- Porque pagué 15 euros y en el paquete ponía 12.

Diálogo 10

- Me ha dicho Rubén que se va a escalar solo este fin de semana.
- Está como una cabra. Es peligroso.

Ser (muy) mono: diálogo 5: e; Tío: diálogo 6: f; Buscarse la vida: diálogo 1: g; Echar una mano: diálogo 4: h; De gorra: diálogo 3: i; Estar como una cabra: diálogo 10: c; Timar: diálogo 9: a; Aburrirse como una ostra: diálogo 8: j; Chungo/a: diálogo 7: b; ¡Hombre!: diálogo 2: d.

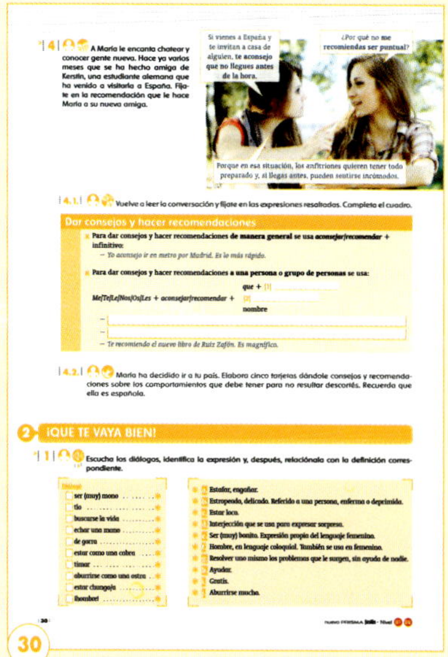

i+ ELEteca

7. Expresiones coloquiales.

1.1. Actividad propuesta en parejas para contextualizar y poner en práctica las estructuras aprendidas en la actividad 1. Antes de realizar el ejercicio, advierta a sus alumnos de que no solo deberán seleccionar la expresión más adecuada según el contexto, sino que también tendrán que realizar los cambios de género, número, y persona o tiempo del verbo que proceda. Anímelos a que comparen, comenten y justifiquen sus respuestas con otras parejas antes de realizar una corrección en plenario.

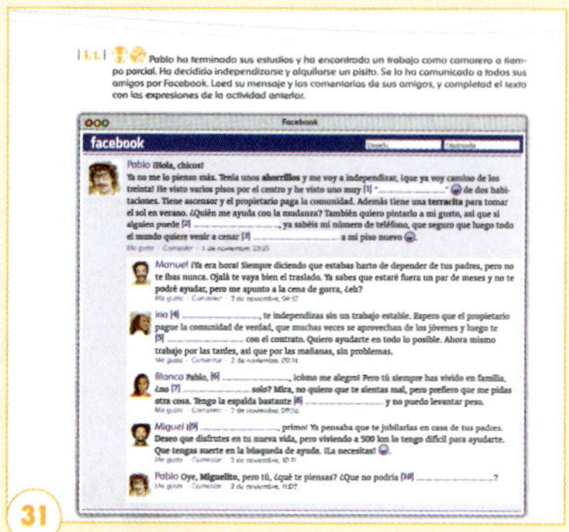

Una vez corregida la actividad, remítalos de nuevo al texto y pídales que se fijen en las palabras resaltadas en negrita, preguntándoles qué les llama la atención y por qué. A continuación, focalice su atención en el cuadro que explica el significado de los diminutivos en español. Si lo considera relevante, puede recurrir a la ELEteca para ampliar la información sobre este aspecto.

1. mono; 2. echarme una mano; 3. de gorra; 4. Estás como una cabra; 5. timan; 6. tío; 7. te aburrirás como una ostra; 8. chunga; 9. Hombre; 10. buscarme la vida.

i+ ELEteca

8. Los diminutivos en español.

1.2. En parejas, los estudiantes realizarán la siguiente actividad de reflexión lingüística. Pídales que vuelvan a leer el mensaje de Facebook de la actividad anterior y que presten atención a las estructuras que expresan deseo, que señalen los verbos en presente de subjuntivo que aparecen en ellas y que completen las columnas del cuadro. Haga una puesta en común para corregir. Finalmente, para asegurarse de que los alumnos han entendido el funcionamiento de estas estructuras, se recomienda utilizar la proyección 5.

Proyección 5. Expresar deseos.

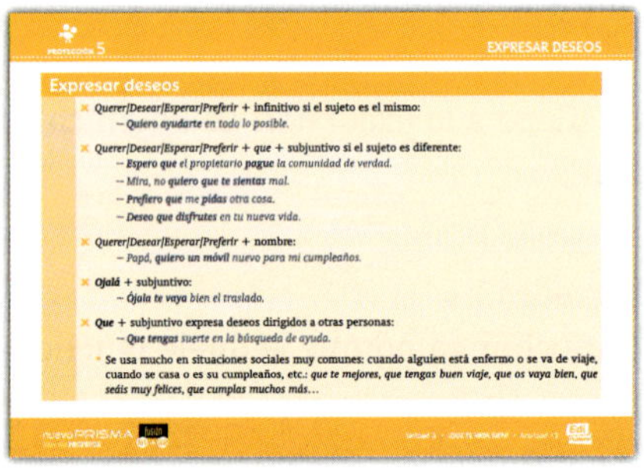

Dinámica. Proyecte el cuadro para dar consejos y recomendaciones. Asegúrese de que los alumnos han entendido el contenido del cuadro aportando más ejemplos y dando las explicaciones pertinentes en caso de que sea necesario.

2. pague → pagar, irregular; Espero que el propietario pague la comunidad de verdad; 3. sientas → sentirse, irregular; Mira, no quiero que te sientas mal; 4. pidas → pedir, irregular; prefiero que me pidas otra cosa; 5. disfrutes → disfrutar, regular; Deseo que disfrutes en tu nueva vida; 6. tengas → tener, irregular; Que tengas suerte en la búsqueda de ayuda.

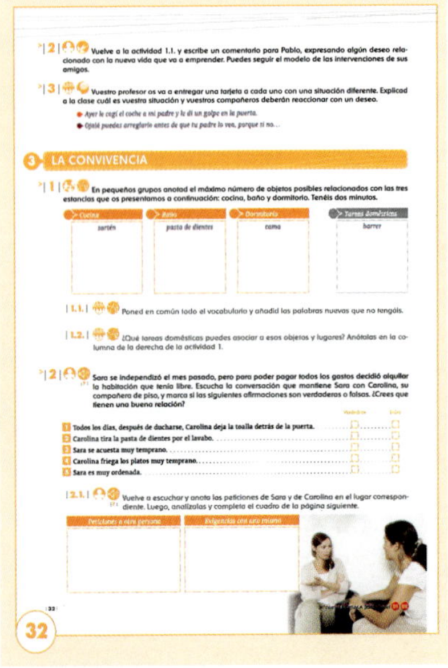

>2 Con la finalidad de poner en práctica las estructuras para expresar deseos, indique a los estudiantes que, de forma individual, respondan a Pablo por Facebook expresándole deseos relacionados con su cambio de vida. Realice una corrección en común para asegurarse de que los alumnos han asimilado las estructuras aprendidas.

>3 Actividad oral en la que los alumnos deberán expresar deseos a sus compañeros ante diferentes situaciones. Para realizar esta tarea, proporcione a los estudiantes la ficha 6.

Ficha 6. Mis mejores deseos.

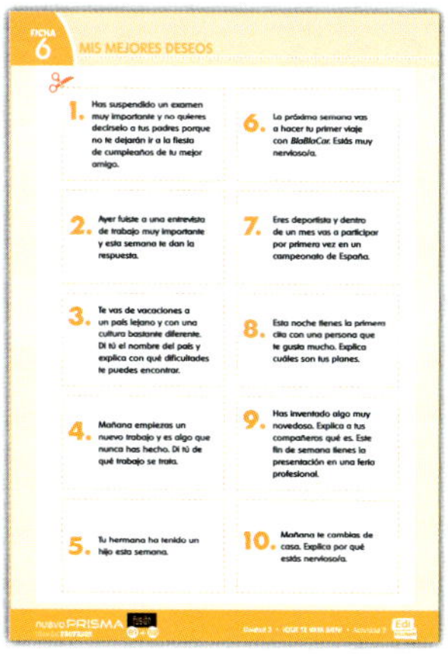

Dinámica. Se recortan las tarjetas y se entrega a cada estudiante una o dos situaciones, de manera que pueda explicar lo que le ha pasado. Sus compañeros deben reaccionar con las expresiones de deseo estudiadas. Preste atención al uso adecuado de las expresiones y haga las correcciones oportunas en caso necesario.

Para trabajar tanto las estructuras para dar consejos y recomendaciones como las estructuras para expresar deseos, se pueden realizar los ejercicios 1 al 4 de la unidad 3 del *Libro de ejercicios*.

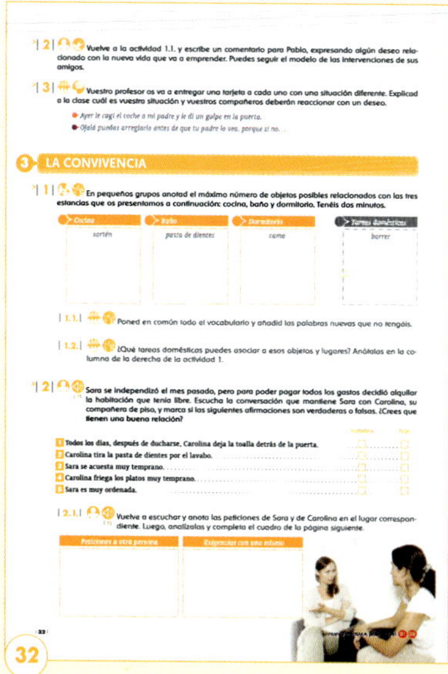

3 LA CONVIVENCIA 32

En el siguiente epígrafe se presentan las funciones para expresar peticiones y mandatos, por un lado, y para pedir disculpas, por otro, introduciendo las estructuras gramaticales necesarias para ello: *Te pido/ruego/prohíbo...* + infinitivo, sustantivo o *que* + subjuntivo, etc. Al mismo tiempo, se ampliará e introducirá léxico relacionado con la casa y las tareas domésticas.

> 1 A través de esta actividad se pretende que los alumnos, en grupos de tres o cuatro, reactiven el léxico que ya conocen sobre diferentes estancias de la casa: *cocina*, *baño* y *dormitorio*. Al tratarse de una actividad de activación de léxico, se debe realizar de manera espontánea. Indíqueles, por lo tanto, que tienen dos minutos para completarla. Controle el tiempo y avíselos cuando se cumpla el plazo.

Posible respuesta.

Cocina: cacharros; cubiertos; vasos; platos; cucharas; tenedores; cuchillos; servilletas; manteles; trapos; fregona; estropajo; lavavajillas...

Baño: pasta de dientes; gel de ducha; esponja; toalla; cepillo de dientes; champú; crema hidratante; alfombrilla; peine; cepillo...

Dormitorio: cama; mesilla; lamparilla; armario; alfombra; espejo; cómoda; cortinas; colcha; edredón; sábanas; almohada; cojines...

1.1. Mediante este ejercicio, propuesto para llevarse a cabo en plenario, los estudiantes pondrán en común el léxico que han escrito para cada estancia y terminarán de completar la tabla con el vocabulario que propongan sus compañeros y que ellos no tengan. Asegúrese de que todos comprenden el significado de cada palabra y añada alguna nueva, si considera que la lista queda incompleta.

1.2. En esta tarea los alumnos van a ampliar el léxico relacionado con las tareas del hogar. Indíqueles que asocien los objetos que han seleccionado para las

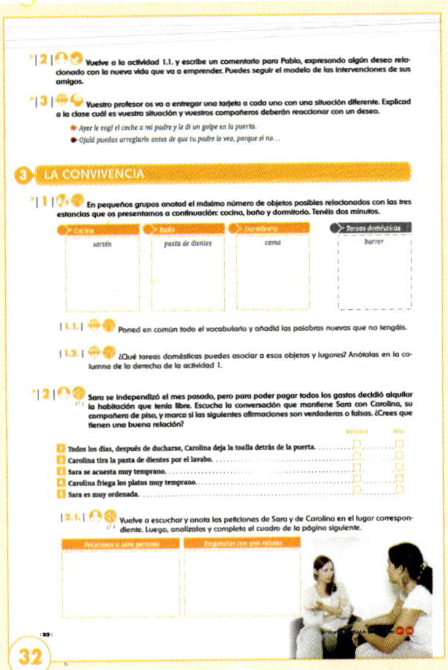

diferentes estancias con una tarea. El objetivo de esta actividad es facilitar a los estudiantes nuevas herramientas para la adquisición y ampliación de léxico. Si lo considera oportuno, puede proponer el siguiente ejemplo para guiar la actividad.

Objeto: *Sartén/¿Qué se puede hacer con una sartén?* → Tarea doméstica: *Cocinar.*

Haga una puesta en común para la corrección y, al igual que en la actividad anterior, proponga a los estudiantes que añadan en la lista aquellas palabras aportadas por sus compañeros y que ellos no tengan.

Posible respuesta. Tareas domésticas: fregar los platos; poner/quitar la mesa; limpiar; fregar el suelo; poner el lavavajillas; lavar la ropa; limpiar el baño; hacer la cama; limpiar el polvo; limpiar los cristales...

Para seguir trabajando y ampliar el léxico relacionado con la casa y las tareas domésticas, puede realizar los ejercicios 7 al 9 de la unidad 3 del *Libro de ejercicios.*

> 2 Antes de poner la audición, indique a los estudiantes que lean con detenimiento las afirmaciones e insista en la idea de que no es importante entender el significado de cada palabra, sino resolver correctamente la actividad que se indica. Luego, proceda a la escucha y déjeles un breve tiempo para completar la actividad.

|7|

- **Sara:** Carolina, ¿tienes un momento? Me gustaría hablar contigo.
- **Carolina:** Sí, claro, ¿pasa algo?
- **Sara:** Mira, es que hace días que quiero comentarte algunas cosas de la casa que no me gustan.
- **Carolina:** Pues dime...
- **Sara:** Ya sé que no lo haces adrede, pero todos los días me encuentro tu toalla mojada en el suelo después de ducharte. Te pido, por favor, que la cuelgues detrás de la puerta y también que no tires la pasta de dientes por todo el lavabo, que después lo tengo que limpiar yo.
- **Carolina:** Es verdad, tienes razón. Perdóname, ya sabes que soy un poco desordenada, lo siento.
- **Sara:** Vale, no te preocupes. ¡Ah! Te quiero pedir otra cosa: sabes que me voy a dormir tarde porque tengo turno de noche en el restaurante. Te ruego que no friegues los cacharros a las ocho de la mañana cuando te levantas, es que si no, me despierto con el ruido.
- **Carolina:** Perfecto, lo haré, no te preocupes, pero te pido más paciencia, eres muy perfeccionista y solo hace un mes que vivimos juntas. Me exijo ser más responsable, pero me cuesta un poco.
- **Sara:** Sí, lo reconozco, para mí el orden es fundamental. Bueno, y para ser justas, ya que estamos hablando, ¿quieres pedirme algo tú? ¿Hay algo que te moleste de mí?
- **Carolina:** Hombre, pues ahora que lo dices, sí... Yo te pido que, por favor, quites el polvo, que soy alérgica. Quedamos en que tú limpiabas el polvo y yo fregaba la casa y, la verdad, no lo haces...
- **Sara:** Tienes toda la razón. Perdóname. Yo también debo ser responsable con mis obligaciones.
- **Carolina:** Bueno, pues todo claro. Ya dicen que es mejor hablar las cosas.
- **Sara:** Pues sí... Anda, vamos a tomar algo por ahí y no discutamos más sobre las tareas de la casa.
- **Carolina:** Eso, que han abierto un local nuevo y me han dicho que está muy bien.

1. F; 2. V; 3. F; 4. V; 5. V.

2.1. Vuelva a poner la audición anterior advirtiendo previamente a los alumnos que deben prestar especial atención a las peticiones que hacen Sara y Carolina, y clasificarlas en la columna correspondiente. Otra alternativa podría ser indicarles que anoten primero todas las peticiones durante la audición y que, posteriormente, las comprueben y clasifiquen con otro compañero. Si lo considera necesario, proceda a una segunda escucha antes de la corrección de esta primera parte de la actividad.

Como segunda parte del ejercicio, y manteniendo las mismas parejas, los alumnos completan el cuadro gramatical de la página siguiente para expresar peticiones, mandatos y disculpas. Una vez completado el cuadro, haga una puesta en común para la corrección focalizando su atención en los aspectos más relevantes del mismo, incluyendo el apartado que figura a continuación donde se presentan algunas expresiones atenuantes y justificaciones que pueden acompañar a las peticiones, por un lado, o expresiones para pedir disculpas por un comportamiento no adecuado, por otro. Si lo considera oportuno, puede repartir entre los alumnos la transcripción de la conversación y pedirles que intenten localizar estas últimas expresiones.

Columnas. Peticiones a otra persona: Te pido, por favor, que la cuelgues detrás de la puerta y también que no dejes la pasta de dientes por todo el lavabo; Te ruego que no friegues los cacharros a las ocho de la mañana; Yo te pido que, por favor, quites el polvo, que soy alérgica; te pido más paciencia. Exigencias con uno mismo: Me exijo ser más responsable; Yo también debo ser responsable con mis obligaciones.

Cuadro funcional. Expresar peticiones y mandatos; 1. Infinitivo; 2. iguales; 3. Subjuntivo; Te ruego que no friegues los cacharros a las ocho de la mañana.

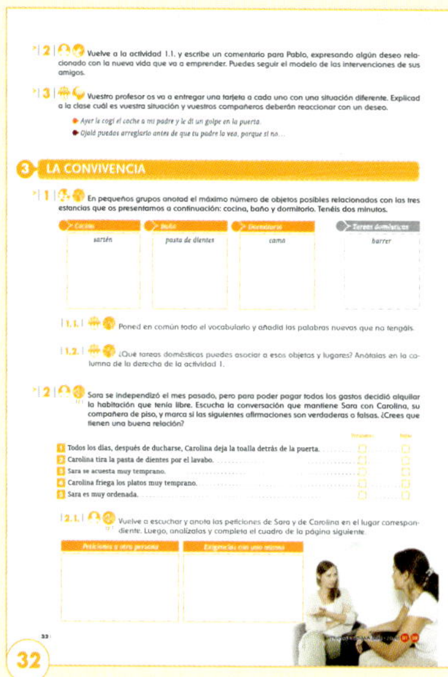

>3 Para llevar a cabo esta actividad, pida a sus alumnos que escriban de manera individual en un papel tres peticiones usando las estructuras aprendidas. Haga hincapié en el hecho de que deben estar relacionadas con acciones que puedan realizarse en el aula. Déjeles unos minutos para pensarlas y escribirlas, e indíqueles, luego, que las intercambien entre ellos. Por turnos, deberán dar las órdenes a un compañero y este tendrá que realizarlas. El estudiante que da la orden deberá comprobar también si su compañero responde correctamente a su petición.

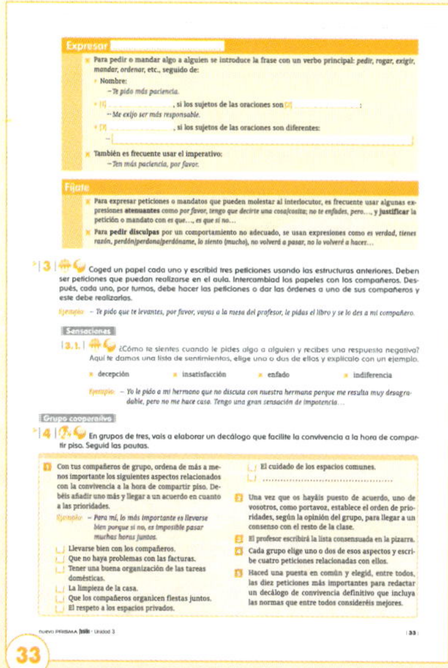

Para seguir trabajando las estructuras para expresar peticiones y mandatos, así como las atenuantes, de justificación o de petición de disculpas, puede realizar los ejercicios 10 y 11 de la unidad 3 del *Libro de ejercicios*.

3.1. Esta actividad tiene como objetivo que los alumnos comenten sus sentimientos y reacciones ante una determinada circunstancia: la negativa de alguien cuando le piden algo. Si lo considera oportuno, propóngales primero que se junten en parejas o en pequeños grupos y comenten cómo reaccionan ante esta situación, escogiendo aquellos sentimientos con los que más se identifiquen y dando algunos ejemplos. Luego, en plenario, pueden poner en común sus respuestas e identificar cuál es el sentimiento más común.

>4 Para finalizar el epígrafe, proponga la siguiente actividad cooperativa cuyo objetivo es crear un decálogo que facilite la convivencia a la hora de compartir piso. Para ello, transmita con precisión las siguientes pautas:

1. Divida la clase en dos o más grupos en función del número de alumnos, pida a cada grupo que lea la lista de aspectos relacionados con la convivencia cuando se comparte piso y los ordenen siguiendo el criterio de más a menos importante. Para ello, deben comentarlos y llegar a un consenso en el orden de prioridades. Pídales también que añadan un aspecto más a la lista que todavía no esté reflejado.
2. Cada grupo debe nombrar a un representante o portavoz que será el encargado de comunicar al resto de la clase su lista ordenada. A continuación, se sucede un debate para llegar a un consenso con toda la clase del orden de prioridades.
3. Una vez se haya establecido la lista final, escríbala en la pizarra.

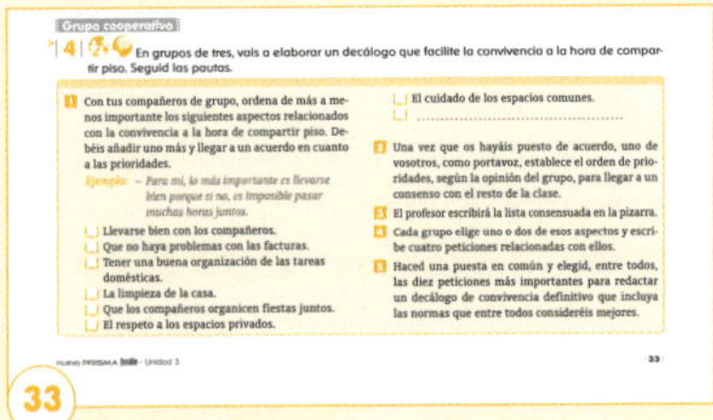

33

4. Ahora cada grupo debe elegir entre uno y dos aspectos de esta lista y escribir cuatro peticiones relacionadas con ellos. Si lo considera oportuno, puede aportar un ejemplo.

   La limpieza de la casa.

   Peticiones: *Te pido que seas ordenado y que ensucies lo menos posible/Te ruego que laves siempre los platos al terminar de comer…*

5. De nuevo, se procede a una puesta en común de las peticiones y, entre todos, determinan las diez más importantes para crear un decálogo de convivencia. Puede escribirlas usted en la pizarra o nombrar a un portavoz de todos los grupos, para que las escriban.

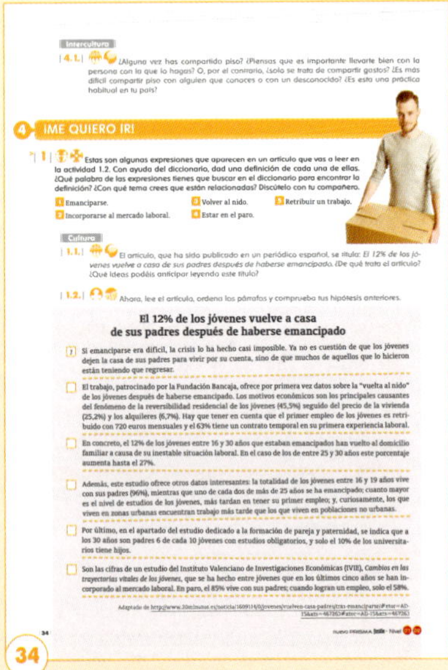

34

4.1. Mediante esta actividad intercultural, los estudiantes van a intercambiar con sus compañeros sus experiencias compartiendo piso y la opinión que tienen de la convivencia. Para finalizar, indíqueles que comenten si compartir piso en su país es algo habitual y propóngales que lo comparen con España.

4 ¡ME QUIERO IR! 34

Este epígrafe focaliza su atención en el apartado cultural, presentando a los estudiantes la situación laboral de los jóvenes en España. Se aportan también estrategias para ordenar los párrafos que componen un texto y se introducen los conectores del discurso: *luego* (con valor temporal), *incluso, es que, mientras, en definitiva* y *o sea*.

> 1 Con esta actividad de adquisición de léxico se pretende que el estudiante se vaya familiarizando con el vocabulario que va a encontrar en el artículo de la actividad 1.2. Se trata de una herramienta para presentar el tema del artículo y facilitar su comprensión. Proponga a los estudiantes que se unan en parejas o en pequeños grupos. Indíqueles que, en primer lugar, intenten explicar el significado de las expresiones que se presentan y que lo comenten entre ellos. A continuación, se pueden ayudar de un diccionario monolingüe para consultar aquellas expresiones que no conocen. Para una corrección final, haga una puesta en común para comentar los significados y matizar o explicar aquello que crea conveniente. Como preludio de las actividades siguientes, los estudiantes expresarán cuál creen que es el tema del artículo, tomando como base el léxico que acaban de trabajar.

1. Emanciparse: irse de casa de los padres y vivir con tus propios recursos; 2. Incorporarse al mercado laboral: comenzar a trabajar, conseguir tu primer empleo; 3. Volver al nido: Nido: construcción hecha por animales de cualquier especie para depositar sus huevos. También se utiliza esta palabra para referirse de manera cariñosa al hogar o vivienda familiar. *Volver al nido* significa regresar a tu origen, a la casa familiar después de estar tiempo viviendo fuera y haberte independizado. 4. Estar en el paro: no tener trabajo. Esta expresión se utiliza para referirse a la situación de estar sin trabajo cobrando o no la prestación social; 5. Retribuir un trabajo: pagar por un trabajo realizado.

1.1. Esta actividad es una continuación del ejercicio anterior. Los estudiantes ya conocen el título del texto y, entre todos, van a explicar de qué trata el artículo y anticipar sus ideas principales. Además de la facilitación de la comprensión del texto, se pretende introducir un tema sociocultural que refleja un aspecto de la actualidad en España.

1.2. Deje tiempo a los estudiantes para que lean detenidamente el texto, cuyos párrafos están desordenados, y que procedan a ordenarlo. Antes de realizar la corrección, puede pedirles que, en parejas o pequeños grupos, comparen y comenten el orden que han propuesto de los párrafos.

Una vez corregida la actividad, realice la actividad de estrategia de la ficha 7.

Ficha 7. Estrategias para ordenar los párrafos de un texto.

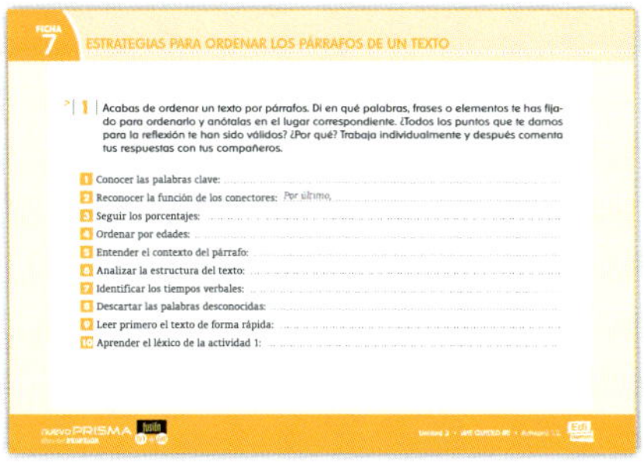

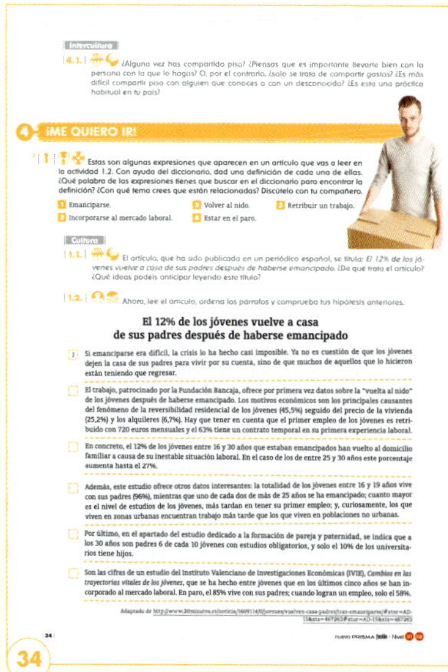

Dinámica. Entregue a los alumnos la ficha y pídales que, individualmente, realicen la actividad. Con esta, etiquetada como actividad de estrategia, el estudiante reflexionará sobre las herramientas que ha utilizado para ordenar el texto. Una vez hayan terminado, sería recomendable que propusiera una puesta en común para que comenten aquellos puntos que les han sido válidos y lo expliquen. Pregúnteles también si han utilizado alguna herramienta que no aparezca en la lista del ejercicio pero que para ellos haya sido útil y, de ser así, que lo comenten con el resto de la clase. Este sería un ejemplo de práctica de modelización, que se basa en compartir aquellas herramientas o métodos que nos han sido útiles como aprendientes de una lengua para que otros estudiantes las conozcan y puedan incorporarlas a su aprendizaje.

Puede proponer también a los estudiantes que clasifiquen, por orden de importancia, las estrategias de la lista. Se presenta la siguiente propuesta de orden:

Para ordenar correctamente el texto, es necesario: leerlo, primero, de forma rápida (9), para poder ver las partes que lo componen, y de ahí, entender su estructura (6). Para ello, se necesita conocer las palabras clave (1), términos que se han trabajado en el léxico de la actividad 1 (10) *–emanciparse, incorporarse al mercado laboral, volver al nido, estar en paro, retribuir un trabajo–*. De esta manera, es posible entender cada uno de los párrafos (5) y reconocer la relación entre ellos gracias a los conectores (2) y a las palabras que los relacionan. Los puntos 3, 4, 7 y 8 no son válidos para realizar esta tarea, ya que no están relacionados con la estrategia descrita.

Para trabajar otros conectores del discurso distintos a los que han aparecido en la actividad 1.2. se propone trabajar con la ficha 8.

Ficha 8. Conectores del discurso.

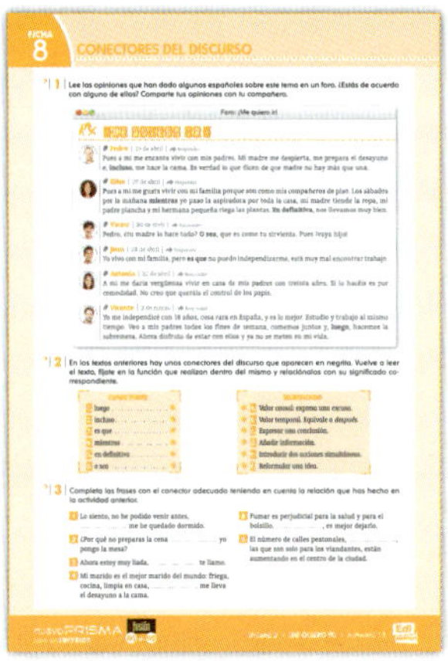

Dinámica. A través del formato textual de un foro, los alumnos van a leer las opiniones de varios españoles sobre el tema del artículo. Se trata de que indiquen si están o no de acuerdo con dichos comentarios aportando su propia opinión.

Si lo cree conveniente, puede proponer realizar la actividad en pequeños grupos en lugar de en parejas. Una vez hayan compartido sus opiniones, proponga que realicen las actividades 2 y 3 para trabajar los conectores del discurso.

2. 1. b; 2. d; 3. a; 4. e; 5. c; 6. f.

3. 1. es que; 2. mientras; 3. luego; 4. incluso; 5. En definitiva; 6. o sea.

1, 4, 2, 5, 6, 3.

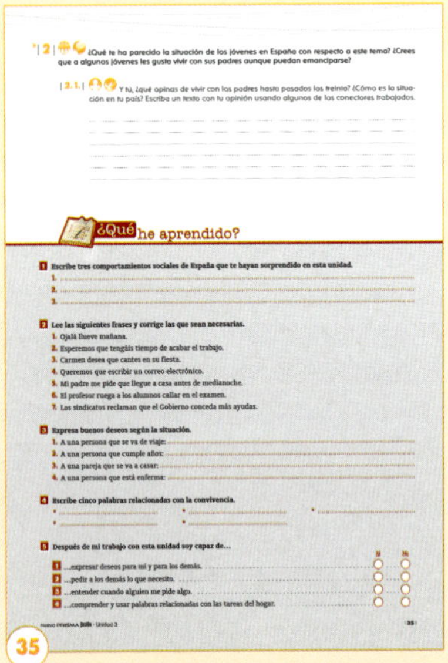

> 2 Como cierre del epígrafe, proponga que los estudiantes, en plenario, den su opinión sobre la situación actual que viven los jóvenes en España. Puede preguntarles si han tenido alguna vivencia o experiencia en España que corrobore la situación que plantea el artículo y, en caso afirmativo, pídales que la compartan con el resto de compañeros.

2.1. De manera individual, los estudiantes opinarán sobre este tema practicando la destreza escrita. Indíqueles que reflexionen acerca de cómo es la situación en su país, la expliquen y la comparen con la situación en España. Recuérdeles que para una organización coherente del texto deben utilizar los conectores correspondientes. Si lo cree conveniente, puede finalizar el epígrafe fomentando el intercambio intercultural. Para ello, pídales que comenten en plenario cómo es esta situación en sus respectivos países.

¿QUÉ HE APRENDIDO? 43

1. 1. Ojalá llueva mañana; 2. Correcta; 3. Correcta; 4. Queremos escribir un correo electrónico; 5. Correcta; 6. Correcta (también es posible: El profesor ruega a los alumnos que se callen en el examen); 7. Correcta.

3. Posibles respuestas: 1. Que tengas un buen viaje/Que te diviertas; 2. Que cumplas muchos más; 3. Que seáis muy felices; 4. Que te mejores.

ELEteca
Léxico. Los comportamientos sociales.

4 SOBRE GUSTOS, COLORES

El título de este epígrafe hace alusión al núcleo temático de esta unidad: Los gustos y las preferencias. La expresión "Sobre gustos, colores" engloba el significado de que cada persona tiene un gusto diferente, y lo que a uno le puede parecer bonito, a otro le puede parecer feo, ya sea en lo físico como en lo emocional. A lo largo de esta unidad el alumno aprenderá, por lo tanto, a expresar gustos y aversiones propias y de otras personas del entorno, además de aprender a describir objetos, lugares y personas, y a pedir información sobre si se sabe algo, o se conoce algo o a alguien. Para tal objetivo, se introducen los verbos de sensaciones y sentimientos con infinitivo y subjuntivo, los relativos *que* y *donde* con indicativo o subjuntivo (dependiendo de si el antecedente es conocido o desconocido) y los pronombres indefinidos. En relación al contenido cultural, los alumnos conocerán diferentes ciudades españolas e hispanoamericanas declaradas Patrimonio de la Humanidad por la Unesco y aspectos de la arquitectura española contemporánea. Se presentará léxico relacionado con el ocio y la arquitectura y textos referentes a anuncios a través de la web.

1 NOS DIVERTIMOS 36

En el primer epígrafe de la unidad se trabaja léxico relacionado con el ocio, y especialmente con los parques temáticos. Desde el punto de vista funcional, los alumnos expresarán sus gustos personales y de otras personas de su entorno, además de hablar de sus aficiones. El apartado gramatical centra su atención en la introducción de verbos de sensaciones y de sentimientos con infinitivo o subjuntivo: *Me gusta/encanta/molesta/fastidia/disgusta; Odio...*

> 1 Con esta primera actividad, planteada para realizar en plenario, se pretende establecer una primera toma de contacto por parte de los estudiantes con lugares de ocio y tiempo libre. Indíqueles que observen con atención las fotografías, y que comenten qué es lo que ven y qué tienen en común los lugares que aparecen en ellas para determinar finalmente cómo se llaman.

Son parques de atracciones temáticos.

1.1. Proponga a sus alumnos que, en parejas, escriban con sus propias palabras y sin ayuda del diccionario la definición de parque temático. A continuación, indíqueles que la comparen con las definiciones del resto de la clase y que escojan aquella que consideren que se adecua más al concepto de este término.

Un parque temático es un lugar donde hay atracciones para los visitantes, dedicadas a un tema en concreto.

i+ ELEteca
9. Los parques temáticos.

1.2. El objetivo de esta actividad es presentar a los estudiantes el léxico de las atracciones que se pueden encontrar en un parque temático. Para llevar a cabo la actividad, pídales que se unan en parejas o pequeños grupos, que observen con atención las fotos y que las relacionen con los nombres propuestos. Para una corrección final, haga una puesta en común.

1. A; 2. C; 3. E; 4. F; 5. B; 6. D.

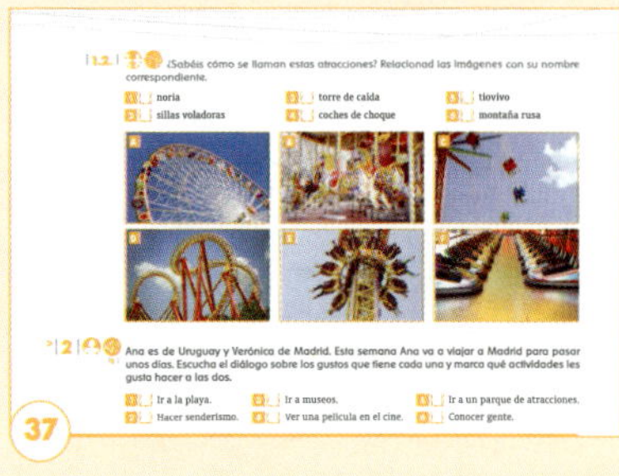

> 2 Antes de poner la audición, comente a sus estudiantes que van a escuchar la conversación de dos amigas. Ana, que es de Uruguay, va a viajar a Madrid

para pasar uno días con su amiga Verónica, y hablan de lo que les gustaría hacer estos días teniendo en cuenta sus gustos y preferencias. Una vez escuchada la audición, deben marcar aquellas actividades que les gusta hacer a las dos.

8

- **Ana:** Vero, ¡no te podés imaginar las ganas que tengo de ir a España a conocerte!
- **Verónica:** Y yo de que vengas. Además, ya verás qué bien nos lo vamos a pasar.
- **Ana:** Seguro que sí, pero tenemos que decidir qué vamos a hacer. ¿Preparaste ya una ruta turística?
- **Verónica:** No, mujer, primero quería hablarlo contigo. ¿Qué te gusta hacer?
- **Ana:** Bueno, ya sabés que me encanta ir a la playa, pero en Madrid es un poco complicado, ¿no?
- **Verónica:** Pues sí, bastante, pero siempre podemos ir al río Manzanares.
- **Ana:** Sí, sí, pero no es lo mismo... Bueno, en serio... También me gusta muchísimo hacer senderismo.
- **Verónica:** Pues eso sí que podemos hacerlo. Nos vamos a la sierra y ya está. Pero me extraña que te guste hacer eso, ¿tú no odiabas caminar y hacer ejercicio?
- **Ana:** No exactamente... Odio andar con prisas por la ciudad y también los gimnasios, pero caminar por el campo me encanta, me relaja muchísimo. Bueno, y vos, ¿qué querés hacer?
- **Verónica:** Lo del senderismo está bien, a mí también me gusta mucho andar por el campo. También podemos dedicar un par de días a los museos. Está el Prado, el Thyssen, el Reina Sofía... Son muy importantes...
- **Ana:** Pero seguro que vos ya los conocés y vas a aburrirte. No quiero que estés a disgusto. Se supone que debemos hacer cosas que nos gusten a las dos. Además a mí no me gusta demasiado andar de museo en museo, prefiero vivir más la calle...
- **Verónica:** Oye, me encanta que te preocupes así por mí, pero yo quiero que tú hagas todo lo que te apetezca. Eres mi invitada...
- **Ana:** Bueno... Muchas gracias... También me gustaría ir al cine a ver una película española, salir de tapas... ¡Ah! ¿Y sabés lo que me chifla? Los parques de atracciones...
- **Verónica:** ¡No me digas! ¡A mí me vuelven loca! Entonces conozco el sitio ideal: el parque Warner. Es un parque temático que reproduce el ambiente del cine de Hollywood y algunas de sus atracciones son fantásticas. ¿Sabes qué? Podemos ir con mi hermano. Le encantan estos sitios.
- **Ana:** ¡Perfecto!
- **Verónica:** Bueno, pues ve pensándolo y hablamos por Skype para concretar.
- **Ana:** Muy bien. Muchas gracias, Vero.
- **Verónica:** Ya ves... ¡Qué tontería! Venga, hasta pasado mañana.
- **Ana:** Adiós.

Hacer senderismo; Ir a un parque de atracciones.

2.1. Antes de proceder a la realización de la actividad, contextualícela debidamente. Los alumnos deben leer primero el cuadro para expresar gustos y aversiones, y completar, a continuación, el diálogo que mantienen Verónica, Alberto y Ana, eligiendo el verbo y modo adecuados, y siguiendo las indicaciones que están entre paréntesis. Adviértales que puede haber varias soluciones posibles. Para facilitar la realización y corrección de la actividad, puede utilizar la proyección 6; para profundizar en la práctica de los contenidos vistos, proponga la realización de la ficha 9.

Proyección 6. Expresar gustos y aversiones.

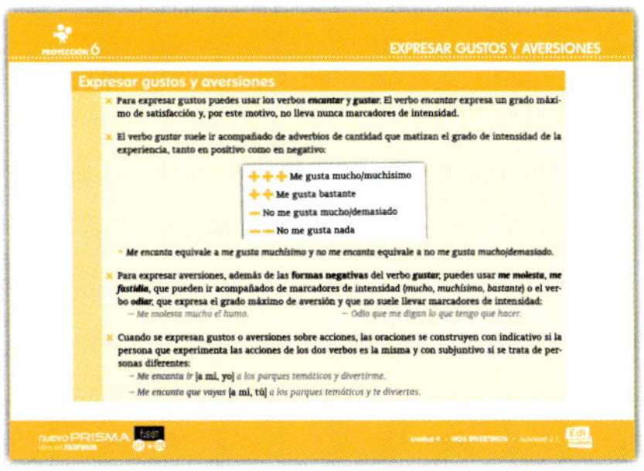

Dinámica. Proyecte el cuadro para expresar gustos y aversiones e indique a los alumnos que pueden apoyarse en él durante la realización de la actividad. Una vez hayan finalizado la tarea, mantenga la imagen proyectada para su corrección.

Ficha 9. Práctica para expresar gustos y aversiones.

Dinámica. Para consolidar el correcto uso de los verbos y expresiones sobre gustos y aversiones, entregue a los estudiantes la siguiente ficha para que trabajen de manera individual. Una vez que hayan finalizado, corríjala haciendo una puesta en común.

1. 1. Me encanta; 2. Me gusta bastante; 3. Me gusta; 4. No me gusta mucho/demasiado; 5. No me gusta nada; 6. Odio.

2. 1. grite; 2. ir; 3. mienta; 4. ir; 5. llevemos; 6. hagamos; 7. vivir, haya; 8. aprender, sean.

Posible respuesta. 1. Me encanta/gusta muchísimo; 2. No me gusta nada; 3. venir; 4. me encantaban/gustaban muchísimo; 5. odio; 6. persiga; 7. Me encanta/gusta mucho que; 8. suba; 9. No me gusta mucho/demasiado.

>3 La siguiente actividad tiene como objetivo practicar y consolidar el léxico y las expresiones aprendidas en este epígrafe de manera oral. Para ello, proponga a los estudiantes que se agrupen en parejas para comentar las preguntas. Si lo considera oportuno, indíqueles que las comenten también con otras parejas de la clase.

>4 A continuación, el alumno elaborará una lista de cinco actividades de ocio y tiempo libre, y completará el cuadro señalando la que le encanta, la que no le gusta demasiado y la que no le gusta nada. Además de volver a revisar el léxico de actividades de ocio y tiempo libre, se trata de una esquematización que servirá para realizar la siguiente actividad oral y grupal.

4.1. Para finalizar esta secuenciación de actividades de práctica y consolidación de las estructuras para expresar gustos y aversiones, proponga a los estudiantes que comenten las actividades que les gusten, señalando algún aspec-

37

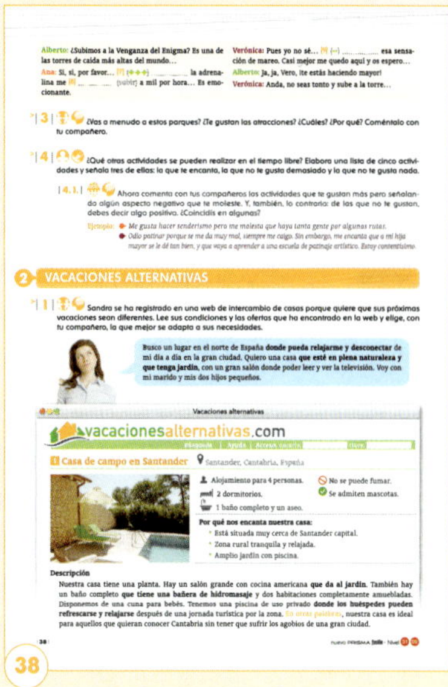

38

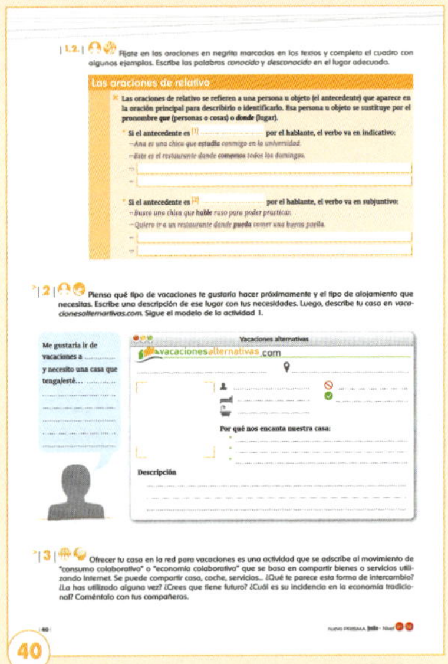

to que les moleste de las mismas y, al contrario, que comenten las actividades que menos les gustan señalando algún aspecto positivo de ellas.

Para seguir trabajando tanto el léxico de las actividades de ocio como las estructuras para expresar gustos y aversiones, puede realizar los ejercicios 1 a 3 de la unidad 4 del *Libro de ejercicios*.

2 VACACIONES ALTERNATIVAS 38

El tema central sobre el que trata este epígrafe son las vacaciones y las formas de viajar alternativas. El apartado textual centra su atención en el formato de los anuncios en la web, y en el apartado gramatical se presentan las oraciones de relativo con *que* y *donde* seguidos de indicativo o subjuntivo, además de hacer una revisión de los conectores del discurso: *sin embargo, aunque, ya que, en otras palabras.*

> 1 Esta actividad constituye, por un lado, un ejercicio de comprensión lectora donde se resumen datos básicos sobre tres ofertas de alojamiento para pasar unas vacaciones y, por otro, una actividad conversacional, de intercambio de opiniones, de justificación y de negociación entre los dos miembros de la pareja para decantarse por una de las tres ofertas. Recomiende a los estudiantes que lean con atención el lugar y las condiciones que a Sandra le gustaría encontrar en sus vacaciones y, a continuación, los tres anuncios. Para poder comentar y argumentar de forma más adecuada su discurso, remita a los estudiantes al cuadro de atención en el que se recuerdan el uso de algunos conectores del discurso y su función: contrastar ideas, expresar una causa o reformular lo que ya se ha expresado antes.

1.1. Proceda a una puesta en común en la que los estudiantes expresarán y argumentarán su decisión. En el caso de que no hayan coincidido en la respuesta, deben justificar sus argumentos con más precisión.

1.2. Actividad de reflexión gramatical en la que se presentan las oraciones de relativo. Indique a los alumnos que, de manera individual, vuelvan a leer el texto de Sandra y los anuncios fijando su atención en las expresiones señaladas en negrita para completar el cuadro con algunos de los ejemplos. Si lo cree conveniente, los alumnos pueden intercambiar y comentar su respuesta con otros compañeros de la clase antes de proceder a la corrección grupal. Para la misma, ayúdese de la proyección 7; y para seguir trabajando y consolidar el uso de las oraciones de relativo con los pronombres *que* y *donde*, utilice la ficha 10.

Proyección 7. Las oraciones de relativo.

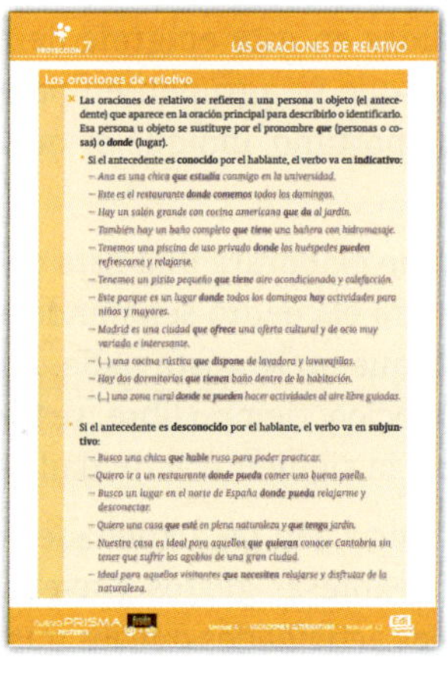

Dinámica. Proyecte el cuadro de las oraciones de relativo y proceda a completar el mismo con las respuestas de sus alumnos. En caso necesario, dé las explicaciones pertinentes y aporte más ejemplos.

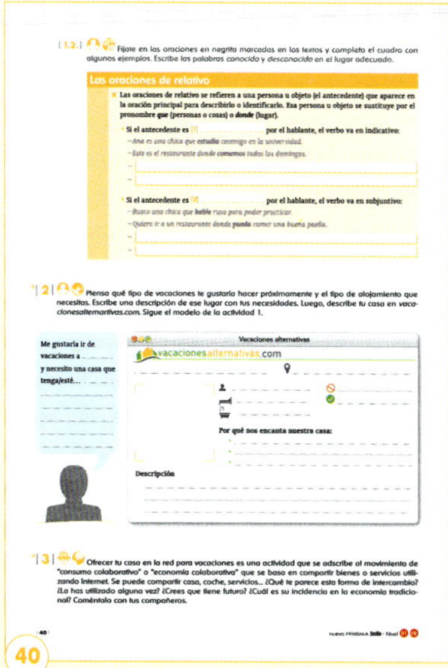

Ficha 10. Práctica de las oraciones de relativo.

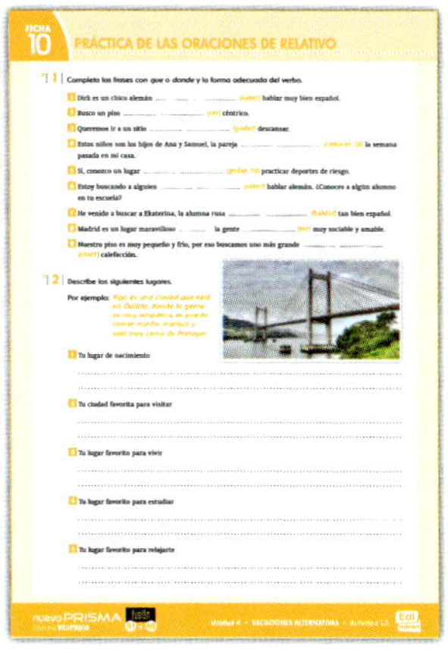

Dinámica. Entregue la siguiente ficha a los estudiantes y pídales que realicen las actividades de la misma de una manera individual y reflexiva. Una vez que hayan finalizado, corrija haciendo una puesta en común. Si lo considera oportuno, también puede indicar a sus alumnos que comparen en parejas antes de la corrección en plenario.

1. 1. que sabe; 2. que sea; 3. donde podamos; 4. que conociste; 5. donde puedes; 6. que sepa; 7. que habla; 8. donde … es; 9. que tenga.

1. conocido; Hay un salón grande con cocina americana que da al jardín; También hay un baño completo que tiene una bañera con hidromasaje; Tenemos una piscina de uso privado donde los huéspedes pueden refrescarse y relajarse; Tenemos un pisito pequeño que tiene aire acondicionado y calefacción; Este parque es un lugar donde todos los domingos hay actividades para niños y mayores; Madrid es una ciudad que ofrece una oferta cultural y de ocio muy variada e interesante; (…) una cocina rústica que dispone de lavadora y lavavajillas; Hay dos dormitorios que tienen baño dentro de la habitación; (…) una zona rural donde se pueden hacer actividades al aire libre guiadas; 2. desconocido; Busco un lugar en el norte de España donde pueda relajarme y desconectar; Quiero una casa que esté en plena naturaleza y que tenga jardín; (…) nuestra casa es ideal para aquellos que quieran conocer Cantabria sin tener que sufrir los agobios de una gran ciudad; Ideal para aquellos visitantes que necesiten relajarse y disfrutar de la naturaleza.

>2 El objetivo de la siguiente actividad es la práctica de la expresión escrita. Para ello, proporcione a los alumnos unos minutos para que, de manera individual, piensen en el tipo de vacaciones que les gustaría realizar próximamente y el tipo de alojamiento que necesitarían. Una vez lo hayan decidido, indíqueles que tomen como ejemplo el modelo de la actividad 1 y que escriban una descripción de ese lugar con sus necesidades. Si lo considera necesario, para guiar a los alumnos en el correcto uso de las oraciones de relativo, puede volver a proyectar la imagen 7 del cuadro gramatical durante la realización de la actividad.

>3 En plenario, los alumnos van a comentar y a dar su opinión sobre esta nueva alternativa de practicar turismo denominada "consumo colaborativo" o "economía colaborativa". Pídales que den su opinión sobre cuáles son para ellos los aspectos positivos y los negativos a la hora de practicarla y si piensan que se puede ampliar a otro tipo de servicios y a cuáles. Si lo cree conveniente, puede extender esta actividad fomentando el componente intercultural, invitando a los alumnos a que comenten si es habitual en sus culturas este movimiento y que lo expliquen.

Para seguir trabajando las oraciones de relativo con antecedente conocido o desconocido introducidas por *que* y *donde*, puede realizar los ejercicios 4 a 7 de la unidad 4 del *Libro de ejercicios*.

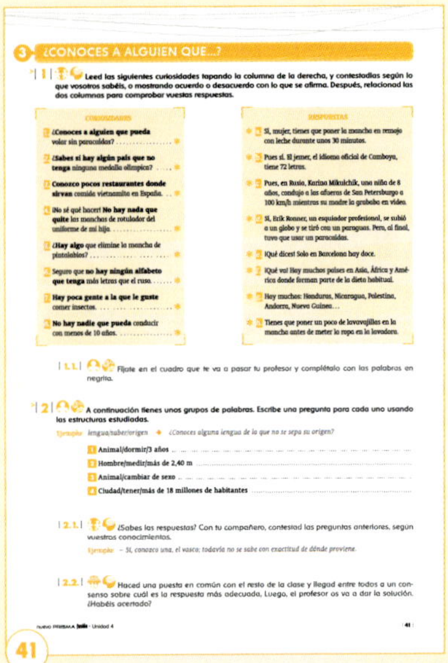

¿CONOCES A ALGUIEN QUE...?

3 ¿CONOCES A ALGUIEN QUE...? 41

En este breve epígrafe se presenta un nuevo contenido funcional: pedir información sobre si se sabe algo, o se conoce algo o a alguien. Para ello, se hace un recordatorio de los pronombres indefinidos.

> 1 Comience el epígrafe con la siguiente actividad propuesta para realizar en parejas. Explique a los alumnos el funcionamiento de la misma, indicándoles que primero deben tapar la columna de "respuestas" y, a continuación, leer la columna de "curiosidades", responder a las preguntas según los conocimientos que ellos tengan, y mostrar acuerdo o desacuerdo con las afirmaciones. Antes de destapar la columna de respuestas puede proponer que comenten las que ellos han dado con otras parejas de la clase. Finalmente, se procede a destapar la columna de respuestas y se relacionan las columnas. Realice una puesta en común para una corrección final.

1. d; 2. g; 3. e; 4. a; 5. h; 6. b; 7. f; 8. c.

1.1. Actividad de reflexión funcional y gramatical en la que los alumnos, completando el cuadro de la ficha 11, analizarán una nueva función: preguntar y responder por la existencia de algo; además, recordarán los pronombres indefinidos.

Ficha 11. Preguntar y responder por la existencia de algo.

PREGUNTAR Y RESPONDER POR LA EXISTENCIA DE ALGO

Dinámica. Reparta la ficha 11 a sus alumnos e indíqueles que, de manera individual o manteniendo las parejas de antes, vuelvan a leer la columna de curiosidades de la actividad anterior, prestando especial atención a las expresiones señaladas en negrita, y que completen con ellas los espacios en blanco del cuadro.

1. algo; 2. alguien; 3. nada; 4. ningún; Conozco pocos restaurantes donde sirvan comida vietnamita en España; Hay poca gente a la que le guste comer insectos.

> 2 Con esta actividad se ponen en práctica las estructuras para preguntar por la existencia de algo estudiadas en la actividad anterior. Indique a los alumnos que, tomando el ejemplo y el cuadro funcional de la actividad 1.1. como referencia, construyan una frase para cada grupo de palabras y la escriban.

Posible respuesta. 1. ¿Conoces algún animal que duerma tres años?; 2. ¿Conoces a algún hombre que mida más de 2,40 m?; 3. ¿Hay algún animal que cambie de sexo?; 4. ¿Sabes si hay alguna ciudad que tenga más de 18 millones de habitantes?

2.1. En parejas, los alumnos deberán contestar, según su conocimiento del mundo, a las preguntas que han elaborado en la actividad anterior.

2.2. Actividad que cierra el epígrafe y la secuencia de actividades sobre la práctica de las estructuras para preguntar y responder sobre la existencia de algo. En plenario, los alumnos deberán comentar todas las respuestas y llegar a un consenso sobre cuáles son las más apropiadas. Finalmente, proceda a dar las soluciones.

1. No, pero el koala es el animal que más horas duerme, ya que duerme 22 horas por día; 2. Sultan Kösen, de Turquía, nacido en 1982, mide 2,51 m.; 3. Algunos animales cambian de sexo como el pez payaso, el caracol marino o las estrellas de mar, entre otros; 4. Ciudades como Pekín, Río de Janeiro o Ciudad de México, entre otras, tienen más de 18 millones de habitantes.

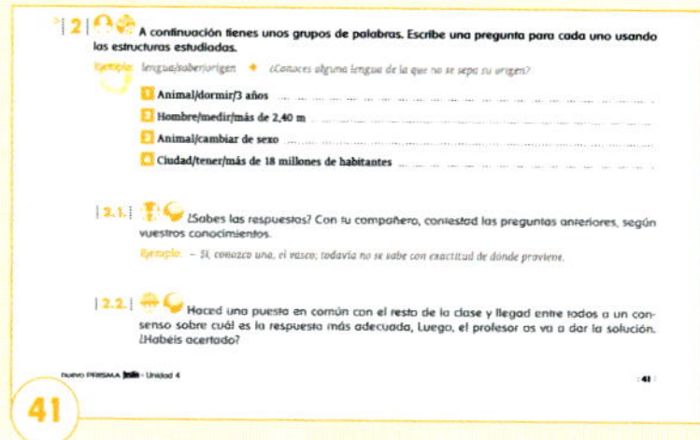

Si desea seguir trabajando las estructuras para hablar y preguntar sobre la existencia de algo o alguien, así como los indefinidos, proponga la realización del ejercicio 8 de la unidad 4 del *Libro de ejercicios*.

4 EDIFICIOS FAMOSOS 42

Como su título indica, en este epígrafe se presentan edificios famosos pertenecientes a la arquitectura española contemporánea, además de hacer un recorrido por diferentes ciudades españolas e hispanoamericanas declaradas Patrimonio de la Humanidad por la Unesco. En el apartado estratégico, se propone una reflexión sobre las herramientas y estrategias que los alumnos han utilizado para optimizar su tarea en el trabajo cooperativo.

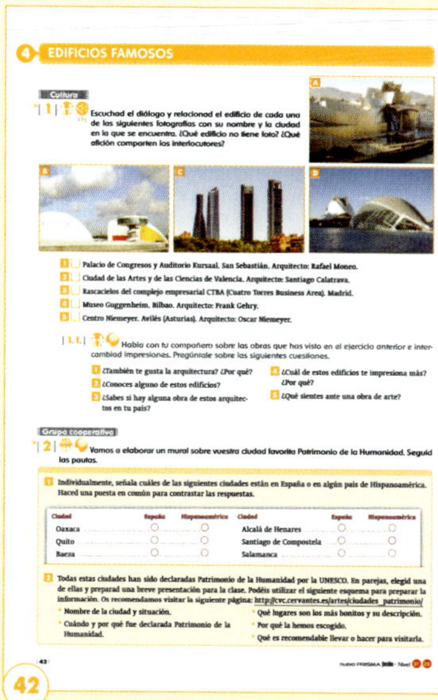

> 1 En esta primera actividad del epígrafe el alumno va a escuchar el diálogo entre dos amigos, Carlos y Marta. Marta ha regresado de su viaje a España y le cuenta a su amigo los lugares que ha visitado. Para contextualizar el diálogo puede, en primer lugar, pedir a los alumnos que observen las fotografías y comenten si reconocen los edificios que aparecen en ellas y si los han visto alguna vez. No se detenga demasiado en este punto, ya que se trata tan solo de presentar la actividad. A continuación, indíqueles que lean con atención las instrucciones y proceda a la escucha de la actividad. Si lo considera necesario, déjeles escuchar la audición por segunda vez.

El edificio que no tiene foto es el Palacio de Congresos y Auditorio Kursaal; A los dos les gusta la arquitectura; 2. D; 3. C; 4. A; 5. B.

9

- **Marta:** ¡Hola, Carlos! ¿Cómo estás?
- **Carlos:** Pues, muy bien, ¿y tú, cómo estás? ¿Qué tal tu viaje a España? Cuéntamelo todo, por favor.
- **Marta:** Pues fue genial. Mirá, primero fuimos a Avilés, en Asturias, a visitar el Centro Cultural Oscar Niemeyer, ¿sabés? Es el arquitecto que creó la ciudad de Brasilia.
- **Carlos:** Sí, sí. Esa obra es considerada por la UNESCO Patrimonio de la Humanidad, ¿verdad?
- **Marta:** Sí. Es un lugar precioso, magnífico, donde se realizan numerosas actividades dedicadas a la educación, la cultura y la paz: exposiciones, danza, *ballet*, conciertos, conferencias… Es todo blanco, amarillo y rojo.
- **Carlos:** Y luego, ¿a dónde fueron?
- **Marta:** Después, fuimos a San Sebastián, una ciudad bellísima. Allí visitamos el Palacio de Congresos y Auditorio Kursaal.
- **Carlos:** No oí nunca hablar de él.
- **Marta:** Allí es donde se celebra el Festival de Cine de San Sebastián, así que imaginate, maravilloso. Su diseño, de líneas rectas y geométricas, construido en cristal, contrasta con la arquitectura clásica de San Sebastián. Es del arquitecto Rafael Moneo.

4 EDIFICIOS FAMOSOS

Cultura

1 Escuchad el diálogo y relacionad el edificio de cada una de las siguientes fotografías con su nombre y la ciudad en la que se encuentra. ¿Qué edificio no tiene foto? ¿Qué afición comparten los interlocutores?

A B C D

1 [ ] Palacio de Congresos y Auditorio Kursaal. San Sebastián. Arquitecto: Rafael Moneo.
2 [ ] Ciudad de las Artes y de las Ciencias de Valencia. Arquitecto: Santiago Calatrava.
3 [ ] Rascacielos del complejo empresarial CTBA (Cuatro Torres Business Area). Madrid.
4 [ ] Museo Guggenheim. Bilbao. Arquitecto: Frank Gehry.
5 [ ] Centro Niemeyer. Avilés (Asturias). Arquitecto: Oscar Niemeyer.

1.1. Habla con tu compañero sobre las obras que has visto en el ejercicio anterior e intercambiad impresiones. Pregúntale sobre las siguientes cuestiones.

1. ¿También te gusta la arquitectura? ¿Por qué?
2. ¿Conoces alguno de estos edificios?
3. ¿Sabes si hay alguna obra de estos arquitectos en tu país?
4. ¿Cuál de estos edificios te impresiona más? ¿Por qué?
5. ¿Qué sientes ante una obra de arte?

Grupo cooperativo

2 Vamos a elaborar un mural sobre vuestra ciudad favorita Patrimonio de la Humanidad. Seguid las pautas.

1. Individualmente, señala cuáles de las siguientes ciudades están en España o en algún país de Hispanoamérica. Haced una puesta en común para contrastar las respuestas.

Ciudad	España	Hispanoamérica	Ciudad	España	Hispanoamérica
Oaxaca	○	○	Alcalá de Henares	○	○
Quito	○	○	Santiago de Compostela	○	○
Baeza	○	○	Salamanca	○	○

2. Todas estas ciudades han sido declaradas Patrimonio de la Humanidad por la UNESCO. En parejas, elegid una de ellas y preparad una breve presentación para la clase. Podéis utilizar el siguiente esquema para preparar la información. Os recomendamos visitar la siguiente página: http://cvc.cervantes.es/artes/ciudades_patrimonio/
- Nombre de la ciudad y situación.
- Cuándo y por qué fue declarada Patrimonio de la Humanidad.
- Qué lugares son los más bonitos y su descripción.
- Por qué la hemos escogido.
- Qué es recomendable llevar o hacer para visitarla.

43

nuevo PRISMA fusión · Nivel B1 B2

42

○ **Carlos:** ¿Fueron a algún concierto?

● **Marta:** Sí. Asistimos a una pequeña representación de ópera en la que cantaba Ainhoa Arteta.

○ **Carlos:** ¡Qué maravilla! ¡Cómo me habría gustado estar allí con ustedes!

● **Marta:** La verdad es que Pedro y yo nos acordamos mucho de vos, Carlos. Después viajamos a Bilbao, también en el País Vasco, y vimos el Museo Guggenheim, del arquitecto canadiense Frank O. Gehry.

○ **Carlos:** ¿Y les gustó?

● **Marta:** ¡Claro que nos gustó! ¡Nos gustó muchísimo! ¿Sabías que está construido todo en líneas curvas? Tiene una forma muy, muy original, y está cubierto de titanio. En su interior vimos una exposición de pintura de la fundación Guggenheim, interesantísima.

○ **Carlos:** ¡Guau! ¿Visitaron algo más después?

● **Marta:** Sí. Todavía viajamos a dos lugares más…

○ **Carlos:** ¿A cuáles?

● **Marta:** Pues…, fuimos a Madrid. Allí visitamos las Cuatro Torres Business Area.

○ **Carlos:** ¿Y?

● **Marta:** Impresionantes también. Esta zona es un parque empresarial, construido sobre la antigua Ciudad Deportiva del Real Madrid. Tiene cuatro rascacielos, que son los edificios más altos de España: la torre Bankia, la torre PwC, la torre de Cristal y la torre Espacio. La torre de Cristal es la más alta de todas, con 249 metros de altura.

○ **Carlos:** Bueno, ¿y qué hay allí?

● **Marta:** La mayor parte de los pisos son oficinas. También hay un hotel y un jardín en la parte más alta de la torre de Cristal que nos encantó. Luego nos fuimos a Valencia para conocer la Ciudad de las Artes y las Ciencias, del famoso arquitecto valenciano Santiago Calatrava, ese que ha diseñado tantos edificios y construcciones en todo el mundo. Lo que más me gustó fue el edificio en forma de ojo, L'Hemisfèric se llama. Impresionante.

○ **Carlos:** ¡Madre mía! ¡Qué interesante!

● **Marta:** Sí, la verdad es que sí, ¡fue un viaje muy completo!

1.1. En parejas, los estudiantes comentan las siguientes preguntas que aluden a las obras de la actividad anterior. Indíqueles que no es necesario que conozcan estos edificios, se trata de que comenten las impresiones y sensaciones que les produce ver las fotografías. A continuación, puede proponer una puesta en común para intercambiar sus sensaciones y conocimientos. Para terminar, puede ampliar la información sobre estas obras en el apartado de la ELEteca y transmitírsela a los alumnos.

i+ ELEteca

10. Algunos edificios emblemáticos de la arquitectura española contemporánea.

>2 Para poner casi punto final al epígrafe, se propone esta tarea de trabajo cooperativo en la que los alumnos elaborarán un mural sobre su ciudad favorita Patrimonio de la Humanidad. Antes de proceder a la tarea de trabajo en equipo, deben de señalar dónde se encuentran las ciudades del listado: en España o en Latinoamérica. Realice una puesta en común para su corrección. A continuación, en parejas, van a escoger una de las ciudades anteriores y, siguiendo el esquema propuesto, prepararán una presentación para el resto de la clase. Anímelos a que entren en el enlace http: //cvc.cervantes.es/artes/ciudades_patrimonio/ para documentarse. Una vez escuchadas las presentaciones de todos los compañeros, comienza el trabajo en equipo. Entre todos, deberán escoger la ciudad que les parece más interesante para visitar y elaborar un mural para colgar en el aula con la información más relevante y el itinerario del viaje.

1. Ciudades en España: Baeza; Córdoba; Toledo; Alcalá de Henares; Santiago de Compostela; Salamanca; Cáceres; Ciudades de Hispanoamérica: Oaxaca; Quito; Santo Domingo.

i+ ELEteca
11. Ciudades españolas e hispanoamericanas declaradas Patrimonio de la Humanidad por la Unesco.

>3 El trabajo estratégico que aquí se plantea es una reflexión sobre las herramientas y mecanismos que los alumnos han utilizado para hacer efectivo el trabajo cooperativo. Una vez hayan reflexionado de manera individual, proponga una comparación del resultado en común para poder aprender entre todos de las técnicas utilizadas.

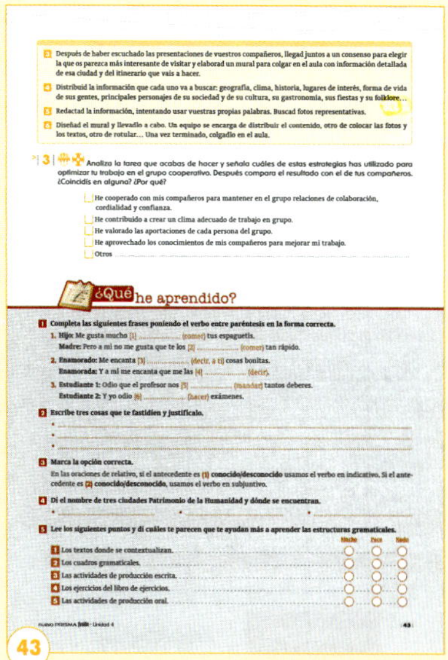

¿QUÉ HE APRENDIDO? 43

1. 1. comer; 2. comas; 3. decirte; 4. digas; 5. mande; 6. hacer.

3. 1. conocido; 2. desconocido.

abc ELEteca
Léxico. Tres ciudades españolas.

5 LOS SENTIMIENTOS

5 LOS SENTIMIENTOS

1 CAMBIA CON UN CLIC

1 Estos imágenes pertenecen a plataformas de activismo online. ¿Las conocéis? ¿Qué sabéis de ellas?

change.org

MoveOn.ORG

oiga.me

actuable

2 Con tu compañero, elige el término de la lista al que se refiere la siguiente definición. Razona tu respuesta.

44

Las actitudes y comportamientos de la sociedad ante ciertas situaciones provocan sentimientos y reacciones, tanto positivos como negativos, y las redes sociales y las plataformas digitales son el medio más actual para expresarlos. En la presente unidad se estudiarán los verbos y estructuras que sirven para expresar sentimientos y quejas (*Me molesta/irrita/da vergüenza/Es intolerable*...), y que pueden ir acompañados de infinitivo o subjuntivo. Se estudiarán también los adjetivos que cambian de significado según vayan con *ser* o con *estar* y, como contenido cultural, se conocerán los productos españoles con Denominación de Origen.

1 CAMBIA CON UN CLIC 44

Las plataformas de activismo *online* serán el punto de partida para aprender a expresar los sentimientos negativos y el léxico referido a dichos sentimientos. Se trata, en definitiva, de que los alumnos interactúen en alguna de estas plataformas expresando lo que les molesta o fastidia.

> 1 En la presente actividad se aportan imágenes de algunas de las plataformas de activismo que se pueden encontrar en Internet y se pide a los estudiantes que las comenten. Si lo prefiere, puede realizar esta actividad mostrando imágenes de otras plataformas que crea más convenientes o rentables. El objetivo es averiguar qué información ya conocen los alumnos sobre el tema y, a partir de ahí, proporcionarles la información adicional que necesiten para introducirlos en las actividades sucesivas de este epígrafe. Para ello, puede recurrir a la ELEteca.

i+ ELEteca
12. Plataformas: Change.org, MoveOn.org, Oiga.me y Actuable.

> 2 A partir de la definición de este término se puede comentar con los alumnos que el clictivismo nos convierte en ciudadanos más activos y conscientes, y nos permite, además, visualizar un cierto termómetro social, con una demostración de apoyo a la opinión ante un tema. El clictivismo se adecua a los tiempos de hoy demostrando que es una manera válida de adaptar los mecanismos de respuesta de la sociedad, donde todos pueden difundir su opinión gracias a estas sencillas herramientas.
el clictivismo.

i+ ELEteca
13. El clictivismo.

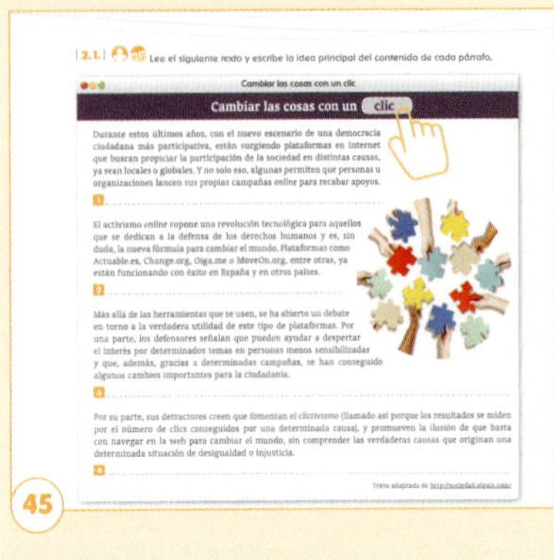
2.1. Lee el siguiente texto y escribe la idea principal del contenido de cada párrafo.

Cambiar las cosas con un clic

45

2.1. Actividad de comprensión lectora en la que los estudiantes deberán leer un texto para extraer la idea principal de cada párrafo. Advierta a los estudiantes que deben realizar una lectura silenciosa y global para comprender la idea esencial que transmiten los párrafos sin detenerse en comprender todas las palabras, puesto que en la siguiente actividad se trabajará el léxico en profundidad.

Posible respuesta. 1. Están surgiendo plataformas en Internet que buscan propiciar la participación ciudadana en distintas causas; 2. El activismo *online* supone una revolución tecnológica para los defensores de los derechos humanos y es la nueva fórmula para cambiar el mundo; 3. Se ha abierto un debate sobre la verdadera utilidad de estas plataformas, ya que, por una parte, se han conseguido algunos cambios importantes para los ciudadanos; 4. Por otra parte, sus detractores creen que fomenta el clictivismo, al promover la ilusión de que basta con navegar en la web para cambiar el mundo.

2.2. Actividad de corte estratégico en la que se trabaja el léxico de la actividad 2.1. Es el momento de pedir a los estudiantes que fijen su atención en todas aquellas palabras que no entienden del texto que han leído. En uno de los cuadros de la actividad deberán anotar las palabras que hayan podido deducir por el contexto, y en el otro cuadro, las que no entiendan ni sean capaces de deducir. Estas últimas deberán buscarlas en el diccionario. En este nivel, se aconseja trabajar con un diccionario monolingüe en español. Sin embargo, si lo cree más conveniente en función de las necesidades de los estudiantes, puede ofrecerles que trabajen con un diccionario bilingüe.

Una vez los alumnos hayan completado los cuadros y buscado en el diccionario el significado de las palabras pertinentes, realice una puesta en común para comprobar los resultados, asegurándose de que, de las palabras buscadas en el diccionario, han elegido la acepción correcta según el contexto. El objetivo es concienciar al estudiante de que puede deducir muchas palabras por el contexto en el que aparecen y que, consecuentemente, aplique esta estrategia en futuras lecturas.

2.3. Para promover la interacción oral, se ofrecen algunos temas relevantes que suelen encontrarse en las plataformas *online*. Se trata de temas aleatorios, por lo que, en función del perfil de los estudiantes, se pueden sugerir por parte del profesor o de los estudiantes otros temas.

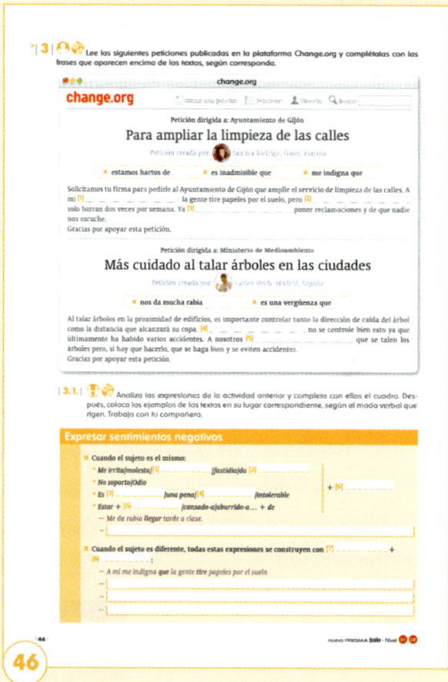

>3 El objetivo de esta actividad es el de presentar algunas estructuras que sirven para expresar sentimientos negativos. La plataforma Change.org servirá para contextualizarlas. Los estudiantes deberán completar las peticiones que aparecen en la actividad deduciendo cuál de las alternativas propuestas es la más apropiada. Si el profesor lo cree necesario, puede extender esta actividad con la ficha 12.

Ficha 12. Interactuamos en la plataforma.

Dinámica. Se entrega la ficha a los estudiantes y se les indica que completen otras peticiones de la plataforma con las expresiones de sentimientos negativos propuestas y el uso del subjuntivo o infinitivo.

1. Es inadmisible que debamos esperar meses en algunos casos; 2. Ya estamos hartos de poner reclamaciones; 3. Es una vergüenza que en nuestro país cada vez más adolescentes padezcan problemas de obesidad; 4. me da mucha rabia que aquí no se haga; 5. me indigna que puedan plantearse rebajarlas; 6. me fastidia que no se pongan en situación de quien si lo hace.

1. me indigna que; 2. es inadmisable que; 3. estamos hartos de; 4. Es una vergüenza que; 5. nos da mucha rabia.

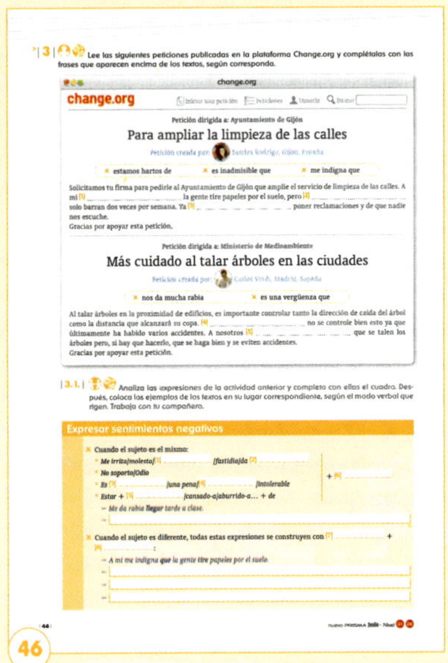

3.1. Actividad gramatical en la que se aborda la función comunicativa de expresar sentimientos negativos. Los estudiantes deberán completar de manera deductiva el cuadro funcional con las estructuras gramaticales de la actividad anterior para expresar quejas y sentimientos negativos. Para la corrección, se recomienda utilizar la proyección 8.

Proyección 8. Expresar sentimientos negativos.

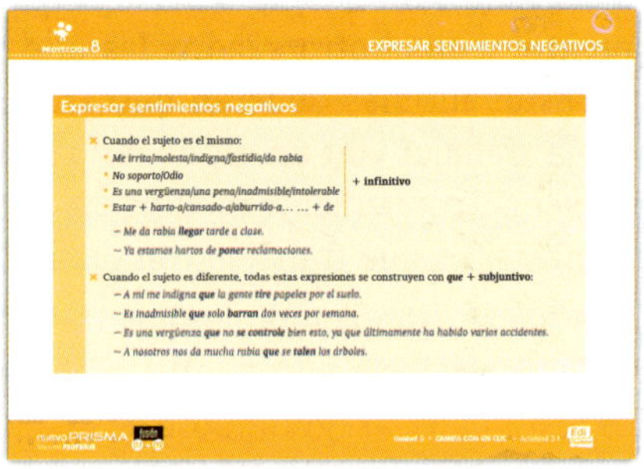

Dinámica. Proyecte el cuadro para expresar sentimientos negativos y proceda a completar el mismo poniendo en común las respuestas de sus alumnos. Se trata de consolidar estas nuevas estructuras, así que asegúrese de que los estudiantes las han entendido y aclare las dudas que puedan plantearse, incidiendo en la diferencia de uso del subjuntivo o del infinitivo en función de si el sujeto de las dos oraciones es diferente o el mismo.

1. indigna; 2. rabia; 3. una vergüenza; 4. inadmisible; 5. harto-a; 6. infinitivo; Ya estamos hartos de poner reclamaciones; 7. que; 8. subjuntivo; Es inadmisible que solo barran dos veces por semana; Es una vergüenza que no se controle bien esto, ya que últimamente ha habido varios accidentes; A nosotros nos da mucha rabia que se talen los árboles.

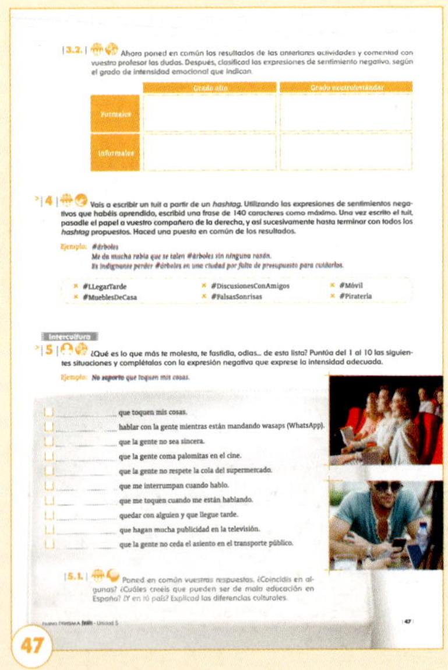

3.2. Una vez consolidado el aprendizaje de las expresiones de sentimientos negativos, se realiza esta actividad para determinar el grado de formalidad y de intensidad emocional que expresa cada una de ellas. Es importante que el alumno comprenda la carga emocional de cada expresión para poder transmitir, después, aquello que realmente siente. Si lo cree oportuno, proponga realizar una traducción contrastiva de dichas expresiones, lo cual puede ayudar a los alumnos a comprender la diferencia entre las distintas formas.

	Grado alto	Grado neutro/estándar
Formales	es intolerable; es inadmisible	me indigna
Informales	es una vergüenza; odio; me irrita; estoy harto/a de; me da rabia; no soporto	es una pena; estoy cansado/a de; me fastidia; estar aburrido/a de; me molesta

>4 Actividad de escritura colectiva en la que, siguiendo el modelo y a partir de un *hashtag*, se propone que los estudiantes escriban frases utilizando las expresiones de sentimientos negativos aprendidas a modo de tuit. Esta tarea probablemente les resulte familiar a la mayoría de sus estudiantes, ya que ellos están habituados a comunicarse a través de las redes sociales. A pesar de que el lenguaje de los tuits pertenece al ámbito de la oralidad, tenga en cuenta que se propone como una actividad de escritura, por lo que la realización y corrección de la misma será la adecuada a este propósito. También cabe destacar que, en esta actividad, el estudiante está interactuando según las opiniones de los compañeros, por lo que es muy importante que, antes de escribir, lea y comprenda los mensajes que escriben los demás para facilitar que fluya la interacción en la posterior discusión en plenario.

> 5 El objetivo que se persigue en esta actividad no es solo que el alumno exprese sus sentimientos acerca de las situaciones que se presentan, sino que sea capaz de darle la intensidad que quiera expresar según lo aprendido en la actividad 3.2. de este mismo epígrafe. Deles tiempo para que realicen la actividad de forma individual y paséese por la clase para supervisar que están realizando bien el trabajo.

5.1. Una vez los alumnos hayan realizado la actividad 5, proceda a una puesta en común en plenario. Seguramente la opinión de los estudiantes estará condicionada por su cultura, lo cual propiciará un intercambio sociocultural, poniendo de manifiesto sus opiniones en contraste a cómo pueden cambiar si se ven desde el punto de vista de otra cultura.

En el caso de la cultura española, si los alumnos no lo comentan durante su puesta en común, puede explicarles los siguientes comportamientos culturales:

Interrumpir al interlocutor en una conversación no se considera de mala educación, si el objetivo es añadir o corregir información sobre lo que está diciendo; tampoco es una falta de respeto solapar con nuestras palabras su posible intervención. Por otro lado, la cultura española forma parte de las denominadas "culturas de contacto"; eso significa que la distancia que se guarda entre los interlocutores es menor que en otras culturas. Asimismo, los españoles tienen costumbre de tocar al interlocutor, dependiendo del grado de familiaridad que mantengan, dando unos golpecitos en el brazo, en el hombro, etc.; también pueden abrazar o pasarle la mano por la espalda a alguien para consolarlo o animarlo. En cuanto al tópico español de la impuntualidad, no está mal vista, teniendo en cuenta que es una convención social dar un margen de tiempo de cortesía a las personas que acuden a una cita.

Para seguir trabajando la expresión de sentimientos negativos y quejas, puede realizar los ejercicios 1 a 4 de la unidad 5 del *Libro de ejercicios*.

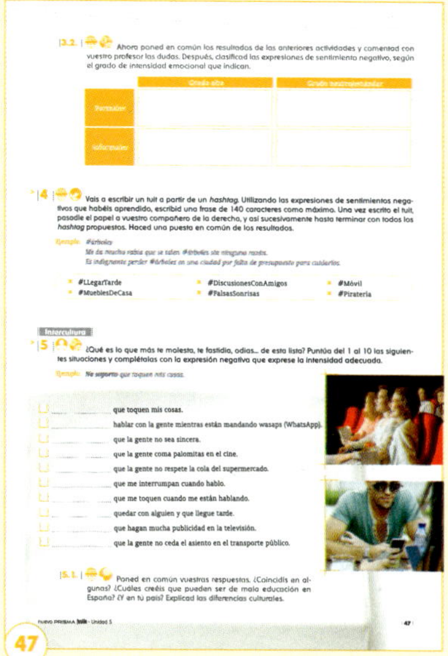

47

2 ¿CÓMO TE SIENTES? 48

Este epígrafe amplía la expresión de sentimientos a partir de un cuento, *La isla de los sentimientos* de Jorge Bucay, y de un programa de radio en el que varios ciudadanos expresan sus sentimientos a través de un reportaje en la calle. Se consolidan, así, las mismas estructuras gramaticales que se han trabajado en el epígrafe anterior.

> 1 Se propone a los estudiantes escuchar el cuento *La isla de los sentimientos* de Jorge Bucay. Antes de poner la audición, ínsteles a leer las preguntas que se formulan en la actividad para que, al escuchar, centren su atención en la información que responde a las mismas y que les ayudará a comprender el cuento. Una vez realizada la actividad, invite a los alumnos a comparar sus respuestas para que, de este modo, puedan reformular la historia con sus propias palabras. Finalmente, dado que el final del cuento queda abierto, los alumnos deberán inventarse uno. Puede proponer realizar esta última parte de la actividad de modo individual o en parejas, y proceder después a una puesta en común en plenario.

48

La isla de los sentimientos

10 Érase una vez una isla donde vivían todos los sentimientos... la alegría, la tristeza, y muchos más, incluyendo el amor. Un día les dijeron que la isla se iba a hundir y todos los sentimientos se apresuraron a abandonarla. Subieron a sus barcos y se prepararon a partir rápidamente. Solo el Amor se quedó en ella, quería estar un rato más con la isla que tanto amaba antes que desapareciera. Al fin, con el agua al cuello y casi ahogado, el Amor comenzó a pedir ayuda. Se acercó a la Riqueza que pasaba en un lujoso yate y el Amor dijo:

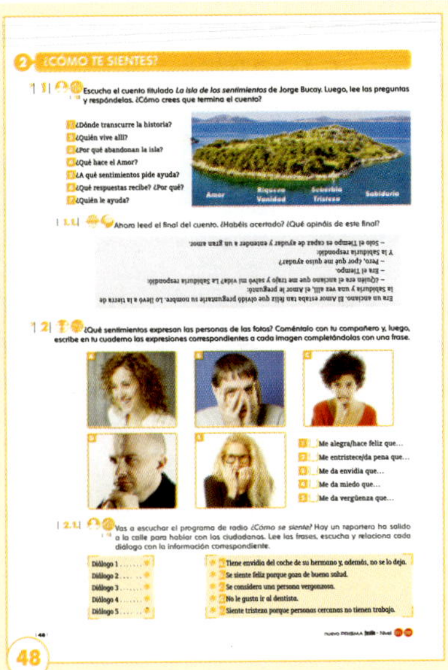

AMOR: Riqueza, llévame contigo.

La Riqueza contestó:

RIQUEZA: No puedo, hay mucho oro y plata en mi barco, no hay espacio para ti.

Le pidió ayuda a la Vanidad:

AMOR: Vanidad, por favor, ayúdame.

VANIDAD: Imposible, Amor, estás mojado y ensuciarás mi barco nuevo.

Pasó la Soberbia, a la que pidió también ayuda.

SOBERBIA: Quítate de mi camino o te paso por encima.

Como pudo, el Amor se acercó al yate del Orgullo, y una vez más, solicitó ayuda. La respuesta fue una mirada despectiva. Entonces, el Amor pidió ayuda a la Tristeza:

AMOR: Tristeza, ¿me dejas ir contigo?

TRISTEZA: ¡Ay, Amor!, tú sabes que siempre ando sola y prefiero seguir así.

Pasó la Alegría, estaba tan ocupada que no oyó al Amor llamarla. Desesperado, el Amor comenzó a llorar. Fue entonces cuando una voz le dijo:

"Ven, Amor, yo te llevo".

1. En una isla; 2. Todos los sentimientos: la Alegría, la Tristeza, y muchos más, incluyendo el Amor; 3. Porque les dicen que la isla se va a hundir; 4. Se queda en ella, quiere estar un rato más con la isla que tanto ama, antes de que desaparezca; 5. A la Vanidad, la Soberbia, el Orgullo, la Tristeza y la Alegría; 6. Nadie le ayuda. La Vanidad le dice que está mojado y ensuciaría su barco; la Soberbia le dice que si no se quita de su camino, le pasaría por encima; el Orgullo lo mira despectivamente; la Tristeza le dice que prefiere estar sola; la Alegría no oye al Amor llamarla; 7. El Tiempo.

i+ ELEteca

14. Biografía de Jorge Bucay.

1.1. Se ofrece el final real del cuento, de manera que los estudiantes puedan comprobar si sus hipótesis coinciden con el mismo. Acláreles que el hecho de no coincidir no implica que no hayan comprendido el cuento, y que lo importante es que su final hipotético sea consecuente con la historia que han escuchado. A continuación, anime a sus estudiantes a que comenten el final real de la historia, y que den su opinión sobre ella y sobre la moraleja que encierra.

> 2 A partir de las imágenes presentadas, los alumnos, en parejas, deberán ponerse de acuerdo sobre los sentimientos que estas transmiten. Esta actividad favorecerá la interacción, ya que un mismo gesto o expresión puede interpretarse de distinta forma. Posteriormente, una vez se hayan puesto de acuerdo y se haya corregido en plenario la solución de esta primera parte, proponga a sus alumnos que completen en sus cuadernos las frases con las expresiones correspondientes a cada imagen. Se trata de una actividad preparatoria para la secuencia que se desarrollará en las siguientes actividades.

Posible respuesta. 1. A. Me alegra/hace feliz que vengas conmigo a la fiesta; 2. D. Me entristece/da pena que mi amiga esté tan deprimida; 3. C. Me da envidia que hagas un viaje tan interesante; 4. E. Me da miedo que se duerma conduciendo y que tenga un accidente; 5. B. Me da vergüenza que me hagan halagos.

2.1. En la siguiente actividad, los alumnos escucharán un programa de radio en el que se realizan algunas entrevistas a diferentes ciudadanos que expresan cómo se sienten. Antes de poner la audición, indíqueles que lean las frases que resumen cada una de las cinco entrevistas, de manera que les resulte más fácil enfrentarse a la escucha y focalizar la misma.

Diálogo 1

11 Reportero: ¿Qué le da miedo?

Mónica: ¿Miedo? Pues no sé, me da miedo ir al dentista.

Diálogo 2

● **Reportero:** Sí, sí. ¿Qué le hace feliz?

○ **Roberto:** Uy, eso es fácil. Tener salud. Es lo más importante en la vida. Sin salud no podemos hacer nada.

Diálogo 3

● **Reportero:** ¿Qué le da vergüenza?

○ **Isabel:** Me da vergüenza llegar tarde a clase en la universidad y que todos me miren porque, generalmente, soy muy vergonzosa.

Diálogo 4

● **Reportero:** ¿Qué le da pena?

○ **María:** Me entristece ver a personas de mi entorno sin trabajo.

Diálogo 5

● **Reportero:** ¿Qué le da envidia?

○ **Pedro:** Pues me da envidia que mi hermano tenga un Ferrari y yo no. Ahora, en serio... Me alegra que tenga ese coche, pero me decepciona que no me lo deje.

1. d; 2. b; 3. c; 4. e; 5. a.

2.2. Se ofrece la transcripción de los diálogos de la actividad anterior con vacío de información para que los estudiantes los completen con las estructuras gramaticales estudiadas sobre las expresiones de sentimientos. De este modo, se consolidan las estructuras con infinitivo o subjuntivo dependiendo de si el sujeto de los dos verbos es el mismo o no.

1. me da miedo; 2. le hace feliz; 3. Me da vergüenza; 4. Me entristece; 5. me da envidia; Me alegra que; me decepciona.

2.3. Actividad de adquisición de léxico de corte estratégico. Partiendo de las diferentes expresiones y verbos de sentimiento presentados en las actividades anteriores y ampliadas para esta actividad, el estudiante podrá deducir los adjetivos y sustantivos correspondientes. Es conveniente hacer ver al estudiante la importancia de la adquisición de vocabulario en su proceso de aprendizaje, ya que conocer más palabras aumentará su competencia comunicativa y le dará la posibilidad de comunicarse adecuadamente en las distintas situaciones de habla.

	Adjetivo	Nombre	Expresión verbal
1.	alegre	la alegría	Me alegra (que)
2.	apenado/a	la pena	Me da pena (que)
3.	avergonzado/a	la vergüenza	Me da vergüenza (que)
4.	decepcionado/a	la decepción	Me decepciona (que)
5.	envidioso/a	la envidia	Me da envidia (que)
6.	feliz	la felicidad	Me hace feliz (que)
7.	miedoso/a	el miedo	Me da miedo (que)
8.	preocupado/a	la preocupación	Me preocupa (que)
9.	triste	la tristeza	Me entristece (que)

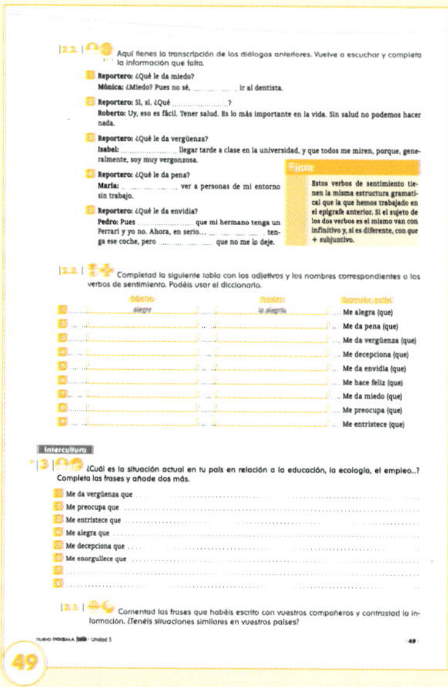

Para consolidar las estructuras para expresar sentimientos, puede realizar los ejercicios 5 al 8 de la unidad 5 del *Libro de ejercicios*.

>3 y **3.1.** Proponga a los estudiantes que comenten cuál es la situación actual en su país en relación a diversos temas para que muestren sus sentimientos al respecto, tal y como han escuchado y trabajado anteriormente. Es el

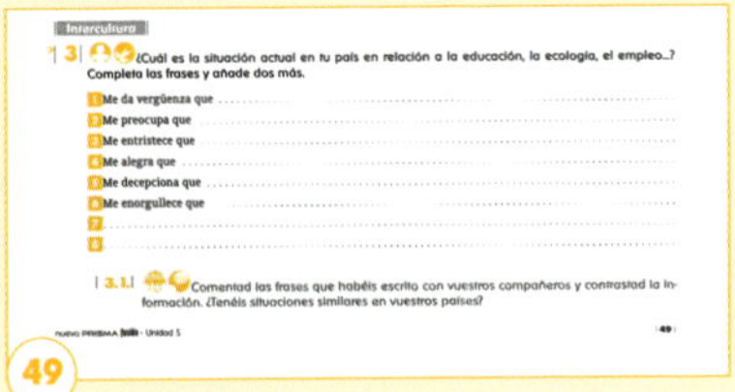
Intercultura

1 | 3 | ¿Cuál es la situación actual en tu país en relación a la educación, la ecología, el empleo...? Completa las frases y añade dos más.

Me da vergüenza que
Me preocupa que
Me entristece que
Me alegra que
Me decepciona que
Me enorgullece que

| 3.1 | Comentad las frases que habéis escrito con vuestros compañeros y contrastad la información. ¿Tenéis situaciones similares en vuestros países?

49

momento de que produzcan lo aprendido, tanto por escrito como de manera oral. El profesor puede valorar los temas que se proponen y centrar la actividad en uno o varios; también puede aportar otros temas que sean de interés para sus estudiantes o que cubran sus necesidades. Se puede invertir el orden de estas dos actividades de producción, de manera que primero puede organizarse un debate y después pedir una tarea escrita en la que cada estudiante manifieste su opinión.

Sensaciones

1 | 4 | ¿Qué sentimientos os despierta este curso de español? ¿Coincidís? ¿Alguno es negativo? ¿Qué podrías hacer para transformarlo en positivo?

3 ESTAMOS ORGULLOSOS

1 | 1 | ¿Conoces estos productos? ¿Los has probado alguna vez? ¿Crees que la procedencia de los productos influye en su calidad? Coméntalo con tus compañeros.

Cultura

| 1.1 | Lee el siguiente texto sobre algunos productos con Denominación de Origen de España y ordena sus párrafos. Ten en cuenta el contexto en que aparecen para determinar el orden.

Denominación de Origen

| 1.2 | Prepara una lista de productos o cosas de los que estás orgulloso en tu país y explica el valor que tienen al resto de los compañeros.

50

>4 Las emociones son un factor importante en el aprendizaje de una lengua. Mientras que las emociones negativas generan una conducta de evitación, las positivas tienden a generar un comportamiento de aproximación. Con la siguiente actividad se pretende que el estudiante sea consciente de que para aprender debe tener una actitud positiva y de que sus sentimientos hacia su aprendizaje serán de gran relevancia en el desarrollo del mismo.

3 ESTAMOS ORGULLOSOS 50

"Los españoles estamos orgullosos de nuestra gastronomía". Con esta afirmación, y a través de los productos de Denominación de Origen, se pretende acercar al estudiante al conocimiento de los productos españoles. Por otro lado, en el aspecto gramatical, aparecen algunos adjetivos que cambian de significado utilizados con los verbos *ser* y/o *estar*; contenido que se profundiza en la ficha 13.

> 1 Actividad preparatoria para proceder a una posterior actividad de comprensión lectora sobre los productos de Denominación de Origen. Se ofrecen las imágenes de algunos productos característicos de España preguntando sobre su procedencia. Para confirmar las respuestas de sus alumnos, así como para conocer otros productos característicos de España y su lugar de procedencia, se propone trabajar con el mapa de la proyección 9. Si lo cree conveniente, puede extenderse en la explicación de alguno de estos productos que quizá resulte más novedoso o desconocido para sus alumnos.

Proyección 9. Productos de España.

Dinámica. Proyecte la imagen del mapa de España. Es importante que, en primer lugar, se haga una breve explicación de las diferentes comunidades autónomas que lo componen. A continuación, se anima a los estudiantes a explicar cada uno de los productos que aparecen en el mapa. Muchos de ellos son muy conocidos y podrán comentar si los han probado en alguna ocasión y en qué consisten. Por supuesto, es importante destacar aquellos que son Denominación de Origen para que estén preparados para la posterior lectura.

ELEteca

15. Productos de España. Denominación de Origen.

1.1. Se presenta una actividad de comprensión lectora que consiste en ordenar los párrafos de un texto. Proponga al estudiante que los ordene previa atenta lectura de cada uno y fijándose en el contexto. Si lo desea, puede mantener proyectado el mapa de España durante esta actividad y la siguiente para facilitar la comprensión.

3, 5, 1, 4, 2.

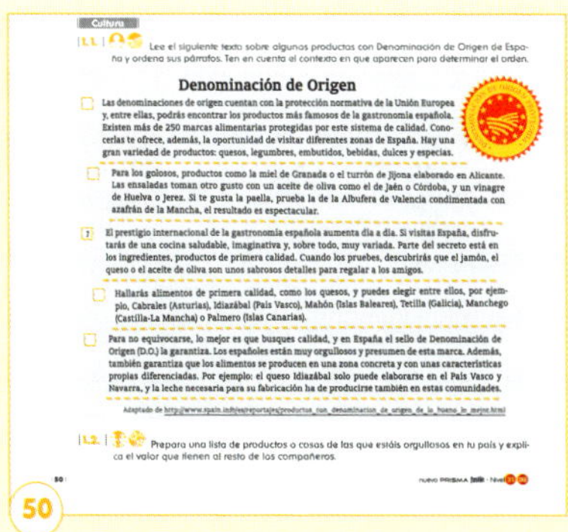

1.2. Pregunte a sus alumnos si existe en sus países un concepto similar al de Denominación de Origen. A continuación, pídales que, individualmente, escriban una lista de productos típicos de su país, para, posteriormente, comentarlos en parejas o con el resto de compañeros. En el caso de que los alumnos sean de la misma nacionalidad, interésese en comprobar si los productos mencionados coinciden. Si lo desea, retomando la información de la actividad anterior, puede pedirles que comparen los productos característicos de su país con los que han visto de España y que hablen de las diferencias o similitudes que puede haber entre algunos de ellos.

1.3. Se propone, a continuación, realizar una actividad de traducción contrastiva que posibilite la comprensión de los diferentes significados de los adjetivos que pueden ir con *ser* o *estar*.

Si el profesor desea profundizar en la práctica del contraste de contraste en adjetivos que cambian de significado según vayan con *ser* o *estar* (que se estudiarán también en la unidad 14), se propone trabajar con la ficha 13.

Ficha 13. Adjetivos que cambian de significado con *ser* o *estar*.

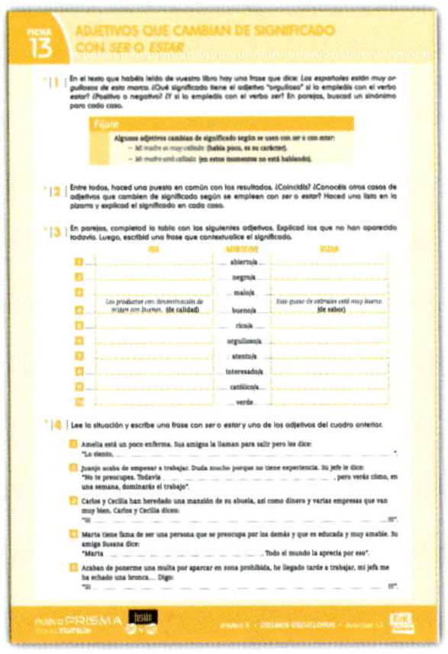

Dinámica. Entregue la ficha a los alumnos e indíqueles que, siguiendo las dinámicas propuestas, realicen las actividades. El objetivo es repasar los adjetivos que puedan ya conocer que cambian de significado según vayan con *ser* o *estar*, y ampliar la lista de estos adjetivos.

1. *Estar orgulloso* es positivo, ya que se refiere a sentir satisfacción por algo o por alguien. Sinónimo: satisfecho; *Ser orgulloso* es negativo, significa que muestra arrogancia. Sinónimo: arrogante.

3. 1. Ser abierto/a: sociable, extrovertido/a; Estar abierto/a: no cerrado/a; 2. Ser negro/a: color; Estar negro/a: sucio/a, enfadado/a; 3. Ser malo/a: de mala calidad; Estar malo/a: enfermo/a; 4. Ser bueno/a: de buena calidad; Estar bueno/a: de buen sabor; 5. Ser rico/a: tener mucho dinero; Estar rico/a: tener muy buen sabor; 6. Ser orgulloso/a: arrogante; Estar orgulloso/a: estar satisfecho/a; 7. Ser atento/a: ser amable; Estar atento/a: prestar atención; 8. Estar interesado/a: hacer las cosas solo si te producen beneficios; Ser interesado/a: tener deseos de hacer o conocer cosas; 9. Ser católico/a: religión; Estar católico/a: encontrarse bien de salud (expresión que suele usarse en forma negativa); 10. Ser verde: color; Estar verde: No estar preparado/a, no tener experiencia.

4. 1. no estoy (muy) católica; 2. estás verde; 3. Somos ricos; 4. Es muy atenta; 5. Estoy negro/a.

1.3. Traduce las siguientes frases a tu lengua para comprender la diferencia entre las frases.

1. Los españoles están muy orgullosos de su gastronomía.
   En tu lengua:
2. Ser rico no es sinónimo de felicidad.
   En tu lengua:
3. Estas manzanas están malas. No podremos hacer la tarta.
   En tu lengua:
4. El aceite de oliva es muy bueno para la salud.
   En tu lengua:
5. Estoy muy interesada en la política.
   En tu lengua:

Grupo cooperativo

1.4. Vamos a escribir un blog sobre la gastronomía y costumbres de un país hispano. Seguid las pautas.

1. En grupos de tres, elegid un país de habla hispana y una ciudad para visitar.
2. Buscad información sobre su gastronomía, costumbres, carácter de la gente y lugares de interés. Cada miembro del grupo va a trabajar uno de los temas. Debéis también adjuntar imágenes.
3. Cada miembro del grupo se encargará de escribir la información más relevante sobre el tema que haya escogido.
4. Poned en común vuestra información y redactadla ordenadamente para publicarla en un formato de blog. Añadid también las imágenes.
5. Colgad vuestros trabajos en la clase y leed lo que han hecho el resto de compañeros.
6. Haced una puesta en común de vuestras impresiones. Debéis calificar positivamente cada trabajo: es el trabajo más completo, el que tiene fotos más impactantes, el que aporta información más curiosa, el que invita más a viajar a ese país, el mejor redactado...
7. Por último, si así lo deseáis, podéis publicar vuestros trabajos en un blog real.

Intercultura

1.5. ¿Qué país os parece más interesante por su gastronomía? ¿A cuál os gustaría viajar? ¿Por qué? ¿Cuál es el más parecido a vuestro país? ¿En qué aspectos?

¿Qué he aprendido?

1. ¿Qué te divierte? ¿Qué te aburre? ¿De qué estás orgulloso?
2. ¿Qué es lo que más te satisface de tu país? ¿Qué es lo que más te entristece?
3. ¿Qué es lo que te hace feliz? ¿Qué es lo que más te indigna?
4. Explica qué información e imágenes has aportado para escribir el blog del país hispano de tu grupo cooperativo. ¿Crees que has contribuido con éxito al grupo? ¿Por qué?

51

1. tener interés; 2. prestar atención; 3. estar satisfechos; 4. ser muy amable; 5. tener muy buen sabor; 6. tener buen sabor; 7. color; 8. no encontrarse bien; 9. ser extrovertida.

Para seguir profundizando en la práctica del contraste en adjetivos que cambian de significado según vayan con *ser* o *estar*, puede realizar el ejercicio 9 de la unidad 5 del *Libro de ejercicios*.

1.4. Pida a los estudiantes que creen un blog sobre algún país hispano. Se trata de una actividad cooperativa en la que los estudiantes, en pequeños grupos, deberán repartirse el trabajo de búsqueda de la información requerida, una vez hayan decidido sobre qué país van a trabajar, y después trabajar en equipo hasta la realización del blog.

1.5. Para cerrar esta serie de actividades de carácter cultural, se propone una puesta en común en la que los alumnos darán su opinión sobre algunas cuestiones referidas a los países hispanos y los compararán con sus países de origen.

ELEteca
Léxico. Los sentimientos.

6 UN POCO DE EDUCACIÓN

Tal y como indica el título, el eje temático de esta unidad gira en torno a la educación, presentando el sistema educativo en España. Los estudiantes aprenderán las estructuras necesarias para expresar una acción simultánea a otra, una acción inmediatamente posterior a otra, el límite de una acción y una acción que sucede siempre que se realiza otra acción. Asimismo, aprenderán a expresar el comienzo de una acción, una acción que es anterior o posterior a otra, o el periodo de tiempo que separa dos sucesos. Se facilitarán para ello los nexos temporales adecuados: *cuando, siempre que, cada vez que, tan pronto como, en cuanto, hasta que, nada más que, antes de* (*que*), *después de* (*que*), etc. En el apartado del componente estratégico se facilitarán las estrategias para comprender un texto a través de su análisis.

1 NOTICIAS SOBRE EDUCACIÓN 52

Este epígrafe, de carácter cultural, presenta una noticia sobre las carreras universitarias de Iberoamérica. Se trabaja, por lo tanto, el léxico relacionado con la educación, y se fomentan los conocimientos interculturales a través de una actividad en la que los estudiantes compartirán información de la educación y del sistema universitario en sus respectivos países. Además, mediante una actividad de estrategias, los alumnos harán un análisis detallado de una noticia.

> 1 En esta actividad los alumnos van a leer una noticia sobre las carreras universitarias con mayor futuro. Indíqueles que la lean con atención con el objetivo de determinar si se trata de un texto informativo o de opinión. A continuación, sugiera que en plenario comparen y justifiquen su respuesta con los demás compañeros.

Es un texto informativo.

1.1. A continuación, se presenta una actividad para trabajar las estrategias de aprendizaje. Si en la actividad anterior se trataba de que el alumno se familiarizara con el texto a través de una primera lectura y definiera su tipología, ahora deberá realizar un análisis más exhaustivo del mismo mediante unas pautas que le facilitarán la elaboración de un comentario de texto. Proponga a sus estudiantes realizar esta tarea de manera individual y concédales tiempo para que puedan volver a leer el texto con detenimiento y contestar a cada apartado.

1. Titular: Las carreras con mayor futuro; Subtítulo: No hay; Cuerpo de la noticia: El texto desde "Entre..." hasta "Caminos". El subtítulo no aparece, ya que se trata de una noticia muy breve en la que, además, el titular resume el tema; 2. Posible respuesta. Los estudios con más salidas/Los estudios con más posibilidades de trabajo; 3. Posible respuesta. Las carreras que actualmente ofrecen más posibilidades de trabajo son: Administración y Dirección de Empresas, Ciencias Económicas, Ciencias Empresariales, Informática, Ingeniería Industrial, Telecomunicaciones, Medicina, Química, Derecho e Ingeniería de Caminos; 4. La tercera persona del plural. Porque se habla de manera general y de forma impersonal.

1.2. Proponga ahora a los alumnos que, en parejas, comparen las respuestas anteriores. En el caso de que hayan respondido en algún apartado de manera diferente, indíqueles que justifiquen y razonen su respuesta hasta llegar a un consenso.

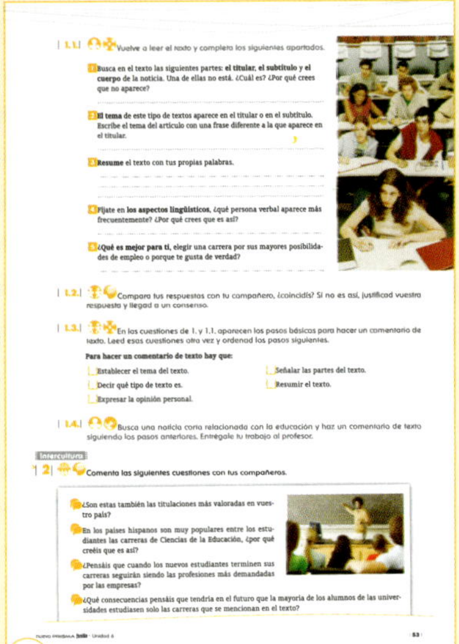

53

1.3. Para llevar a cabo esta actividad, pida a los estudiantes que, manteniendo las parejas de la actividad anterior, vuelvan a leer los pasos que han seguido para hacer un comentario de texto. A continuación, deberán leer la lista de pasos que se propone y ordenarla. Si lo considera oportuno, antes de hacer una corrección en común, proponga a los estudiantes que comenten sus respuestas con otras parejas de la clase.

1. Decir qué tipo de texto es; 2. Señalar las partes del texto; 3. Establecer el tema del texto; 4. Resumir el texto; 5. Expresar la opinión personal.

1.4. Como cierre a esta secuencia de actividades en la que se plantean estrategias para realizar un comentario de texto. Pida a sus estudiantes que escojan un texto relacionado con el ámbito de la educación y procedan a realizar un comentario de texto siguiendo los pasos aprendidos. Para guiarlos en la elección del artículo, puede recomendarles que entren en las siguientes páginas web donde encontrarán noticias relacionadas con la educación.

http://www.educaweb.com/hemeroteca/articulos-opinion/educacion/

http://elpais.com/tag/educacion/a/

Una vez haya corregido los textos de sus alumnos, entrégueselos con sus comentarios y sugerencias. Con el objetivo de que todos los estudiantes puedan conocer más aspectos relacionados con la educación, puede proponerles que comenten sus artículos con el resto de la clase e intercambien impresiones y opiniones sobre los mismos.

Teniendo en cuenta el tiempo que se necesita tanto para realizar el comentario de texto como para corregirlo, puede proponer realizar la tarea en casa y dejar el intercambio de opiniones para una sesión de clase posterior.

> 2 La finalidad de esta actividad intercultural, planteada para debatir en plenario, es que los estudiantes comenten cómo es el sistema universitario en sus países, cuáles son las titulaciones más demandadas y cuál es su opinión respecto a que la mayoría de los estudiantes universitarios se decanten por un tipo de carrera, concluyendo si en sus países sucede lo mismo.

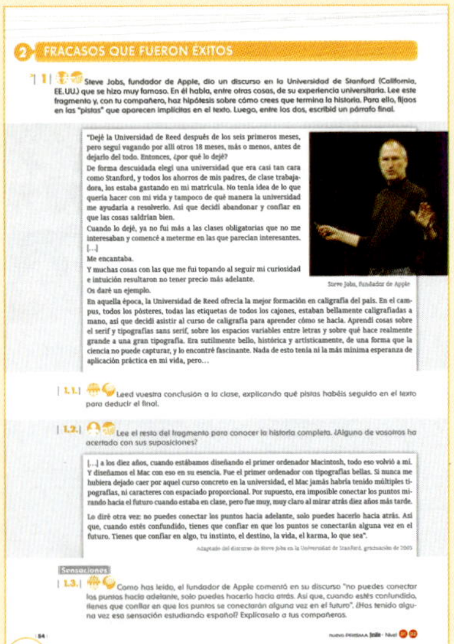

54

2 FRACASOS QUE FUERON ÉXITOS 54

El significado del presente título está estrechamente relacionado con la biografía de varios personajes famosos que se tratan en el epígrafe, los cuales, a pesar de que tuvieron un inicio muy incierto o fracasaron en sus estudios, llegaron a triunfar. El apartado gramatical centra su atención en la presentación de las oraciones temporales con *cuando*, y sus construcciones con indicativo y subjuntivo.

> 1 La primera actividad del epígrafe se centra en la imagen de Steven Jobs. En primer lugar, indague en plenario qué es lo que saben los alumnos sobre este personaje y, a continuación, indíqueles que formen parejas, lean con detenimiento el texto sobre la experiencia universitaria de Steve Jobs y hagan una hipótesis sobre cómo termina la historia. Durante el proceso de lectura, cerciórese de que los estudiantes entienden el vocabulario del texto, facilitándoles la información que requieran.

1.1. Puesta en común de las hipótesis a las que han llegado los estudiantes. Pídales que expliquen qué indicios le han llevado a dichas conclusiones.

1.2. A través de la lectura que aparece en esta actividad, los estudiantes conocerán la historia completa de Steve Jobs para luego comentar si han acertado en sus suposiciones o, por el contrario, les ha sorprendido el final. Si lo considera oportuno, puede ampliar información sobre la figura de Steve Jobs en el apartado de la ELEteca y transmitírsela a los alumnos.

ELEteca

16. Steve Jobs.

1.3. En esta actividad, etiquetada como tarea de sensaciones, se pretende que los alumnos reflexionen sobre su proceso de aprendizaje del español. Para ello, se presenta como punto de partida la frase de Steve Jobs que transmite la filosofía que le llevó al éxito profesional: "No puedes conectar los puntos hacia adelante, solo puedes hacerlo hacia atrás". Pregúnteles si se sienten identificados con esta frase y si han vivido esta situación estudiando español. En caso negativo, también puede preguntar si la han vivido en otra faceta de su vida, ya sea profesional o personal, y que lo expliquen al resto de la clase.

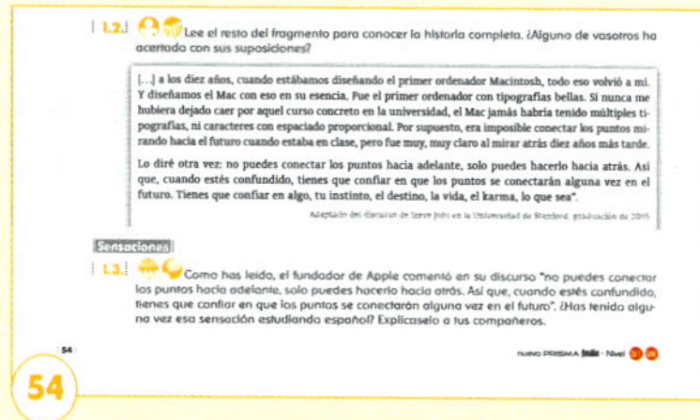

>2 Es en este punto donde se presentan las oraciones temporales con *cuando*. Pida a los alumnos que vuelvan a leer los textos de las actividades 1 y 1.2., subrayen las frases en las que aparece el marcador temporal *cuando* y completen el cuadro con los ejemplos extraídos del texto. Si lo considera oportuno, antes de realizar la corrección en plenario, sugiérales que comparen las frases que han completado con otros compañeros de la clase y que lleguen a un consenso en caso de discrepancia. A continuación, proceda a la corrección final usando la proyección 10.

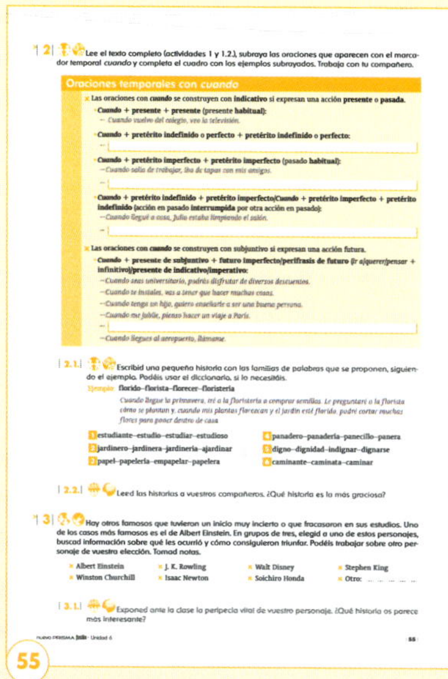

Proyección 10. Oraciones temporales con *cuando*.

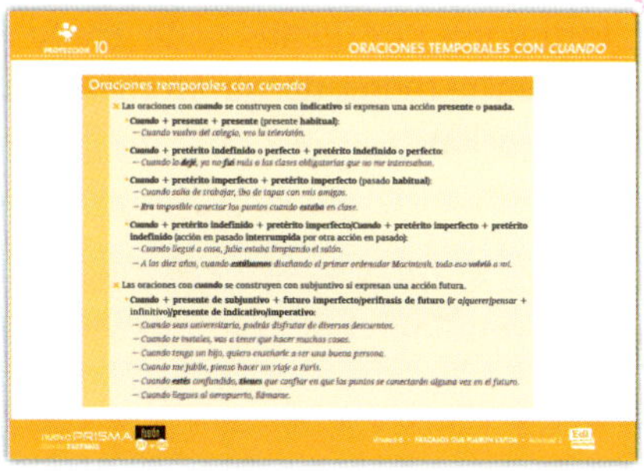

Dinámica. Proyecte el cuadro de las oraciones temporales con *cuando* y proceda a la corrección en plenario, completando los ejemplos con las respuestas de sus alumnos. Dé las explicaciones oportunas y aporte más ejemplos en caso de que sea necesario.

Cuando + pretérito indefinido o perfecto + pretérito indefinido o perfecto. Cuando lo dejé, ya no fui más a las clases obligatorias que no me interesaban; *Cuando* + pretérito imperfecto + pretérito imperfecto: Era imposible conectar los puntos cuando estaba en clase; *Cuando* + pretérito indefinido + pretérito imperfecto/*Cuando* + pretérito imperfecto + pretérito indefinido: A los diez años, cuando estábamos diseñando el primer ordenador Macintosh, todo eso volvió a mí; *Cuando* + presente de subjuntivo + futuro imperfecto, una expresión de futuro… (…) cuando estés confundido, tienes que confiar en que los puntos se conectarán alguna vez en el futuro.

2.1. y **2.2.** Estas actividades sirven, por un lado, para que los estudiantes utilicen su lado más creativo escribiendo pequeñas historias con las familias de palabras propuestas y, por otro, para que lleven a la práctica el uso de las oraciones temporales. Indíqueles que pueden conjugar los verbos que aparecen en cada familia de palabras en el tiempo y modo que se precise, y que pueden ayudarse del diccionario para la ampliación de vocabulario. Durante la construcción de las historia, mantenga proyectado el cuadro de las oraciones temporales con *cuando*. Una vez terminadas las historias, los estudiantes tendrán que leerlas al resto de compañeros y, entre todos, deberán escoger aquella que les ha gustado más: por ser más interesante, graciosa, ingeniosa…

55

Posibles respuestas. 1. Cuando el estudiante estudie en la universidad que le gusta, estudiará sus asignaturas favoritas, y cuando esto ocurra, será más estudioso porque dedicará más horas al estudio; 2. Cuando el jardinero tenga llena de plantas su jardinera, todos podrán ver su maravillosa capacidad para la jardinería y le pedirán ajardinar sus terrenos; 3. Cuando compres el papel en la papelería, empapela tu habitación y tira el papel sobrante a la papelera; 4. Cuando el panadero llegue a la panadería, pídele que ponga mi panecillo favorito en la panera; 5. Cuando usted sea digno de alcanzar la dignidad de ser presidente, le indignarán las injusticias y se dignará a luchar contra ellas; 6. Cuando el caminante termine su caminata, no querrá caminar más por hoy.

Para seguir trabajando las oraciones temporales con *cuando*, puede realizar los ejercicios 1 a 5 de la unidad 6 del *Libro de ejercicios*.

> **3** y **3.1.** A modo de conclusión del epígrafe, se proponen un par de actividades integradoras en las que los estudiantes, en pequeños grupos, deberán escoger a uno de los siguientes personajes y buscar información sobre su biografía, centrándose especialmente en cómo fueron sus inicios y cómo consiguieron triunfar. Para su información, puede encontrar en la ELEteca la biografía detallada de estos personajes y enlaces de interés que, si considera oportuno, puede facilitar a los alumnos para que busquen la información. Cabe también la posibilidad de que los estudiantes se decanten por la biografía de otro personaje que conozcan distinto a los que se proponen. Una vez recabada la información pertinente, cada grupo expondrá la peripecia vital de su personaje y, entre todos, decidirán cuál es la biografía más interesante justificando su elección.

ELEteca

17. Personajes famosos: Albert Einstein, J.K. Rowling, Walt Disney, Stephen King, Winston Churchill, Isaac Newton, Soichiro Honda.

56

3 DIARIO DE UNA UNIVERSITARIA 56

Este epígrafe se centra especialmente en la adquisición de expresiones idiomáticas relacionadas con los estudios y en la presentación de símbolos asociados a la vida universitaria. El apartado gramatical completa la presentación de las oraciones temporales iniciadas en el epígrafe anterior, con la introducción de nuevas funciones y nexos: *siempre que, cada vez que, tan pronto como, en cuanto, hasta que, nada más, antes de* (*que*), *después* (*que*), etc.

> **1** Se inicia el epígrafe con una actividad de corte cultural en la que, a partir de tres fotografías y de una manera colaborativa, los estudiantes intentarán identificar tres símbolos asociados a la vida universitaria: la rana de la Universidad de Salamanca, el *Gaudeamus Igitur*, y la toga y el birrete. Proponga a la clase que se divida en tres grupos (A, B y C) y asigne un símbolo a cada uno de ellos. A continuación, cada equipo deberá buscar información sobre el símbolo que le haya tocado y preparar cinco preguntas sobre este para formular a los otros equipos, los cuales intentarán contestar a las mismas. Ganará el equipo que más preguntas acierte.

Primera imagen. La rana de la universidad de Salamanca. Se trata de la pequeña escultura de una rana sobre una calavera, que hay en la fachada de esta universidad. Se ubica en medio de muchos otros detalles escultóricos de la fachada, joya del arte plateresco español, por lo que es muy difícil distinguirla. Dice la leyenda que el estudiante que pueda verla, tendrá mucha suerte en los exámenes y aprobará. El edificio de la Universidad de Salamanca fue mandado construir por los Reyes Católicos, terminándose su construcción en tiempos del reinado de su nieto, Carlos I. Concretamente,

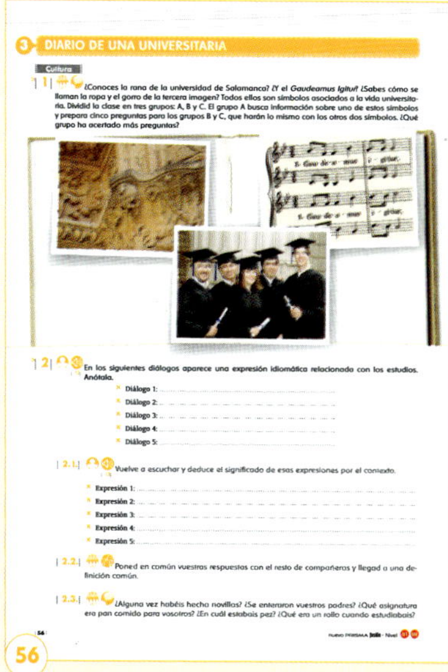
3 DIARIO DE UNA UNIVERSITARIA

Cultura

1 ¿Conoces la rana de la universidad de Salamanca? ¿Y el *Gaudeamus Igitur*? ¿Sabes cómo se llaman la ropa y el gorro de la tercera imagen? Todos ellos son símbolos asociados a la vida universitaria. Dividid la clase en tres grupos: A, B y C. El grupo A busca información sobre uno de estos símbolos y prepara cinco preguntas para los grupos B y C, que harán lo mismo con los otros dos símbolos. ¿Qué grupo ha acertado más preguntas?

2 En los siguientes diálogos aparece una expresión idiomática relacionada con los estudios. Anótala.

- Diálogo 1: ...
- Diálogo 2: ...
- Diálogo 3: ...
- Diálogo 4: ...
- Diálogo 5: ...

2.1. Vuelve a escuchar y deduce el significado de esas expresiones por el contexto.

- Expresión 1: ...
- Expresión 2: ...
- Expresión 3: ...
- Expresión 4: ...
- Expresión 5: ...

2.2. Poned en común vuestras respuestas con el resto de compañeros y llegad a una definición común.

2.3. ¿Alguna vez habéis hecho novillos? ¿Se enteraron vuestros padres? ¿Qué asignatura era pan comido para vosotros? ¿En cuál estabais pez? ¿Qué era un rollo cuando estudiabais?

56

la fachada se realizó entre 1529 y 1533, siendo su autor anónimo, y costó 30 000 ducados. Las numerosas esculturas que la adornan forman parte de un rico programa iconográfico, que todavía hoy sigue siendo un misterio. Tiene tres cuerpos. En el primero se halla un medallón con los bustos de los Reyes Católicos, y un lema en griego: "La Universidad a los Reyes y los Reyes a la Universidad", que hace referencia al poder laico que dirige la Universidad y no al eclesiástico. En el segundo cuerpo aparece también el emblema real en tres grandes escudos. Finalmente, en el cuerpo superior se encuentra el escudo de la Universidad. El plateresco fue el estilo arquitectónico español del primer tercio del siglo XVI. Se caracteriza por una gran expresividad decorativa que se extiende por el exterior de los edificios, poniendo a la escultura como protagonista. Una escultura labrada con tanto detalle que parece el trabajo de un platero. De ahí su nombre. Los motivos decorativos son medallones, escudos, gran variedad de animales y de plantas, las cuales se extienden como la hiedra, monstruos, etc. En medio de toda esa profusión decorativa se encuentra algún elemento de reflexión, como la rana sobre la calavera, que aluden, respectivamente, a la lujuria y a la muerte, siendo una alegoría de a dónde puede llevar el pecado si se sigue por ese camino; Segunda imagen. El himno *Gaudeamus Igitur*. Es el himno universitario internacional en Europa. Data del siglo XVIII. Es de autor anónimo. Se cree que la música la compuso Johann Christian Grüntaus en 1717 y que fue reescrito por el teólogo alemán evangelista Wilhelm Kindleben, en la segunda mitad del siglo XVIII. En la letra se ensalzan la vida y el ambiente universitario. Se canta en ocasiones solemnes del ámbito universitario. Puede consultarse la letra en la siguiente dirección: http:/personal.us.es/alporu/historia/gaudeamus.htm; Tercera imagen. La toga y el birrete. Es la vestimenta formal que llevan profesores, universitarios, magistrados y jueces; vestimenta que los distingue de otras corporaciones. Su uso data de las universidades de la Edad Media, si bien los antecedentes de la toga se remontan a la época de la Roma republicana, a la túnica que llevaban los senadores. En la Edad Media, la toga servía a profesores y a estudiantes para protegerse del frío y de la humedad. En sus amplias mangas se podían guardar libros y papel para escribir. El birrete, en cambio, plano y duro, además de para cubrirse, servía para apoyarse al escribir. Aunque, tradicionalmente, es de color negro, puede variar en color dependiendo de la facultad de que se trate. Actualmente su uso es más protocolario que obligatorio, habiéndose perdido, en general, la costumbre de llevarlos en las ocasiones solemnes.

Posibles preguntas sobre los temas de las imágenes. Imagen 1: ¿Cuándo se construyó la Universidad de Salamanca?; ¿Quién la mandó construir?; ¿Quién esculpió la rana sobre la calavera?; ¿Qué simbolizan?; ¿A qué estilo artístico pertenece la Universidad de Salamanca?; Imagen 2: ¿Quién es su autor?; ¿De dónde es?; ¿Cuándo compuso este himno?; ¿De qué habla la letra?; ¿En qué ocasiones se canta?; Imagen 3: ¿Para qué se usan?; ¿En qué ocasiones se viste?; ¿Cuál es su origen?; ¿Hay de diferentes colores?; ¿Es obligado usarlos actualmente?

ELEteca

18. La universidad de Salamanca.

>2 y **2.1.** Mediante estas dos actividades de comprensión auditiva, los estudiantes conocerán cinco expresiones idiomáticas relacionadas con los estudios. Antes de poner la audición por primera vez, avíselos de que van a escuchar un texto en el que tendrán que identificar cinco expresiones idiomáticas. Después, propóngales que comenten con sus compañeros las cinco expresiones que han identificado antes de proceder a la corrección. Seguidamente, proceda a una segunda escucha con el objetivo de que los alumnos puedan deducir, a través del contexto, el significado de estas expresiones. Si lo considera necesario, puede volver a poner la audición una tercera vez.

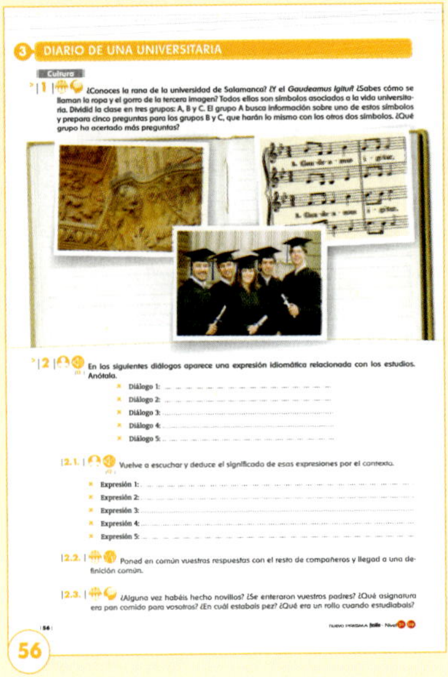

Diálogo 1

|12|

- **Pedro:** Hola, Julián, ¿otra vez haciendo novillos?
- **Julián:** Que no, que hoy no tengo clase a primera hora. Ya sabes que no me gusta hacerlo, que luego tengo que estudiar más en casa. Además, es mi último año de universidad y es importante ir a clase cada día.

Diálogo 2

- **María:** ¿Qué tal llevas los exámenes finales, Belén?
- **Belén:** Pues mal. Estoy pez en Geometría y pasado mañana tengo el examen. Seguro que suspendo.

Diálogo 3

- **Tomás:** ¿Vas a contratar a un profesor particular para que te dé clases de Geografía?
- **Antonio:** ¡Qué va! Geografía es pan comido. Pero sí voy a contratar a uno para Matemáticas. Eso sí que es difícil.

Diálogo 4

- **Valeria:** ¡Me encanta la Geometría...!
- **Sandra:** ¿Sí?, pues para a mí es un rollo, la verdad, me quedo dormida en las clases.
- **Valeria:** ¡Pero qué dices! ¡Si es muy divertida!
- **Sandra:** ¿Divertida?

Diálogo 5

- **Pedro:** ¿Cuál fue tu profesor preferido en el instituto?
- **Águeda:** El de Gimnasia, sus clases eran muy divertidas.
- **Pedro:** ¿Y el peor?
- **Águeda:** El de Matemáticas. Era un hueso. Teníamos que hacerlo todo perfectamente. Si no lo hacíamos, nos quedábamos castigados después de clase.

Diálogo 1: hacer novillos; Diálogo 2: estar pez; Diálogo 3: ser pan comido; Diálogo 4: ser un rollo; Diálogo 5: ser un hueso.

Expresión 1: faltar a clase; Expresión 2: no estar preparado/no saber; Expresión 3: ser muy fácil; Expresión 4: ser muy aburrido; Expresión 5: ser muy duro, muy estricto.

2.2. En plenario, se realiza una puesta en común para comentar el significado de las expresiones y llegar a una definición común para cada una de ellas.

2.3. Continuando en plenario o, si lo prefiere, en grupos más reducidos, proponga a sus alumnos que contesten a las preguntas formuladas con las expresiones idiomáticas anteriores, comentándolas desde su propia experiencia vital. Si desea extender la actividad, puede añadir preguntas como las siguientes: "¿Alguna vez tuviste un profesor que fuera un hueso? ¿Qué asignatura impartía? ¿Cuál fue tu experiencia en relación con él?".

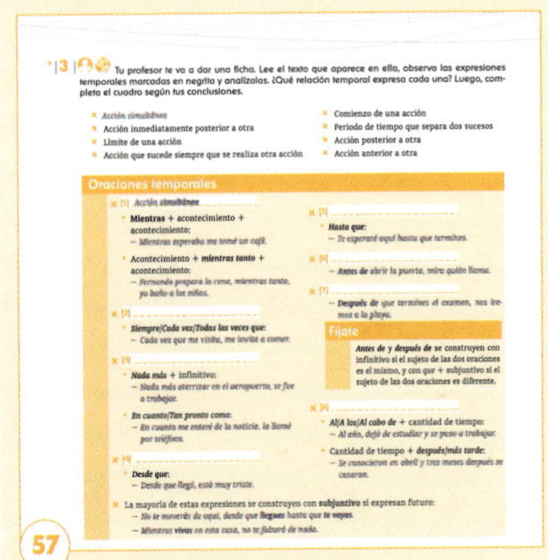

>3 El objetivo final de esta actividad es la reflexión gramatical, a través de la lectura de un blog, para que los estudiantes identifiquen el significado de las acciones que se expresan mediante las oraciones temporales. Entrégueles la ficha 14 y pídales que, de manera individual, lean el texto de Manuela prestando especial atención a las expresiones temporales marcadas en negrita y que reflexionen sobre su uso. A continuación, indíqueles que completen el cuadro según sus conclusiones. Antes de realizar la corrección conjunta, proponga a los alumnos que comenten sus respuestas en parejas llegando a una conclusión común. Por último, puede ayudarse de la proyección 11 para la corrección final.

Una vez finalizada la tarea de reflexión gramatical, y si desea profundizar en el tema de las experiencias universitarias, puede proponer a los alumnos que comenten si han vivido la situación de Manuela y si alguna vez han estado en una fiesta de bienvenida. Pídales su opinión sobre este tipo de fiestas y sobre las novatadas. Para fomentar los conocimientos interculturales, haga que comenten si existen las novatadas en sus países y, si es así, qué tipo de bromas se suelen hacer.

Ficha 14. Diario de una universitaria.

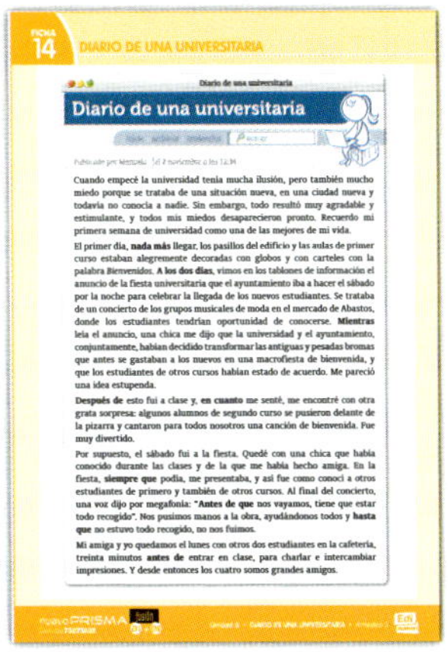

Dinámica. Entregue la ficha a sus alumnos, pídales que lean el blog de Manuela sobre sus experiencias en su etapa universitaria y, posteriormente, indíqueles que completen el cuadro sobre las oraciones temporales que aparecen en la actividad.

Proyección 11. Oraciones temporales.

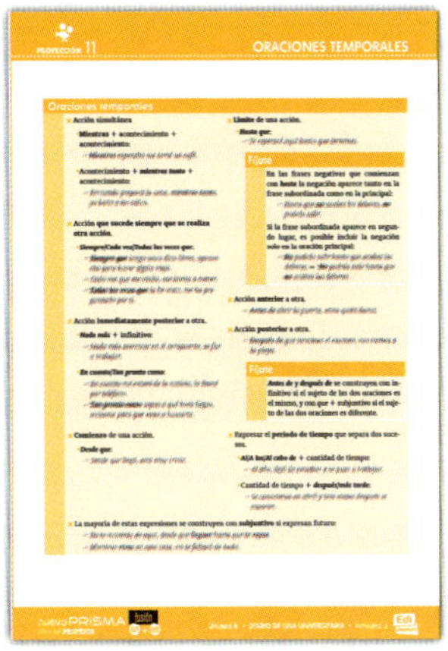

Dinámica. Proyecte el cuadro de las oraciones temporales y proceda a la corrección de la actividad, completando los espacios con las respuestas de sus alumnos. Dé las explicaciones oportunas y aporte más ejemplos en caso necesario.

2. Acción que sucede siempre que se realiza otra acción; 3. Acción inmediatamente posterior a otra; 4. Comienzo de una acción; 5. Límite de una acción; 6. Acción anterior a otra; 7. Acción posterior a otra; 8. Periodo de tiempo que separa dos sucesos.

3.1. La meta de esta actividad es la práctica controlada de las oraciones temporales con sus correspondientes conectores. Si lo estima oportuno, puede mantener la imagen anterior proyectada durante su realización. Antes de proceder a la corrección en plenario, proponga a los alumnos que, en parejas, comparen sus respuestas. Si desea seguir practicando la formación de las oraciones temporales, puede realizar la ficha 15.

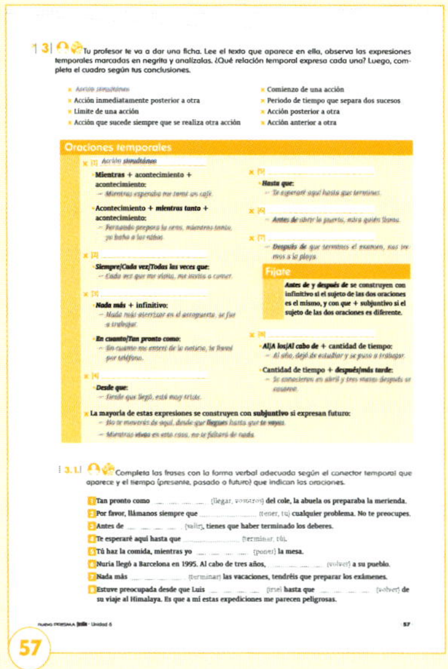

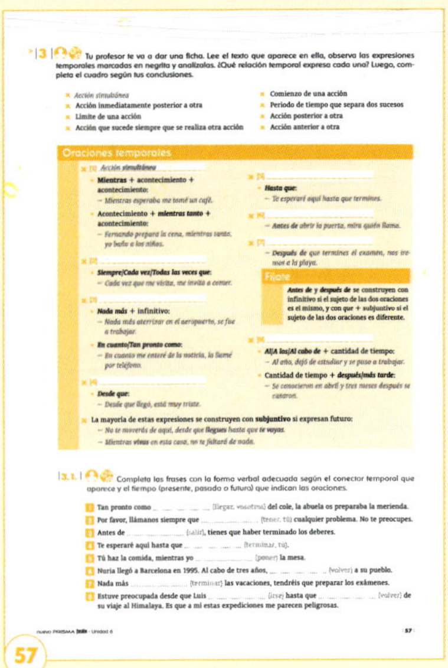

57

Ficha 15. Práctica de las oraciones temporales.

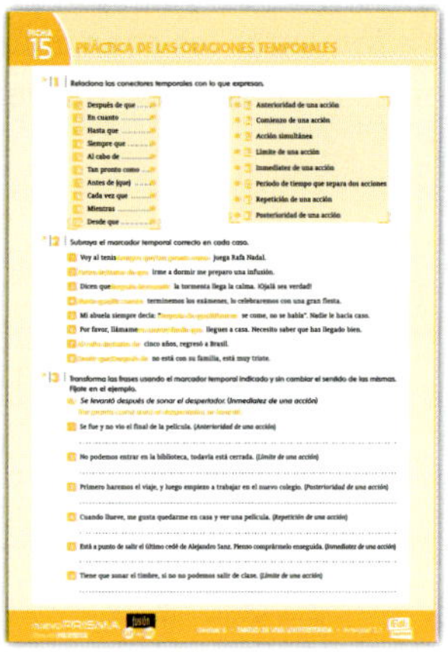

Dinámica. Para consolidar el correcto uso de los marcadores temporales, entregue la siguiente ficha a los estudiantes para que puedan trabajar de manera individual o en parejas. Una vez que hayan finalizado, corríjala haciendo una puesta en común.

1. 1. h; 2. e; 3: d; 4: g; 5. f; 6. e; 7. a; 8. g; 9. c; 10. b.

2. 1. Siempre que; 2. Antes de; 3. después de; 4. En cuanto; 5. Mientras; 6. en cuanto; 7. Al cabo de; 8. Desde que.

3. 1. Se fue antes de ver el final de la película; 2. No podemos entrar en la biblioteca hasta que no la abran; 3. Empiezo a trabajar en el nuevo colegio después de que hagamos/después de hacer el viaje. 4. Cada vez que/Siempre que llueve, me quedo en casa y veo una película; 5. Pienso comprarme el último cedé de Alejandro Sanz tan pronto como/en cuanto salga; 6. Hasta que no suene el timbre, no podremos salir de clase.

1. llegabais; 2. tengas; 3. salir; 4. termines; 5. pongo; 6. volvió; 7. terminar; 8. se fue, volvió.

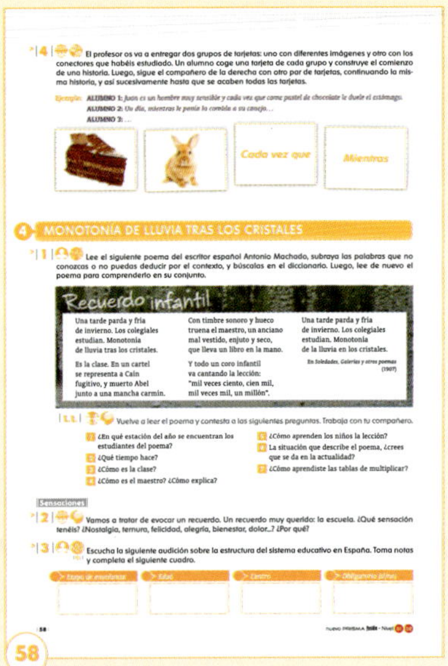

58

>4 Para llevar a cabo esta actividad, en la que los alumnos van a elaborar una historia de forma conjunta, siga las directrices de la ficha 16.

Ficha 16. Imágenes con historia.

Dinámica. Reparta a cada estudiante dos tarjetas: una con una imagen y otra con un conector temporal. El objetivo es crear una historia aplicando la escritura colectiva. Empieza un estudiante el comienzo de la historia basándose en la imagen y el conector que le ha tocado, después sigue su compañero de la derecha, añadiendo la información que sugieren su imagen y su conector, y así sucesivamente hasta que se terminen las tarjetas y, consecuentemente, la historia.

El alumno podrá realizar los ejercicios 6 a 10 de la unidad 6 del *Libro de ejercicios* para seguir trabajando tanto las oraciones como los diferentes nexos temporales.

4 MONOTONÍA DE LLUVIA TRAS LOS CRISTALES 58

El título de este epígrafe son los versos que aparecen en el poema "Recuerdo Infantil" del poeta español Antonio Machado, en el que se evocan recuerdos de la infancia. Tomando este poema como punto de partida, los estudiantes volverán a la escuela para rescatar un recuerdo y analizarlo a través de sensaciones. Se aportará también, en este apartado, información del sistema educativo en España y, como cierre del mismo, los alumnos realizarán una actividad cooperativa en la que diseñarán un sistema educativo ideal.

> 1 Se empieza el epígrafe con la lectura del poema "Recuerdo Infantil" del escritor Antonio Machado. Indique a sus alumnos que, en una primera lectura, señalen aquellas palabras que no conozcan y que no puedan deducir por el contexto. Propóngales que, antes de recurrir al diccionario, pregunten a otros compañeros el significado de las palabras que no han podido deducir individualmente. Una vez hayan entendido el significado de todas las palabras, pídales que vuelvan a leer el poema para poder entender, en esta ocasión, su significado global.

1.1. Se procede ahora a trabajar el contenido del poema. Para ello, indique a los alumnos que, en parejas, vuelvan a leer el texto y contesten a las preguntas propuestas. Una vez hayan terminado, realice la corrección en plenario, comentando todas las respuestas. Si lo considera necesario, puede ampliar información sobre el autor del poema, Antonio Machado, en el apartado de la ELEteca y aportar al alumno todos aquellos datos que crea relevantes.

1. En invierno; 2. Llueve y hace frío; 3. La clase está decorada con carteles, en uno de ellos se representa la historia de Abel asesinado por Caín; 4. El maestro es un hombre mayor, muy delgado y mal vestido ("...un anciano mal vestido, enjuto y seco,..."); explica hablando en voz muy alta, leyendo el libro que lleva en la mano; 5. Los niños aprenden la lección repitiendo todos juntos lo que dice el maestro; 6. En general, ya no se da este tipo de aprendizaje, el cual ha sido sustituido por métodos más deductivos y reflexivos.

i+ **ELEteca**
19. Antonio Machado.

> 2 Esta actividad tiene como objetivo etiquetar los recuerdos que tenemos sobre la escuela a través de sensaciones. Pida a los alumnos que compartan esos recuerdos con sus compañeros y, para finalizar, propóngales que evoquen sus primeros recuerdos de las clases de español y que transmitan las sensaciones que les provocan.

> 3 A través de esta audición se introduce un nuevo aspecto cultural de la sociedad española: el sistema educativo. Proceda a la escucha de la misma y pida a los alumnos que tomen nota, completando el cuadro con la información del texto. Proceda a una segunda escucha, en el caso de considerarlo necesario. Antes de pasar a la corrección grupal, permita que sus alumnos comparen y comenten sus respuestas.

13

Locutor: Buenos días, queridos oyentes. Hoy tenemos en nuestro programa al señor don Félix Gil, asesor de educación del Ministerio, para que conteste a todas las cuestiones sobre el tema de la educación que deseen plantearle. Ya saben que pueden llamar a nuestro teléfono 96 543 18 82 para consultar sus dudas a nuestro invitado. Buenos días, don Félix, ¿cómo está?

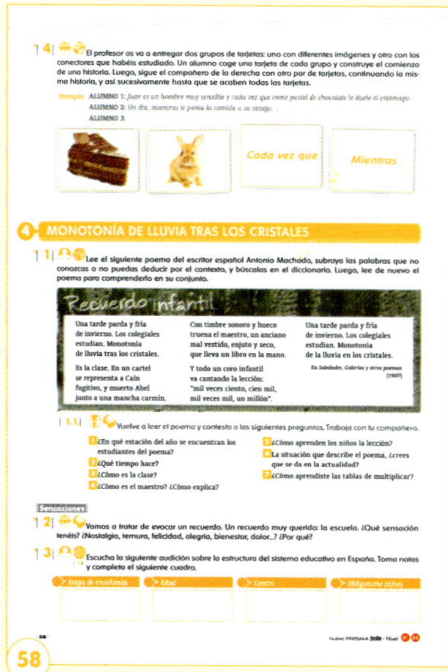
4 El profesor os va a entregar dos grupos de tarjetas: uno con diferentes imágenes y otro con los conectores que habéis estudiado. Un alumno coge una tarjeta de cada grupo y construye el comienzo de una historia. Luego, sigue el compañero de la derecha con otro par de tarjetas, continuando la misma historia, y así sucesivamente hasta que se acaben todas las tarjetas.

Ejemplo: ALUMNO 1: *Juan es un hombre muy sensible y cada vez que come pastel de chocolate le duele el estómago.*
ALUMNO 2: *Un día, mientras le ponía la comida a su conejo...*
ALUMNO 3: ...

Cada vez que | Mientras

4 MONOTONÍA DE LLUVIA TRAS LOS CRISTALES

1 Lee el siguiente poema del escritor español Antonio Machado, subraya las palabras que no conozcas o no puedas deducir por el contexto, y búscalas en el diccionario. Luego, lee de nuevo el poema para comprenderlo en su conjunto.

Recuerdo infantil

Una tarde parda y fría
de invierno. Los colegiales
estudian. Monotonía
de lluvia tras los cristales.

Es la clase. En un cartel
se representa a Caín
fugitivo, y muerto Abel
junto a una mancha carmín.

Con timbre sonoro y hueco
truena el maestro, un anciano
mal vestido, enjuto y seco,
que lleva un libro en la mano.

Y todo un coro infantil
va cantando la lección:
"mil veces ciento, cien mil,
mil veces mil, un millón".

Una tarde parda y fría
de invierno. Los colegiales
estudian. Monotonía
de la lluvia en los cristales.

En *Soledades, Galerías y otros poemas* (1907)

1.1. Vuelve a leer el poema y contesta a las siguientes preguntas. Trabaja con tu compañero.

1. ¿En qué estación del año se encuentran los estudiantes del poema?
2. ¿Qué tiempo hace?
3. ¿Cómo es la clase?
4. ¿Cómo es el maestro? ¿Cómo explica?
5. ¿Cómo aprenden los niños la lección?
6. La situación que describe el poema, ¿crees que se da en la actualidad?
7. ¿Cómo aprendiste las tablas de multiplicar?

Sensaciones

2 Vamos a tratar de evocar un recuerdo. Un recuerdo muy querido: la escuela. ¿Qué sensación tenéis? ¿Nostalgia, ternura, felicidad, alegría, bienestar, dolor...? ¿Por qué?

3 Escucha la siguiente audición sobre la estructura del sistema educativo en España. Toma notas y completa el siguiente cuadro.

[illegible]	Edad	Centro	Obligatoria (sí/no)

58 nuevo PRISMA fusión · Nivel

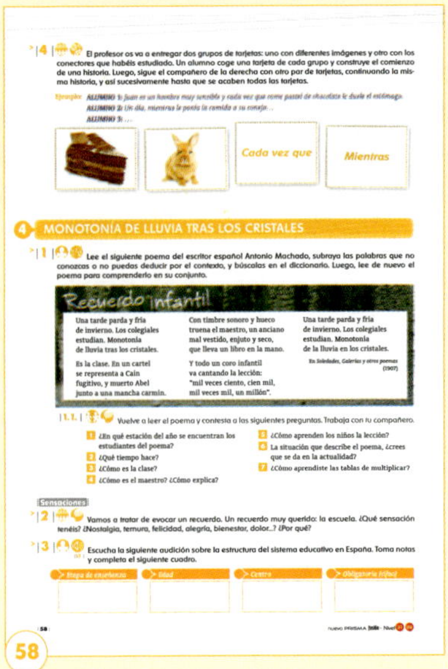

Asesor: Muy buenos días. Estoy encantado de estar hoy aquí para poder dar respuesta a todas las dudas de los oyentes.

Locutor: Parece que tenemos una llamada. Adelante. ¿Diga?

Oyente: Hola, buenos días. Me llamo Sandra y soy argentina. Les llamaba porque el año próximo me mudaré a España por motivos laborales y tengo dos hijos, de tres y de cinco años. Me gustaría saber cómo está estructurado el sistema educativo español, ya que mis hijos tendrán que escolarizarse allí.

Asesor: Hola, Sandra. Será un placer para mí contestarle. Además, me alegra mucho que quiera escolarizar a sus hijos aquí… Mire, la primera etapa es la Educación Infantil, que no es obligatoria. La escuela pública imparte esta enseñanza entre los tres y los seis años. A los seis años empieza la Educación Primaria, que sí es obligatoria, y que consta de seis cursos. Es decir, va desde los seis hasta los doce años. Se realiza en los colegios de enseñanza primaria.
Luego, los niños tienen que trasladarse a otro centro, el instituto, para cursar la ESO, o Enseñanza Secundaria Obligatoria, que consta de cuatro cursos y que se extiende hasta los 16 años. Al final de 2.º de la ESO, los estudiantes hacen una prueba de diagnóstico para ver si desean continuar sus estudios y realizar una carrera, o aprender una profesión. Si deciden esto último, cursarán la Formación Profesional Básica durante dos años. De esta forma, tanto los que vayan a ir a la universidad como los que no, obtendrán, si así lo merecen, el título de Graduado en ESO.
Tras la ESO, hay dos opciones, el Bachillerato, que consta de dos cursos y que tiene como objetivo la preparación para la universidad, o la Formación Profesional de Grado Medio, de igual duración, y que está enfocada al mundo profesional. Tanto el Bachillerato como la Formación Profesional se imparten en los institutos.
A los 18 años, los estudiantes pueden acceder a la Formación Profesional de Grado Superior, que dura dos años, y acceder después a la universidad o, solo los que han cursado bachillerato, pueden hacer un examen de aptitud para ingresar en la universidad de su elección directamente.
En cuanto a la universidad, los estudios que se cursan proporcionan un Título de Grado en la especialidad que se haya elegido. Estos estudios se pueden ampliar con un Máster y, posteriormente con un Doctorado.
Y esto, básicamente, es todo en líneas generales. Espero haber respondido a su pregunta.

Oyente: Sí, absolutamente. No es muy diferente del de Argentina. Muchas gracias.

Asesor: Gracias a usted.

Locutor: Bueno, se nos termina el tiempo por hoy. Muchas gracias, señor don Félix Gil por su presencia en nuestro programa. Le deseamos mucha suerte.

Asesor: Gracias a ustedes por invitarme.

Locutor: Y a nuestros oyentes les esperamos mañana a la misma hora para que puedan llamar y resolver sus dudas sobre otro interesante tema. Hasta mañana. Que pasen un feliz día.

Etapa de enseñanza	Edad	Centro	Obligatoria (sí/no)
Educación Infantil	3-6 años	Colegio	No
Educación Primaria	6-12 años	Colegio	Sí
Educación Secundaria Obligatoria, ESO	12-16 años	Instituto	Sí
Formación Profesional Básica	14-16 años		

Etapa de enseñanza	Edad	Centro	Obligatoria (sí/no)
Bachillerato	16-18 años	Instituto	No
Formación Profesional de Grado Medio	16-18 años	Instituto	No
Formación Profesional de Grado Superior	18-20 años	Instituto Centro específico de Formación Profesional	No
Estudios universitarios	18 años 20 años (para los alumnos que hayan terminado el grado superior de Formación Profesional)	Facultad	No

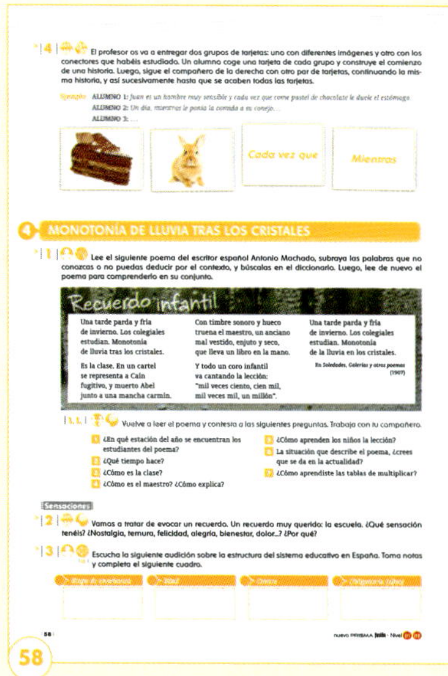

3.1 y **3.2.** Estas actividades de carácter cultural tienen como objetivo, por un lado, la reflexión del estudiante sobre su sistema educativo para explicárselo al resto de la clase y, por otro, el conocimiento por parte de los alumnos de los sistemas educativos de otras culturas que convivan en el aula. Asimismo, se afianzará el léxico aprendido sobre la educación y se concluirá haciendo una valoración de sus sistemas educativos, atendiendo a los aspectos positivos o negativos, y también a sus diferencias.

>4 Se pone fin al epígrafe con esta actividad de carácter cooperativo en la que los alumnos van a diseñar el sistema educativo ideal según su opinión. Para su elaboración, se dividirán en grupos de tres o cuatro personas y diseñarán un esbozo, teniendo en cuenta los aspectos que se proponen, y se comentará al resto de compañeros. Toda la clase debe escuchar las propuestas de cada grupo. A continuación, comienza el proceso de unificación de criterios y propuestas para llevar a cabo el mural final del sistema educativo ideal de los alumnos.

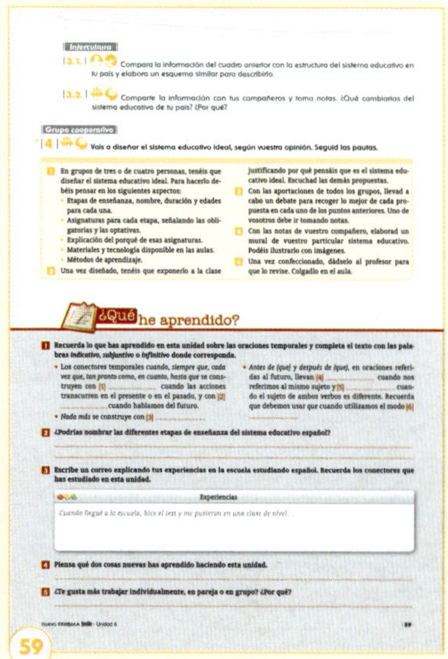

¿QUÉ HE APRENDIDO? 59

1. 1. indicativo; 2. subjuntivo; 3. infinitivo; 4. infinitivo; 5. subjuntivo; 6. subjuntivo.

2. Educación Infantil (3-6 años); Educación Primaria (6-12 años); Educación Secundaria Obligatoria (ESO) (12-16 años) y Formación Profesional Básica (14-16 años); Bachillerato (16-18 años) o Formación Profesional de Grado Medio (16-18 años); Formación Profesional de Grado Superior (18-20 años) y/o Universidad (a partir de 18 años, o de 20 para los alumnos que hayan terminado el grado superior de Formación Profesional).

ELEteca
Léxico. Los poemas.

7 LEER ENTRE LÍNEAS

El título "Leer entre líneas" contextualiza uno de los ejes temáticos de esta unidad. Se trata de una expresión que hace alusión a la lectura detallada que debe hacerse de algunos textos, especialmente aquellos que encierran mensajes ocultos o solapados, ya que lo que se quiere decir no está expuesto de manera muy evidente y hay que buscarlo entre sus líneas. En el plano funcional, los alumnos aprenderán a expresar hipótesis y probabilidad, a confirmar una realidad o desmentirla y a expresar acuerdo o desacuerdo con una hipótesis planteada. Para ello, se trabajan textos descriptivos y de opinión, e imágenes como las de las líneas de Nazca. Como contenidos gramaticales, se presentará el contraste entre futuro imperfecto y condicional simple para la expresión de la probabilidad, y los marcadores de hipótesis *quizá*, *puede ser que*, *a lo mejor*, entre otros, acompañados del modo verbal indicativo o subjuntivo. También se ampliará el léxico relacionado con los fenómenos curiosos y los sueños.

1 ¿QUIÉN SERÁ? 60

En relación con el contenido funcional, de gran relevancia en este epígrafe, el alumno aprenderá las estructuras para expresar hipótesis en el presente y en un pasado terminado, mediante el futuro y el condicional. A partir de un texto del periodista y escritor español Manuel Vicent, el estudiante deducirá y practicará las citadas estructuras. Mediante la actividad etiquetada como sensaciones, los alumnos exteriorizarán cómo consideran que es su español, y qué aspecto físico y carácter tendría para ellos imaginando que fuera una persona.

> **1** Con esta primera actividad del epígrafe, planteada para realizar en parejas, se pretende que, a partir de la observación de una imagen, los estudiantes activen su imaginación respondiendo a las preguntas sobre esta haciendo suposiciones. No se detenga en corregirlos si al expresar hipótesis cometen errores, pues lo aprenderán a hacer correctamente en el transcurso de la unidad.

Posibles respuestas. Posiblemente sea/será una abuelita que esté jugando con sus nietos en el parque. Puede que tenga/tendrá unos setenta años. A lo mejor vive/vivirá con su hija y con sus nietos en una casa en el campo, etc.

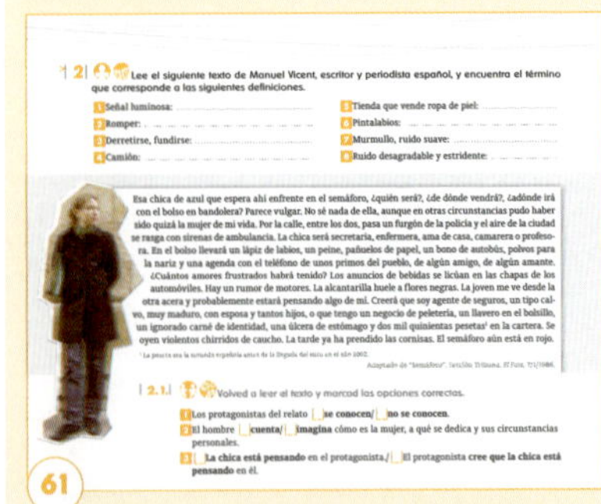

> **2** Los alumnos van a leer un fragmento adaptado de un texto del escritor y periodista español Manuel Vicent. Antes de enfrentarse a la lectura, indíqueles que lean con atención las definiciones que aparecen asegurándose de que entienden su significado. Una vez leído el texto, deben encontrar en él los términos correspondientes a las definiciones anteriores. Antes de proceder a la corrección final en plenario, proponga a los estudiantes que, en parejas, comparen y que lleguen a un consenso en caso necesario.

1. semáforo; 2. se rasga (rasgar); 3. se licúan (licuarse); 4. furgón; 5. negocio de peletería; 6. lápiz de labios; 7. rumor; 8. chirrido.

2.1. Pida a los alumnos que procedan a una segunda lectura del texto y, manteniendo las parejas anteriores, que contesten a las preguntas de comprensión lectora señalando la opción correcta.

1. no se conocen; 2. imagina; 3. El protagonista cree que la chica está pensando en él.

i+ ELEteca
20. Manuel Vicent.

2.2. Mediante esta actividad de reflexión gramatical, los alumnos volverán al texto anterior para tachar todos los verbos que están en presente y lo leerán de nuevo sin ellos. El objetivo es que, en parejas, reflexionen sobre la forma del futuro, explicando cuál es su función y qué expresa. Si lo considera oportuno, puede proponer a los alumnos que comparen sus repuestas con otras parejas de la clase para llegar a un consenso y tener una única respuesta. Finalmente, indíqueles que lean el cuadro funcional para expresar hipótesis con futuro y condicional, y que comprueben su respuesta anterior. Antes de pasar a la siguiente actividad, asegúrese de que los alumnos entienden el contenido del cuadro dando las explicaciones y aportando los ejemplos que crea oportunos.

El futuro expresa una probabilidad que hace referencia a un tiempo presente.

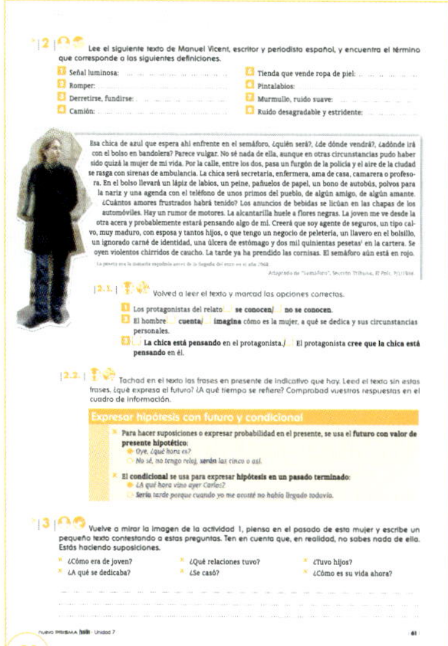

61

\> 3 Con este ejercicio se pretende seguir practicando las suposiciones potenciando la destreza escrita. Pida a los estudiantes que observen con atención la fotografía de la mujer que aparecía en la actividad 1 y que elaboren un texto contestando a las preguntas que se plantean sobre su pasado. Recuérdeles que, al no conocer nada de ella, deben hacer suposiciones. Asegúrese también de que en sus producciones los alumnos usan el condicional para hacer suposiciones en pasado, tal y como se indicaba en el cuadro funcional de la actividad anterior.

Para practicar la expresión de hipótesis con futuro y condicional, proponga la realización de la actividad 2 de la unidad 7 del *Libro de ejercicios*.

3.1. A continuación, anime a sus estudiantes a que comparen sus versiones sobre la historia de esta mujer y que comenten los puntos en común. Para responder, negar o afirmar la información de sus compañeros, indíqueles que tomen como guía el cuadro que tienen a continuación: "Para reforzar o negar una hipótesis".

\> 4 Actividad de cierre del epígrafe en la que los estudiantes, imaginando que su español es una persona, harán suposiciones sobre cómo será, y qué aspecto físico y carácter tendrá. La exteriorización de la imagen que tienen de su español a través de esta metáfora les ayudará a contemplar los aspectos positivos en el recorrido de su aprendizaje del idioma y a enfrentarse a aquellos aspectos que no son tan positivos para poder mejorarlos.

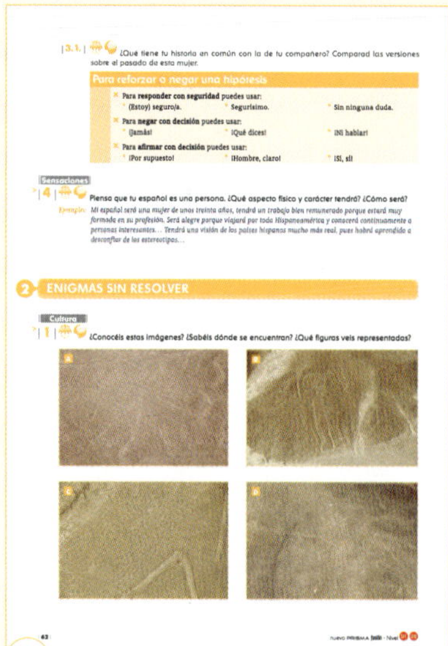

62

2 ENIGMAS SIN RESOLVER 62

En el siguiente epígrafe se trabajará el enigma famoso en la cultura de Hispanoamérica de las líneas de Nazca. Con este pretexto se presenta léxico relacionado con los fenómenos paranormales, las estructuras para expresar hipótesis, los marcadores que las introducen y el modo verbal que rigen.

\> 1 Se aprovecha el fenómeno de corte cultural de las líneas de Nazca, para seguir trabajando con las hipótesis y con el objetivo de expresar acuerdo o desacuerdo con ellas. Pida a los estudiantes que digan qué figuras ven representadas y qué saben acerca de ellas. Si el profesor está interesado en conocer más información o cree conveniente facilitársela a sus estudiantes después de realizar las actividades 1 y 1.1., puede dirigirse a la ELEteca.

Se trata de las líneas de Nazca, que se encuentran en el desierto de Nazca, en Perú. Fueron hechas hace cientos de años por la cultura nazca (siglos I-VI

d. C.). En ellas aparecen representadas figuras de seres humanos, animales, plantas y líneas geométricas, que están trazadas sobre la superficie terrestre. A. un mono; B. un astronauta; C. una araña; D. un colibrí.

i+ ELEteca
21. Las líneas de Nazca.

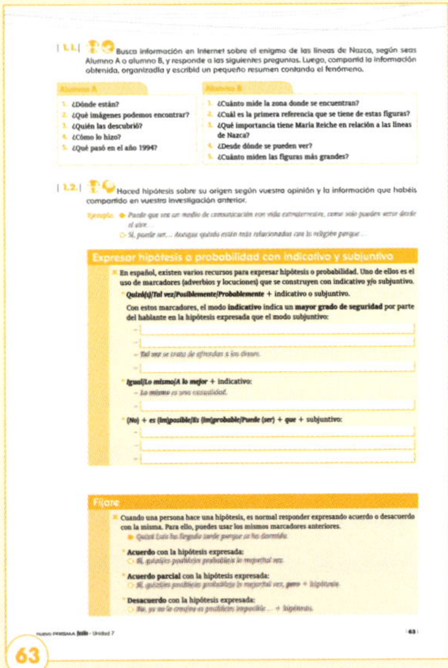

63

1.1. El objetivo de la siguiente actividad es que los estudiantes conozcan por ellos mismos el enigma de las líneas de Nazca. Se les pide que, en parejas, hagan una búsqueda en Internet. Para guiar el ejercicio se ofrece una serie de preguntas a cada miembro de la pareja, de modo que cada uno se centre en buscar la información concreta que se le pide. Una vez recopilada la información, la pareja debe ponerla en común y organizarla. La tarea escrita consiste en hacer un resumen explicando el fenómeno. Después de corregir las redacciones, se pueden poner en común todos los escritos para ver qué pareja ha aportado la información más completa o relevante.

Alumno A. 1. En el sur de Perú, en una zona desértica, conocida como "la pampa"; 2. Hay imágenes de animales marinos, terrestres y figuras humanas. Entre ellas, se encuentran cóndores, una garza, una grulla, un pelícano, una gaviota, un loro, colibríes gigantes, un mono, una araña, un caracol, una lagartija, una ballena de 27 metros, un perro con patas y cola larga, hombres, dos llamas…; 3. El arqueólogo Toribio Mejía Xesspre las dividió en 1927 y, más tarde, el investigador e historiador Paul Kosok las estudió y descubrió sus diseños; 4. Fue a Perú con la intención de estudiar los sistemas de regadío de las culturas precolombinas. Trabajando en la zona, observó las líneas, pero no les dio mucha importancia, hasta que un día que voló por esa zona pudo observar que no eran unas simples líneas, sino unas figuras; 5. La UNESCO las declaró Patrimonio de la Humanidad. Alumno B. 1. Las líneas se extienden a lo largo de un perímetro de 50 kilómetros de longitud y 15 kilómetros de ancho; 2. Una relación escrita por el español Cieza de León en 1547. El español se refiere a la existencia de ciertas líneas sobre la pampa desértica al citar "señales en algunas partes del desierto que circunda Nazca… para que las comunidades puedan encontrar el camino que deben seguir"; 3. Dedicó cincuenta años de su vida a su estudio y las interpretó como un gigantesco calendario astronómico; 4. Desde el aire; 5. Algunas tienen más de 200 metros de largo.

1.2. Con esta actividad se aborda el tema del epígrafe a nivel lingüístico. Es importante que antes de que los estudiantes formulen sus hipótesis lean con atención la información de los cuadros para expresar hipótesis con indicativo y subjuntivo, y para expresar acuerdo y desacuerdo con una hipótesis planteada. Comente con ellos las estructuras y aclare las dudas que puedan surgir. Una vez se haya asegurado de que han entendido la información, es el momento de realizar la actividad de expresión oral dando su opinión sobre el tema planteado. Finalmente, cuando hayan finalizado la discusión, pídales que completen los ejemplos del cuadro gramatical con algunas de sus hipótesis.

Posibles respuestas. *Quizá(s)/Tal vez/Posiblemente/Probablemente* + indicativo o subjuntivo: Quizás sean una expresión muy creativa del arte de la cultura nazca; *Igual/Lo mismo/A lo mejor* + indicativo: A lo mejor son mapas para encontrar agua en esos lugares tan secos del desierto; *(No) + es (im)posible / Es (im)probable/Puede (ser) + que* + subjuntivo: Es posible que sea un calendario astrológico que nosotros no podemos entender, que se refiera a las fechas del año en las que es mejor plantar las cosechas…

Si desea seguir trabajando la expresión de hipótesis y probabilidad y los marcadores de hipótesis, puede realizar el ejercicio 1 y los ejercicios 2 a 10 de la unidad 7 del *Libro de ejercicios*.

1.3. Actividad de comprensión auditiva en la que, a través de un programa de radio, dos expertos dan su opinión sobre el origen de las líneas de Nazca. La tarea consiste en ordenar las hipótesis que aparecen escritas según el orden de aparición en la entrevista. Si lo desea, puede hacer una primera escucha global, en la que los alumnos se preocupen solo de entender la información que van a escuchar, y después, una vez que los alumnos hayan leído las hipótesis, poner la audición de nuevo y pedirles que las ordenen.

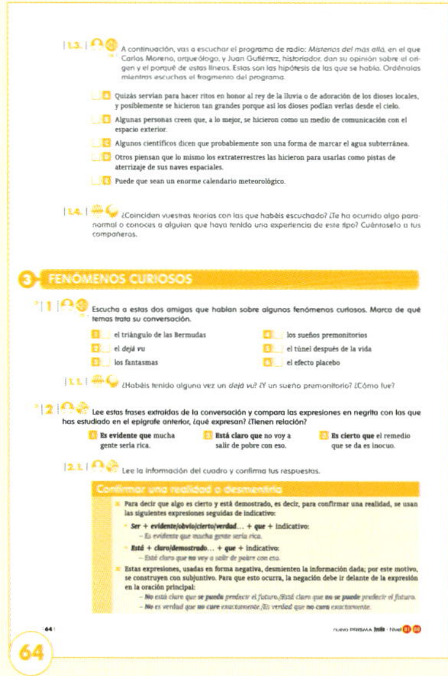

|14|

- **Periodista:** Buenas noches, queridos oyentes. Estamos con vosotros una noche más para intentar descubrir otro de los grandes misterios de la humanidad: las líneas de Nazca. Para ello, hemos invitado a Carlos Moreno, arqueólogo, y a Juan Gutiérrez, historiador. Buenas noches a los dos.
- **Carlos:** Buenas noches.
- **Juan:** Buenas noches.
- **Periodista:** Señor Moreno, ¿usted por qué piensa que se hicieron? ¿Cuál de las teorías que existen cree que es la más acertada?
- **Carlos:** Bueno, se han comentado muchas cosas sobre estas enormes figuras, incluso algunas personas creen que, a lo mejor, son una forma de comunicarnos con el espacio exterior, ya que solo pueden verse bien desde el aire. Otros piensan que quizás fueron los extraterrestres los que las hicieron para usarlas como pistas de aterrizaje de sus naves espaciales. Aunque yo no estoy de acuerdo con estas teorías.
- **Periodista:** ¿No? ¿No cree que exista vida fuera de nuestro planeta?
- **Carlos:** ¡Uy! No vamos a entrar en ese tema, solo soy arqueólogo. Algunos científicos creen que quizás sean una forma de marcar el agua subterránea, ya que es una zona desértica y el agua era muy importante. Otros piensan que igual era un antiguo sistema de escritura.
- **Periodista:** Y, usted, ¿con cuál está de acuerdo?
- **Carlos:** Pues, la verdad es que con ninguna. Yo me creo más la hipótesis de que puede que sean un enorme calendario meteorológico.
- **Periodista:** La verdad es que parece más creíble que la de los extraterrestres. ¿Y usted qué piensa, señor Gutiérrez? ¿Fueron los extraterrestres, un calendario, un sistema de escritura...?
- **Juan:** Pues yo más bien pienso que están relacionadas con la religión. Se usaban para hacer rituales, quizás en honor al rey de la lluvia o quizás se hacían con ellas ritos de adoración de los dioses locales. De hecho, posiblemente, se hicieron tan grandes porque así los dioses podían verlas desde el cielo.
- **Periodista:** Bueno, muchas teorías y muy diferentes, y es difícil quedarse solamente con una. Así que, de momento, seguiremos sin poder aclarar este gran misterio de la humanidad. Muchas gracias por acompañarnos esta noche.
- **Carlos:** Ha sido un placer.
- **Juan:** Lo mismo digo.

1. B; 2. D; 3. C; 4. E; 5. A.

1.4. Se concluye el epígrafe con una actividad de interacción oral en plenario. Se propone a los estudiantes que expongan sus opiniones sobre lo escuchado y aprendido contrastándolo con sus propias hipótesis. También puede pedirles que comenten si ellos, personalmente, han vivido alguna experiencia paranormal o conocen algún enigma sin resolver. De este modo, enlazará temáticamente este epígrafe con el que aparece a continuación.

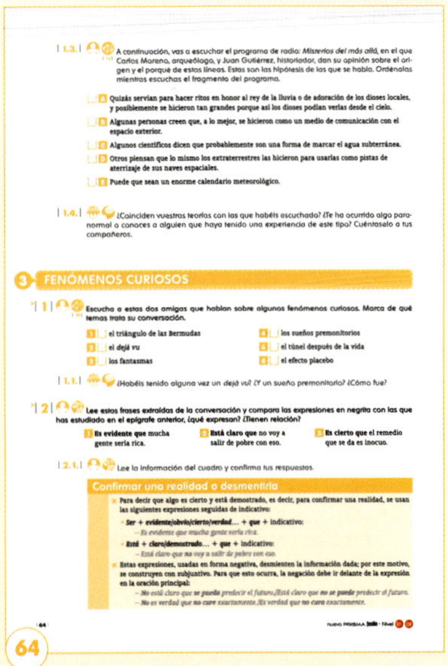

| 1.3. | A continuación, vas a escuchar el programa de radio: *Misterios del más allá*, en el que Carlos Moreno, arqueólogo, y Juan Gutiérrez, historiador, dan su opinión sobre el origen y el porqué de estas líneas. Estas son las hipótesis de las que se habla. Ordénalas mientras escuchas el fragmento del programa.

- **a** Quizás servían para hacer ritos en honor al rey de la lluvia o de adoración de los dioses locales, y posiblemente se hicieron tan grandes porque así los dioses podían verlas desde el cielo.
- **b** Algunas personas creen que, a lo mejor, se hicieron como un medio de comunicación con el espacio exterior.
- **c** Algunos científicos dicen que probablemente son una forma de marcar el agua subterránea.
- **d** Otros piensan que lo mismo los extraterrestres las hicieron para usarlas como pistas de aterrizaje de sus naves espaciales.
- **e** Puede que sean un enorme calendario meteorológico.

| 1.4. | ¿Coinciden vuestras teorías con las que habéis escuchado? ¿Te ha ocurrido algo paranormal o conoces a alguien que haya tenido una experiencia de este tipo? Cuéntaselo a tus compañeros.

3 FENÓMENOS CURIOSOS

| 1 | Escucha a estos dos amigos que hablan sobre algunos fenómenos curiosos. Marca de qué temas trata su conversación.

- 1 el triángulo de las Bermudas
- 2 el *dejà vu*
- 3 los fantasmas
- 4 los sueños premonitorios
- 5 el túnel después de la vida
- 6 el efecto placebo

| 1.1. | ¿Habéis tenido alguna vez un *dejà vu*? ¿Y un sueño premonitorio? ¿Cómo fue?

| 2 | Lee estas frases extraídas de la conversación y compara las expresiones en negrita con las que has estudiado en el epígrafe anterior, ¿qué expresan? ¿Tienen relación?

1. **Es evidente que** mucha gente sería rica.
2. **Está claro que** no voy a salir de pobre con eso.
3. **Es cierto que** el remedio que se da es inocuo.

| 2.1. | Lee la información del cuadro y confirma tus respuestas.

Confirmar una realidad o desmentirla

- Para decir que algo es cierto y está demostrado, es decir, para confirmar una realidad, se usan las siguientes expresiones seguidas de indicativo:
  - **Ser + evidente/obvio/cierto/verdad... + que** + indicativo:
    - *Es evidente que mucha gente sería rica.*
  - **Está + claro/demostrado... + que** + indicativo:
    - *Está claro que no voy a salir de pobre con eso.*
- Estas expresiones, usadas en forma negativa, desmienten la información dada; por este motivo, se construyen con subjuntivo. Para que esto ocurra, la negación debe ir delante de la expresión en la oración principal:
  - *No está claro que se pueda predecir el futuro./Está claro que no se puede predecir el futuro.*
  - *No es verdad que no cure exactamente./Es verdad que no cura exactamente.*

| 64 | nuevo PRISMA fusión · Nivel B1 B2

64

3 FENÓMENOS CURIOSOS 64

En este epígrafe se trabajarán las estructuras para confirmar una realidad o desmentirla. Estructuras como *Es evidente/verdad/obvio*, *Está claro/demostrado + que* + indicativo o sus respectivas formas introducidas por una negación + subjuntivo son las que ayudarán a los estudiantes a adquirir la competencia necesaria para formular sus opiniones en este sentido. Temas sobre la existencia de extraterrestres, el triángulo de las Bermudas o los fantasmas, entre otros, serán de gran utilidad para abarcar todos estos contenidos.

> **1** Se ofrece una audición en la que dos amigos hablan sobre diferentes fenómenos curiosos. El objetivo es que el estudiante identifique los fenómenos de los que se está hablando según la lista que se presenta. Se trata de una actividad de comprensión global que servirá como pretexto para introducir el tema del epígrafe. Asegúrese, antes de proceder con la escucha, de que los alumnos han leído la lista de fenómenos y de que no existen dudas sobre su significado. Si el profesor desea disponer de más información, puede consultar en la ELEteca.

15

- **Claudia:** ¿Viste ayer el programa que hacen sobre fenómenos curiosos en Tele 6?
- **Antonia:** ¡Por supuesto! No me lo pierdo ninguna semana. Además, ayer fue muy interesante porque hablaron de cosas que en algún momento nos han pasado o nos pueden pasar.
- **Claudia:** Sí, sí. Por eso me gustó tanto, te sientes identificada, ¿no?
- **Antonia:** Pues sí, porque precisamente el otro día tuve un sueño de esos en los que ves lo que te pasará en el futuro y ¡fue verdad! Soñé que mi jefe me daría un aumento de sueldo y una semana más tarde ya lo tenía.
- **Claudia:** ¡Qué suerte! Yo también quiero un sueño de esos. Pero es evidente que mucha gente sería rica si esos sueños fueran reales... ¿O es que tú nunca has soñado con los números de la lotería?
- **Antonia:** Sí, está claro que no voy a salir de pobre con eso.
- **Claudia:** A mí lo que más me gustó fue cuando hablaron de esa sensación que tenemos algunas veces de haber estado antes en un lugar o de haber vivido antes alguna situación, cuando en realidad es la primera vez.
- **Antonia:** ¡Ay, sí! A mí me ha pasado muchas veces. Y te quedas con una sensación muy rara, ¿no?
- **Claudia:** Sí, sí, es verdad... Pero ¿no te parece más raro todavía que haya gente que se cure tomando algo que en realidad no sirve para tratar la enfermedad que padece esa persona?
- **Antonia:** Pues no me parece tan raro. Es cierto que el remedio que se da es inocuo y no tiene efectos físicos, pero no es verdad que no cure exactamente, porque también existen las enfermedades psicosomáticas, las que provoca nuestra mente... El poder de la mente es muy fuerte.
- **Claudia:** Bueno, a ver qué temas tratan la próxima semana. ¡Estoy impaciente!

2; 4; 6.

i+ **ELEteca**
22. Fenómenos curiosos.

> **2** La audición anterior servirá como pretexto para introducir las estructuras gramaticales que se estudiarán a continuación. Para ello, se han extraído unas frases de la conversación en las que aparecen dichas estructuras. Pida a los alumnos que intenten deducir lo que expresan las frases y que las comparen con las que han estudiado en el epígrafe anterior, asegurándose de que pueden ver la diferencia entre expresar una probabilidad o hipótesis, y expresar una realidad o evidencia.

Constatan una realidad.

2.1. Pida ahora a los estudiantes que lean la información del cuadro funcional y la comparen con sus deducciones en la actividad anterior. Para la corrección, puede ayudarse de la proyección 12. Antes de realizar la actividad 2.2., y para consolidar las estructuras trabajadas, puede utilizar la ficha 17.

Proyección 12. Confirmar una realidad o desmentirla.

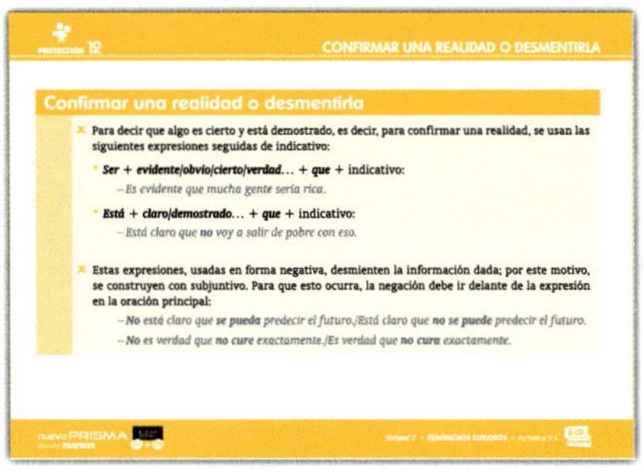
PROYECCIÓN 12 — CONFIRMAR UNA REALIDAD O DESMENTIRLA

Confirmar una realidad o desmentirla

- Para decir que algo es cierto y está demostrado, es decir, para confirmar una realidad, se usan las siguientes expresiones seguidas de indicativo:
  - ***Ser* + *evidente/obvio/cierto/verdad*... + *que* + indicativo:**
    – *Es evidente que mucha gente sería rica.*
  - ***Está* + *claro/demostrado*... + *que* + indicativo:**
    – *Está claro que **no** voy a salir de pobre con eso.*
- Estas expresiones, usadas en forma negativa, desmienten la información dada; por este motivo, se construyen con subjuntivo. Para que esto ocurra, la negación debe ir delante de la expresión en la oración principal:
  – ***No** está claro que **se pueda** predecir el futuro./Está claro que **no se puede** predecir el futuro.*
  – ***No** es verdad que **no cure** exactamente./Es verdad que **no cura** exactamente.*

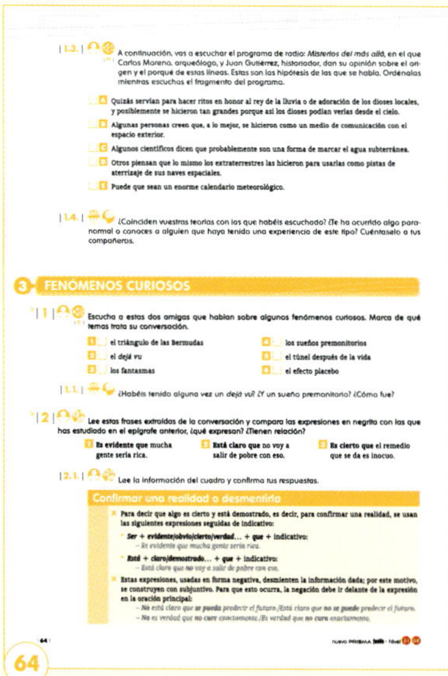

Dinámica. Ponga la proyección con el fin de realizar una corrección conjunta. Pida a los estudiantes que comenten todas sus respuestas en la actividad 2. A continuación, confirme los aciertos y errores, aportando las explicaciones y ejemplos que considere necesarios. Mantenga la proyección durante la actividad 2.2.

Ficha 17. Es cierto que...

FICHA 17 — ES CIERTO QUE... (1/2)

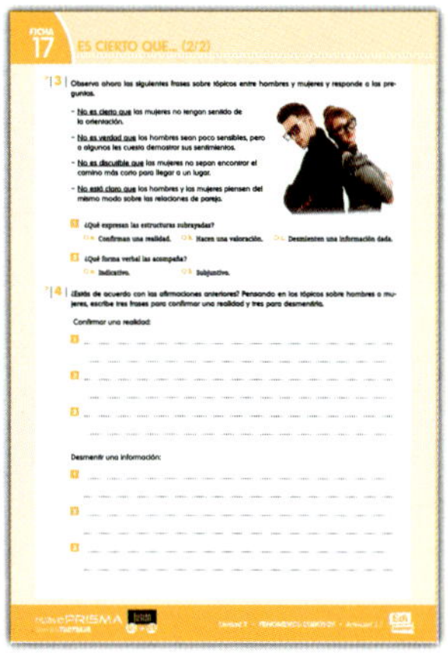
FICHA 17 — ES CIERTO QUE... (2/2)

Dinámica. Entregue la ficha a los alumnos e indíqueles que, individualmente o en parejas, realicen las actividades. El objetivo es repasar y consolidar las estructuras para confirmar o desmentir una realidad que se estudian en este epígrafe.

1. 1. Es cierto que; **2.** Es evidente que; **3.** Es indiscutible que; **4.** Es verdad que; **5.** Es cierto que; **6.** Es indudable que; **7.** Está claro.

2. 1. a. Confirman una realidad; **2.** a. Indicativo.

3. 1. c. Desmienten una realidad; **2.** b. Subjuntivo.

2.2. Ejercicio de producción e interacción oral. La dinámica es en parejas, sin embargo, dependiendo del número de alumnos que haya en clase, se pueden organizar en pequeños grupos o, incluso, dividir la clase en dos grandes grupos, los que creen más en los fenómenos curiosos o paranormales frente a los que se muestran más escépticos frente a estos temas. Los estudiantes deberán dar su opinión y reaccionar sobre los diferentes fenómenos curiosos propuestos. Mantener la proyección en pantalla les ayudará a formular las frases correctamente y con mayor brevedad. No olvide que lo que se pro-

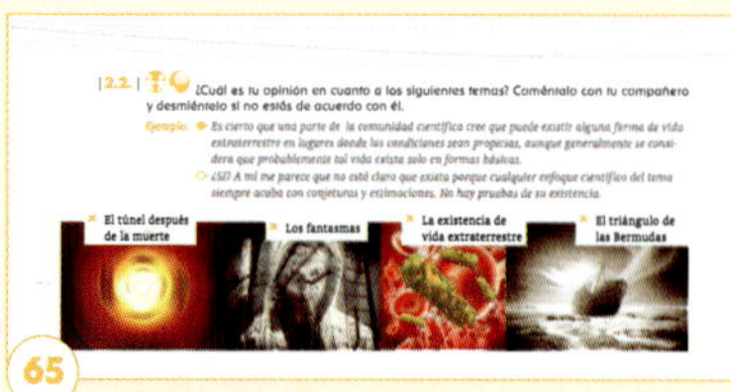
65

pone es una actividad de consolidación de las estructuras estudiadas. Si lo cree conveniente, puede aportar otros temas o imágenes de acuerdo con las necesidades e intereses de los estudiantes.

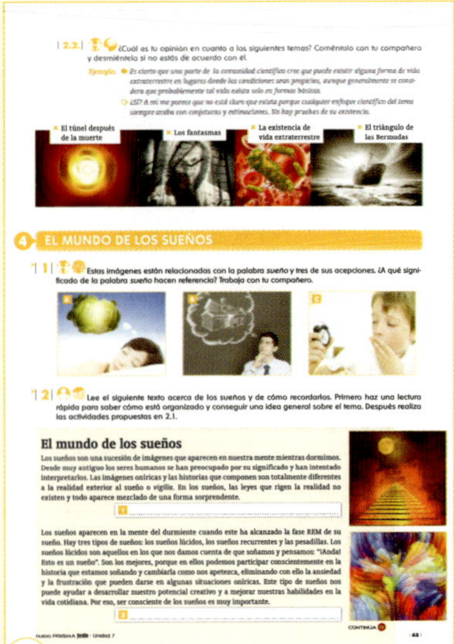

65

Para practicar las estructuras para expresar acuerdo o desacuerdo con una hipótesis, así como aquellas para confirmar o desmentir una realidad, se recomiendan los ejercicios 11 y 12 de la unidad 7 del *Libro de ejercicios*.

4 EL MUNDO DE LOS SUEÑOS 65

La palabra "sueño" tiene varias acepciones. Al trabajar la hipótesis o probabilidad, se propone la acepción referida al mundo onírico de "representarse en la mente imágenes o sucesos mientras se duerme". Este tema permite fácilmente poner en práctica todas las estructuras relacionadas con las hipótesis que se han trabajado a lo largo de la unidad. El mundo de los sueños está presente en nuestros días y también para los estudiantes es algo muy conocido, de manera que tendrán mucha información previa y experiencias propias que contar que favorecerán la interacción.

66

> 1 Para empezar el tema se propone a los estudiantes que comenten las acepciones de la palabra sueño y que, después, las identifiquen con las imágenes. Se les puede pedir que busquen las definiciones en el diccionario.

Acepciones de la palabra sueño. A. soñar, referido al mundo onírico; B. soñar, como deseo; C. tener sueño, necesidad fisiológica.

> 2 Se propone una actividad de comprensión lectora global. La finalidad de esta primera lectura es que los estudiantes obtengan una idea general sobre el tema y se den cuenta de cómo está organizado. Por el momento no es aconsejable pedirles que hagan nada más, puesto que en la actividad siguiente tienen una propuesta de diversas actividades para que, de forma estratégica, lleguen a comprender la totalidad del texto.

2.1. Actividad de aplicación de estrategias para la comprensión detallada de un texto. Antes de empezar a trabajar, pida a los estudiantes que lean todas las actividades propuestas. Para una óptima realización de la tarea, es importante realizar una a una y por orden todas las actividades de la misma. También es importante que, a medida que terminen las actividades, se lleve a cabo una puesta en común y/o corrección en plenario, puesto que la correcta realización de una actividad facilitará abordar la actividad siguiente. Existen varias respuestas posibles, por lo que la puesta en común aportará, también, más información a los estudiantes.

1. Posible respuesta. Las imágenes me ayudan a entrar más profundamente en el tema del texto, en este caso, el mundo de los sueños. Por ejemplo, la imagen 1 muestra cómo este fenómeno ocurre de noche y se muestra como un viaje al interior de uno mismo. Las imágenes 2 y 3 me hacen pensar en la conexión de los sueños con la realidad, pero una realidad que en ellos aparece cambiada. La imagen 4 me sugiere que hay una puerta hacia el mundo de los sueños. Mientras que la imagen 5 parece relacionar los sueños con un mundo intrincado y solitario.

2. Ideas principales. Párrafo 1: *Los sueños son una sucesión de imágenes que aparecen en nuestra mente mientras dormimos. En los sueños, las leyes que rigen la realidad no existen y todo aparece mezclado de una forma sorprendente;* Párrafo 2: *Hay tres tipos de sueños: los sueños lúcidos, los sueños recurrentes y las pesadillas. Los sueños lúcidos son aquellos en los que nos damos cuenta de que soñamos y que podemos modificar. Este tipo de sueños nos puede ayudar a desarrollar nuestro potencial creativo y nuestras habilidades;* Párrafo 3: *Los sueños recurrentes son los sueños repetidos; se trata de sueños en los que nuestro subconsciente nos quiere decir*

algo sobre algún problema que no ha sido todavía resuelto. Las pesadillas son sueños en los que sufrimos o en los que nos sentimos asustados; Párrafo 4: *Todos soñamos, aunque algunas personas piensen que no porque no recuerdan sus sueños. Quizá la mayor razón y la más importante de por qué olvida sus sueños es que no les da importancia;* Párrafo 5: *Para recordar los sueños, es aconsejable dedicar unos momentos de reflexión al despertarse. Si se ha pasado toda la vida ignorando los sueños, es posible que haya que dedicar muchos días a recordarlos;* Párrafo 6: *El recuerdo del sueño puede entrenarse. Los sueños parecen ser una manera por la cual el subconsciente procesa todos los problemas que se encuentran en la vida despierta. Pensar en ellos puede darnos un mayor conocimiento de nosotros mismos.*

3. Palabras clave: sucesión de imágenes; las leyes que rigen la realidad; todo mezclado; tipos de sueños; sueños lúcidos; nos damos cuenta de que soñamos; desarrollar nuestro potencial creativo; mejorar nuestras habilidades; sueños recurrentes; sueños repetidos; pesadillas; sueños en los que nos sentimos asustados; todos soñamos; olvidar los sueños; no dar importancia a los sueños; Es aconsejable recordar los sueños; pasarse toda la vida ignorando los sueños; dedicar muchos días a recordarlos; el recuerdo del sueño puede entrenarse; un lenguaje simbólico; emana de las profundidades de nuestro ser; una manera por la cual el subconsciente procesa los problemas; mayor conocimiento de nosotros mismos.

4. Posibles palabras. Regir: dirigir, ordenar; Darse cuenta de: percibir, notar; Desarrollar: hacer avanzar; Potencial creativo: capacidad para crear cosas o ideas nuevas; Asustado: con miedo; Olvidar: no recordar; Contemplar: tener en cuenta, poner atención en algo; No dar importancia: descartar algo porque no es importante; Ignorar: no prestar atención a algo; Entrenarse: practicarse; Lenguaje simbólico: lenguaje que usa unas imágenes que significan otra cosa distinta; Profundidades: partes más escondidas; Subconsciente: parte de nuestra mente que no conocemos; Procesar: tratar.

5. Resumen. 1. Los sueños son una sucesión de imágenes que aparecen en nuestra mente mientras dormimos. En ellos las leyes que rigen la realidad no existen y todo está mezclado; 2. Hay tres tipos de sueños: los sueños lúcidos, en los que podemos darnos cuenta de que estamos soñando, los sueños recurrentes y las pesadillas; 3. Los sueños recurrentes son los repetidos y nos hablan de algún problema de nuestra vida no resuelto. Las pesadillas son los sueños en los que nos sentimos asustados; 4. Todos soñamos, aunque no todos podamos recordar nuestros sueños, principalmente, porque no les damos importancia; 5. Es aconsejable recordarlos, pero puede costar muchos días si se ha pasado toda una vida ignorándolos; 6. El recuerdo del sueño puede entrenarse y entender su significado nos puede dar un mayor conocimiento de nosotros mismos.

Los sueños recurrentes son los sueños repetidos con cierta frecuencia. Se trata de sueños en los que nuestro subconsciente nos quiere decir algo sobre algún problema físico o de nuestra vida que no ha sido todavía resuelto. En cuanto a las pesadillas, son sueños en los que sufrimos o en los que nos sentimos asustados. Sensación que, a veces, se mantiene unos minutos después de despertarnos.

Lo cierto es que todos soñamos, aunque algunas personas piensen que no porque no recuerdan sus sueños, y que los sueños significan algo distinto para cada persona, ya que cada uno de nosotros tiene un lenguaje onírico personal.

También la gente varía mucho en cuanto a la forma de recordar sus sueños. Quizá la mayor razón y la más importante de por qué olvida sus sueños es que no les da importancia. La cultura occidental no contempla los sueños de una forma especial.

Es aconsejable dedicar algunos momentos de reflexión al despertarse, permanecer tranquilo en la cama, con los ojos cerrados y el cuerpo relajado. Después, preguntarse: ¿Qué era exactamente lo que estaba soñando? Al principio, se puede recordar solo un paisaje o algunas pequeñas imágenes. Si se ha pasado toda la vida ignorando los sueños, es posible que haya que dedicar muchos días a recordarlos. Un buen consejo: irse a la cama con la cabeza despejada; el estar demasiado cansado puede nublar la memoria por la mañana.

El recuerdo del sueño puede entrenarse, intentando pensar durante un tiempo acerca de todo lo que se ha soñado antes de levantarse por la mañana y escribiéndolo seguidamente.Los sueños son un lenguaje simbólico que emana de las profundidades de nuestro ser. Estos sueños parecen ser una manera por la cual el subconsciente considera, clasifica y procesa todos los problemas que se encuentran en la vida despierta. La práctica de tomarse el tiempo necesario para pensar en ellos y en su posible mensaje puede darnos un mayor conocimiento de nosotros mismos.

Adaptado de http://www.misabueso.com/esoterica/suenos/?submit=submit&sueno=El+mundo+de+los+sue%C3%B1os

2.1. Vamos a volver a leer el texto, pero ahora haremos una lectura más detenida y específica. Para ello, sigue las pautas que te ofrecemos a continuación.

- Mira atentamente las imágenes del texto para ayudarte a comprender. Di cuáles te ayudan y cuáles no.
- Subraya las ideas principales del texto.
- A continuación, lee párrafo por párrafo y busca las palabras clave de cada uno de ellos.
- Busca en el diccionario las palabras que te impiden entender alguna frase.
- Resume cada párrafo con las palabras clave que has señalado.

3. Ahora vais a conocer un poco más el lenguaje simbólico de los sueños. Para ello, relacionad cada una de las imágenes siguientes con su significado.

Soñar con él significa que la persona está feliz y en paz consigo misma. La frescura del verde y lo variado de los colores muestra que en la vida de esta persona todos los asuntos sentimentales, familiares y materiales funcionan muy bien.

CONTINÚA

66

>3 A partir de unas imágenes y unos breves textos descriptivos, se propone al estudiante que trabaje el lenguaje simbólico de los sueños. La imagen aporta una información y el texto la complementa. Seguro que los alumnos tienen conocimientos previos sobre los diferentes significados de los sueños, por lo que puede plantear la actividad proponiendo que, al principio, los alumnos observen solo las imágenes y formulen hipótesis sobre lo que pueden significar sin recurrir a los textos. Posteriormente, la lectura de estos les ayudará a verificar sus hipótesis. Esta actividad facilitará realizar la actividad siguiente.

1. C; 2. D; 3. A; 4. B.

>4 Actividad cooperativa cuyo principal objetivo consiste en la elaboración de un diccionario de sueños por parte de los estudiantes. Se dividirá a los alumnos en grupos y se encargará a cada componente del mismo una tarea específica que, luego, pondrá en común con el resto de miembros del equipo para, finalmente, elaborar el diccionario de sueños entre toda la clase. Los estudiantes deben seguir paso a paso las directrices y pautas que se dan en

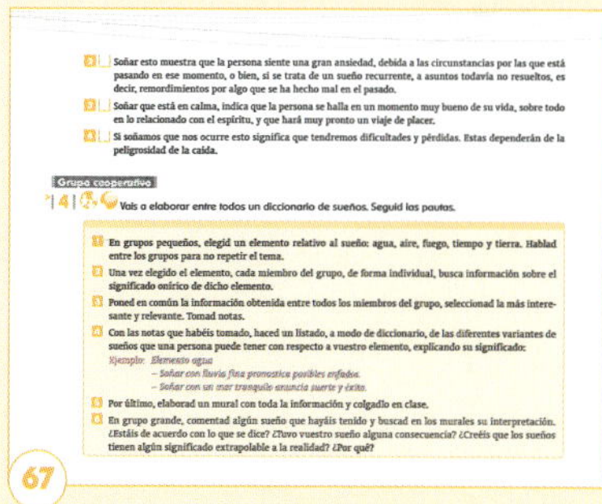
Soñar esto muestra que la persona siente una gran ansiedad, debida a las circunstancias por las que está pasando en ese momento, o bien, si se trata de un sueño recurrente, a asuntos todavía no resueltos, es decir, remordimientos por algo que se ha hecho mal en el pasado.

Soñar que está en calma, indica que la persona se halla en un momento muy bueno de su vida, sobre todo en lo relacionado con el espíritu, y que hará muy pronto un viaje de placer.

Si soñamos que nos ocurre esto significa que tendremos dificultades y pérdidas. Estas dependerán de la peligrosidad de la caída.

Grupo cooperativo

4. Vais a elaborar entre todos un diccionario de sueños. Seguid las pautas.

- En grupos pequeños, elegid un elemento relativo al sueño: agua, aire, fuego, tiempo y tierra. Hablad entre los grupos para no repetir el tema.
- Una vez elegido el elemento, cada miembro del grupo, de forma individual, busca información sobre el significado onírico de dicho elemento.
- Poned en común la información obtenida entre todos los miembros del grupo, seleccionad la más interesante y relevante. Tomad notas.
- Con las notas que habéis tomado, haced un listado, a modo de diccionario, de las diferentes variantes de sueños que una persona puede tener con respecto a vuestro elemento, explicando su significado:
  Ejemplo: Elemento agua
  – Soñar con lluvia fina pronostica posibles enfados.
  – Soñar con un mar tranquilo anuncia suerte y éxito.
- Por último, elaborad un mural con toda la información y colgadlo en clase.
- En grupo grande, comentad algún sueño que hayáis tenido y buscad en los murales su interpretación. ¿Estáis de acuerdo con lo que se dice? ¿Tuvo vuestro sueño alguna consecuencia? ¿Creéis que los sueños tienen algún significado extrapolable a la realidad? ¿Por qué?

67

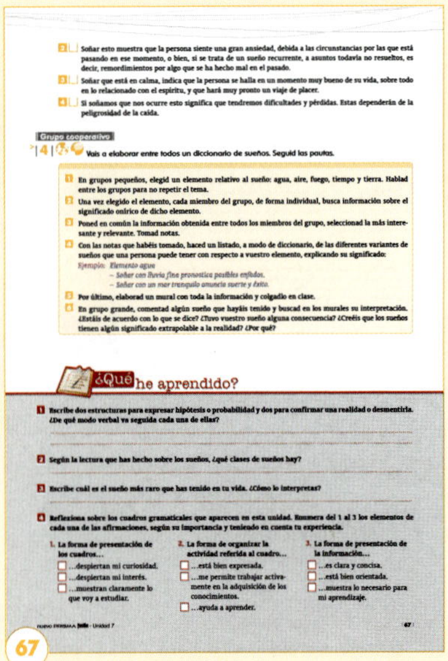

2. Soñar esto muestra que la persona siente una gran ansiedad, debida a las circunstancias por las que está pasando en ese momento, o bien, si se trata de un sueño recurrente, a asuntos todavía no resueltos, es decir, remordimientos por algo que se ha hecho mal en el pasado.
3. Soñar que está en calma, indica que la persona se halla en un momento muy bueno de su vida, sobre todo en lo relacionado con el espíritu, y que hará muy pronto un viaje de placer.
4. Si soñamos que nos ocurre esto significa que tendremos dificultades y pérdidas. Estas dependerán de la peligrosidad de la caída.

Grupo cooperativo

4 Vais a elaborar entre todos un diccionario de sueños. Seguid las pautas.

1. En grupos pequeños, elegid un elemento relativo al sueño: agua, aire, fuego, tiempo y tierra. Hablad entre los grupos para no repetir el tema.
2. Una vez elegido el elemento, cada miembro del grupo, de forma individual, busca información sobre el significado onírico de dicho elemento.
3. Poned en común la información obtenida entre todos los miembros del grupo, seleccionad la más interesante y relevante. Tomad notas.
4. Con las notas que habéis tomado, haced un listado, a modo de diccionario, de las diferentes variantes de sueños que una persona puede tener con respecto a vuestro elemento, explicando su significado:
   Ejemplo: *Elemento agua*
   – *Soñar con lluvia fina pronostica posibles enfados.*
   – *Soñar con un mar tranquilo anuncia suerte y éxito.*
5. Por último, elaborad un mural con toda la información y colgadlo en clase.
6. En grupo grande, comentad algún sueño que hayáis tenido y buscad en los murales su interpretación. ¿Estáis de acuerdo con lo que se dice? ¿Tuvo vuestro sueño alguna consecuencia? ¿Creéis que los sueños tienen algún significado extrapolable a la realidad? ¿Por qué?

¿Qué he aprendido?

1. Escribe dos estructuras para expresar hipótesis o probabilidad y dos para confirmar una realidad o desmentirla. ¿De qué modo verbal va seguida cada una de ellas?
2. Según la lectura que has hecho sobre los sueños, ¿qué clases de sueños hay?
3. Escribe cuál es el sueño más raro que has tenido en tu vida. ¿Cómo lo interpretas?
4. Reflexiona sobre los cuadros gramaticales que aparecen en esta unidad. Enumera del 1 al 3 los elementos de cada una de las afirmaciones, según su importancia y teniendo en cuenta tu experiencia.

1. La forma de presentación de los cuadros…
   - …despiertan mi curiosidad.
   - …despiertan mi interés.
   - …muestran claramente lo que voy a estudiar.
2. La forma de organizar la actividad referida al cuadro…
   - …está bien expresada.
   - …me permite trabajar activamente en la adquisición de los conocimientos.
   - …ayuda a aprender.
3. La forma de presentación de la información…
   - …es clara y concisa.
   - …está bien orientada.
   - …muestra lo necesario para mi aprendizaje.

nuevo PRISMA fusión · Unidad 7 67

67

la actividad, mientras que el profesor deberá ayudar, organizar, y supervisar el trabajo de los diferentes grupos. Para finalizar, se propone una puesta en común en la que los alumnos comenten sus propios sueños y si están de acuerdo o no con las posibles interpretaciones de los mismos.

¿QUÉ HE APRENDIDO? 67

1. Posible respuesta. Hipótesis o probabilidad: *es posible que* + subjuntivo; *quizás* + indicativo/subjuntivo; Confirmar una realidad: *está claro que* + indicativo; *es cierto que* + indicativo; Desmentir una realidad: *no está claro que* + subjuntivo; *no es cierto que* + subjuntivo; El modo de las estructuras que expresan hipótesis es, en general, el modo subjuntivo; el modo de las estructuras de confirmación de la realidad es el indicativo y el modo de las estructuras para desmentir es el subjuntivo.

2. Hay tres clases de sueños: los lúcidos, de los que nos damos cuenta en el mismo momento en que los soñamos; los recurrentes, que se repiten y con los que nuestro subconsciente nos informa de un problema de nuestra vida no ha resuelto todavía, y las pesadillas, con las que sufrimos porque reflejan nuestros miedos.

ELEteca
Léxico. El lenguaje de los sueños.

8 ¿SABES POR QUÉ...?

A través de algunos artículos como los de la revista *Muy interesante*, en los que se relatan curiosidades, así como de los acertijos y enigmas, los alumnos aprenderán a expresar el motivo y la causa de una acción. Las oraciones causales serán el eje del aprendizaje en esta unidad, en la que también se trabajarán distintas funciones, como negar la causa de un hecho o situación expresando la verdadera causa, o expresar agradecimiento y disculpa. En el aspecto gramatical, se estudiarán los conectores causales *porque, como, debido a* (*que*), *ya que, dado que,* etc. Como contenido cultural, se trabajarán los estereotipos.

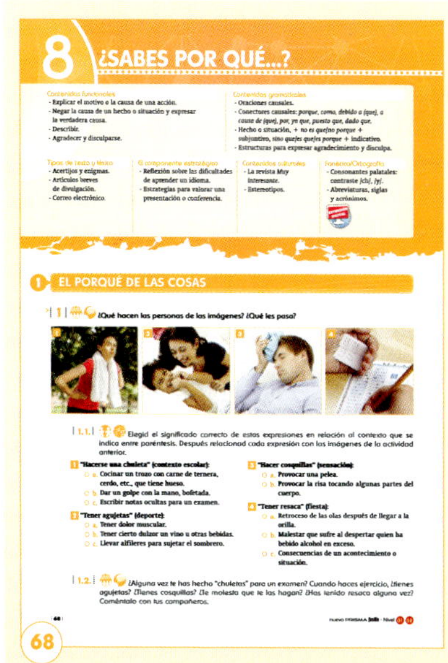

1 EL PORQUÉ DE LAS COSAS 68

En el primer epígrafe de la unidad, los estudiantes descubrirán el origen de expresiones como "hacerse una chuleta" o "tener agujetas" entre otras, y aprenderán a expresar el porqué de algunos hechos o acciones. Se presentan las oraciones causales con algunos de los conectores causales más frecuentes, explicando su significado y el modo verbal que rigen.

> 1 Como actividad previa, y con la finalidad de introducir algunas expresiones o frases hechas, se presentan imágenes que representan algunas situaciones concretas. Se pedirá a los alumnos que, a modo de lluvia de ideas, vayan relatando las diferentes situaciones presentadas explicando qué sucede en ellas. Si el profesor lo cree conveniente, puede aportar otras ilustraciones diferentes, siempre y cuando su contenido se refiera a las expresiones que se presentan en la actividad siguiente 1.1.

1. Está haciendo deporte; 2. Le está haciendo cosquillas; 3. Se pone hielo en la frente; 4. Está copiando en un examen con una chuleta.

1.1. Se pretende que el estudiante, por sí solo o con la ayuda de un compañero, pueda deducir el significado de las expresiones que se presentan, eligiendo la opción correcta a la vez que la relaciona con la imagen correspondiente de las que se han presentado en la actividad anterior. Los alumnos encontrarán la explicación a estas expresiones en la actividad 2.

1. c, 4; 2. a, 1; 3. b, 2; 4. b, 3.

1.2. El objetivo de esta actividad es fomentar la interacción entre los estudiantes. Se pretende que comenten sus experiencias en relación a las expresiones estudiadas para que las adquieran y hagan suyas tanto lingüística como culturalmente.

> 2 Actividad de comprensión lectora en la que se presentan unos breves artículos relacionados con las expresiones vistas en la actividad 1.1. Se trata de que los estudiantes pongan un título a cada uno de los artículos, en los que o bien se explica el origen de la expresión, o bien el motivo por el que cual se produce o alguna curiosidad relacionada. Es importante que el título sea relevante y que destaque la información que se describe.

Se trabajan estos textos con dos objetivos: uno, para que conozcan la información sociolingüística que se describe, y el otro, como pretexto para presentar los conectores causales de forma contextualizada. Estos conectores servirán para reconocer las oraciones causales que se estudiarán en esta unidad.

Posible respuesta. 1. ¿Por qué las chuletas de copiar se llaman así?; 2. ¿Por qué tenemos agujetas?; 3. ¿Por qué no podemos hacernos cosquillas a nosotros mismos?; 4. ¿Por qué después de beber alcohol se tiene resaca?

2.1. Se ponen en común las diferentes propuestas de títulos que los alumnos han escrito en la actividad anterior. Dentro del abanico de posibilidades que se obtenga, se pueden seleccionar aquellas que sean las mejores y más adecuadas antes de dar a conocer el título de la versión original.

>3 Es el momento de trabajar con los conectores causales que aparecen en los textos de la actividad 2. Proponga a los estudiantes que, de manera deductiva, seleccionen los conectores resaltados en negrita en los artículos y los escriban en el cuadro según la información que ofrecen. Con este trabajo reflexivo se pretende que el alumno discrimine cada uno de los usos por sí mismo, atendiendo a la posición, registro y estructura gramatical.

Es el conector más usado: porque; La frase que empieza por este conector siempre va delante de la oración principal: como; Se usan en contextos más formales: debido a, a causa de; Va seguido de un adjetivo o de un nombre: por.

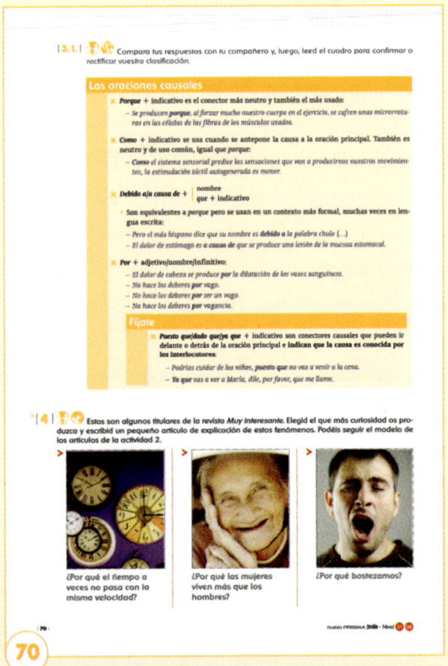

3.1. El objetivo de esta actividad es confirmar si las deducciones de los alumnos en la actividad anterior eran correctas. Para llevar a cabo la corrección, se ofrece el cuadro completo con los conectores que introducen las oraciones causales, de manera que el estudiante pueda comprobar su trabajo anterior. Asimismo, este es el momento de explicar la estructura gramatical de este tipo de oraciones. Se propone que el profesor analice y explique cada conector teniendo en cuenta la estructura, la posición en la frase, su registro y su función, además de la intención del hablante.

Para consolidar el uso de los conectores y las oraciones causales que acaban de aprender, puede usar la ficha 18.

Ficha 18. Expresamos la causa.

Dinámica. Reparta entre sus alumnos la ficha 18, en la que se proporcionan unas situaciones con unas indicaciones concretas sobre el tipo de oración causal que se pretende que se produzca. Indíqueles que deberán formular frases causales atendiendo a dichas indicaciones. Una vez los alumnos han realizado la actividad, dado que hay varias respuestas posibles, se recomienda la corrección en plenario. Se trata de que los alumnos sean conscientes de las distintas opciones que existen para expresar lo mismo.

Posibles respuestas. 1. Como no te has portado bien, no te han regalado nada por tu cumpleaños; 2. No duermes bastante porque te acuestas muy tarde; 3. Debido a que has sido un buen empleado, te han dado un aumento de sueldo; 4. Cancelaron la reunión a causa de un contratiempo de última hora; 5. Tu compañero de piso tiene mal carácter, ya que no le dejáis dormir por las noches; 6. No te gusta hablar por teléfono por tu timidez; 7. Como tienes ya otro compromiso, no puedes ir a la boda de tu mejor amigo; 8. Has llegado tarde por no saber los horarios de los autobuses.

>4 La siguiente actividad es una propuesta de escritura en parejas. Siguiendo con las oraciones causales, se ofrecen, a continuación, algunos titulares de la revista *Muy interesante* y se pregunta a los alumnos el porqué de algunos fenómenos. De esos titulares, deben elegir el que más curiosidad les produzca para escribir un pequeño artículo dando la explicación adecuada. Antes de empezar a trabajar, remítalos de nuevo a la actividad 2, para que tomen como modelo los artículos que han leído anteriormente, y al cuadro gramatical de la actividad 3.1. para que utilicen correctamente los conectores causales aprendidos. Tenga en cuenta que, para la producción escrita, los alumnos pueden consultar los materiales que deseen y tomarse el tiempo que necesiten.

Posible respuesta. ¿Por qué el tiempo no pasa a veces con la misma velocidad? Tenemos una percepción subjetiva del tiempo debido a muchos factores, tanto externos como internos a nuestro organismo. Así, el tiempo vuela cuando lo estamos pasando bien, cuando nos gusta lo que hacemos, cuando estamos motivados, cuando lo que hacemos es novedoso o cuando estamos ocupados. Las experiencias previas también influyen en nuestra percepción del tiempo. Eso es lo que ocurre cuando, por ejemplo, una película nos parece más corta al verla por segunda vez. Contrariamente, el tiempo pasa más lentamente cuando lo estamos pasando mal, cuando esperamos con impaciencia, cuando tenemos prisa, cuando estamos enfermos, cuando nos duele algo, o cuando estamos cansados o incómodos. Se nos hace eterno cuando llevamos una pesada carga encima y, sobre todo, cuando estamos en peligro. También nos parece más lento cuando nos aburrimos y, especialmente, cuando le prestamos atención, es decir, cuando estamos pendientes de él. Nuestra percepción subjetiva del tiempo depende mucho también de la situación emocional en que nos encontremos. (Adaptado del artículo de Ignacio Morgado Bernal "La percepción del tiempo". www.investigacionyciencia.es/blogs/psicologia-y-neurociencia/37/posts/la-percpcin-del-tiempo-12083). ¿Por qué las mujeres viven más que los hombres? Es debido a las hormonas sexuales, con mayor número de estrógenos en las mujeres, hecho que hace que el envejecimiento sea más lento. ¿Por qué bostezamos? Bostezamos porque el cerebro es muy sensible a los cambios de temperatura y bostezar permite bombear aire al cerebro, hecho que disminuye su temperatura.

i+ ELEteca
23. Revista *Muy interesante*.

4.1. Cada pareja debe compartir con otra el texto que ha escrito en la actividad 4. El objetivo es que fusionen los dos textos aprovechando lo mejor de cada uno. Se les pide a los estudiantes que los pongan en común, seleccionen la información que crean más creíble y, de nuevo, reescriban un artículo ilustrándolo con imágenes para presentarlo al resto de sus compañeros. Para poder llevar a cabo esta tarea y enlazarla con la actividad 4.2., se ofrecen unas pautas que los alumnos deberán seguir.

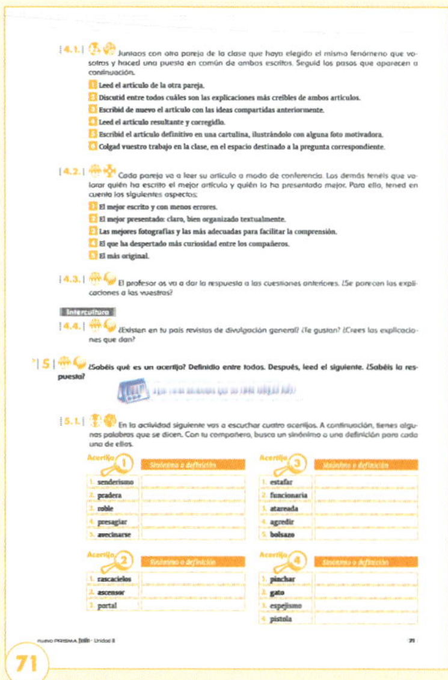

4.2. Es el momento de la presentación, a modo de conferencia, del texto que han preparado en la actividad anterior. Mientras una pareja expone su trabajo, los otros compañeros deberán ir valorando tanto el contenido como la presentación del mismo. De nuevo, se ofrecen unas pautas para ello, indicando los aspectos que se deben tener en cuenta a la hora de valorar. Una vez presentados todos los trabajos, se puede recompensar a la pareja que mejor haya hecho la presentación.

4.3. Ahora es el momento de facilitar a los estudiantes las explicaciones originales de la revista *Muy interesante*. Para ello, utilice la ficha 19.

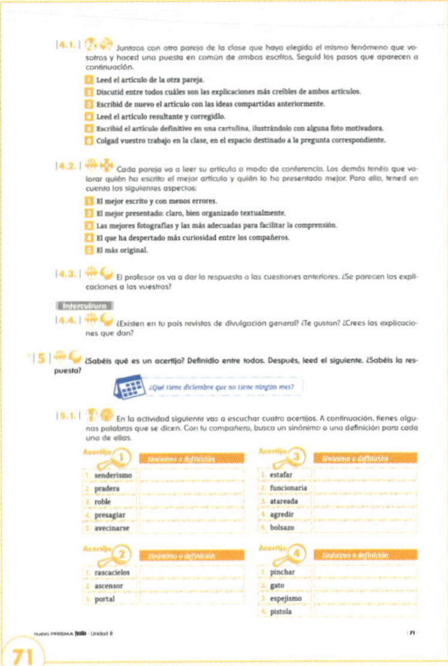

Ficha 19. Muy interesante.

Dinámica. Ofrezca a los alumnos el texto de los artículos originales que responden a las preguntas de la actividad 4. Deje que las lean y que comprueben si coinciden con sus explicaciones. Puede ser que los alumnos hayan formulado otras hipótesis según su conocimiento previo, por lo que proponga un debate en plenario donde se comparen y comenten las distintas explicaciones.

4.4. Para cerrar esta secuencia de actividades se presenta esta actividad de corte intercultural con el objetivo de que los estudiantes comenten si en sus países existen revistas de divulgación similares a *Muy interesante*, y digan qué piensan sobre estas y sobre los artículos y contenidos que se publican en ellas.

Para trabajar las oraciones y los conectores causales puede realizar los ejercicios 1 y 2 de la unidad 8 del *Libro de ejercicios*.

>5 Siguiendo con la propuesta intercultural, se presenta una nueva secuencia de actividades en las que se trabajan algunos acertijos de la lengua y cultura española con dos objetivos: aprender nuevo léxico, por un lado, y producir frases que expliquen las causas o razones por las que sucede algo, por otro. En esta primera actividad, se trabaja la definición de la palabra "acertijo" aportando un primer ejemplo.

Un acertijo es un juego de lógica que sirve como pasatiempo.

¿Qué tiene diciembre que no tiene ningún mes? La letra *d*.

5.1. Se propone una tarea previa de léxico para preparar la audición que escucharán en la actividad posterior. Pida a los estudiantes que busquen sinónimos o definiciones de las palabras propuestas. Para ello, pueden hacer uso del diccionario.

Acertijo 1. senderismo: deporte que consiste en caminar por la naturaleza; pradera: tierra de campo cubierta de hierba; roble: árbol de tronco grueso y madera noble; presagiar: vaticinar, predecir, saber con antelación; avecinarse: ocurrir en los momentos siguientes.

Acertijo 2. rascacielos: edificio de gran altura y muchos pisos; ascensor: cabina que sirve para subir pisos de forma automática; portal: patio, entrada al edificio.

Acertijo 3. estafar: engañar en un negocio; funcionaria: mujer que trabaja en una oficina del Estado; atareada: ocupada; agredir: atacar con violencia; bolsazo: golpe dado con un bolso.

Acertijo 4. pinchar: referido a un coche, cuando una rueda pierde el aire a causa de un agujero que se ha hecho en la cubierta; gato: herramienta que sirve para elevar el vehículo cuando se le cambia una rueda; espejismo: ilusión óptica producida por diversas circunstancias; pistola: arma corta de fuego.

5.2. Siguiendo con la actividad de léxico, se pasa ahora a una actividad de comprensión auditiva con el fin de que los estudiantes escuchen las palabras que han trabajado anteriormente en contexto y comprueben que, según este, su explicación o sinónimo es el adecuado. Por esta razón, es importante que los dirija a realizar una escucha selectiva para que centren su atención solo en las palabras que se trabajan en este momento. Si lo cree necesario, puede poner la audición dos veces. Una para una comprensión global y otra para que hagan la escucha selectiva que se les pide en la actividad.

16

Acertijo 1

Un grupo de jóvenes montañeros hacen senderismo por la sierra madrileña de Navacerrada. A mediodía, cansados de tanto caminar, deciden ponerse a almorzar en una pradera a la sombra de un roble viejo. Hace un día espléndido de sol y nadie puede presagiar la tragedia que se avecina porque, de repente, llega un joven con un paquete al campo en el que están y muere. ¿Por qué?

Acertijo 2

Un hombre vive en el piso 32 de uno de los rascacielos construidos en Madrid y, a diario, se encuentra con el siguiente problema: cuando sube, solo llega hasta el piso 24 y los pisos restantes tiene que subirlos andando, pero, sin embargo, para bajar se monta en el ascensor y llega hasta el portal sin problemas. ¿A causa de qué?

Acertijo 3

Rosa, que es una reconocida actriz española, conduce su coche por el desierto de Almería porque se dirige al rodaje de una película. De repente, se pincha una rueda del coche y, como no lleva gato para cambiarla, empieza a caminar hasta que a lo lejos ve un bar y entra en él. No se trata de un espejismo. Muerta de sed, pide agua al camarero y este, con una sonrisa en los labios, le apunta con una pistola. Nuestra heroína, sorprendida, le responde: "Gra...gra...cias" y se va. ¿Por qué le saca una pistola el camarero?

Acertijo 4

A primeros de diciembre del año pasado, un hombre estafó a su mejor amiga la cantidad de 20 euros, que en apariencia es una suma pequeña. Esta señora, que en realidad era una funcionaria muy atareada, se enfadó muchísimo con él, tanto que le gritó y chilló sin parar. Lo cierto es que este hombre no había utilizado el dinero para lo que su amiga le había pedido. Horas más tarde, todos sus amigos comprendieron la reacción de esta mujer al conocer lo que había sucedido. ¿Por qué?

5.3. Se propone realizar una comprensión global de cada uno de los acertijos para intentar resolverlos. Antes de poner la audición, pida a los estudiantes que lean las preguntas referentes a cada acertijo para que enfoquen la escucha en seleccionar la información adecuada para responderlas. Una vez realizada la escucha, indíqueles que resuelvan los acertijos en parejas utilizando los conectores causales durante sus producciones.

5.4. Es el momento de escuchar las diferentes respuestas de los estudiantes en plenario y de darles, a continuación, la verdadera solución de cada acertijo, comentando las soluciones de manera que se entienda el tono en clave de humor que contienen.

Para finalizar, puede extender la actividad proponiendo a los alumnos que cuenten algunos acertijos que conozcan al resto de compañeros y que estos intenten resolverlos.

1. Es un joven paracaidista a quien no se le ha abierto el paracaídas; 2. El hombre es tan bajito que no puede alcanzar a pulsar el botón del piso 32, que es en el que vive, porque solo llega hasta el botón del piso 24. Sin em-

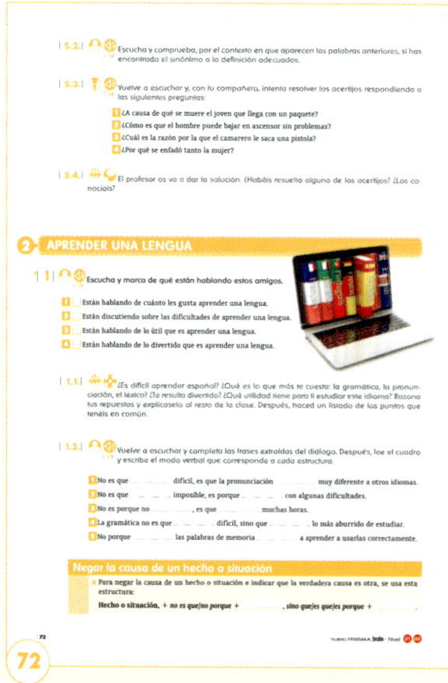
| 5.2. | Escucha y comprueba, por el contexto en que aparecen las palabras anteriores, si has encontrado el sinónimo o la definición adecuados.

| 5.3. | Vuelve a escuchar y, con tu compañero, intenta resolver los acertijos respondiendo a las siguientes preguntas:

1. ¿A causa de qué se muere el joven que llega con un paquete?
2. ¿Cómo es que el hombre puede bajar en ascensor sin problemas?
3. ¿Cuál es la razón por la que el camarero le saca una pistola?
4. ¿Por qué se enfadó tanto la mujer?

| 5.4. | El profesor os va a dar la solución. ¿Habéis resuelto alguno de los acertijos? ¿Los conocíais?

2 APRENDER UNA LENGUA

| 1 | Escucha y marca de qué están hablando estos amigos.

1. Están hablando de cuánto les gusta aprender una lengua.
2. Están discutiendo sobre las dificultades de aprender una lengua.
3. Están hablando de lo útil que es aprender una lengua.
4. Están hablando de lo divertido que es aprender una lengua.

| 1.1. | ¿Es difícil aprender español? ¿Qué es lo que más te cuesta: la gramática, la pronunciación, el léxico? ¿Te resulta divertido? ¿Qué utilidad tiene para ti estudiar este idioma? Razona tus repuestas y explícaselo al resto de la clase. Después, haced un listado de los puntos que tenéis en común.

| 1.2. | Vuelve a escuchar y completa las frases extraídas del diálogo. Después, lee el cuadro y escribe el modo verbal que corresponde a cada estructura.

1. No es que .... difícil, es que la pronunciación .... muy diferente a otros idiomas.
2. No es que .... imposible, es porque .... con algunas dificultades.
3. No es porque no ...., es que .... muchas horas.
4. La gramática no es que .... difícil, sino que .... lo más aburrido de estudiar.
5. No porque .... las palabras de memoria .... a aprender a usarlas correctamente.

Negar la causa de un hecho o situación

- Para negar la causa de un hecho o situación e indicar que la verdadera causa es otra, se usa esta estructura:

Hecho o situación, + ***no es que/no porque*** + ... , ***sino que/es que/es porque*** + ...

72

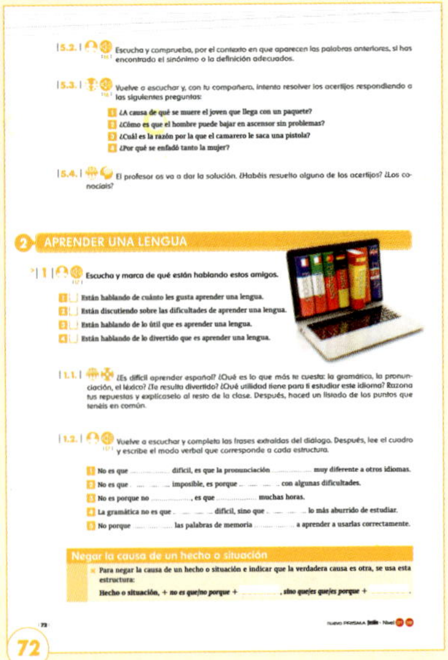

bargo, para bajar no tiene ningún problema porque, en el cuadro de botones del ascensor, el de la planta baja está a su alcance; 3. Porque es una pistola de agua; 4. Porque los 20 euros que le dio eran para comprar un décimo de lotería que salió premiado con el "gordo" en la lotería de Navidad. Pero el amigo nunca lo compró, porque al estar en paro, se lo había gastado.

2 APRENDER UNA LENGUA 72

Aprender una lengua es precisamente lo que están haciendo sus estudiantes. Conocer las facilidades y dificultades para aprenderla es algo con lo que se encuentran día a día en las aulas. El aprendizaje de la cultura hispana mediante la confirmación o negación de la realidad de los estereotipos les ayudará a adquirir un conocimiento más profundo de nuestra sociedad. Lingüísticamente, negar la causa de un hecho o situación, y expresar la verdadera causa completará su aprendizaje y les ayudará a adquirir una mejor competencia comunicativa.

> 1 Se empieza el siguiente epígrafe con una comprensión global de un texto oral. Los estudiantes deberán escucharlo y seleccionar, entre las que se proponen, la frase que resume el tema de la conversación. Esta es una actividad previa a la secuencia que se presenta a continuación en la que se pretende que, a través de la reflexión de los alumnos sobre su propio aprendizaje, sean capaces de expresar la verdadera causa.

17

- **Amelia:** ¡Madre mía! Acabo de empezar a estudiar alemán y me parece muy difícil.
- **Antonio:** Yo estudié alemán en el colegio y no es que sea difícil, es que la pronunciación, por ejemplo, es muy diferente a la del español.
- **Eduardo:** Sí, es verdad. A veces pensamos que es imposible estudiar un idioma pero, en realidad, no es porque sea imposible, es porque nos estresamos con algunas dificultades.
- **Amelia:** Vos, Antonio, ¿estudiás algún otro idioma aparte del alemán?
- **Antonio:** Pues no, la verdad.
- **Eduardo:** ¿No te apetece?
- **Antonio:** No es porque no me apetezca, es que trabajo muchas horas y no tengo mucho tiempo libre. ¿Y qué pensáis que es lo más difícil de aprender un idioma?
- **Amelia:** La gramática, sin duda.
- **Eduardo:** Bueno, depende. Yo creo que la gramática no es que sea difícil, sino que es lo más aburrido de estudiar.
- **Amelia:** Por eso es lo más difícil para mí, porque no me gusta.
- **Antonio:** Y el vocabulario, ¿qué pensáis?
- **Eduardo:** Para mí es lo más fácil, tengo muy buena memoria.
- **Antonio:** Bueno, pero eso no es suficiente. No porque te sepas las palabras de memoria vas a aprender a usarlas correctamente, también tienes que conocer el contexto en que se usan, por ejemplo.
- **Amelia:** Bueno, lo que está claro es que podríamos pasarnos horas hablando de esto y no nos pondríamos de acuerdo.
- **Antonio:** Normal, cada uno tiene su propia experiencia.

Opción 2. Están discutiendo sobre las dificultades de aprender una lengua.

1.1. Se ofrece una actividad de corte estratégico para que los estudiantes reflexionen sobre su propio aprendizaje de español. La finalidad de este tipo de actividades es que, a partir de la reflexión y de darse cuenta de las facilidades o dificultades que se les presentan, los alumnos tomen conciencia de su propio aprendizaje y puedan, así, mejorar tanto en la forma de aprender como en la adquisición de los contenidos que más les cuesta asimilar.

1.2. Se propone volver a escuchar la audición de la actividad 1 para trabajar la negación de una causa y la expresión de la verdadera causa. Por eso, pida a los estudiantes que completen las frases que se extraen del diálogo con las estructuras adecuadas. Se utiliza la audición como pretexto para trabajar y reflexionar sobre los elementos gramaticales que requiere esta función.

1. sea, es; 2. sea, nos estresamos; 3. me apetezca, trabajo; 4. sea, es; 5. te sepas, vas; Hecho o situación, + *no es que/no porque* + subjuntivo, *sino que/es que/es porque* + indicativo.

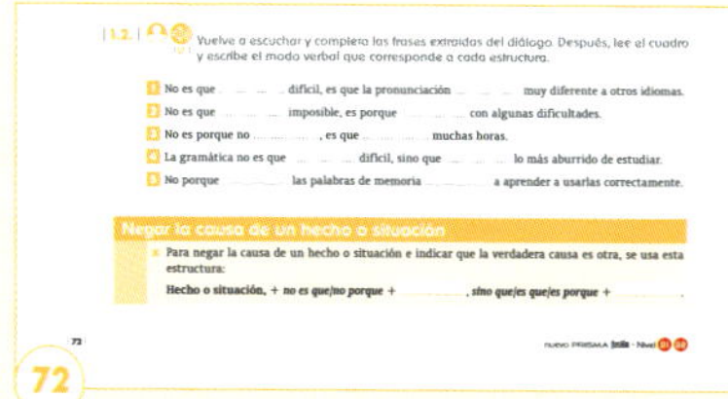

72

1.3. Se continúa trabajando la negación de la causa y, para ello, se propone a los estudiantes que formen frases relacionando los elementos de dos columnas y escribiendo los verbos que aparecen en indicativo o subjuntivo según lo que expresan. El objetivo es consolidar la estructura de las frases para negar causa y expresar la causa verdadera, y las formas verbales que rigen dichas estructuras.

1. d, trabaje, estoy; 2. c, guste, tengo; 3. a, apetezca, tengo; 4. b, tenga, tengo.

1.4. Actividad de corte estratégico. Diga a sus estudiantes que retomen el contenido de lo que han comentado en la actividad 1.1. y sigan reflexionando sobre su aprendizaje, destacando las dificultades que tienen para aprender español expresando las causas reales. Intente que, en la medida de lo posible, usen las estructuras para negar una causa y expresar la verdadera razón de sus dificultades conforme al ejemplo que se ofrece. La puesta en común les ayudará a completar su reflexión, ya que las aportaciones de sus compañeros les resolverán algunas dudas que puedan tener.

73

Si desea seguir trabajando los conectores causales, así como trabajar las estructuras para negar la causa de un hecho y expresar la verdadera causa, puede realizar los ejercicios 3 a 6 de la unidad 8 del *Libro de ejercicios*.

>2 Se propone una actividad cultural trabajando los estereotipos relacionados no solo con la sociedad española, sino también con otras nacionalidades. ¿Qué saben de los españoles? ¿Cómo los definirían? ¿Qué opiniones preconcebidas tienen sobre otras nacionalidades? Probablemente en la respuesta habrá aciertos y errores que servirán para desarrollar esta actividad.

i+ ELEteca
24. Estereotipos españoles.

2.1. Se continúa la actividad anterior con la puesta en común del listado de estereotipos de diferentes culturas. Esto servirá a sus estudiantes para rectificar la información aportada, utilizando las estructuras estudiadas en este epígrafe y consolidándolas.

2.2. Se termina la secuencia hablando de la negatividad que pueden traducir los estereotipos. Es importante destacar que estos, muchas veces, no son tan reales como se presentan y que seguramente a sus alumnos tampoco les gustará que nadie exprese algo negativo acerca de su país o cultura sin conocerlos. Este tema se puede tratar desde las sensaciones o sentimientos que nos transmiten los propios estereotipos.

En el caso de que sus alumnos tengan diferentes nacionalidades, y con el objetivo de trabajar la tolerancia e interculturalidad entre ellos, puede proponer, como actividad final del epígrafe, profundizar en los tópicos de sus propios países. Deje que primero opinen sobre las distintas nacionalidades de la clase para que después los alumnos aludidos confirmen o desmientan esas opiniones dando las explicaciones oportunas.

3 ¡MUCHÍSIMAS GRACIAS! 74

En este epígrafe se trabajan las funciones de agradecer y disculparse. En la cultura española es muy frecuente acompañar las disculpas con una justificación. A partir del apoyo textual de los correos electrónicos, los alumnos aprenderán a utilizar estas funciones en el contexto adecuado.

> 1 Se utiliza el correo electrónico para trabajar las funciones de agradecer y disculparse. Antes de realizar la actividad, se recomienda leer detenidamente el cuadro donde se explican las funciones, el uso y las estructuras gramaticales correspondientes a estas. El profesor puede aprovechar la lectura para dar las explicaciones que crea convenientes y aclarar las dudas que puedan surgir. Posteriormente, los alumnos, de manera individual, completarán las expresiones que faltan en el correo.

Posible respuesta. 1. Muchas gracias; 2. siento mucho; 3. te agradezco mucho que; 4. te ruego que me disculpes.

1.1. Indique a sus alumnos que comparen sus respuestas de la actividad 1. La finalidad es que sean conscientes de que existen varias posibilidades de respuesta. Por último, haga una corrección en plenario recogiendo todas las respuestas aportadas por sus alumnos y escribiéndolas en la pizarra en caso de que lo crea conveniente.

1.2. Actividad de producción escrita en la que los estudiantes deberán escribir un correo electrónico según la información que se les da en la actividad. El objetivo es practicar las funciones estudiadas en el epígrafe. Se aporta una posible respuesta por si el profesor considera oportuno ofrecer a sus estudiantes un modelo en el que apoyarse.

Modelo de respuesta:

Querido Pedro:

Te agradezco mucho que me hayas invitado a la fiesta de graduación de tu hermana. Es un evento único, muy importante para tu familia, así que para mí es un verdadero honor esta invitación. Sin embargo, siento decirte que no podré asistir, ya que ese día tengo un examen muy importante. ¡No sabes cuánto lo siento! Me encantaría ir, pero ya ves que me es imposible. Felicita a tu hermana de mi parte y exprésale mis más sinceras disculpas y mis mejores deseos de que todo en la fiesta de su graduación salga maravillosamente.

Un abrazo y un beso para tu hermana,

Ángel.

Se propone la realización del ejercicio 7 de la Unidad 8 del *Libro de ejercicios* para consolidar el uso de las fórmulas de agradecimiento y disculpa.

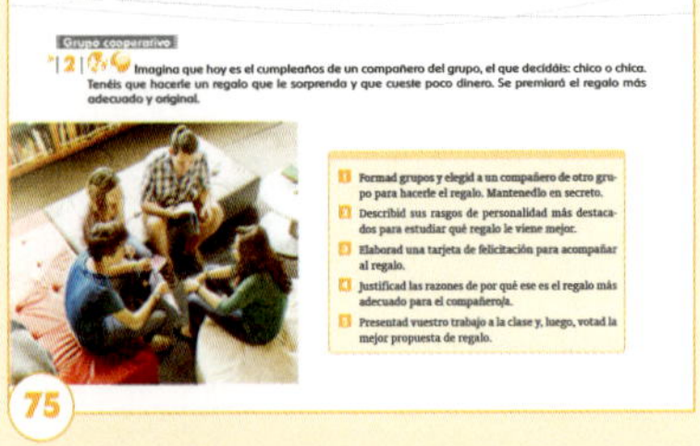

> 2 Actividad cooperativa cuyo principal objetivo consiste en la elaboración de una tarjeta de felicitación y la descripción de un regalo de cumpleaños que ha de cumplir con 3 requisitos: que sea barato, que sea original y que se corresponda con la personalidad del compañero que hayan elegido para hacerle ese regalo. Se dividirá a los alumnos en grupos y se les pedirá que decidan a qué compañero de otro grupo quieren hacerle el regalo. El trabajo cooperativo requiere que los miembros del grupo tengan tareas específicas. En este caso, tendrán que pensar y decidir quién será el receptor del regalo, describir sus rasgos de personalidad más notables, y negociar qué le van a regalar cumpliendo con los requisitos indicados. Otros miembros del grupo diseñarán la tarjeta de felicitación, la cual tendrá que ser aceptada por consenso y, a la vez, otros miembros prepararán la justificación de por qué ese regalo es el más adecuado. Finalmente, se expondrá y se valorará el trabajo

por el resto de la clase. El profesor puede preparar algún tipo de insignia o atributo que sirva como premio y reconocimiento al trabajo de grupo mejor valorado por sus compañeros.

¿QUÉ HE APRENDIDO? 75

1. Porque; como; debido a (que); a causa de (que); por; es que; dado que; puesto que; ya que.

2. Formal: debido a (que)/a causa de (que). Ejemplo: *Las temperaturas bajarán a causa de una bolsa de aire frío que proviene del norte*; Coloquial: es que. Ejemplo: *Siento haber llegado tarde, es que mi despertador no ha sonado.*

3. Subjuntivo, indicativo. Ejemplo: *No es que estemos aburridos, sino que hemos dormido poco esta noche.*

ELEteca
Léxico. Los artículos de divulgación científica.

Grupo cooperativo

2 Imagina que hoy es el cumpleaños de un compañero del grupo, el que decidáis: chico o chica. Tenéis que hacerle un regalo que le sorprenda y que cueste poco dinero. Se premiará el regalo más adecuado y original.

1. Formad grupos y elegid a un compañero de otro grupo para hacerle el regalo. Mantenedlo en secreto.
2. Describid sus rasgos de personalidad más destacados para estudiar qué regalo le viene mejor.
3. Elaborad una tarjeta de felicitación para acompañar al regalo.
4. Justificad las razones de por qué ese es el regalo más adecuado para el compañero/a.
5. Presentad vuestro trabajo a la clase y, luego, votad la mejor propuesta de regalo.

¿Qué he aprendido?

1 Escribe todos los conectores causales que recuerdes.

2 De los conectores que has escrito anteriormente, ¿cuál es el más formal? ¿Cuál es el más coloquial? Escríbelos e inventa una frase con cada uno de ellos.
- Formal:
- Coloquial:

3 Completa y pon un ejemplo con la siguiente estructura.
Frase, *no es que* + ..., *sino que* + ...

4 De todo el vocabulario nuevo que has aprendido en esta unidad, ¿qué cinco palabras te parecen más útiles?

5 Elige una nacionalidad y piensa tres estereotipos sobre ella. Luego, da una explicación al estereotipo para desmentirlo. Sigue el ejemplo.
No es que los españoles sean morenos, sino que hay muchas personas morenas, pero es normal encontrar gente rubia o castaña.

6 Elige una de las siguientes situaciones y escribe una carta de contestación adecuada.
1. Tu mejor amigo/a te invita a su despedida de soltero/a, pero no puedes ir porque ese día tienes un viaje de empresa.
2. Tu jefe te ha invitado a un fin de semana de relax en un hotel de cinco estrellas, pero desafortunadamente no puedes asistir porque ese fin de semana es la boda de un familiar tuyo muy cercano.
3. Un familiar muy querido tuyo toca este viernes en el Palacio de la Música y te ha enviado una invitación para que asistas. Sin embargo, no puedes acudir porque a esa hora tienes una reunión muy importante de tu empresa.

75

9 POR TU FUTURO

Esta unidad servirá de aprendizaje para expresar la causa y la finalidad. Se propone el estudio lingüístico de las preposiciones *por* y *para*, y otros conectores de finalidad como *a* (*que*), *a fin de* (*que*) o *con el fin de* (*que*). Las perspectivas de futuro profesional después de haber finalizado los estudios académicos pertinentes contextualizará el aprendizaje para escribir una carta de motivación acompañando a la presentación de los currículos. Para la escritura de dichas cartas, se estudiarán también otros conectores del discurso, como *referente a*, *respecto a* o *en relación con*. El contexto de las conferencias servirá para abordar el tema de las salidas profesionales de diferentes carreras universitarias y también para que los estudiantes aprendan a adquirir estrategias para tomar notas al escuchar un texto. El contenido cultural abordará el tema de la música cubana.

1 PERFILES ACADÉMICOS 76

La expresión de la causa y la finalidad, y las preposiciones *por* y *para*, así como otros conectores para tal fin se estudian en este epígrafe. El tema de los perfiles académicos y las profesiones servirán para poner en práctica las estructuras lingüísticas necesarias para expresar la función de causa y finalidad.

> 1 Para introducir el tema que se aborda en el epígrafe, se pedirá a los estudiantes que imaginen dónde están las personas que aparecen en la imagen. Se propone llevar a cabo una lluvia de ideas con el fin de que los alumnos expresen todo aquello que les sugiere la imagen.

1.1. Probablemente alguno de sus alumnos ya haya mencionado en la actividad anterior el lugar en el que se encuentran las personas de la imagen. Una vez confirmado, pídales que comenten si han asistido alguna vez a un evento similar y anímelos a contar sus propias experiencias.
Están en una conferencia.

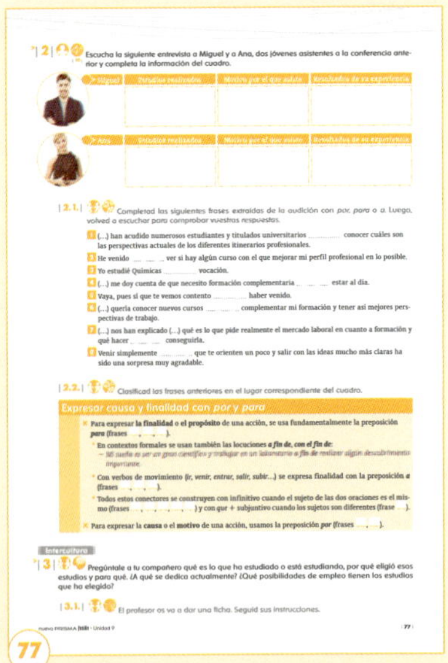

> 2 Actividad de escucha selectiva en la que los alumnos oirán la experiencia de dos asistentes a una conferencia y deberán completar la información solicitada en el cuadro. Antes de proceder a la escucha, asegúrese de que los alumnos han leído la instrucción y de que les queda claro que solo tienen que prestar atención a la información que, por ahora, se les solicita. Deje que comparen sus respuestas antes de proceder a la corrección y, si lo ve necesario, ponga la audición dos veces.

18

Reportera: Buenas tardes, nos encontramos en la salida de una interesante conferencia que ha tenido lugar hoy, en el paraninfo de la Universidad Literaria de Valencia, y a la que han acudido numerosos estudiantes y titulados universitarios a conocer cuáles son las perspectivas actuales de los diferentes itinerarios profesionales.
Aquí tenemos a un joven asistente. Soy Marta Lagos, de canal 13. ¿Podrías hablarnos un poco de ti y de por qué has asistido a esta conferencia?

Miguel: Sí, por supuesto. Me llamo Miguel Carrasco y tengo 25 años. Hace ya tres años que terminé la carrera de Ciencias Químicas y me ha parecido muy interesante el estar hoy aquí porque todavía estoy buscando trabajo. He venido a ver si hay algún curso con el que mejorar mi perfil profesional en lo posible.

Reportera: ¿Y lo hay?

Miguel: Sí. La verdad es que sí, y muchos, ¿sabes? Yo estudié Químicas por vocación, porque a mí siempre me habían atraído las ciencias, especialmente las ciencias puras. Mi sueño es ser un gran científico y trabajar en un laboratorio a fin de realizar algún descubrimiento importante. Sin embargo, después de terminar la carrera y de ver cómo está el mercado laboral, me doy cuenta de que necesito formación complementaria para estar al día. Y en este sentido, la información de esta conferencia me ha sido muy útil, porque me ha convencido de la necesidad de complementar mi formación con cursos especializados y aprender idiomas.

- **Reportera:** Vaya, pues sí que te vemos contento por haber venido. Muchas gracias y buena suerte.
- **Miguel:** Gracias a vosotros.
- **Reportera:** Aquí tenemos a otra joven asistente. Por favor, ¿unas palabras para el canal 13?
- **Ana:** Claro.
- **Reportera:** ¿Podrías hablarnos un poco de ti y de por qué has asistido a esta conferencia?
- **Ana:** Bueno, me llamo Ana Jiménez y tengo 23 años. Este año he terminado mis estudios de Bellas Artes y quería conocer nuevos cursos para complementar mi formación y tener así mejores perspectivas de trabajo.
- **Reportera:** ¿Y qué te ha parecido la conferencia?
- **Ana:** Pues, me ha parecido muy interesante. La verdad es que yo también he salido muy contenta, porque nos han explicado, con datos muy claros, qué es lo que pide realmente el mercado laboral en cuanto a formación y qué hacer para conseguirla. Venir simplemente a que te orienten un poco y salir con las ideas mucho más claras ha sido una sorpresa muy agradable.
- **Reportera:** Muchas gracias, Ana, por darnos tu opinión. Y a ustedes también muchas gracias. Les esperamos mañana a la misma ahora en nuestra cita con la actualidad.

Miguel. Estudios realizados: Ciencias Químicas; Motivo por el que asiste: todavía está buscando trabajo y ha ido a ver si hay algún curso con el que mejorar su perfil profesional; Resultados de su experiencia: la información de la conferencia le ha sido muy útil porque se ha convencido de la necesidad de complementar su formación con cursos especializados, además de la necesidad de aprender idiomas.

Ana. Estudios realizados: Bellas Artes; Motivo por el que asiste: quería conocer nuevos cursos para complementar su formación y tener mejores perspectivas de trabajo. Resultados de su experiencia: le ha parecido muy interesante. Le han explicado qué es lo que pide el mercado laboral en cuanto a formación. Ha salido con las ideas mucho más claras.

2.1. Se aprovecha la audición anterior para empezar a trabajar las preposiciones *por* y *para*. Los estudiantes deben completar las frases extraídas del texto con la preposición adecuada. Al haber escuchado la audición, las frases les resultarán familiares, por lo que podrán hacer un trabajo deductivo más fácilmente. Una vez los alumnos hayan completado los huecos, vuelva a poner la audición con el fin de que sean ellos mismos los que se corrijan la actividad. En algunos casos puede haber más de una respuesta correcta, por lo que, por un lado, se corregirá la actividad según el texto y, por el otro, se comentará con los estudiantes si hay otras alternativas.

1. a; 2. a; 3. por; 4. para; 5. por; 6. para; 7. para; 8. a.

2.2. Siguiendo con el trabajo reflexivo en el aprendizaje de las estructuras lingüísticas para expresar causa y finalidad con *por* y *para*, y para aportar más información presentando otros conectores, se ofrece un cuadro funcional que los alumnos deberán completar con los ejemplos de la actividad anterior. Destaque la importancia de la intención del hablante en estas estructuras, ya que el uso de uno u otro conector dependerá de dicha intención. Proponga a los estudiantes que, en primer lugar, lean el cuadro y haga las

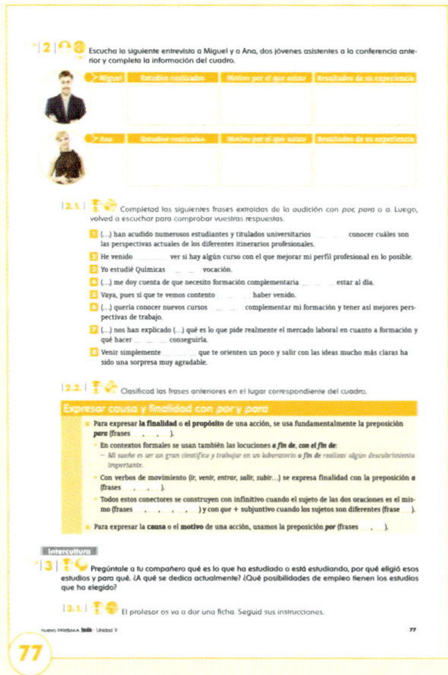
2 Escucha la siguiente entrevista a Miguel y a Ana, dos jóvenes asistentes a la conferencia anterior y completa la información del cuadro.

Miguel	Estudios realizados	Motivo por el que asiste	Resultados de su experiencia

Ana	Estudios realizados	Motivo por el que asiste	Resultados de su experiencia

2.1. Completad las siguientes frases extraídas de la audición con *por*, *para* o *a*. Luego, volved a escuchar para comprobar vuestras respuestas.

1. (…) han acudido numerosos estudiantes y titulados universitarios .... conocer cuáles son las perspectivas actuales de los diferentes itinerarios profesionales.
2. He venido .... ver si hay algún curso con el que mejorar mi perfil profesional en lo posible.
3. Yo estudié Químicas .... vocación.
4. (…) me doy cuenta de que necesito formación complementaria .... estar al día.
5. Vaya, pues sí que te vemos contento .... haber venido.
6. (…) quería conocer nuevos cursos .... complementar mi formación y tener así mejores perspectivas de trabajo.
7. (…) nos han explicado (…) qué es lo que pide realmente el mercado laboral en cuanto a formación y qué hacer .... conseguirla.
8. Venir simplemente .... que te orienten un poco y salir con las ideas mucho más claras ha sido una sorpresa muy agradable.

2.2. Clasificad las frases anteriores en el lugar correspondiente del cuadro.

Expresar causa y finalidad con *por* y *para*

- Para expresar **la finalidad** o **el propósito** de una acción, se usa fundamentalmente la preposición ***para*** (frases ..., ..., ...).
  - En contextos formales se usan también las locuciones ***a fin de***, ***con el fin de***:
    - *Mi sueño es ser un gran científico y trabajar en un laboratorio* ***a fin de*** *realizar algún descubrimiento importante.*
  - Con verbos de movimiento (*ir, venir, entrar, salir, subir*…) se expresa finalidad con la preposición ***a*** (frases ..., ..., ...).
  - Todos estos conectores se construyen con infinitivo cuando el sujeto de las dos oraciones es el mismo (frases ..., ..., ..., ..., ...) y con *que* + subjuntivo cuando los sujetos son diferentes (frase ...).
- Para expresar la **causa** o el **motivo** de una acción, usamos la preposición ***por*** (frases ..., ...).

Intercultura

3 Pregúntale a tu compañero qué es lo que ha estudiado o está estudiando, por qué eligió esos estudios y para qué. ¿A qué se dedica actualmente? ¿Qué posibilidades de empleo tienen los estudios que ha elegido?

3.1. El profesor os va a dar una ficha. Seguid sus instrucciones.

nuevo PRISMA fusión · Unidad 9 77

77

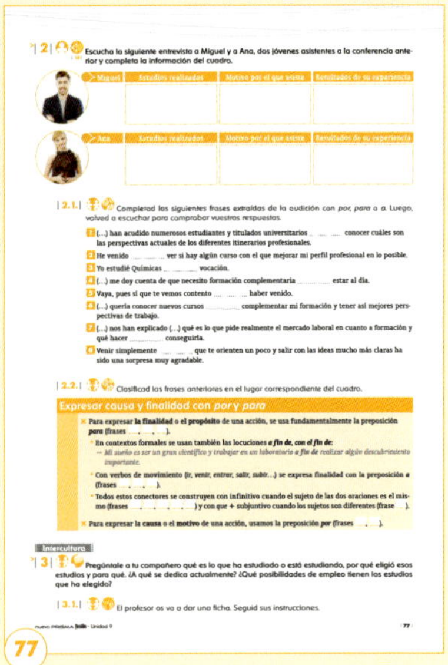

aclaraciones pertinentes sobre el mismo. A continuación, indíqueles que lo completen con las frases de la actividad 2.1.

Para expresar la finalidad o el propósito de una acción, se usa fundamentalmente la preposición *para* (frases 4, 6, 7); Con verbos de movimiento se expresa finalidad con la preposición *a* (frases 1, 2, 8); Todos estos conectores se construyen con infinitivo cuando el sujeto de las dos oraciones es el mismo (frases 1, 2, 4, 6, 7) y con *que* + subjuntivo cuando los sujetos son diferentes (frase 8); Para expresar la causa o el motivo de una acción, usamos la preposición *por* (frases 3, 5).

Si desea que sus alumnos sigan practicando el uso de los conectores de causa y finalidad, se recomienda realizar los ejercicios 1 a 3 de la unidad 9 del *Libro de ejercicios*.

>3 Para realizar la siguiente actividad de corte intercultural, retome el tema de los estudios trabajado anteriormente en este mismo epígrafe. Proponga a los alumnos que, en parejas o pequeños grupos, hablen sobre sus estudios presentes o futuros, y expliquen qué están haciendo y qué salidas profesionales creen que tienen las carreras que han elegido. Se trata de iniciar un pequeño debate para introducir las actividades siguientes, en las que se trabajan diferentes disciplinas en el campo de los estudios y las profesiones.

3.1. Actividad en parejas donde se trabaja la ampliación del léxico referente a las disciplinas y personas relacionadas con los estudios y las profesiones, así como las cualidades que se deben tener para realizar una determinada profesión. Para su realización, entregue a sus estudiantes la ficha 20.

Ficha 20. Disciplinas y personas.

Dinámica. Se propone trabajar esta ficha de léxico como ejercicio previo y de preparación para realizar la actividad 3.2. Si el profesor lo cree oportuno, también puede trabajarla antes de la actividad 3. Indique a los alumnos que realicen, individualmente o bien en parejas, las actividades 1 y 2 de la ficha, comparándolas entre ellos antes de proceder a una corrección en plenario. Posteriormente realizarán, en parejas, la actividad 3. Puede proponer una puesta en común final para que los alumnos comparen sus respuestas en esta última actividad y se pongan de acuerdo en relación a los requisitos necesarios para desempeñar con éxito las distintas profesiones. Por último, y si lo cree conveniente, puede ampliar la lista del léxico trabajado en la ficha.

1. Letras: geografía, novela, literatura, filósofo, historiador.
   Música: guitarrista, músico, auditorio, canción, concierto.
   Cine: cartelera, rodaje, actor, película, director de cine.
   Ciencias ambientales: contaminación, medioambiente, flora, guarda forestal, naturaleza.
   Ciencias: experimento, química, físico, matemáticas, laboratorio.
2. Disciplinas: geografía, química, medioambiente, literatura, matemáticas.
   Personas: guitarrista, músico, físico, filósofo, historiador, actor, guarda forestal, director de cine.

3.2. Esta actividad propone transferir lo aprendido en las actividades anteriores a la propia realidad de cada uno de los estudiantes. Pídales que, en plenario, expongan las cualidades que creen que debe tener una persona para realizar su profesión presente o futura, y si ellos creen que las reúnen.

3.3. El desarrollo de competencias emocionales a través de la educación emocional puede representar una mejora de vida que afecta positivamente a múltiples aspectos de la trayectoria escolar y profesional. Con el objetivo de desarrollar dichas competencias, esta actividad pretende que los alumnos identifiquen una o dos fotografías con el sentimiento que les provocan los estudios o la profesión elegida, y puedan, de este modo, tomar conciencia de en qué forma estos les afectan, ya sea positiva o negativamente. Para la realización de la actividad, se propone trabajar con la proyección 13.

Proyección 13. Sensaciones profesionales.

Dinámica. Proyecte las imágenes y pida a los estudiantes que las observen y comenten, primero, qué sentimientos les despiertan. A continuación, dígales que reflexionen también sobre qué sentimientos les provoca pensar en los estudios o profesiones que han escogido, y que seleccionen aquellas imágenes que mejor reflejan dichos sentimientos. Si lo desea, puede proponer realizar la actividad en grupos pequeños, para propiciar la exteriorización de sentimientos personales y facilitar que todos los alumnos tengan la posibilidad de hablar. Se trata de que estos reflexionen acerca de sus sentimientos y los expresen por lo que, si no encuentran asociación entre las imágenes propuestas y lo que ellos sienten, pueden recurrir a otras imágenes y explicar el porqué de su elección.

2 BUSCANDO UNA OPORTUNIDAD 78

El acompañamiento de las cartas de presentación y de motivación, a la hora de enviar un currículum, es de suma importancia. Al estar trabajando en el ámbito académico y profesional, se presenta la estructura y los elementos propios de dichas cartas, y se proponen los pasos a seguir a la hora de escribirlas con el objetivo de que el alumno pueda hacerlo por sí mismo cuando lo necesite.

> 1 Se presenta una comprensión lectora de una carta de motivación para que el alumno, según su contenido, pueda deducir qué tipo de carta es. Para ello, se le proponen una serie de posibilidades entre las que tendrá que escoger. Se recomienda al profesor que, de momento, deje trabajar libremente a los estudiantes para que cada uno marque la respuesta que crea conveniente. Las palabras resaltadas en negrita que aparecen en la carta se trabajarán en actividades posteriores por lo que, si fuera necesario, diga a los alumnos que, de momento, no reparen en ellas. Para conocer la respuesta correcta, pídales que pasen a la actividad siguiente.
Es una carta de motivación.

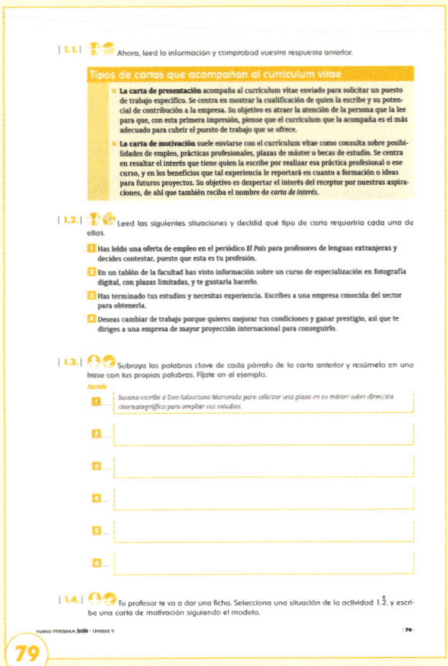

| 1.1. | Ahora, leed la información y comprobad vuestra respuesta anterior.

Tipos de cartas que acompañan al currículum vitae

- **La carta de presentación** acompaña al currículum vitae enviado para solicitar un puesto de trabajo específico. Se centra en mostrar la cualificación de quien la escribe y su potencial de contribución a la empresa. Su objetivo es atraer la atención de la persona que la lee para que, con esta primera impresión, piense que el currículum que la acompaña es el más adecuado para cubrir el puesto de trabajo que se ofrece.
- **La carta de motivación** suele enviarse con el currículum vitae como consulta sobre posibilidades de empleo, prácticas profesionales, plazas de máster o becas de estudio. Se centra en resaltar el interés que tiene quien la escribe por realizar esa práctica profesional o ese curso, y en los beneficios que tal experiencia le reportará en cuanto a formación o ideas para futuros proyectos. Su objetivo es despertar el interés del receptor por nuestras aspiraciones, de ahí que también reciba el nombre de *carta de interés*.

| 1.2. | Leed las siguientes situaciones y decidid qué tipo de carta requeriría cada una de ellas.

1. Has leído una oferta de empleo en el periódico *El País* para profesores de lenguas extranjeras y decides contestar, puesto que esta es tu profesión.
2. En un tablón de la facultad has visto información sobre un curso de especialización en fotografía digital, con plazas limitadas, y te gustaría hacerlo.
3. Has terminado tus estudios y necesitas experiencia. Escribes a una empresa conocida del sector para obtenerla.
4. Deseas cambiar de trabajo porque quieres mejorar tus condiciones y ganar prestigio, así que te diriges a una empresa de mayor proyección internacional para conseguirlo.

| 1.3. | Subraya las palabras clave de cada párrafo de la carta anterior y resúmelo en una frase con tus propias palabras. Fíjate en el ejemplo.

1. ...
2. ...
3. ...
4. ...
5. ...
6. ...

| 1.4. | Tu profesor te va a dar una ficha. Selecciona una situación de la actividad 1.2. y escribe una carta de motivación siguiendo el modelo.

nuevo PRISMA fusión · Unidad 9 | 79 |

79

1.1. En el siguiente cuadro se describen los dos tipos de carta que se suelen adjuntar al currículum vítae: la de presentación y la de motivación. De este modo, a través de su lectura, los estudiantes podrán confirmar la respuesta correcta de la actividad anterior. En primer lugar, pídales que comenten qué carta han elegido y que justifiquen por qué. Después, procederán a la lectura del cuadro y confirmarán si sus respuestas eran las correctas. Para finalizar, y si lo cree conveniente, puede comentar los diferentes tipos de cartas que se proponen a modo de elección en la actividad 1 y aportar algunos ejemplos de estas.

1.2. El objetivo de esta actividad es que los estudiantes reconozcan, a partir de las diferentes situaciones que se presentan, el tipo de carta que requeriría cada una de ellas en el caso de que decidieran enviarla.

1. De presentación; 2. De motivación; 3. De motivación; 4. De presentación.

1.3. A partir de una nueva lectura de la carta de motivación de la actividad 1, se pide a los alumnos que, por un lado, subrayen las palabras clave de sus párrafos con el fin de que comprendan su significado principal y, por otro, que escriban, a partir de esas palabras clave, un resumen de cada párrafo con sus propias palabras. Se trata de una actividad de producción escrita a partir de una comprensión lectora, en la que deberá asegurarse de que los resúmenes de sus alumnos transmiten el verdadero contenido de la carta.

2. Ha obtenido una calificación de notable en su carrera y el premio al Mejor Corto Documental en su facultad; 3. Con este máster quiere conocer mejor todas las tareas relacionadas con la dirección y elaboración de obras audiovisuales; 4. Piensa que este máster le va a aportar los conocimientos y la experiencia necesaria para iniciar su carrera profesional; 5. Tiene el nivel C1 de español, así que podrá seguir las clases del máster con total aprovechamiento; 6. Está disponible para una posible entrevista personal.

1.4. En la siguiente actividad los alumnos trabajarán, en primer lugar, algunos conectores del discurso y la estructura de una carta de motivación; en segundo lugar, procederán a la redacción de una carta de motivación. Para realizar la primera parte de la actividad, reparta la ficha 21. Después, los alumnos podrán escribir su propia carta siguiendo las pautas y modelo vistos. Tenga en cuenta que, de acuerdo a la corrección de la actividad 1.2., las opciones a elegir para redactar su carta serán la 2 y la 3.

Ficha 21. La carta de motivación.

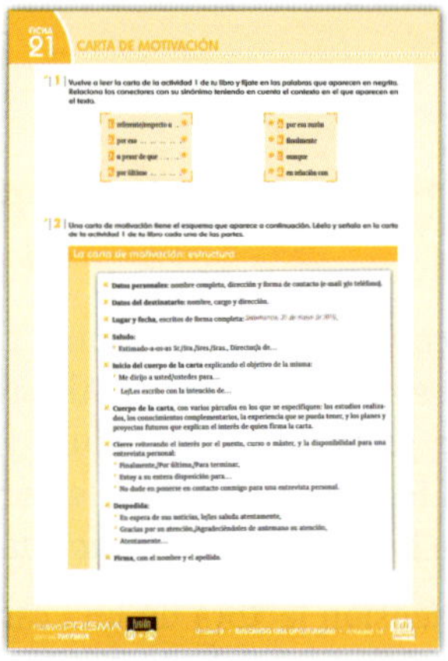

FICHA 21 CARTA DE MOTIVACIÓN

1. Vuelve a leer la carta de la actividad 1 de tu libro y fíjate en las palabras que aparecen en negrita. Relaciona los conectores con su sinónimo teniendo en cuenta el contexto en el que aparecen en el texto.

2. Una carta de motivación tiene el esquema que aparece a continuación. Léelo y señala en la carta de la actividad 1 de tu libro cada una de las partes.

La carta de motivación: estructura

- **Datos personales:** nombre completo, dirección y forma de contacto (e-mail y/o teléfono).
- **Datos del destinatario:** nombre, cargo y dirección.
- **Lugar y fecha**, escritos de forma completa.
- **Saludo:**
- **Inicio del cuerpo de la carta** explicando el objetivo de la misma:
  - Me dirijo a usted/ustedes para...
- **Cuerpo de la carta**, con varios párrafos en los que se especifiquen: los estudios realizados, los conocimientos complementarios, la experiencia que se pueda tener, y los planes y proyectos futuros que expliquen el interés de quien firma la carta.
- **Cierre** reiterando el interés por el puesto, curso o máster, y la disponibilidad para una entrevista personal:
  - Finalmente,/Por último,/Para terminar,
  - No dude en ponerse en contacto conmigo para una entrevista personal.
- **Despedida:**
  - Atentamente...
- **Firma**, con el nombre y el apellido.

Dinámica. Entregue la ficha 21 y remítalos a la carta que vieron en la actividad 1 para realizar las actividades. En la primera actividad, centre la atención de sus alumnos en los conectores que aparecen resaltados en negrita en la carta de motivación para que los relacionen con otros con el mismo significado. Para asegurar la comprensión del significado de dichos conectores, indíqueles que tengan en cuenta el contexto en el que aparecen. En la actividad 2, pídales que reconozcan cada una de las partes de la carta de motivación. Guíe la tarea y aclare las dudas que puedan surgir.

1. 1. d; 2. a; 3. c; 4. b.

2. Datos personales: Susanna Riolocci. Paseo Luis Cortés, 12. 37008 Salamanca. Correo electrónico: susan@lmail.es; Datos del destinatario: Doctor Don Salustiano Maruenda. Universidad Pontificia. Calle de la Compañía, 5. 37002 Salamanca; Lugar y fecha: Salamanca, 21 de mayo de 2015; Saludo: Estimado Sr. Don Salustiano Maruenda; Inicio del cuerpo de la carta. "Me dirijo a usted con objeto de (…)"; Cuerpo de la carta: desde "(…) solicitar una plaza en el Máster Profesional de Dirección Cinematográfica (…)" hasta el final del párrafo número 5, donde dice: "(…) el total aprovechamiento del máster"; Cierre: Párrafo número 6; Despedida: "Agradeciendo de antemano su atención, y en espera de su respuesta, atentamente,"; Firma: Susanna Riolocci.

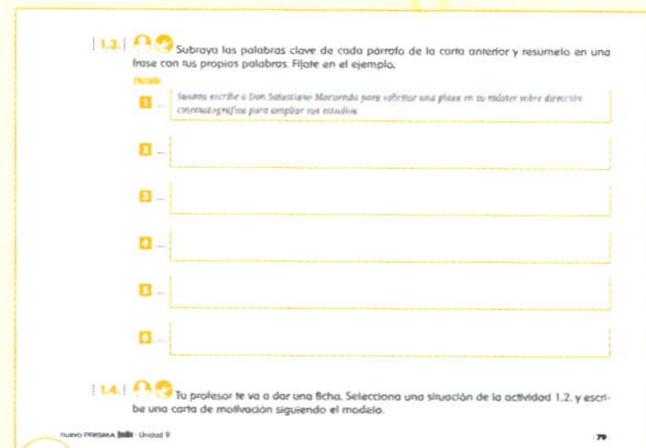

79

Para trabajar los conectores del discurso, así como la estructura y partes de una carta de motivación, proponga realizar los ejercicios 8 y 9 de la unidad 9 del *Libro de ejercicios*.

3 PERSPECTIVAS PROFESIONALES 80

80

A partir de los foros, donde numerosos estudiantes comentan sus experiencias, y aprovechando el tema de la conferencia que se ha trabajado en el primer epígrafe, se aborda ahora el estudio de algunas expresiones y frases hechas del español así como los diferentes usos de las preposiciones *por* y *para*.

> **1** Se presenta un foro en el que algunos estudiantes opinan sobre la conferencia que escucharon en el epígrafe 1 y animan a otras personas a asistir. El foro es un medio de comunicación que transcribe la lengua oral, por lo que se usan palabras y expresiones propias de dicho registro. En este foro aparecen destacadas en color naranja algunas expresiones y frases hechas. Pida a los estudiantes que, una vez que hayan leído todas las intervenciones, se fijen en dichas frases y seleccionen el significado de cada una de ellas. Si el profesor lo cree conveniente, puede invertir el orden de la actividad, pidiéndoles que primero, y por lo que ellos conocen o imaginan, intenten seleccionar el significado de las frases hechas y que, después, lean las intervenciones del foro y confirmen si sus respuestas eran correctas.

1. a; 2. b; 3. c; 4. a; 5. b.

Proponga la realización de los ejercicios 6 y 7 de la unidad 9 del *Libro de ejercicios* para que sus alumnos amplíen sus conocimientos de expresiones idiomáticas en español.

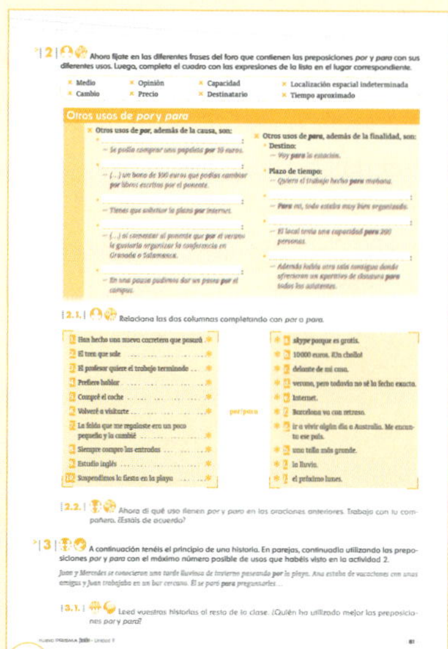

81

> **2** La finalidad de la siguiente actividad es que, a partir de frases extraídas del foro de la actividad 1, en las cuales aparecen las preposiciones *por* y *para*, los estudiantes repasen los usos que ya conocen de estas preposiciones y completen un listado recopilatorio de estos. En primer lugar, pídales que lean el cuadro explicativo y, a continuación, que lo completen con los usos de *por* y *para* propuestos arriba. Durante la corrección de la actividad, resuelva las dudas que puedan surgir aportando las explicaciones pertinentes.

Otros usos de *por*: Precio; Cambio; Medio; Tiempo aproximado; Localización espacial indeterminada; Otros usos de *para*: Opinión; Capacidad; Destinatario.

2.1. Siguiendo con la consolidación de los usos de *por* y *para*, los estudiantes deberán formar frases relacionando los elementos de las dos columnas a través de la preposición adecuada.

1. c (por); 2. f (para); 3. j (para); 4. a (por); 5. b (por); 6. d (por); 7. h (por); 8. e (por); 9. g (para); 10. i (por).

2.2. Una vez los alumnos hayan realizado el ejercicio anterior, pídales que, según el cuadro de la actividad 2, expliquen el uso de *por* y *para* en cada una de

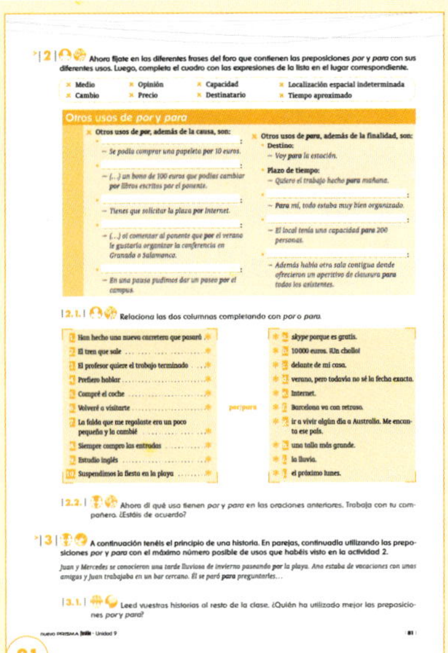

81

las frases. Es recomendable que realicen esta actividad en parejas para que puedan compartir y contrastar sus opiniones.

1. localización espacial indeterminada; 2. destino; 3. plazo de tiempo; 4. medio; 5. precio; 6. tiempo aproximado; 7. cambio; 8. medio; 9. finalidad; 10. causa.

Si desea que sus estudiantes sigan practicando los distintos usos de *por* y *para*, remítalos a los ejercicios 4 y 5 de la unidad 9 del *Libro de ejercicios*.

>3 Trabajo de escritura en parejas cuyo objetivo es la creación de una historia usando el mayor número de preposiciones *por* y *para* según los usos que han visto anteriormente. Se trata de una actividad en la que se trabajan no solo los contenidos lingüísticos sugeridos, sino también la creatividad y la coherencia a la hora de escribir un texto.

3.1. Puesta en común de los escritos de la actividad anterior. Pida a los alumnos que lean sus historias al resto de compañeros, los cuales deberán reflexionar sobre el correcto uso que se ha hecho de las preposiciones que aparecen, así como quién ha conseguido hacer el mayor uso de ellas. Adelantar a los alumnos que deberán evaluar las historias de sus compañeros permitirá dotar a la actividad de un carácter lúdico, a la vez que los motivará a esmerarse más en sus escritos.

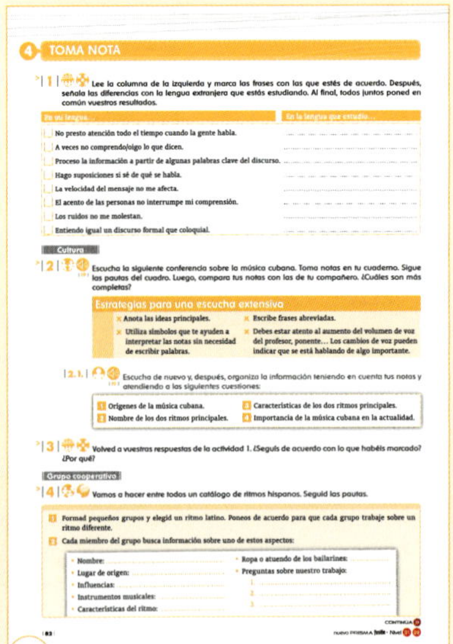

82

4 TOMA NOTA 82

Tomar notas en el ámbito académico y profesional es algo que se realiza con frecuencia, por lo que sus estudiantes estarán habituados a hacerlo en su lengua materna. La reflexión sobre qué elementos tienen en cuenta, o sobre qué tipo de factores les ayudan o representan una dificultad a la hora de entender el mensaje sobre el que tienen que tomar notas en su propia lengua hará que, cuando se enfrenten a la misma situación en una lengua extranjera, sepan qué estrategias tienen que aplicar para obtener la información que necesitan. El tema de los orígenes de la música y ritmos cubanos servirá para trabajar dichas estrategias y alcanzar el objetivo de este epígrafe.

>1 Actividad de corte estratégico para que los estudiantes comparen cómo se comportan ante una situación de interacción en su lengua materna o en la lengua que estudian. Partiendo de su propia lengua, el objetivo es que el alumno tome conciencia de las dificultades ante las que se encuentra en estas situaciones de interacción y que, a su vez, pueda compararlas con las que encuentra cuando estas situaciones se dan en una lengua extranjera. Reflexionar y ser consciente de sus habilidades o limitaciones le ayudará a poner en marcha estrategias para mejorar y facilitar la comprensión e interpretación de los mensajes cuando se trata de tomar notas.

>2 Se propone una actividad de comprensión auditiva sobre la música cubana. Se pide al estudiante que, primero, lea el cuadro de estrategias que debe aplicar para tomar notas de la mejor forma posible. Es recomendable que, antes de proceder a la escucha, el profesor comente el cuadro dando las explicaciones necesarias. Una vez los alumnos hayan escuchado la conferencia, pídales que, en parejas, comparen sus notas para corregir o ampliar su información.

19

La música cubana nace de una fusión de la música europea y el folclore musical español, por un lado, y de los ritmos africanos, por otro. Aunque desde el punto de vista de la armonía y de la forma, la música cubana no ha inventado nada original, melódica y rítmicamente ha traspasado los límites geográficos de la isla y ha alcanzado fama mundial, influenciando a otros ritmos tan importantes como el *jazz* americano o la samba brasileña.

A finales de 1700, después de la revolución haitiana, muchos haitianos y

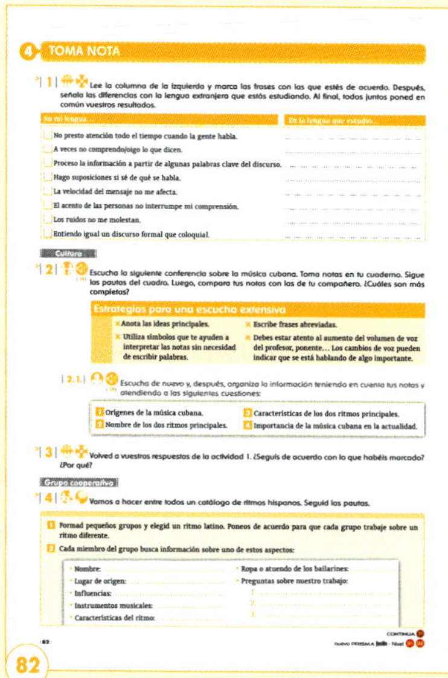

4 TOMA NOTA

1 | Lee la columna de la izquierda y marca las frases con las que estés de acuerdo. Después, señala las diferencias con la lengua extranjera que estás estudiando. Al final, todos juntos poned en común vuestros resultados.

En mi lengua...	En la lengua que estudio...
No presto atención todo el tiempo cuando la gente habla.	
A veces no comprendo/oigo lo que dicen.	
Proceso la información a partir de algunas palabras clave del discurso.	
Hago suposiciones si sé de qué se habla.	
La velocidad del mensaje no me afecta.	
El acento de las personas no interrumpe mi comprensión.	
Los ruidos no me molestan.	
Entiendo igual un discurso formal que coloquial.	

Cultura

2 | Escucha la siguiente conferencia sobre la música cubana. Toma notas en tu cuaderno. Sigue las pautas del cuadro. Luego, compara tus notas con las de tu compañero. ¿Cuáles son más completas?

Estrategias para una escucha extensiva

- Anota las ideas principales.
- Utiliza símbolos que te ayuden a interpretar las notas sin necesidad de escribir palabras.
- Escribe frases abreviadas.
- Debes estar atento al aumento del volumen de voz del profesor, ponente... Los cambios de voz pueden indicar que se está hablando de algo importante.

2.1. | Escucha de nuevo y, después, organiza la información teniendo en cuenta tus notas y atendiendo a las siguientes cuestiones:

1. Orígenes de la música cubana.
2. Nombre de los dos ritmos principales.
3. Características de los dos ritmos principales.
4. Importancia de la música cubana en la actualidad.

3 | Volved a vuestras respuestas de la actividad 1. ¿Seguís de acuerdo con lo que habéis marcado? ¿Por qué?

Grupo cooperativo

4 | Vamos a hacer entre todos un catálogo de ritmos hispanos. Seguid las pautas.

1. Formad pequeños grupos y elegid un ritmo latino. Poneos de acuerdo para que cada grupo trabaje sobre un ritmo diferente.
2. Cada miembro del grupo busca información sobre uno de estos aspectos:

- Nombre:
- Lugar de origen:
- Influencias:
- Instrumentos musicales:
- Características del ritmo:
- Ropa o atuendo de los bailarines:
- Preguntas sobre nuestro trabajo:
  1.
  2.
  3.

CONTINUA

82

colonos franceses huyeron a Cuba, y con ellos llegó la contradanza, su música bailable popular de origen europeo. En el transcurso de muchas cálidas noches cubanas, la contradanza se convirtió en danza, a partir de la cual se originó el danzón. Desde finales del siglo XIX, el danzón ha evolucionado y cambiado en muchos aspectos; sin embargo, gran parte de la estructura original permanece, siendo esta continuidad lo que hace que el danzón siga siendo definido como una forma artística vital realmente excepcional. En Cuba se interpreta con mayoría de instrumentos de viento, con flauta, violines, timbales y percusión.

La forma original del danzón comienza con la llamada *introducción* (4 compases) y *paseo* (4 compases), los cuales se repiten, y luego son seguidos por una melodía de 16 compases. La introducción y paseo se repiten de nuevo antes de tocar una segunda melodía. Los bailarines no bailan durante esta parte: ellos escogen pareja, pasean por la pista y empiezan a bailar en el preciso momento en que suena el cuarto golpe del compás 4 del paseo. Cuando se repite la introducción, los bailarines se detienen, conversan, coquetean, saludan a los amigos y comienzan de nuevo justo cuando el paseo concluye.

En cuanto al son cubano, su estructura formal en origen es verdaderamente muy simple: consta de la repetición continuada de un estribillo que canta un coro mientras una voz solista improvisa el texto. El canto finaliza cuando el solista concluye su mensaje, añadiéndole así un ingrediente de cierto individualismo a la interpretación, a diferencia de los cantos de origen africano, que no concluyen cuando el primer cantante termina su exposición, pues otro cantante continúa el canto, y así sucesivamente, finalizando el tema cuando todos los cantantes presentes han terminado. Esto hace, por supuesto, los temas más largos y además les genera un sentido de creación más colectivo.

En la actualidad, el son cubano es uno de los complejos musicales más desarrollados y aceptados a nivel mundial. Su estructura es similar a la del *jazz*, nacido en los Estados Unidos de Norteamérica, y a la de la samba en el Brasil. Al igual que estos, el son ha ido nutriéndose de muy diferentes influencias musicales, convirtiéndose, así, en uno de los vehículos de expresión que mejor representa la confluencia de culturas del continente americano.

2.1. Se aconseja volver a escuchar la audición antes de que los alumnos pongan en orden las notas que han tomado según las pautas que se les ofrecen. Es importante que, antes de llevar a cabo la actividad, el profesor comente con los alumnos dichas pautas y aclare las dudas que puedan surgir.

1. La música cubana nace de una fusión de la música europea y el folclore musical español, por un lado, y de los ritmos africanos, por otro; 2. El son y el danzón; 3. El danzón ha evolucionado y cambiado en muchos aspectos; sin embargo, gran parte de la estructura original permanece, siendo esta continuidad lo que hace que el danzón siga siendo definido como una forma artística vital realmente excepcional. En Cuba se interpreta con mayoría de instrumentos de viento, con flauta, violines, timbales y percusión cubana. La forma original del danzón comienza con la llamada introducción (4 compases) y paseo (4 compases), los cuales se repiten, para luego ser seguidos por una melodía de 16 compases. La introducción y paseo se repiten de nuevo antes de tocar una segunda melodía. Los bailarines no bailan durante esta parte, escogen pareja, pasean por la pista y empiezan a bailar en el momento en que suena el cuarto golpe del compás 4 del paseo. Cuando se repite la introducción, los bailarines se detienen, conversan, coquetean, saludan a los amigos y comienzan de nuevo, justo cuando el paseo concluye.

El son cubano tiene una estructura muy simple: consta de la repetición continuada de un estribillo que canta un coro, mientras una voz solista improvisa el texto. El canto finaliza cuando el solista concluye su mensaje, añadiéndole cierto individualismo a la interpretación. Su estructura es similar a la del *jazz*, nacido en los Estados Unidos de Norteamérica, y a la de la samba en Brasil. Al igual que estos, el son ha ido nutriéndose de diferentes influencias musicales,

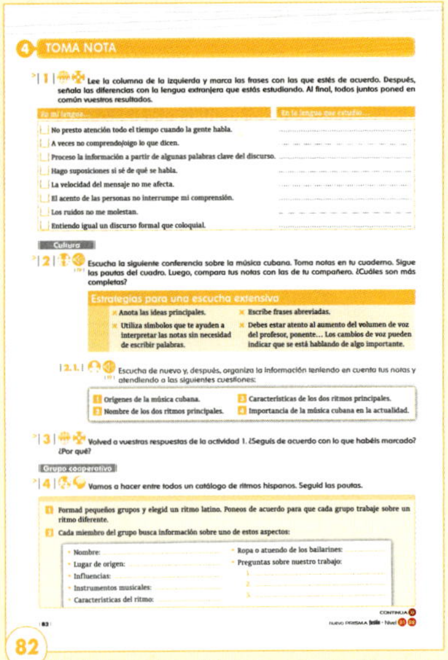

convirtiéndose en uno de los vehículos de expresión que mejor representa la confluencia de culturas del continente americano; 4. Aunque desde el punto de vista de la armonía y de la forma la música cubana no ha inventado nada original, melódica y rítmicamente ha traspasado los límites geográficos de la isla, y ha alcanzado fama mundial. En la actualidad, el son cubano es uno de los complejos musicales más desarrollados y aceptados a nivel mundial.

>3 Se pide a les estudiantes que retomen la actividad 1 para que repasen las respuestas que anotaron. Quizá, después de haber elaborado las actividades 2 y 2.1., puedan corregir alguna de las respuestas o marcar alguna otra cuestión relevante para ellos.

>4 Por casi todos son conocidos muchos o algunos ritmos latinos, por lo que, aprovechando esta información previa que seguro que poseen también sus alumnos, se propone una actividad cooperativa. Se forman grupos donde cada miembro deberá realizar la tarea que se le asigne siguiendo las pautas e indicaciones. A continuación, se ponen en común los datos recopilados y se completa la ficha, redactando la información y acompañándola de los elementos que se crean oportunos. Al finalizar la tarea, un encargado de cada grupo presentará, a modo de conferencia, lo que han preparado, mientras que los otros estudiantes de la clase deberán tomar notas (objetivo de este epígrafe) y responder a las preguntas que se les formulen, verificando, así, si han entendido la información. Se finalizará la actividad decidiendo qué exposición ha sido la mejor.

i+ **ELEteca**

25. Ritmos latinos.

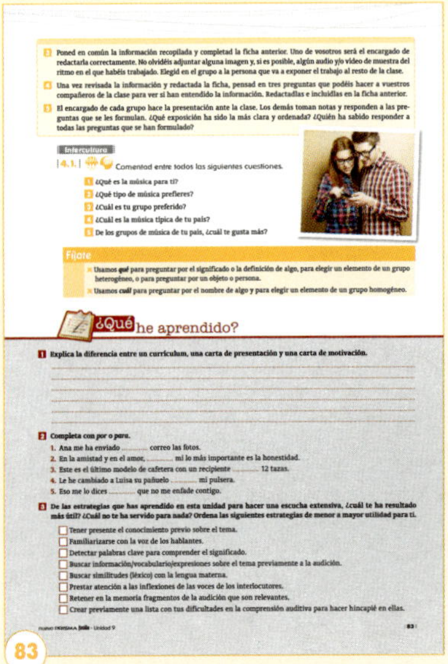

4.1. Actividad de producción oral para concluir el epígrafe en donde los estudiantes comentarán cuestiones relacionadas con la música, como qué significa esta para ellos, qué tipo de música prefieren o cuál es su grupo preferido.

No olvide recordar a los alumnos que se detengan a leer el cuadro de atención para distinguir entre *qué* y *cuál* a la hora de formular preguntas.

Proponga la realización del ejercicio 10 de la unidad 9 del *Libro de ejercicios* para practicar la diferencia entre *qué* y *cuál*.

¿QUÉ HE APRENDIDO? 83

1. El currículum vítae es un documento en el que aparecen los datos personales de una persona, así como la relación completa de sus estudios y de su experiencia laboral, mientras que la carta de presentación acompaña al currículum vítae enviado para solicitar un puesto de trabajo. Es una carta que tiene por objetivo referirse a los puntos más destacados del currículum, con el fin de que la persona a quien va dirigida se sienta interesada y concierte una entrevista de trabajo. La carta de motivación, que suele acompañar también al currículum, se escribe cuando la persona desea realizar una práctica profesional en una empresa, o un curso en una escuela. Pone su énfasis en el interés que muestra quien la escribe por esa experiencia (razón por la cual recibe también el nombre de carta de interés), la cual le dará una mejor formación para futuros proyectos. Su objetivo es ser llamado para poder hacer prácticas en esa empresa, o ser admitido en el curso en cuestión.

2. 1. por; 2. para; 3. para; 4. por; 5. para.

abc **ELEteca**

Léxico. La música hispana.

10 VIDAS ANÓNIMAS

En esta unidad del libro se repasan diferentes usos del subjuntivo para llevar a cabo diversas funciones como expresar deseos, hipótesis y probabilidad, gustos, sentimientos, aversiones y emociones, dar una opinión, hacer valoraciones y hablar de la vida de algunas personas refiriéndose a sus expectativas, sentimientos, proyectos... Los contenidos culturales giran en torno a historias de personas que con sus acciones han cambiado el rumbo del mundo, y que sirven de plataforma para desarrollar los contenidos gramaticales y funcionales de la unidad.

1 EL CAJÓN DE HISTORIAS OLVIDADAS 84

Este epígrafe propone trabajar con historias de personas que cambiaron el rumbo del mundo pero que han caído en el olvido o pocos conocen. Como contenido lingüístico, se repasan algunos usos del subjuntivo para expresar hipótesis, gustos, necesidades, dar consejos, entre otros, así como las expresiones de deseo.

> 1 y 1.1. Actividad introductoria en la que los estudiantes, en pequeños grupos, leen la propuesta de la web y hablan sobre qué les parecería una iniciativa de este tipo, si sería interesante, si ellos participarían de algún modo...

Haga una pequeña puesta en común con las opiniones de todos y pase a la actividad 1.1. pidiéndoles que cuenten alguna historia personal que no les gustaría que cayera en el olvido. Para romper el hielo, sea usted el que empiece contando algún recuerdo o historia del pasado que no le gustaría que se olvidase.

1.2. Actividad de comprensión lectora de diversas historias de personas anónimas que han realizado alguna acción beneficiosa para la humanidad. Los estudiantes tienen que hacer una lectura global de manera individual y elegir la que más les llame la atención para compartirla en pequeños grupos justificando su elección.

Antes de comenzar, explíqueles qué es la Plataforma de Afectados por la Hipoteca o PAH (texto 9): una asociación y movimiento social por el derecho a la vivienda digna surgido en febrero de 2009 en Barcelona y presente en toda la geografía española. La Plataforma surge en el marco de la crisis inmobiliaria española (2008-2013). La PAH agrupa a personas con dificultades para pagar la hipoteca o que se encuentran en proceso de ejecución hipotecaria y personas solidarias con esta problemática. La PAH se reúne de manera asamblearia para exponer los distintos casos de los afectados, ofrecer asesoramiento y ayuda mutua para encontrar apoyos tanto prácticos como emocionales.

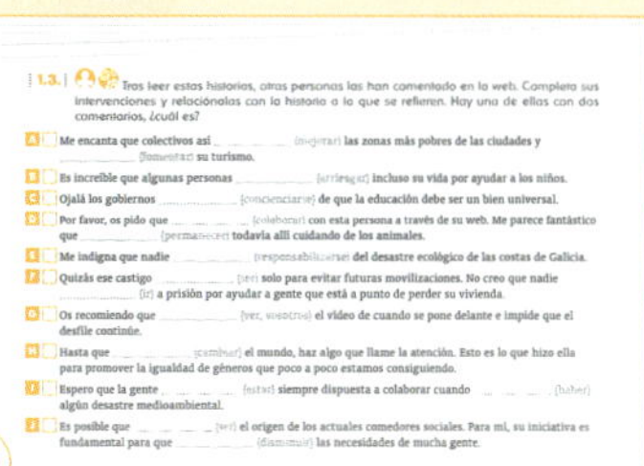

1.3. La actividad tienen dos objetivos: proporcionar las muestras de lengua necesarias para el repaso de los usos principales del subjuntivo de la siguiente actividad y realizar una nueva lectura, en este caso selectiva, para relacionar los comentarios con cada historia anterior.

Pídales que, primero, completen los comentarios poniendo el verbo entre paréntesis en el tiempo y modo adecuados. Las frases incluyen expresiones que de un modo u otro están relacionadas con los diferentes usos del subjuntivo que han estudiado en unidades anteriores. Esta actividad se complementará con la actividad posterior una vez se haya completado y corregido

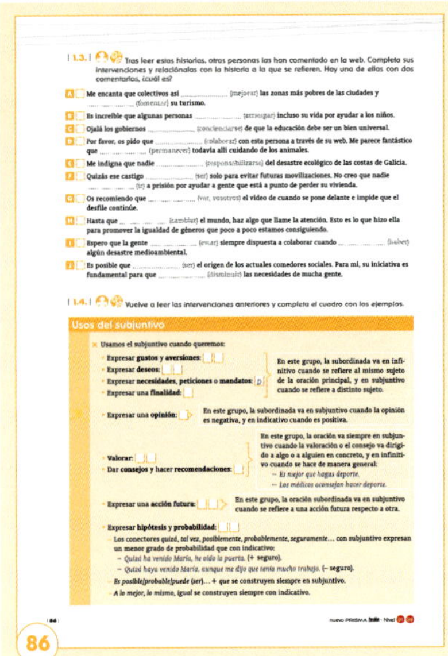

en la clase con todo el grupo. Después, pídales que vuelvan a leer las historias de la actividad 1.2. para relacionarlas con los comentarios que han completado.

A. mejoren, fomenten; B. arriesguen; C. se conciencien; D. colaboréis; permanezca; E. se responsabilice; F. sea, vaya; G. veáis; H. cambie; I. esté, haya; J. sea, disminuyan.

A. 5; B. 1; C. 8; D. 7; E. 6; F. 9; G. 4; H. 2; I. 6; J. 3.

1.4. Actividad de reflexión gramatical de repaso de los diferentes usos del subjuntivo. Los estudiantes, individualmente, tienen que relacionar cada comentario con los usos del subjuntivo que aparecen en el cuadro. Durante la corrección, dé las explicaciones que crea oportunas según las necesidades de sus estudiantes. Para realizar este repaso, es aconsejable utilizar la proyección 14 con el fin de focalizar la atención de todo el grupo en torno a sus explicaciones.

Expresar gustos y aversiones: A, E; Expresar deseos: C, I; Expresar necesidades, peticiones o mandatos: D; Expresar una finalidad: J; Expresar una opinión: F; Valorar: B, D; Dar consejos y hacer recomendaciones: G; Expresar una acción futura: H, I; Expresar hipótesis y probabilidad: F, J.

Proyección 14. Usos del subjuntivo.

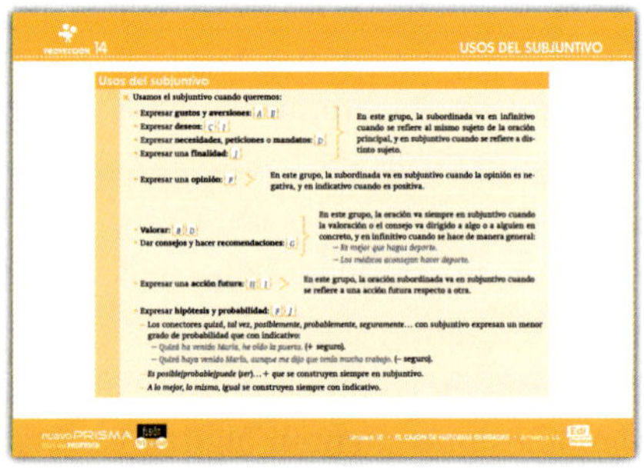

Dinámica. Proyecte el cuadro de los usos de subjuntivo con el fin de corregir la actividad y poner en común las dudas de todos, de manera que pueda dar las explicaciones necesarias y focalizar la atención en los puntos importantes. De esta forma, la participación de cada uno aportará información a los demás y gozarán de una retroalimentación muy beneficiosa para el aprendizaje.

Antes de continuar, y para ampliar el repaso general de los usos del subjuntivo, puede realizar los ejercicios 1 a 3 de la unidad 10 del *Libro de ejercicios*.

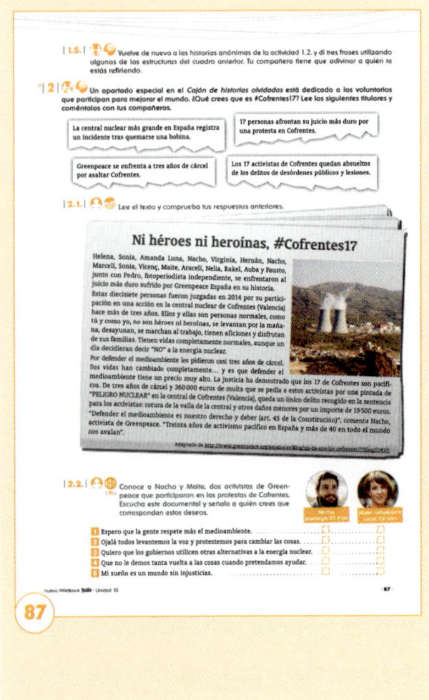

1.5. Para cerrar esta secuencia de actividades, se propone una actividad oral controlada. Pida a los estudiantes que, trabajando en parejas, retomen las historias olvidadas de la actividad 1.2. y que produzcan tres frases utilizando algunas de las estructuras estudiadas. Cada estudiante deberá decir a qué historia se refiere su compañero/a. Aconséjeles que revisen los comentarios de la actividad 1.3. para tomarlos como modelo de sus propias frases. Deje en pantalla la proyección 14 para facilitar las intervenciones de los estudiantes, ya que el objetivo es realizarlas con la mejor competencia comunicativa.

>2 Actividad de prelectura en la que, a través de una serie de titulares, los estudiantes en grupos pequeños hacen hipótesis sobre qué es el *hagstag* #Cofrentes17.

Cofrentes es un municipio perteneciente a la provincia de Valencia, en la comarca del Valle de Cofrentes. A dos kilómetros del pueblo se encuentra la central nuclear del mismo nombre. El 15 de febrero de 2011, 16 activistas de Greenpeace y un fotoperiodista independiente accedían al recinto de la central nuclear de Cofrentes, subían a una de las torres de refrigeración y pintaban “Peligro Nuclear”. Greenpeace denunciaba así que la energía nuclear es una energía obsoleta, peligrosa y no es barata. Estas 17 personas fueron acusadas de desorden público, daños y lesiones, y se enfrentaron en

2014 a un juicio por el que se les pedían penas de casi tres años de cárcel y una multa de 360 000 euros. Finalmente, fueron solo condenados a pagar 19 500 euros por la rotura de una valla.

87

2.1. Pida a los estudiantes que, de manera individual, lean el texto que se ofrece para que comprueben sus hipótesis anteriores. El texto sirve para enmarcar la serie de actividades que se proponen a continuación. Si sus estudiantes muestran interés, puede darles más información con el texto adicional que se ofrece en la Eleteca.

ELEteca
26. La central nuclear de Cofrentes.

2.2. Actividad de comprensión auditiva para seleccionar información. Si lo considera necesario, puede realizar una primera escucha antes de realizar la actividad. Pídales que, previamente, lean las afirmaciones que se dan para que la selección de información sea más efectiva. Luego, proceda a la escucha y a su posterior corrección.

El día a día de los #Cofrentes17.

20

- **Maite:** Yo soy trabajadora social.
- **Nacho:** Yo soy psicólogo. La posibilidad de cambio la tenemos la gente. Un poquito de uno, otro poquito de otro… Yo creo que sí hay cambios, que si no existiera gente que se hubiera movilizado, seguiría habiendo esclavitud, las mujeres no podrían votar… Todos los avances sociales se han hecho a fuerza de que alguien ha levantado la voz y ha dicho: "¡Hasta aquí!" y otros lo han seguido.
- **Maite:** Me produjo muchas satisfacciones poder ayudar en la protesta de la central nuclear de Cofrentes… Si hay otras alternativas, ¿por qué tiene que ser energía nuclear?, es sucia. ¿Sabes qué es lo que me preocupa y es algo que me enfada? Que habiendo tantos recursos naturales como tenemos para tener energía limpia, estemos usando la energía que estamos usando. Es algo que me parece indignante.
- **Nacho:** La capacidad que tenemos las personas de cambiar las cosas que no nos gustan es mucha más de la que nosotros nos creemos; podemos decir "hasta aquí" y proponer alternativas. Hoy y ahora es el momento… Yo tenía un objetivo y ese objetivo lo cumplí: luchar contra las injusticias, y luchar porque se respete el medioambiente, la vida en general, ¿no?
- **Maite:** Como que no me gusta que los demás decidan por mí. Si hay algo que yo creo que puede cambiar, está en mi mano hacerlo. Para cambiar según qué cosas, le damos tantas vueltas, le buscamos tres pies al gato… El pensar "yo hice esto porque estaba convencida de lo que estaba haciendo". Entiendo que el mundo debe cambiar. Esto no puede seguir así, y la única manera de que me escuchen es hacer algo que les llame la atención.

Nacho: 1, 2, 5; Maite: 3, 4.

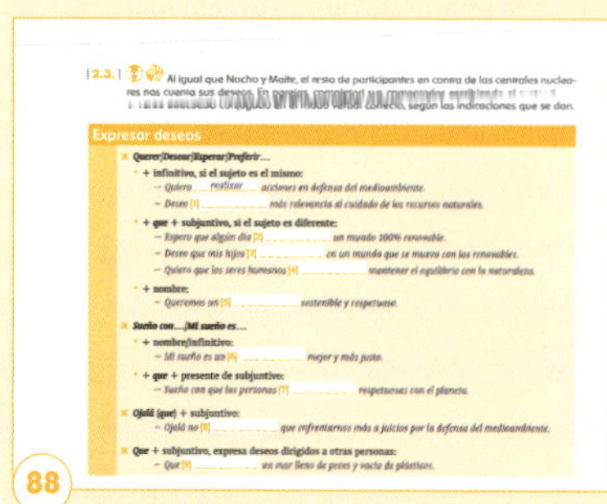

88

2.3. Actividad de contenido lingüístico de repaso de las estructuras más frecuentes para expresar deseos. En la misma secuencia de actividades y bajo el mismo tema, se ofrecen una serie de comentarios de otros voluntarios que defienden el medioambiente con el fin de que, trabajando en parejas, los estudiantes reflexionen y practiquen las estructuras más frecuentes que se usan en español para expresar deseos. Esta actividad se puede realizar también de modo individual. Si se decide por esta dinámica, antes de corregir, pida que comparen sus respuestas con su compañero/a.

Al corregir el ejercicio tenga en cuenta que hay varias opciones de respuesta. Posible respuesta. 1. darle; 2. tengamos; 3. vivan; 4. sepamos; 5. mundo; 6. planeta; 7. sean/seamos; 8. tengamos; 9. tengamos.

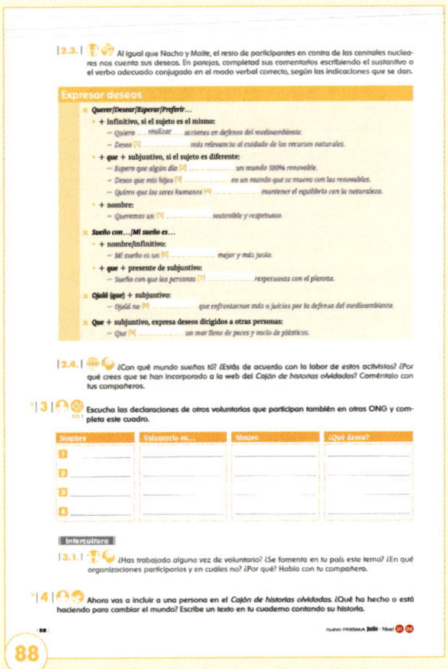

2.4. Para cerrar la secuencia, pida a los estudiantes que den su opinión sobre la labor que realizan los activistas justificando su entrada en el cajón de historias olvidadas. El objetivo es que los participantes interactúen y pongan en práctica muchos de los contenidos lingüísticos que se han trabajado a lo largo del epígrafe.

>3 A través de una actividad de comprensión auditiva, los estudiantes ponen en práctica las estructuras para expresar deseos que han visto en la actividad 2.3. Para ello, deben hacer una escucha selectiva de recopilación de información para completar un cuadro. Como contenido cultural van a hablar de otras ONG y de la labor del voluntariado.

| 21 |

1. Hola, me llamo Rosa y trabajo como voluntaria de la Cruz Roja. Empecé en esto por una amiga del cole que no paraba de darme la lata para que nos apuntáramos para ser voluntarias. Nunca me he arrepentido. Hay quien dice que por qué lo hago, que nos explotan porque trabajamos sin cobrar. Quiero que entendáis que es verdad que "perdemos" muchas horas de nuestro tiempo, pero después hay momentos que lo compensan todo. Por ejemplo, en el tema de socorro, cuando estás atendiendo a una persona y le salvas la vida. Mi sueño es poder viajar a otros países en ayuda humanitaria.
2. Buenos días. Me llamo Gonzalo. Debido a mi profesión, no puedo dedicar todo mi tiempo a Médicos sin Fronteras. Soy oftalmólogo y trabajo en un hospital público a tiempo completo. Sin embargo, cada año pido un mes sin sueldo y me voy con la organización a países del tercer mundo donde la cirugía oftálmica está al alcance de muy pocos. Para mí, es una cuestión de justicia social. He tenido la oportunidad de estudiar para dedicarme a hacer lo que más me gusta en este mundo. Siempre he deseado ayudar a aquellos que no pueden tener las mismas posibilidades.
3. Hola, soy Susana. Yo me he criado con mis abuelos. Mis padres se tenían que ir a trabajar muy temprano y volvían a casa cuando ya estaba dormida. Mi abuelo me contaba miles de historias de su juventud y yo aprendí lo que es la vida gracias a él. Cuando murió, me sentí vacía, huérfana. Entonces oí hablar del teléfono dorado. Es un servicio que ofrece la organización Mensajeros de la Paz y su función es servir de apoyo a las personas mayores que viven solas. No se trata solo de resolverles problemas prácticos sino, sobre todo, de darles consuelo, amistad, compañía... Ojalá les esté sirviendo mi apoyo. En realidad, no lo hago por ellos. Mis motivos son egoístas. Cuando hablo con las personas mayores, me siento bien, soy otra. En realidad, vuelvo a mi infancia.
4. Yo me llamo Ramón. Soy del norte, de Cantabria, de un pequeño pueblo que se llama Olea, al lado de la sierra de El Bardal. Me he criado en plena naturaleza y pienso que es posible vivir respetando los recursos naturales, que son limitados. No solo contribuyo económicamente con *Greenpeace*, sino que también colaboro como voluntario. Espero que la gente se dé cuenta de la situación de peligro en la que se encuentra nuestro planeta. Yo hago todo lo que está en mi mano y hay ya mucha gente comprometida, pero no es suficiente...

1. Rosa, Cruz Roja; La satisfacción que se siente al ayudar; Viajar a otros países; 2. Gonzalo, Médicos sin fronteras; Por justicia social; Ayudar a los que no pueden tener sus mismas oportunidades; 3. Susana, Teléfono dorado (servicio de Mensajeros de la Paz); Ayudar a las personas mayores y sentirse bien ella misma; Que su apoyo les sirva; 4. Ramón, Greenpeace; Ayudar a la conservación del planeta; Que la gente se dé cuenta de la situación de peligro en la que se encuentra el planeta.

3.1. Actividad de carácter intercultural en la que los estudiantes, en parejas, hablan sobre el voluntariado en sus respectivos países y su experiencia personal en cuanto al tema.

Puede realizar esta actividad en plenario, si lo considera más oportuno. En el caso de clases con una sola nacionalidad, haga que comparen la situación en España (descrita en el audio anterior) con la de su país.

> 4 Como actividad final de epígrafe, se propone una tarea de escritura en la que los estudiantes deben elegir a una persona que conozcan o de la que tienen noticia para incluirla en el *Cajón de historias olvidadas*, justificando su elección. Para que puedan documentarse, es recomendable realizar la actividad como tarea para casa.

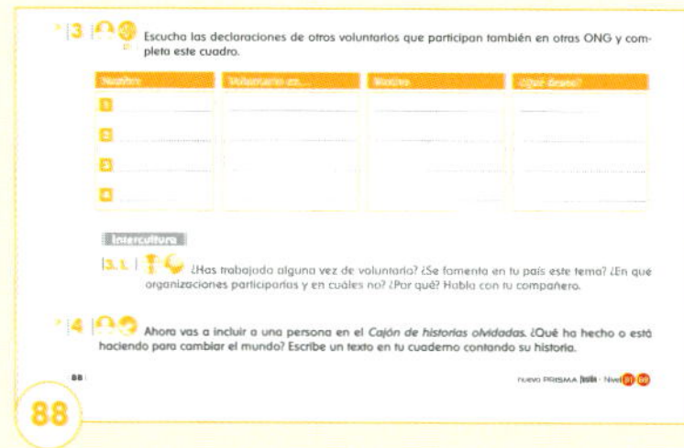

2 IR Y VENIR DE GENTE 89

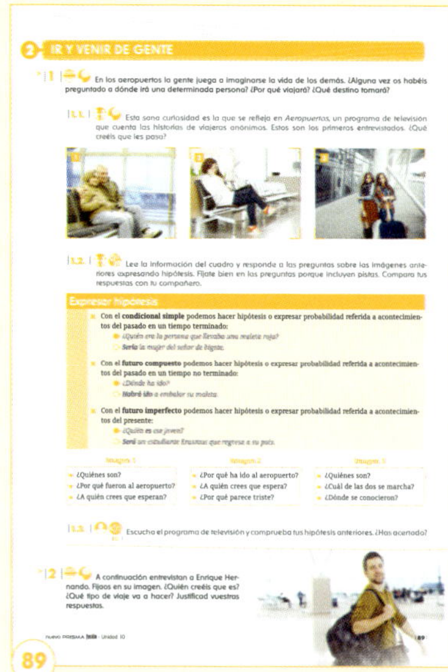

Podemos presentar el epígrafe a través de la expresión *Es un ir y venir de gente*, que transmite el movimiento incesante de personas en varias direcciones. A partir de este concepto se trabajan contenidos funcionales para expresar hipótesis o probabilidad usando como recurso lingüístico el condicional simple, el futuro compuesto y el futuro imperfecto.

> 1 En plenario, pida a los estudiantes que se sitúen mentalmente en un aeropuerto y que piensen en las personas que les rodean. ¿Quiénes son? ¿Dónde van? ¿Qué profesión tienen? Pregúnteles si alguna vez han realizado este juego de suposiciones. Es una actividad de motivación y de contextualización para introducir el tema. Si a su grupo le cuesta entrar en situación, puede ayudarse de la proyección 15.

Proyección 15. El aeropuerto.

Dinámica. Proyecte la imagen y vaya señalando a las personas para que los estudiantes, por turnos, imaginen quiénes son, dónde van, qué tipo de viaje van a hacer… Comience usted con un ejemplo y aproveche para hacer hipótesis usando el futuro de indicativo: "La chica oriental será traductora y volverá a su casa después de un viaje de trabajo", por ejemplo.

1.1. Actividad oral basada en un programa de televisión: *Aeropuertos*, donde personas anónimas cuentan experiencias de viajes. Si ha utilizado la proyección anterior tal y como se propone, simplemente tiene que pedirles que continúen haciendo hipótesis en parejas con las personas que aparecen en las fotos. Esta actividad es previa al siguiente ejercicio, por lo que, si lo considera oportuno, puede realizarlas juntas.

1.2. Actividad de corte lingüístico para reflexionar y profundizar en el aprendizaje de distintos mecanismos lingüísticos que se usan en español para expresar hipótesis. Los estudiantes, en parejas, deberán responder a las preguntas que se realizan sobre cada una de las imágenes de la actividad anterior. Estas preguntas contienen pistas para que puedan hacer hipótesis más

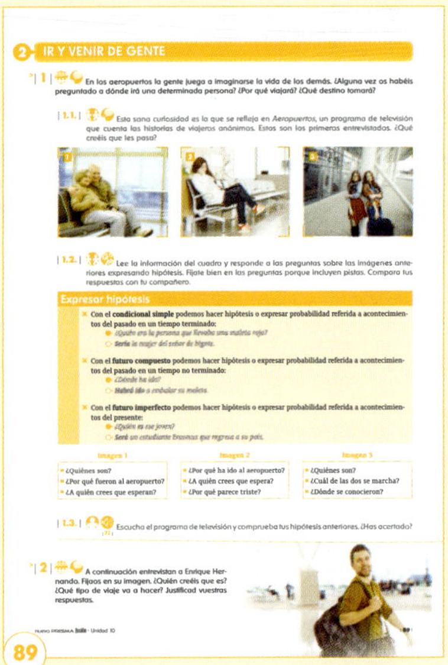
2 IR Y VENIR DE GENTE

| 1 | En los aeropuertos la gente juega a imaginarse la vida de los demás. ¿Alguna vez os habéis preguntado a dónde irá una determinada persona? ¿Por qué viajará? ¿Qué destino tomará?

| 1.1. | Esta sana curiosidad es lo que se refleja en *Aeropuertos*, un programa de televisión que cuenta las historias de viajeros anónimos. Estos son los primeros entrevistados. ¿Qué creéis que les pasa?

| 1.2. | Lee la información del cuadro y responde a las preguntas sobre las imágenes anteriores expresando hipótesis. Fíjate bien en las preguntas porque incluyen pistas. Compara tus respuestas con tu compañero.

Expresar hipótesis

- Con el **condicional simple** podemos hacer hipótesis o expresar probabilidad referida a acontecimientos del pasado en un tiempo terminado:
- Con el **futuro compuesto** podemos hacer hipótesis o expresar probabilidad referida a acontecimientos del pasado en un tiempo no terminado:
- Con el **futuro imperfecto** podemos hacer hipótesis o expresar probabilidad referida a acontecimientos del presente:

Imagen 1	Imagen 2	Imagen 3
¿Quiénes son?	¿Por qué ha ido al aeropuerto?	¿Quiénes son?
¿Por qué fueron al aeropuerto?	¿A quién crees que espera?	¿Cuál de las dos se marcha?
¿A quién crees que esperan?	¿Por qué parece triste?	¿Dónde se conocieron?

| 1.3. | Escucha el programa de televisión y comprueba tus hipótesis anteriores. ¿Has acertado?

| 2 | A continuación entrevistan a Enrique Hernando. Fijaos en su imagen. ¿Quién creéis que es? ¿Qué tipo de viaje va a hacer? Justificad vuestras respuestas.

nuevo PRISMA fusión · Unidad 10

89

fiables. Antes de realizar la actividad propiamente dicha, repase con ellos el contenido del cuadro y resuelva las posibles dudas. Para ello, puede utilizar la proyección 16 que le permitirá hacer una explicación más detallada focalizando la atención de los estudiantes sobre los contenidos que usted quiera resaltar. Se pretende que los alumnos respondan a las preguntas utilizando las formas verbales estudiadas para reforzar su competencia comunicativa. Para finalizar, se puede hacer una puesta en común de todas las posibles respuestas que hayan surgido anotándolas en la pizarra para la actividad posterior.

Proyección 16. Expresar hipótesis.

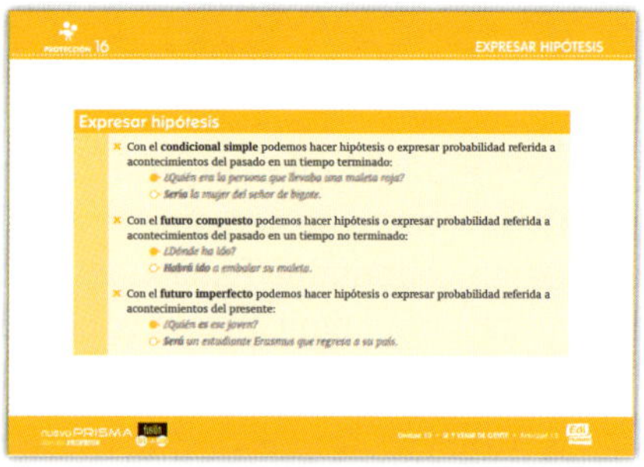

Dinámica. Proyecte el cuadro para expresar hipótesis con los diferentes tiempos verbales con el fin de que los estudiantes focalicen la atención y pueda responder y dar las explicaciones necesarias a todo el grupo. Se recomienda dejar la proyección en pantalla durante la actividad 1.3.

1.3. Actividad de comprensión auditiva para confirmar o no las hipótesis hechas por los estudiantes en la actividad anterior. Si ha anotado sus respuestas en la pizarra, seleccione aquellas que sean las más cercanas a cada una de las situaciones, según el audio.

22

En el programa de hoy entrevistaremos a una familia que espera con ilusión la llegada de una niña desde China. Los abuelos acuden al aeropuerto para recibir a unos recién estrenados padres con su niña recién adoptada. El abuelo nos contará el difícil y largo proceso de adopción por el que han tenido que pasar. Ahora, por fin, solo les quedan minutos para conocer al nuevo miembro de la familia.

También descubriremos la situación de una joven inmigrante que desea reencontrarse con su hermano, al que hace años que no ve. El joven se encuentra retenido por las autoridades de inmigración, ya que no cumple con los requisitos para entrar en España. Ella ha hecho noche en la terminal para conseguir verle, aunque sea tan solo unos minutos.

Otra de las historias se centra en la despedida de dos amigas que se dicen adiós entre lágrimas. Después de varios años estudiando en España, una de las jóvenes regresa a su país para reencontrarse con los suyos. Aquí deja a “su otra familia”, una amiga que la recordará siempre y unos niños que la quieren como a su “otra” mamá.

Antes de continuar, puede reforzar este contenido con el ejercicio 7 de la unidad 10 del *Libro de ejercicios*.

>2 Siguiendo con entrevistas realizadas por el programa *Aeropuertos*, se propone trabajar con otra que se realizó a un alpinista. Para que los estudiantes sigan practicando la formulación de hipótesis, se les pedirá que, a través de la imagen, expliquen quién creen que es este personaje. Es una actividad previa de contextualización para la siguiente secuencia de actividades dedicada a esta persona. La figura del personaje Enrique Hernando es ficticia, pero está basada en la personalidad de un alpinista mexicano llamado Andrés

Delgado Calderón, quien, entre otros logros, culminó el Everest en 1997. Desaparecido desde el 12 de octubre de 2006 en el Changabang (Himalaya), fue dado por muerto después de una intensa búsqueda.

De personalidad controvertida, Andrés Delgado era un alpinista profesional con un nivel de autoexigencia que proyectaba a todos los miembros de las expediciones que capitaneaba. Fue acusado por algunos de ser una persona con un carácter muy fuerte y bronco, demasiado directo a la hora de dirigirse a los demás, por lo que eran frecuentes los conflictos que se generaban con aquellos que no cumplían con los estándares de profesionalidad y sacrificio que él consideraba imprescindibles. No toleraba las quejas, las mentiras y la indisciplina. No obstante, es descrito por sus adeptos como un alpinista entregado, con una aptitud organizativa excepcional y un gran solucionador de problemas. Su gran capacidad de sacrificio se refleja en sus logros profesionales y con sus gestos, descritos tanto en el texto de la actividad 2.1., como en la entrevista de la actividad 2.3.

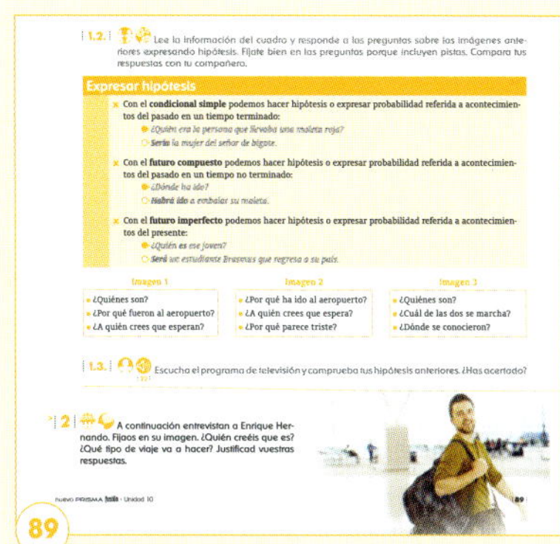

2.1. La actividad, diseñada para realizar en parejas, se desarrolla en dos fases. En la primera fase, los estudiantes leen el texto de manera individual y van contestando por escrito a las preguntas, haciendo hipótesis. Después, contrastan sus respuestas con las de su compañero/a. Una vez terminada la actividad, coménteles en quién está basado el personaje ficticio de Enrique Hernando (Andrés Delgado) y coménteles a grandes rasgos quién era y cómo era su personalidad. De este modo, podrán saber si han acertado en sus suposiciones.

2.2. Actividad de reflexión lingüística en la que se consolidan algunas expresiones de hipótesis y probabilidad que pueden construirse con indicativo o subjuntivo. Pida a los estudiantes que busquen ejemplos en el texto de la actividad 2.1. para completar el cuadro de reflexión. Es importante que, a la hora de corregir, destaque la diferencia de significado que aporta el utilizar uno u otro modo verbal: mayor grado de probabilidad con indicativo que con subjuntivo.

Posiblemente me hayan acusado de inhumano; Quizás me hayan acusado de dominante, perfeccionista, irritante y autoritario; A lo mejor de lo único que pueden acusarme es de ser un montañista apasionado, honesto y fiel a mis ideales; Puede que me hayan acusado de ególatra e indiferente; Es posible que me hayan acusado de egoísta.

Una vez corregida la actividad, pídales que se fijen en el cuadro donde se presenta la forma y los usos básicos del pretérito perfecto de subjuntivo. Para trabajar con este nuevo tiempo verbal, puede llevar a cabo las actividades propuestas en la ficha 22.

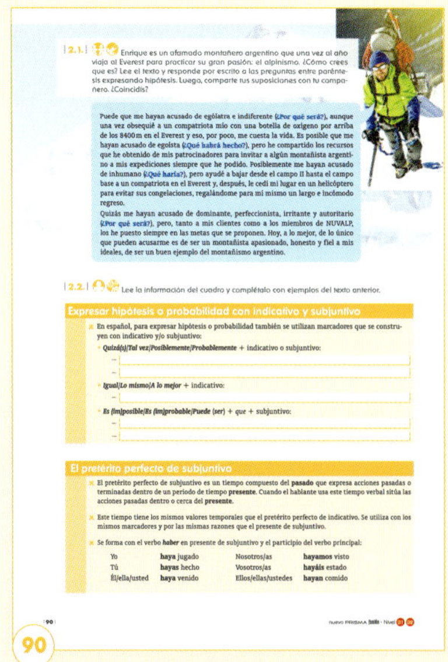

Ficha 22. El pretérito perfecto de subjuntivo.

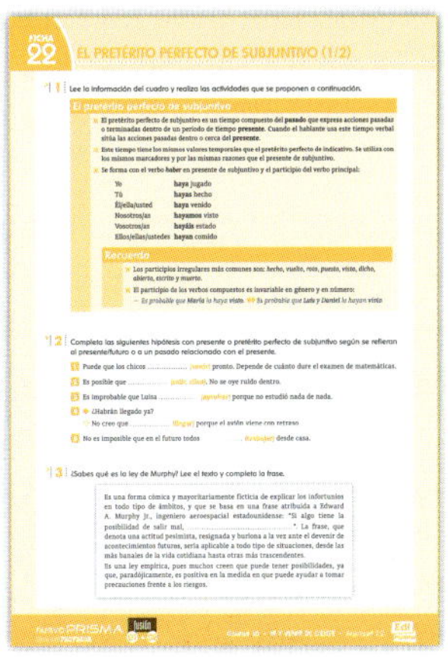
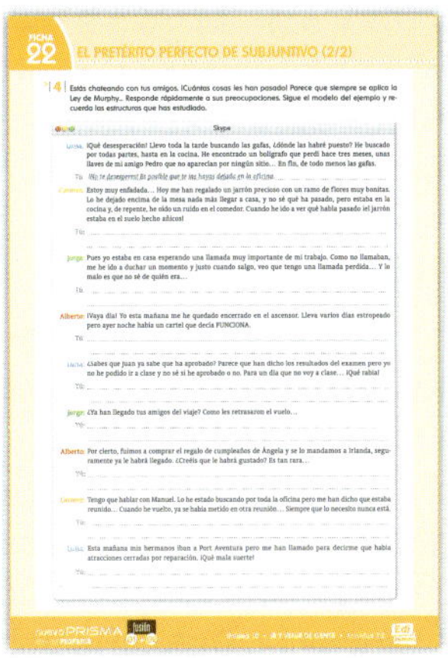

Dinámica. Haga un recordatorio de la morfología de este tiempo verbal siguiendo el cuadro de reflexión y deje un tiempo para que los estudiantes, individualmente, realicen las actividades para practicarlo.

Después, corrija en plenario y resuelva las posibles dudas.
2. 1. vengan; 2. hayan salido; 3. haya aprobado; 4. hayan llegado; 5. trabajemos. **3.** saldrá mal; **4.** Respuesta abierta.

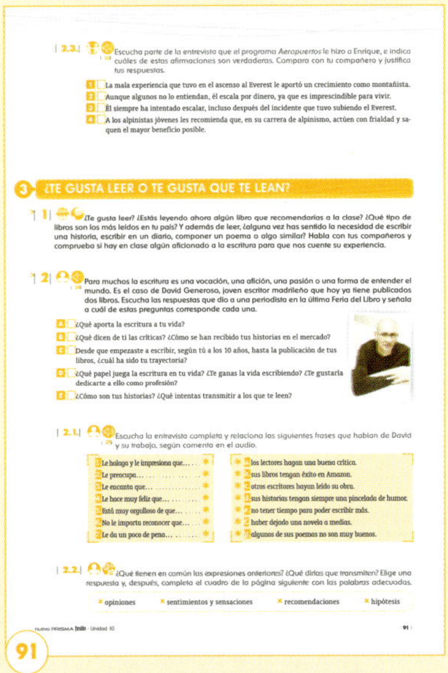
2.3. Escucha parte de la entrevista que el programa *Aeropuertos* le hizo a Enrique, e indica cuáles de estas afirmaciones son verdaderas. Compara con tu compañero y justifica tus respuestas.

1. La mala experiencia que tuvo en el ascenso al Everest le aportó un crecimiento como montañista.
2. Aunque algunos no lo entiendan, él escala por dinero, ya que es imprescindible para vivir.
3. Él siempre ha intentado escalar, incluso después del incidente que tuvo subiendo el Everest.
4. A los alpinistas jóvenes les recomienda que, en su carrera de alpinismo, actúen con frialdad y saquen el mayor beneficio posible.

3 ¿TE GUSTA LEER O TE GUSTA QUE TE LEAN?

1. ¿Te gusta leer? ¿Estás leyendo ahora algún libro que recomendarías a la clase? ¿Qué tipo de libros son los más leídos en tu país? Y además de leer, ¿alguna vez has sentido la necesidad de escribir una historia, escribir en un diario, componer un poema o algo similar? Habla con tus compañeros y comprueba si hay en clase algún aficionado a la escritura para que nos cuente su experiencia.

2. Para muchos la escritura es una vocación, una afición, una pasión o una forma de entender el mundo. Es el caso de David Generoso, joven escritor madrileño que hoy ya tiene publicados dos libros. Escucha las respuestas que dio a una periodista en la última Feria del Libro y señala a cuál de estas preguntas corresponde cada una.

A. ¿Qué aporta la escritura a tu vida?
B. ¿Qué dicen de ti las críticas? ¿Cómo se han recibido tus historias en el mercado?
C. Desde que empezaste a escribir, según tú a los 10 años, hasta la publicación de tus libros, ¿cuál ha sido tu trayectoria?
D. ¿Qué papel juega la escritura en tu vida? ¿Te ganas la vida escribiendo? ¿Te gustaría dedicarte a ello como profesión?
E. ¿Cómo son tus historias? ¿Qué intentas transmitir a los que te leen?

2.1. Escucha la entrevista completa y relaciona las siguientes frases que hablan de David y su trabajo, según comenta en el audio.

Le halaga y le impresiona que...	los lectores hagan una buena crítica.
Le preocupa...	sus libros tengan éxito en Amazon.
Le encanta que...	otros escritores hayan leído su obra.
Le hace muy feliz que...	sus historias tengan siempre una pincelada de humor.
Está muy orgulloso de que...	no tener tiempo para poder escribir más.
No le importa reconocer que...	haber dejado una novela a medias.
Le da un poco de pena...	algunos de sus poemas no son muy buenos.

2.2. ¿Qué tienen en común las expresiones anteriores? ¿Qué dirías que transmiten? Elige una respuesta y, después, completa el cuadro de la página siguiente con las palabras adecuadas.

opiniones · sentimientos y sensaciones · recomendaciones · hipótesis

nuevo PRISMA fusión · Unidad 10 — 91

91

2.3. Como cierre del epígrafe, se propone una actividad de comprensión auditiva. Antes de llevar a cabo la escucha, pídales que lean las afirmaciones para que les resulte más fácil discriminar la información verdadera de la falsa. Adviértales de que los interlocutores son argentinos y que, por lo tanto, van a escuchar su variedad lingüística que se distingue, entre otras cosas, por su acento y por el uso de formas verbales específicas correspondientes al voseo: *dirigís* en lugar de *diriges*, *sos* en lugar de *eres*, etc. Explique el significado de *lana*, vocablo coloquial para aludir al dinero en Argentina.

23

Locutora: Enrique, ¿y dónde te dirigís esta vez?

Enrique: Pues vuelo a Nepal para una expedición al Everest. A lo mejor estoy un mes en el campamento.

Locutora: ¿Y hace cuánto tiempo estás practicando el montañismo?

Enrique: Desde que tengo memoria. Mis padres y mi abuelo practicaban el montañismo como aficionados, y desde muy pequeño estuve relacionado con la montaña. Quizás ese haya sido el motivo de que me dedique profesionalmente a esto. Crecí entre cuerdas y mochilas, fue algo muy natural, pero puedo dividir mi carrera montañista en dos etapas: mis comienzos y la segunda etapa, cuando comencé a escalar ya profesionalmente, en 1991, así que son once años.

Locutora: Todo aquel que conoce un poco tu trayectoria profesional sabe que, por poco, morís en el Everest en 1996.

Enrique: Me llevó un año recuperarme de mis congelaciones. Afortunadamente, me pudieron salvar los dedos, y, una vez recuperado, comencé a entrenar y a conseguir el dinero para volver al Everest. Puede ser que ese haya sido uno de los peores momentos en mi vida.

Locutora: ¿Qué te dejó esta experiencia?

Enrique: Lo que me dejó esta expedición fue un crecimiento como montañista pero, sobre todo, como persona, independientemente de si los errores que cometí fueron por una causa o por otra.

Locutora: Tu trayectoria nos habla de que sos un alpinista extremo, de que te gusta llevar la escalada a sus límites. Pero, ¿qué te llevó a pertenecer al selecto grupo de personas que practican el alpinismo extremo?

Enrique: Yo no busco un beneficio a través del alpinismo, yo busco escalar porque me gusta, busco una satisfacción; para mí no es un fin el escalar, es una búsqueda; no es un medio para conseguir lana, es un medio para estar a gusto conmigo. Escalo porque me gusta, y no por fama o por decir que hago algo distinto.

Locutora: ¿Qué les dirías a los alpinistas jóvenes que están mirando al alpinismo serio?

Enrique: Que crean que sí se puede hacer carrera en el alpinismo, pero para vivir de esto tenés que ser el mejor y, para ser el mejor, tenés que sacrificar muchísimo; primero, que entiendan eso y que sean honestos con ellos mismos, que definan si escalan por placer o, si en verdad, quieren vivir de esto, y que hagan las cosas con pasión; no se puede ir por la vida sin ser un apasionado porque acabás siendo del montón, de la gente que nunca hace nada. Que definan bien su camino.

Son verdaderas 1 y 3.

3 ¿TE GUSTA LEER O TE GUSTA QUE TE LEAN? 91

Se inicia en este epígrafe la última secuencia de actividades dedicadas al subjuntivo: la expresión de sentimientos. Las actividades giran en torno a un cuento de David Generoso, escritor español, titulado *El capullo*, con el que se lleva a cabo una actividad de carácter cooperativo.

> 1 Actividad de interacción oral que sirve para introducir el tema, crear interés e intercambiar experiencias. En este caso, el tema planteado es la lectura y escritura de textos literarios. En plenario, lance las preguntas que se proponen en el enunciado. Si alguno de ellos es aficionado a la escritura, anímelo a que les cuente a sus compañeros brevemente cómo es su experiencia, qué escribe, si le gusta que le lean, qué le aporta esa actividad... permitiendo a los demás que le hagan preguntas.

> 2 y **2.1.** Actividad de comprensión auditiva en dos fases que permite, por un lado, conocer al autor del cuento con el que van a trabajar posteriormente y, por otro, extraer las muestras de lengua de la audición en la que el autor expresa sus sentimientos para llevar a cabo una reflexión lingüística.

La actividad 2 es una actividad de discriminación en la que escucharán las respuestas que el autor da en la entrevista y deberán relacionarlas con su pregunta correspondiente. Antes de proceder a la escucha, pídales que lean las preguntas que aparecen en el libro para que puedan realizar la actividad satisfactoriamente.

24 y 25

Periodista: ¿Qué papel juega la escritura en tu vida? ¿Te ganas la vida con ello? ¿Te gustaría dedicarte a ello como profesión?

David: Me presento antes de nada: soy David Generoso Gil y, además de diseñador gráfico y padre de familia, soy escritor. Escribir es, para mí, fundamental. Hasta donde mi memoria alcanza, me veo escribiendo: en el margen de los libros de texto, en las paredes del patio de mi casa, en cuadernos de rayas, en una vieja máquina de escribir heredada de mi abuelo, en procesadores de texto, en libretas Moleskine, en blogs... Por suerte, mis padres me dieron una buena educación y no cometo demasiadas faltas de ortografía.

Periodista: Desde que empezaste a escribir, según tú a los 10 años, hasta la publicación de tus libros, ¿cuál ha sido tu trayectoria?

David: Es verdad que empecé a escribir desde muy pequeño. Primero, aventuras de caballeros y dragones en una pequeña libreta de anillas. Más tarde, *El superagente monopatín*, en folios que le cogía prestados a mi padre, y *Perita y Manzanita*, que era un cómic que me hizo muy feliz imaginar. También algunos poemas, no me importa reconocer que malos. Terminé una novela mediocre y, aunque con cierta pena, abandoné otra a su suerte. Fue una época de mucha creatividad, ayudado por periodos hospitalarios que me concedían tiempo extra, algo fundamental para un escritor. Con treinta años entré en la Escuela de Letras de Madrid y me di cuenta de todo lo que me quedaba por aprender. Tengo que reconocer que esto me preocupó bastante, e incluso me puso algo nervioso. Llegué a dudar de mi carrera como escritor, aunque está superado. Con treinta y pico empecé a bloguear, afición que no he abandonado. En los tres últimos años he publicado los libros de relatos *D.I.O.S.* y *Cróhnicas con h*, que se distribuyen básicamente a través de Amazon y de la página web davidgeneroso.com., y estoy muy orgulloso del resultado.

Periodista: ¿Cómo son tus historias? ¿Qué intentas transmitir a los que te leen?

David: Mis historias son muy variadas. Desde la más romántica historia de amor hasta la más terrorífica de las pesadillas, pasando por la infan-

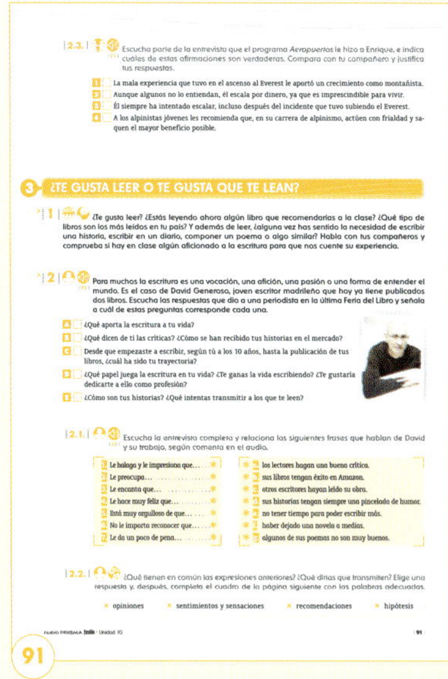
2.3. Escucha parte de la entrevista que el programa *Aeropuertos* le hizo a Enrique, e indica cuáles de estas afirmaciones son verdaderas. Compara con tu compañero y justifica tus respuestas.

- La mala experiencia que tuvo en el ascenso al Everest le aportó un crecimiento como montañista.
- Aunque algunos no lo entiendan, él escala por dinero, ya que es imprescindible para vivir.
- Él siempre ha intentado escalar, incluso después del incidente que tuvo subiendo el Everest.
- A los alpinistas jóvenes les recomienda que, en su carrera de alpinismo, actúen con frialdad y saquen el mayor beneficio posible.

3 ¿TE GUSTA LEER O TE GUSTA QUE TE LEAN?

1 ¿Te gusta leer? ¿Estás leyendo ahora algún libro que recomendarías a la clase? ¿Qué tipo de libros son los más leídos en tu país? Y además de leer, ¿alguna vez has sentido la necesidad de escribir una historia, escribir en un diario, componer un poema o algo similar? Habla con tus compañeros y comprueba si hay en clase algún aficionado a la escritura para que nos cuente su experiencia.

2 Para muchos la escritura es una vocación, una afición, una pasión o una forma de entender el mundo. Es el caso de David Generoso, joven escritor madrileño que hoy ya tiene publicados dos libros. Escucha las respuestas que dio a una periodista en la última Feria del Libro y señala a cuál de estas preguntas corresponde cada una.

- A ¿Qué aporta la escritura a tu vida?
- B ¿Qué dicen de ti las críticas? ¿Cómo se han recibido tus historias en el mercado?
- C Desde que empezaste a escribir, según tú a los 10 años, hasta la publicación de tus libros, ¿cuál ha sido tu trayectoria?
- D ¿Qué papel juega la escritura en tu vida? ¿Te ganas la vida escribiendo? ¿Te gustaría dedicarte a ello como profesión?
- E ¿Cómo son tus historias? ¿Qué intentas transmitir a los que te leen?

2.1. Escucha la entrevista completa y relaciona las siguientes frases que hablan de David y su trabajo, según comenta en el audio.

Le halaga y le impresiona que...	los lectores hagan una buena crítica.
Le preocupa...	sus libros tengan éxito en Amazon.
Le encanta que...	otros escritores hayan leído su obra.
Le hace muy feliz que...	sus historias tengan siempre una pincelada de humor.
Está muy orgulloso de que...	no tener tiempo para poder escribir más.
No le importa reconocer que...	haber dejado una novela a medias.
Le da un poco de pena...	algunos de sus poemas no son muy buenos.

2.2. ¿Qué tienen en común las expresiones anteriores? ¿Qué dirías que transmiten? Elige una respuesta y, después, completa el cuadro de la página siguiente con las palabras adecuadas.

opiniones · sentimientos y sensaciones · recomendaciones · hipótesis

nuevo PRISMA fusión · Unidad 10 — 91

91

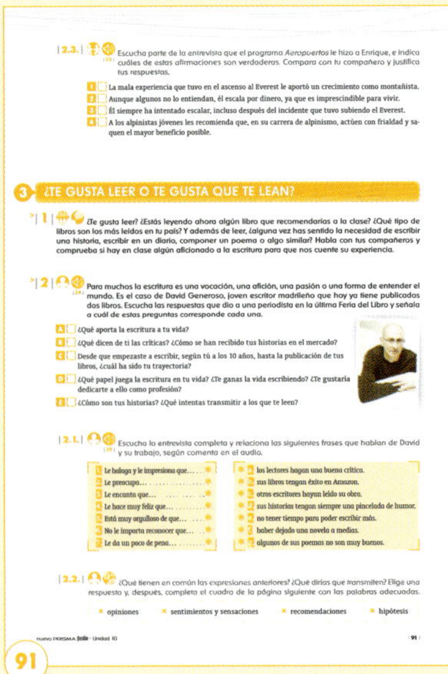
2.3. Escucha parte de la entrevista que el programa *Aeropuertos* le hizo a Enrique, e indica cuáles de estas afirmaciones son verdaderas. Compara con tu compañero y justifica tus respuestas.

1. La mala experiencia que tuvo en el ascenso al Everest le aportó un crecimiento como montañista.
2. Aunque algunos no lo entiendan, él escala por dinero, ya que es imprescindible para vivir.
3. Él siempre ha intentado escalar, incluso después del incidente que tuvo subiendo el Everest.
4. A los alpinistas jóvenes les recomienda que, en su carrera de alpinismo, actúen con frialdad y saquen el mayor beneficio posible.

3 ¿TE GUSTA LEER O TE GUSTA QUE TE LEAN?

1 ¿Te gusta leer? ¿Estás leyendo ahora algún libro que recomendarías a la clase? ¿Qué tipo de libros son los más leídos en tu país? Y además de leer, ¿alguna vez has sentido la necesidad de escribir una historia, escribir en un diario, componer un poema o algo similar? Habla con tus compañeros y comprueba si hay en clase algún aficionado a la escritura para que nos cuente su experiencia.

2 Para muchos la escritura es una vocación, una afición, una pasión o una forma de entender el mundo. Es el caso de David Generoso, joven escritor madrileño que hoy ya tiene publicados dos libros. Escucha las respuestas que dio a una periodista en la última Feria del Libro y señala a cuál de estas preguntas corresponde cada una.

A. ¿Qué aporta la escritura a tu vida?
B. ¿Qué dicen de ti las críticas? ¿Cómo se han recibido tus historias en el mercado?
C. Desde que empezaste a escribir, según tú a los 10 años, hasta la publicación de tus libros, ¿cuál ha sido tu trayectoria?
D. ¿Qué papel juega la escritura en tu vida? ¿Te ganas la vida escribiendo? ¿Te gustaría dedicarte a ello como profesión?
E. ¿Cómo son tus historias? ¿Qué intentas transmitir a los que te leen?

2.1. Escucha la entrevista completa y relaciona las siguientes frases que hablan de David y su trabajo, según comenta en el audio.

Le halaga y le impresiona que...	los lectores hagan una buena crítica.
Le preocupa...	sus libros tengan éxito en Amazon.
Le encanta que...	otros escritores hayan leído su obra.
Le hace muy feliz que...	sus historias tengan siempre una pincelada de humor.
Está muy orgulloso de que...	no tener tiempo para poder escribir más.
No le importa reconocer que...	haber dejado una novela a medias.
Le da un poco de pena...	algunos de sus poemas no son muy buenos.

2.2. ¿Qué tienen en común las expresiones anteriores? ¿Qué dirías que transmiten? Elige una respuesta y, después, completa el cuadro de la página siguiente con las palabras adecuadas.

opiniones · sentimientos y sensaciones · recomendaciones · hipótesis

nuevo PRISMA fusión · Unidad 10 · 91

91

cia, la ciencia ficción, las tramas detectivescas... Quiero pensar que el hilo conductor es mi estilo literario. Y el humor. El humor, algo que me apasiona, está siempre presente en cada una de mis historias... Con respecto a tu segunda pregunta, en realidad no sé si quiero transmitir algo, escribo para mí, que soy el primer lector de mis historias. Y lo hago por necesidad. La opinión del público me importa, el ego es muy importante para un escritor, pero no escribo pensando en ellos, sino en mí.

Periodista: ¿Qué dicen de ti las críticas? ¿Cómo se han recibido tus historias en el mercado?

David: Las críticas están siendo muy generosas. De mi familia me las esperaba (¡más les vale, ja, ja, ja!) pero gracias a Internet y a las redes sociales he recibido muchas de personas anónimas y mis relatos gustan bastante, lo que me hace muy feliz. También Zoe Valdés y Forges, estos dos monstruos de la creatividad han leído mis libros y han subido mi ego hasta la luna con sus alabanzas.

Periodista: ¿Qué aporta la escritura a tu vida?

David: La escritura lo es casi todo para mí, y me doy cuenta cuando no escribo. Cuando no tengo una historia rondándome la cabeza, noto que me falta algo. También me da rabia no tener un momento para sentarme frente a la página en blanco, eso me fastidia mucho. Cuando estoy creando una historia, le robo horas al sueño, a mi mujer e incluso a mi hijo. Así de egoísta es la escritura.

Corrija la actividad haciendo una primera escucha del audio 25. En él aparece la entrevista completa.

A. 5; B. 4; C. 2; D. 1; E. 3.

Antes de continuar, y si les ha gustado el personaje, puede leer en voz alta lo que David Generoso dice de sí mismo:

"David Generoso Gil nació en 1969 en la ciudad de Madrid a la temprana edad de 0 años. De pequeñito trepaba por la escalera de caracol de su casa, se apostaba a media altura con su libreta de anillas e inventaba historias como el que da patadas a una pelota: *El Superagente monopatín*, *Perita y Manzanita*, *De basurero a crack del baloncesto*... Algunas de ellas las guarda a buen recaudo en una caja de Pandora. En 2012 publica su primer libro de relatos, *D.I.O.S.*, y en 2014 el segundo, *Cróhnicas con h*. Ambos han traído consigo grandes alegrías y alguna pequeña decepción.

Diseñador gráfico decente, orgulloso padre de familia, marido con amplio margen de mejora, amigo del montón, lo opuesto a un fontanero, sublime cocinero de sándwiches y huevos fritos, experto en malgastar el tiempo en redes sociales, bloguero a intervalos irregulares, calvo por imposición dermatológica y, a ratos, escritor".

En la actividad 2.1. los estudiantes tienen que relacionar partes de frases que se dicen en el audio. Haga una segunda escucha y déjeles unos minutos para realizar la actividad. Tenga en cuenta que estas frases son las muestras de lengua que van a utilizar para llevar a cabo la reflexión lingüística posterior.

1. c; 2. e; 3. d; 4. a; 5. b; 6. g; 7. f.

2.2. Dirija la atención de los estudiantes hacia las partes de las frases que aparecen en la columna de la izquierda de la actividad 2.1. para que las lean de nuevo y elijan, de entre las opciones que se les dan, la que consideran que mejor resume su significado. Luego, pídales que subrayen la forma verbal que acompaña a estas frases y que analicen las estructuras que presentan. Con su análisis, deben completar el cuadro de atención que aparece en la página siguiente.

Sentimientos y sensaciones; 1. infinitivo; 2. subjuntivo.

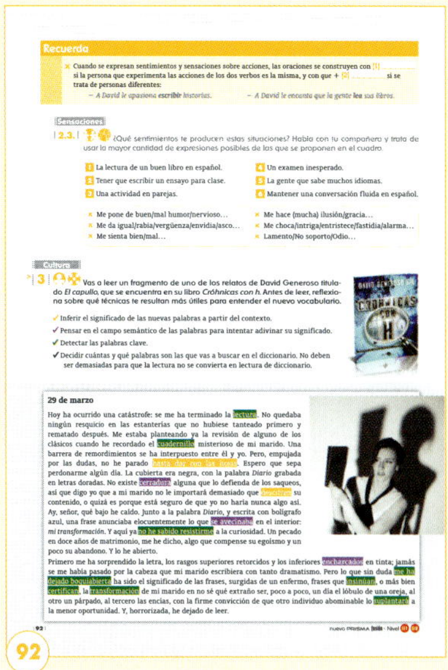

2.3. Actividad de práctica controlada de la expresión de sentimientos y sensaciones. Antes de comenzar, dirija la atención de los estudiantes hacia las expresiones de sentimientos y sensaciones que aparecen recuadradas y pregúnteles si las conocen todas. Deje que entre unos y otros resuelvan las dudas y se ayuden mutuamente. Con la colaboración, se enriquece el proceso de aprendizaje.

Antes de continuar, puede realizar el ejercicio 9 de la unidad 10 del *Libro de ejercicios* con el fin de sistematizar el vocabulario referido a las sensaciones y los sentimientos.

Una vez que conocen bien las expresiones, distribúyalos en parejas y pídales que expresen sus sentimientos con respecto a las cuestiones que se plantean, todas ellas relacionadas con su experiencia de aprendizaje. Esté atento a sus respuestas, pues le servirán para conocer cuál es la relación emocional de sus estudiantes con respecto al español. Si lo considera oportuno, puede realizar la actividad en plenario para que compartan sus experiencias, estableciendo así una base cordial y de comunicación en el aula.

>3 Los estudiantes se van a enfrentar a un texto de carácter literario, complejo desde el punto de vista léxico y, para ello, se propone una actividad centrada en cuatro estrategias para la deducción de léxico. Pida a los estudiantes que lean las cuatro estrategias y que piensen en cuáles de ellas suelen utilizar cuando se enfrentan a una palabra que no conocen. Luego, haga que se fijen en el color del tic que lleva cada una y explíqueles que dentro del texto aparecen, en su correspondiente color, una serie de palabras y expresiones que pueden deducir siguiendo esa estrategia en concreto: por ejemplo, la palabra *cerradura*, que aparece en color morado, se puede deducir fácilmente asociándola a su familia léxica (*cerrar*), o la palabra *cuadernillo*, que es una palabra clave porque todo el texto se refiere a un diario que la protagonista va a leer a pesar de ser un documento privado.

Pídales que procedan a la lectura del texto y anímelos a seguir las pautas para conocer el léxico resaltado siguiendo la estrategia correspondiente. Tenga a mano un par de diccionarios monolingües para que puedan usarlos en caso necesario.

Dígales que el texto que van a leer es el fragmento central del cuento y pídales que le hagan un resumen de lo que han entendido. *El capullo* es un relato con evocaciones a Kafka en el que una mujer observa desconcertada la transformación de su marido.

Finalmente, haga una reflexión con ellos sobre las estrategias que han activado para conocer el significado de las palabras y su utilidad, animándoles a aportar las suyas propias.

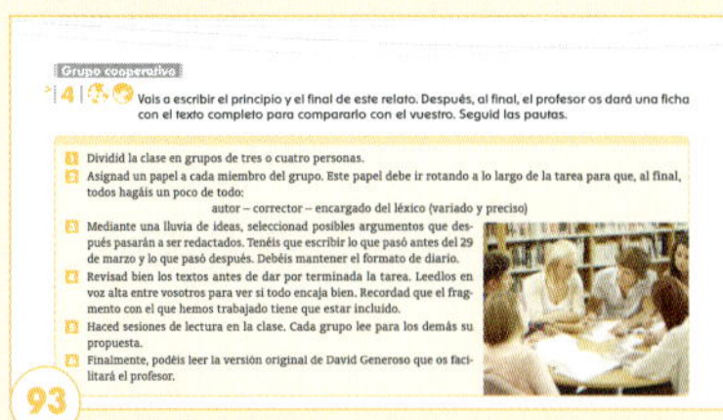

>4 La siguiente actividad de trabajo cooperativo pretende fomentar la participación directa y activa de los estudiantes en la realización de la actividad: todos van a trabajar juntos, colaborando para alcanzar objetivos comunes.

En este caso, los estudiantes, en grupos de tres o cuatro, deberán escribir, en forma de diario, lo que pasó antes y después del 29 de marzo. El fragmento que han leído debe estar incluido en su texto. Es un trabajo de escritura colaborativa, en la que los grupos, mediante una lluvia de ideas, inventan un argumento y lo desarrollan en diferentes fases: selección de léxico, redacción del borrador, corrección entre todos los miembros del grupo y redacción del texto final.

Como tarea final, cada grupo lee su texto en voz alta para la clase. Pida una copia a cada grupo para que pueda hacer una corrección posterior.

Finalmente, haga copias de la ficha 23 donde aparece el texto completo. Déjeles que lo lean y que lo comparen con su versión.

Grupo cooperativo

4 Vais a escribir el principio y el final de este relato. Después, al final, el profesor os dará una ficha con el texto completo para compararlo con el vuestro. Seguid las pautas.

1. Dividid la clase en grupos de tres o cuatro personas.
2. Asignad un papel a cada miembro del grupo. Este papel debe ir rotando a lo largo de la tarea para que, al final, todos hagáis un poco de todo:
   autor – corrector – encargado del léxico (variado y preciso)
3. Mediante una lluvia de ideas, seleccionad posibles argumentos que después pasarán a ser redactados. Tenéis que escribir lo que pasó antes del 29 de marzo y lo que pasó después. Debéis mantener el formato de diario.
4. Revisad bien los textos antes de dar por terminada la tarea. Leedlos en voz alta entre vosotros para ver si todo encaja bien. Recordad que el fragmento con el que hemos trabajado tiene que estar incluido.
5. Haced sesiones de lectura en la clase. Cada grupo lee para los demás su propuesta.
6. Finalmente, podéis leer la versión original de David Generoso que os facilitará el profesor.

¿Qué he aprendido?

1 Señala la función correspondiente para cada expresión.

	Deseos	Sentimientos	Hipótesis	Opinión	Valoración	Consejo
1 Ojalá...	○	○	○	○	○	○
2 Te sugiero...	○	○	○	○	○	○
3 Posiblemente...	○	○	○	○	○	○
4 Me indigna...	○	○	○	○	○	○
5 No creo...	○	○	○	○	○	○
6 Es una suerte...	○	○	○	○	○	○
7 A lo mejor...	○	○	○	○	○	○
8 Espero...	○	○	○	○	○	○
9 Puede que...	○	○	○	○	○	○
10 Me parece que...	○	○	○	○	○	○

2 Corrige los errores de las siguientes frases. Explícale a otro compañero por qué eran incorrectas.

1. Es maravilloso que hay gente voluntaria dispuesta a dedicar su tiempo a los demás. Creo que se debería valorar mucho más.
2. Me parece que, con el tiempo, nos demos cuenta del gran error que supone abusar de la energía nuclear. Espero que para entonces no es demasiado tarde, porque igual nuestro planeta no resista tanta agresión continuada.
3. ¿Has visto ya a los nuevos vecinos? Creo que son tres estudiantes. Ojalá sean tranquilos porque me molesta mucho que los vecinos están todo el tiempo haciendo fiestas, entrando y saliendo... Por favor, si hablas con ellos, sugiéreles que serán respetuosos.
4. Más vale que estudies para puedas conseguir el trabajo que te gusta. Hacer lo que uno quiere es muy importante, me da pena que la gente no consiga sus sueños solo por no esforzarse un poquito a tiempo.
5. Me encanta esta historia, ¿cómo acabará? Estoy impaciente por llegar al final. Cuando llegaré al último capítulo es probable que lo leo de un tirón porque no podré parar.

3 Piensa en ti y tu experiencia con el español y responde.

1. Ojalá...
2. En el futuro puede que...
3. A mis amigos les recomiendo...

nuevo PRISMA fusión · Unidad 10 93

93

Ficha 23. *El capullo*, de David Generoso. Texto completo.

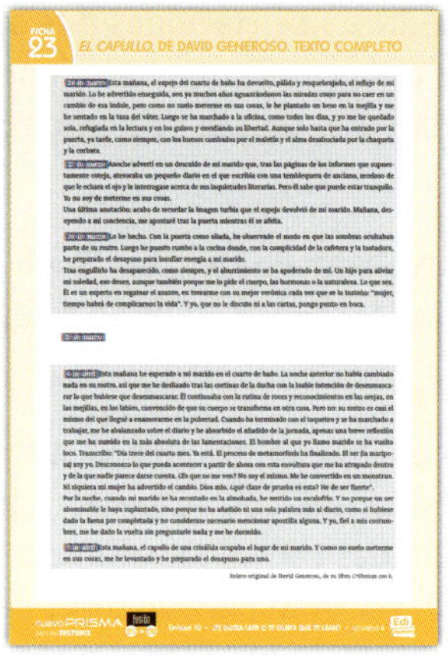

FICHA 23 EL CAPULLO, DE DAVID GENEROSO. TEXTO COMPLETO

Relato original de David Generoso, de su libro *Clínicas con* 6.

¿QUÉ HE APRENDIDO? 93

1. Deseos: 1, 8; Sentimientos: 4; Hipótesis: 3, 7, 9; Opinión: 5, 10; Valoración: 6; Consejo: 2.

2. 1. *Es maravilloso que haya*: en subjuntivo porque es una valoración; 2. *Me parece que nos damos*: es una opinión en forma afirmativa y debe ir en indicativo; *Espero que para entonces no sea*: es una expresión de deseo que se construye con subjuntivo; *Igual nuestro planeta no resiste*: *Igual* lleva siempre indicativo; 3. *Me molesta mucho que los vecinos estén*: en subjuntivo pues expresa sentimientos; *Sugiéreles que sean*: en subjuntivo pues es un consejo; 4. *Para que puedas o para poder*: *para que* + subjuntivo, *para* + infinitivo; 5. *Cuando llegue*: *cuando* + subjuntivo para expresar futuro; *Es probable que lo lea*: *es probable* es una expresión de hipótesis que se construye con subjuntivo.

ELEteca
Léxico. El trabajo y la felicidad.

11 CON RITMO

En esta unidad el estudiante revisará los usos de los tiempos del pasado: pretéritos perfecto, indefinido, imperfecto y pluscuamperfecto, además de ampliar sus conocimientos sobre los conectores del discurso. Se retomarán funciones ya estudiadas como dar una opinión argumentando a favor o en contra, expresar acuerdo, acuerdo parcial y desacuerdo, o escribir una biografía. En cuanto a los contenidos culturales de la unidad, estos girarán en torno a la música en sus diferentes expresiones.

11 CON RITMO

1 MÚSICA PARA EL CUERPO

94

1 MÚSICA PARA EL CUERPO 94

Se empieza la unidad con un epígrafe que sirve de precalentamiento de la unidad y que está dedicado a la música y a lo que esta representa en nuestras vidas. Desde el punto de vista lingüístico, se repasa e introduce el léxico relacionado con la música y los estados emocionales que esta provoca.

> 1 Para introducir el tema, se propone una actividad de interacción oral en parejas en la que los estudiantes expresan lo que significa para ellos la música y qué función desempeña en su vida. Pídales que elaboren una definición de música según lo que hayan hablado previamente. Si el grupo está receptivo, haga una puesta en común.

1.1. A continuación, se propone una tarea de comprensión auditiva en la que los estudiantes van a escuchar a diferentes personas que explican el significado que tiene para ellos la música. Antes de proceder a la escucha, deje un tiempo para que lean con atención las ideas que aparecen para facilitar la realización de la tarea. Si lo considera conveniente, pídales que cotejen sus respuestas en parejas. Una vez corregida la actividad, vuelva a la definición que han elaborado en la actividad 1 y pídales que la comparen con lo que se dice en el audio para ver si coinciden con alguno de los interlocutores.

26 **Locutora:** La música es consustancial a la humanidad desde sus inicios, es parte esencial de las culturas, mostrando ritos, el vivir diario, expresando emociones... Queríamos saber qué es la música para la gente y, para ello, hicimos en la calle la siguiente pregunta: "¿Qué es para ti la música?", y esto fue lo que declararon.

A. Beatriz: Creo que la música tiene poder más allá del lenguaje. Permite expresar y transmitir cosas que ni sabemos que están dentro de nosotros. Ya sea a través de la expresión corporal, la interpretación con la voz o un instrumento, la escucha... La música nos lleva a otros mundos, incluso a nuestro mundo interior, que a veces parece el más lejano del universo.

B. Javier: La música nos enseña a escuchar. Aprender a tocar un instrumento es trabajo, paciencia, disciplina, perseverancia. Tocar o bailar en grupo es trabajar en equipo, adaptarse, pero también ser flexible, escuchar, tomar decisiones o ejercer un liderazgo.

C. Teresa: La música en sus diferentes etapas ha evolucionado, hay muchos estilos diferentes y hoy en día se escucha de todo... A mí, por ejemplo, la música que más me inspira es aquella que tiene sonidos relajantes, o las canciones que tienen letras que te llegan hasta el alma y que te hacen hasta llorar, sea de alegría o de tristeza.

D. Carlos: ¡La música! ¡Qué cosa!, es una lengua universal, nos hace vibrar, ya sea moderna a unos, clásica a otros, es un antidepresivo natural que hoy

en día tanto se usa en comprimidos; escucharla y bailarla te eleva el espíritu, te inunda de armonía, pero saber interpretarla conlleva mucho trabajo, ensayos día tras día y mucha vocación.

E. Sonia: La música nos ayuda a desarrollar capacidades cognitivas, emocionales, conductuales y sociales, además, por supuesto, de las propiamente musicales.

F. Luismi: La música nos seduce y nos transporta a otros mundos, incluso a nuestro mundo interior. Pero también nos trae el recuerdo de las emociones vividas y sus circunstancias, tanto si son nostálgicas como alegres.

Adaptado de http://www.rtve.es/television/20111009/musica-emociones-neurociencia/465379.shtml

1. D; 2. E; 3. C; 4. A; 5. F; 6. B.

> 2 La actividad se centra en la realización de un test sobre música y danza. El objetivo de la actividad es refrescar y ampliar el léxico relacionado con estas disciplinas y servir de base para la actividad 2.1. Una alternativa a la actividad es pedirles que hagan el test por parejas.

2.1. Una vez completado el test anterior, indique al estudiante que comente las respuestas con un compañero/a. De esta manera, se pueden conocer más, comprobar si tienen los mismos gustos musicales y de baile. En el caso de que lo considere oportuno, puede proponer a los estudiantes que comenten el test en pequeños grupos.

2 LA MÚSICA Y LA PERSONALIDAD 96

Este epígrafe trata sobre la música como un reflejo de nuestra manera de ser y de expresarnos. A partir de este tema, se repasan las estructuras para expresar opinión y se profundiza y trabaja el texto argumentativo. Además, se practica y amplía el léxico referido al carácter de las personas.

> 1 Comenzamos la primera actividad del epígrafe con una propuesta en plenario en la que, tras observar las fotos de diferentes personas, hacen hipótesis sobre su carácter y sus gustos musicales. Si lo cree oportuno, puede proponer que la clase se divida en pequeños grupos para hacer la actividad, y luego hacer una puesta común en la que se debatirá si las preferencias musicales de una persona puede darnos pistas sobre su manera de ser.

1.1. Pida a los estudiantes que se agrupen en parejas y entrégueles la ficha 24 para llevar a cabo la tarea.

Ficha 24. Adjetivos para describir el carácter.

Dinámica. Indíqueles que lean con atención todo el listado de adjetivos y que señalen los positivos (+) y los negativos (–). Asegúrese de que entienden todas las palabras, explicando aquellos que no comprendan, o bien pídales que los busquen en un diccionario monolingüe.

Luego, agrupados por parejas, los estudiantes elegirán tres adjetivos positivos y tres negativos para cada una de las personas de la actividad 1.

Haga una puesta en común para que comparen y vean si han elegido los mismos adjetivos o parecidos.

>2 Se continúa ahora con una actividad de comprensión lectora. El estudiante, de manera individual, realiza una lectura atenta y silenciosa del texto señalando con distintos colores las frases que expresan argumentos (rojo), ejemplos (verde) o citas (azul). Antes de realizar la corrección, pídales que comparen y argumenten sus respuestas en parejas. A continuación, proceda a la corrección con la proyección 17.

Proyección 17. Somos lo que escuchamos.

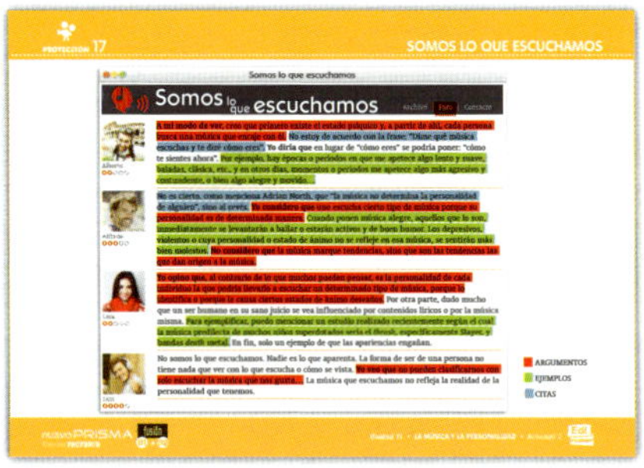

Argumentos: A mi modo de ver, creo que primero existe el estado psíquico y, a partir de ahí, cada persona busca una música que encaje con él; Yo considero que uno escucha cierto tipo de música porque su personalidad es de determinada manera; No considero que la música marque tendencias, sino que son las tendencias las que dan origen a la música; Yo opino que, al contrario de lo que muchos pueden pensar, es la personalidad de cada individuo la que podría llevarlo a escuchar un determinado tipo de música, porque lo identifica o porque le causa ciertos estados de ánimo deseados; Yo veo que no pueden clasificarnos con solo escuchar la música que nos gusta…; Ejemplos: Por ejemplo, hay épocas o periodos en que me apetece algo lento y suave, baladas, clásica, etc., y en otros días, momentos o periodos me apetece algo más agresivo y contundente o bien algo alegre y movido…; Cuando ponen música alegre, aquellos que lo son, inmediatamente se levantarán a bailar o estarán activos y de buen humor. Los depresivos, violentos o cuya personalidad o estado de ánimo no se refleje en esa música, se sentirán más bien molestos; Para ejemplificar, puedo mencionar un estudio realizado recientemente según el cual la música predilecta de muchos niños superdotados sería el *thrash*, específicamente Slayer, y bandas *death metal*. Citas: No estoy de acuerdo con la frase: “Dime qué música escuchas y te diré cómo eres”; como menciona Adrian North, que “la música no determina la personalidad de alguien”; puedo mencionar el estudio realizado recientemente según el cual […].

2.1. Se prosigue con una tarea en plenario en la que se insta a los estudiantes a dar su opinión sobre la frase que encabeza el título del foro: “Somos lo que escuchamos”. Indíqueles que utilicen las estructuras correctas para dar una opinión que se introducen en el cuadro y que aparecen también señaladas en el texto de la actividad 2.

2.2. Con esta actividad de comprensión lectora da comienzo a una secuencia de análisis y práctica del texto argumentativo, su estructura y características. Pida a los estudiantes que, de manera individual, realicen una lectura mi-

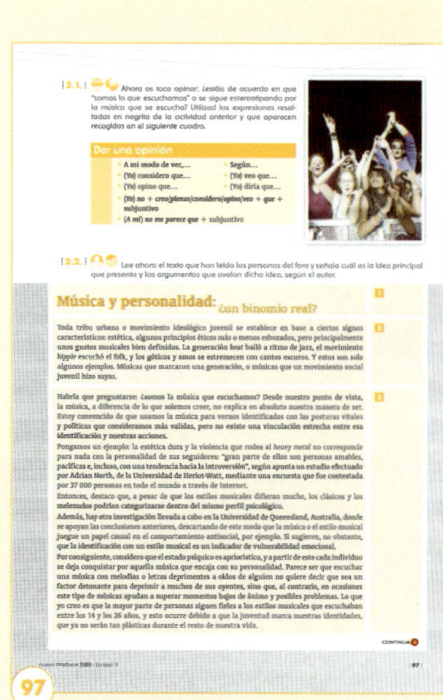

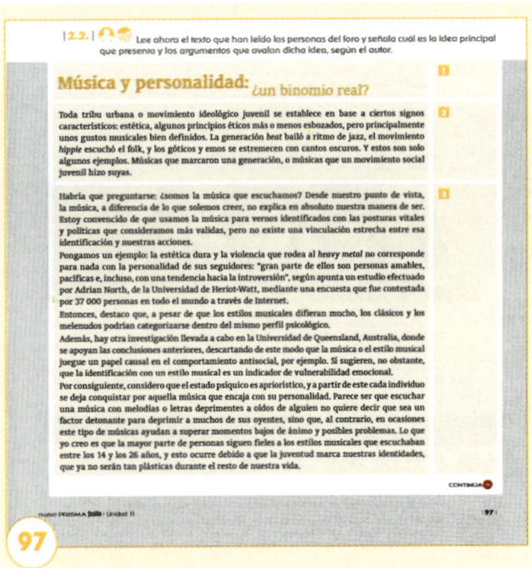
Música y personalidad: ¿un binomio real?

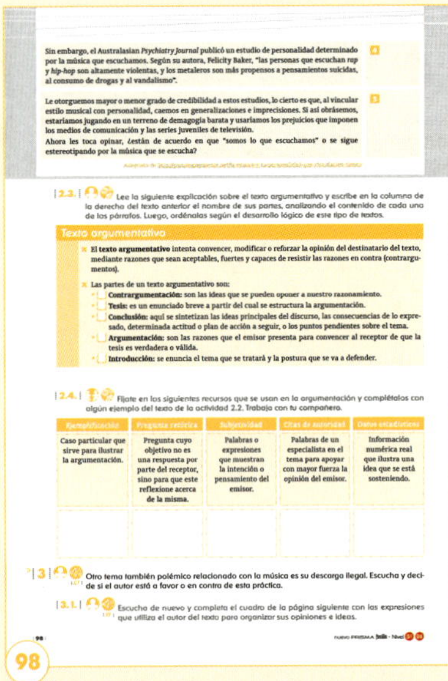
Texto argumentativo

nuciosa del texto con el objetivo de determinar cuál es la idea principal del artículo y los argumentos que respaldan esta idea. Luego, haga la corrección en plenario. Si lo considera oportuno, deles la oportunidad de cotejar antes sus respuestas con su compañero/a.

Posible respuesta. Idea principal: La música que escuchamos no viene determinada por nuestra personalidad; Argumentos: Cada generación escucha un tipo de música, lo que viene determinado por movimientos de tipo social y cultural; un estudio que demuestra, a través de una encuesta, que el tipo de música que se escucha no se corresponde con la personalidad que se le atribuye a esa música; la idea de que, en realidad, la música que escuchamos es la misma que escuchábamos de jóvenes, cuando aún no teníamos formada nuestra personalidad.

2.3. Si lo considera más conveniente, y para facilitar la tarea, puede proponer la realización de esta actividad en parejas. Pídales que lean con atención la información del cuadro sobre el texto argumentativo y que identifiquen cada una de sus partes en el texto de la actividad 2.2., escribiendo su nombre en la columna de la derecha. Realice la corrección de esta actividad con la proyección 18.

Proyección 18. Partes de un texto argumentativo y su orden.

PROYECCIÓN 18 PARTES DE UN TEXTO ARGUMENTATIVO Y SU ORDEN

1. **Tesis:** es un enunciado breve a partir del cual se estructura la argumentación.
2. **Introducción:** se enuncia el tema que se tratará y la postura que se va a defender.
3. **Argumentación:** son las razones que el emisor presenta para convencer al receptor de que la tesis es verdadera o válida.
4. **Contrargumentación:** son las ideas que se pueden oponer a nuestro razonamiento.
5. **Conclusión:** aquí se sintetizan las ideas principales del discurso, las consecuencias de lo expresado, una determinada actitud o plan de acción a seguir, o los puntos pendientes sobre el tema.

Dinámica. Proyecte el cuadro con las partes del texto argumentativo ordenadas y pida a diferentes estudiantes o parejas que las vayan identificando en el texto de la actividad 2.2. Dígales que ese es el orden en que suele estructurarse un texto argumentativo, aunque es posible que los argumentos y los contrargumentos vayan intercalándose o que cambien de orden.

1. Tesis, 2. Introducción; 3. Argumentación; 4. Contrargumentación; 5. Conclusión.

2.4. En el caso de que la actividad anterior se haya llevado a cabo en parejas, manténgalas para esta tarea. En esta actividad se presentan diversos recursos argumentativos. Pídales que lean con atención cada uno de ellos y que vuelvan al texto anterior para localizar ejemplos de cada recurso.

Posible respuesta. Ejemplificación: Pongamos un ejemplo: [...]; Pregunta retórica: ¿están de acuerdo en que "somos lo que escuchamos" o se sigue estereotipando por la música que se escucha?; Subjetividad: Desde nuestro punto de vista [...]; Citas de autoridad: "gran parte de ellos son personas amables, pacíficas e, incluso, con una tendencia hacia la introversión", según apunta un estudio efectuado por Adrian North, de la Universidad de Heriot-Watt; Datos estadísticos: mediante una encuesta que fue contestada por 37 000 personas en todo el mundo a través de Internet.

>3 Con la siguiente tarea de comprensión auditiva, se introduce un tema polémico en el ámbito musical: la descarga ilegal de música. Indíqueles que escuchen con atención y que determinen si el autor está a favor o en contra de esta práctica. Pídales que justifiquen su respuesta con argumentos.

27

El tema que hoy vamos a abordar es un tema que genera polémica. Según parece, el 40% de la música en este país se descarga ilegalmente de Internet. Una industria seria que se encuentra en constante peligro.

Hay que tener en cuenta distintos aspectos. Muchos profesionales han ido al paro, cada vez se editan menos discos, cada vez habrá menos autores noveles, cada vez habrá menos intérpretes que puedan dar conciertos... Consecuentemente, se perderán miles de puestos de trabajo, mientras ciertas páginas de Internet se hacen de oro por la inconsciencia de un grupo de clientes que consideran abusivo el precio del disco. ¿Realmente esta es la mentalidad que impera en nuestro país? ¿Es que nadie se ha parado a pensar en estas consecuencias de la descarga ilegal de música? ¿Es que nadie entiende que si consideran que el precio de los discos es abusivo, lo adecuado es pagar por su descarga o prescindir del producto? ¿Acaso las discográficas no invierten su dinero para obtener unos beneficios? Las discográficas realizan sus grabaciones con su dinero y pueden comercializarlas como mejor les parezca. Seamos serios. En este país, como en todos, siempre se han grabado cedés al amigo, la novia, los padres..., pero hay una diferencia fundamental entre grabar un cedé y ver cómo algunas personas ofrecen páginas web con listas de discos descargables gratuitamente. Las páginas de descarga son una lacra y deben ser erradicadas cuanto antes. Podemos tener en cuenta también que los que descargan estos discos cometen un delito, mantienen toda una mafia que obtiene cuantiosos beneficios a costa del trabajo ajeno, y envía al paro a honrados profesionales. Lo que yo creo es que la policía y las autoridades judiciales deberían ocuparse de este fenómeno, pero no podemos olvidar que si nadie colaborase con esta delictiva actividad, estas webs no existirían.

Para terminar, solo me resta pedirles su colaboración, pedirles que no vuelvan a descargarse música si no es pagando. Así, todos saldremos beneficiados.

Está completamente en contra.

3.1. Antes de proceder a una nueva escucha, pida a los estudiantes que fijen su atención en el cuadro con las expresiones más frecuentes para organizar los textos argumentativos. A continuación, escuchan y completan el cuadro con las expresiones que utiliza el autor para la presentación, organización de ideas, etc. Puede utilizar la transcripción que aparece en la proyección 19 para la corrección.

Proyección 19. Audio 27. El problema de la descarga ilegal de música.

Proyección 19
AUDIO 27. EL PROBLEMA DE LA DESCARGA ILEGAL DE MÚSICA

El tema que hoy vamos a abordar es un tema que genera polémica. Según parece, el 40% de la música en este país se descarga ilegalmente de Internet. Una industria seria que se encuentra en constante peligro.

Hay que tener en cuenta distintos aspectos. Muchos profesionales han ido al paro, cada vez se editan menos discos, cada vez habrá menos autores noveles, cada vez habrá menos intérpretes que puedan dar conciertos... Consecuentemente, se perderán miles de puestos de trabajo, mientras ciertas páginas de Internet se hacen de oro por la inconsciencia de un grupo de clientes que consideran abusivo el precio del disco. ¿Realmente esta es la mentalidad que impera en nuestro país? ¿Es que nadie se ha parado a pensar en estas consecuencias de la descarga ilegal de música? ¿Es que nadie entiende que si consideran que el precio de los discos es abusivo, lo adecuado es pagar por su descarga o prescindir del producto? ¿Acaso las discográficas no invierten su dinero para obtener unos beneficios? Las discográficas realizan sus grabaciones con su dinero y pueden comercializarlas como mejor les parezca. Seamos serios. En este país, como en todos, siempre se han grabado cedés al amigo, la novia, los padres..., pero hay una diferencia fundamental entre grabar un cedé y ver cómo algunas personas ofrecen páginas web con listas de discos descargables gratuitamente. Las páginas de descarga son una lacra y deben ser erradicadas cuanto antes. Podemos tener en cuenta también que los que descargan estos discos cometen un delito, mantienen toda una mafia que obtiene cuantiosos beneficios a costa del trabajo ajeno, y envía al paro a honrados profesionales. Lo que yo creo es que la policía y las autoridades judiciales deberían ocuparse de este fenómeno, pero no podemos olvidar que si nadie colaborase con esta delictiva actividad, estas webs no existirían.

Para terminar, solo me resta pedirles su colaboración, pedirles que no vuelvan a descargarse música si no es pagando. Así, todos saldremos beneficiados.

Dinámica. Proyecte la transcripción, elija a uno o varios estudiantes y pídales que señalen las expresiones y que digan en qué lugar del cuadro han de clasificarse. Aproveche la ocasión para resolver las dudas de léxico que puedan surgir.

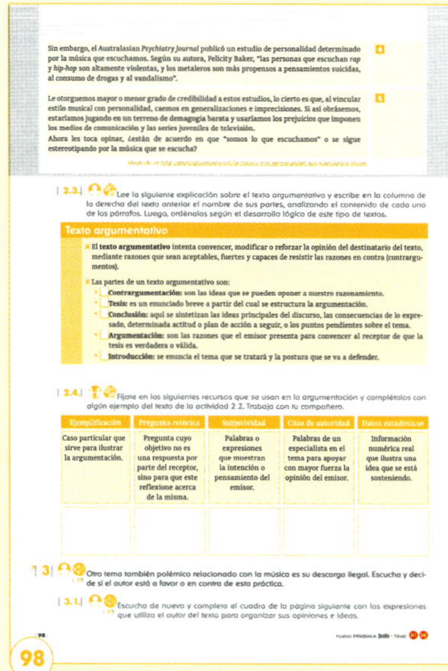
Sin embargo, el Australasian *Psychiatry Journal* publicó un estudio de personalidad determinado por la música que escuchamos. Según su autora, Felicity Baker, "las personas que escuchan *rap* y *hip-hop* son altamente violentas, y los metaleros son más propensos a pensamientos suicidas, al consumo de drogas y al vandalismo". 4

Le otorguemos mayor o menor grado de credibilidad a estos estudios, lo cierto es que, al vincular estilo musical con personalidad, caemos en generalizaciones e imprecisiones. Si así obrásemos, estaríamos jugando en un terreno de demagogia barata y usaríamos los prejuicios que imponen los medios de comunicación y las series juveniles de televisión.
Ahora les toca opinar, ¿están de acuerdo en que "somos lo que escuchamos" o se sigue estereotipando por la música que se escucha? 5

2.3. Lee la siguiente explicación sobre el texto argumentativo y escribe en la columna de la derecha del texto anterior el nombre de sus partes, analizando el contenido de cada uno de los párrafos. Luego, ordénalos según el desarrollo lógico de este tipo de textos.

Texto argumentativo

- El **texto argumentativo** intenta convencer, modificar o reforzar la opinión del destinatario del texto, mediante razones que sean aceptables, fuertes y capaces de resistir las razones en contra (contraargumentos).
- Las partes de un texto argumentativo son:
  - **Contrargumentación:** son las ideas que se pueden oponer a nuestro razonamiento.
  - **Tesis:** es un enunciado breve a partir del cual se estructura la argumentación.
  - **Conclusión:** aquí se sintetizan las ideas principales del discurso, las consecuencias de lo expresado, determinada actitud o plan de acción a seguir, o los puntos pendientes sobre el tema.
  - **Argumentación:** son las razones que el emisor presenta para convencer al receptor de que la tesis es verdadera o válida.
  - **Introducción:** se enuncia el tema que se tratará y la postura que se va a defender.

2.4. Fíjate en los siguientes recursos que se usan en la argumentación y complétalos con algún ejemplo del texto de la actividad 2.2. Trabaja con tu compañero.

Ejemplificación	Pregunta retórica	Subjetividad	Citas de autoridad	Datos estadísticos
Caso particular que sirve para ilustrar la argumentación.	Pregunta cuyo objetivo no es una respuesta por parte del receptor, sino para que este reflexione acerca de la misma.	Palabras o expresiones que muestran la intención o pensamiento del emisor.	Palabras de un especialista en el tema para apoyar con mayor fuerza la opinión del emisor.	Información numérica real que ilustra una idea que se está sosteniendo.

3 Otro tema también polémico relacionado con la música es su descarga ilegal. Escucha y decide si el autor está a favor o en contra de esta práctica.

3.1. Escucha de nuevo y completa el cuadro de la página siguiente con las expresiones que utiliza el autor del texto para organizar sus opiniones e ideas.

98

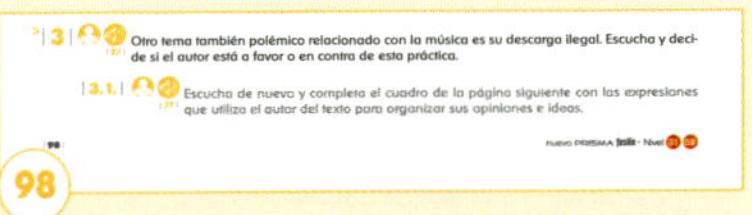

Presentar el tema: El tema que hoy vamos a abordar…; Organizar los argumentos: Hay que tener en cuenta diferentes aspectos; Añadir argumentos y opinar: Podemos tener en cuenta también que…; Oponer argumentos: Hay una diferencia fundamental entre… y…; Presentar nuestro punto de vista: Lo que yo creo es que…; Presentar el punto de vista de otros: Según parece…; Concluir: Para terminar…

Antes de realizar la actividad 3.2., puede fijar todos los contenidos del epígrafe con el ejercicio 1 de la unidad 11 del *Libro de ejercicios*.

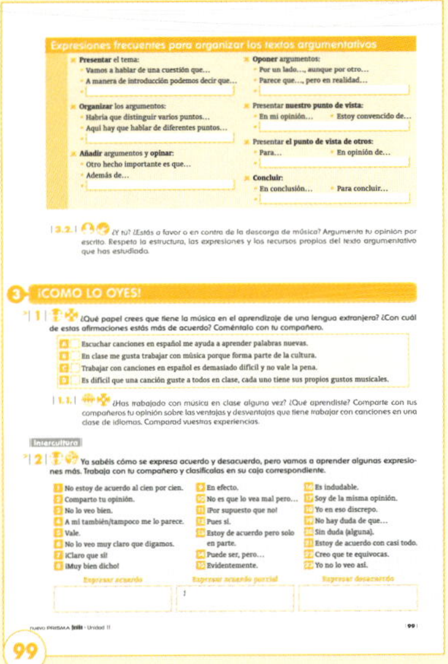

3.2. Se concluye el epígrafe con una tarea de expresión escrita en la que los estudiantes, de manera individual, mostrarán acuerdo o desacuerdo con el tema planteado en el audio. Recuérdeles que deben escribir un texto argumentativo, respetando su estructura y utilizando los recursos que han visto en las actividades anteriores. Permítales que recurran al cuadro de "Expresiones frecuentes para organizar los textos argumentativos", si lo consideran necesario.

3 ¡COMO LO OYES! 99

Se plantea en este epígrafe una actividad de carácter estratégico con el objetivo de que el estudiante reflexione sobre la música como recurso para la motivación y el aprendizaje de una lengua extranjera en su dimensión lingüística y cultural. Se practican las expresiones para mostrar acuerdo, acuerdo parcial y desacuerdo y se presenta a un cantante español: Macaco.

> 1 y **1.1.** Comenzamos la primera secuencia de actividades con una tarea de carácter estratégico. Pídales, primero, que, en parejas, lean las afirmaciones sobre el papel que desempeña la música en el aprendizaje de una lengua con el fin de que hablen de su propia experiencia. Después, en plenario, haga una puesta en común con todas las opiniones. El objetivo es que, a través de la experiencia compartida, conozcan nuevos mecanismos de aprendizaje que hasta ahora no conocían o no habían utilizado.

> 2 Esta tarea tiene como objetivo la ampliación de los exponentes que se utilizan comúnmente para expresar acuerdo, acuerdo parcial y desacuerdo. Antes de explicar la actividad, divida la pizarra en tres partes, escriba en cada columna ACUERDO, ACUERDO PARCIAL y DESACUERDO, respectivamente, y pida a los estudiantes que digan expresiones que utilizan normalmente para manifestar acuerdo/desacuerdo con la opinión de otro. Vaya apuntándolas en la pizarra. Es una manera de sondear lo que saben sobre el tema y de fomentar la colaboración entre ellos intercambiando conocimientos. Una vez que se hayan anotado todos los exponentes que conocen, pídales que los comparen con los que aparecen en el libro y que tachen los que ya estén escritos en la pizarra, si se da el caso. Luego, por parejas, clasifican el resto en su columna correspondiente. Haga una puesta en común para una corrección final.

Expresar acuerdo: 2, 4, 5, 7, 8, 9, 12, 15, 16, 17, 19, 20; Expresar acuerdo parcial: 1, 10, 13, 14, 21; Expresar desacuerdo: 3, 6, 11, 18, 22, 23.

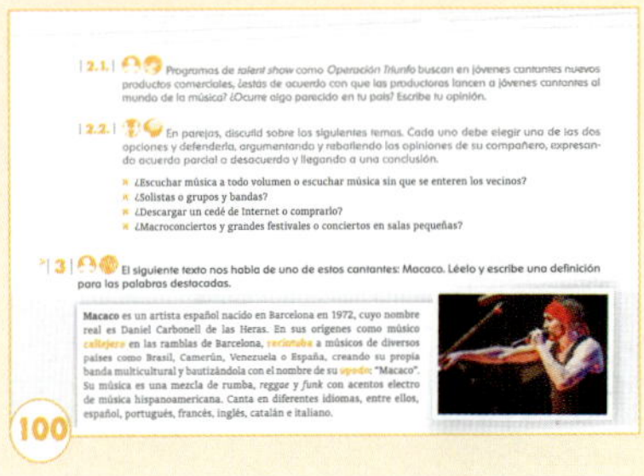

2.1. Se propone a continuación una tarea individual de reflexión intercultural. Pida a los estudiantes que den su opinión por escrito sobre si están de acuerdo en que las productoras lancen a jóvenes cantantes al mundo de la música y que expliquen cómo es la situación al respecto en su país.

2.2. Para seguir practicando estas estructuras de manera oral, se plantean diferentes temas de debate en torno a la música para que los estudiantes puedan discutir en parejas eligiendo una de las dos opciones que se ofrecen.

Deben argumentar y rebatir las opiniones de su compañero/a utilizando las estructuras aprendidas.

>3 y **3.1.** Las siguientes tareas tiene como objetivo final la adquisición de nuevo léxico. A través de un pequeño texto en el que se presenta a un cantante español, el estudiante debe escribir una definición de tres palabras. Deben hacerla sin consultar en diccionario, fijándose en el contexto. A continuación, propóngales que comparen sus definiciones en parejas y que realicen la corrección final de las mismas consultando un diccionario.

Definiciones del DRAE. Callejero: Perteneciente o relativo a la calle, especialmente para referirse a lo que actúa, se mueve o existe en la calle; Reclutar: Reunir gente para un propósito determinado; Apodo: Nombre que suele darse a una persona, tomado de sus defectos corporales o de alguna otra circunstancia.

ELEteca

27. Macaco.

3.2. Comience esta actividad preguntando a los estudiantes si han escuchado alguna vez alguna canción de Macaco. Si no es así, pídales que, a partir de los datos que tienen de él, intenten adivinar cuál es la temática en sus canciones. En parejas, dígales que lean las propuestas y que escojan las cinco que piensan que pueden ser más recurrentes.

3.3. A continuación, propóngales que escuchen la canción *Hijos de un mismo dios* (https://www.youtube.com/watch?v=4HYVgZT37rg). En el caso de no poder acceder a Internet, utilice la ficha 25. Ponga la canción o haga que lean la ficha y pídales que completen los espacios en blanco con los nombres de los lugares que se mencionan. Luego, deben ordenar los párrafos. Si han escuchado la canción, distribuya copias de la ficha con la letra para corregir y para hacer la siguiente actividad.

Ficha 25. *Hijos de un mismo dios*, **Macaco.**

Dinámica. Entregue la ficha para poder realizar la actividad en el caso de no poder escuchar la canción. Utilícela también para corregir.

3, Madrid; 6, Dakar; 4, São Paulo; 1, Tijuana; 5, red; 2, Nueva York.

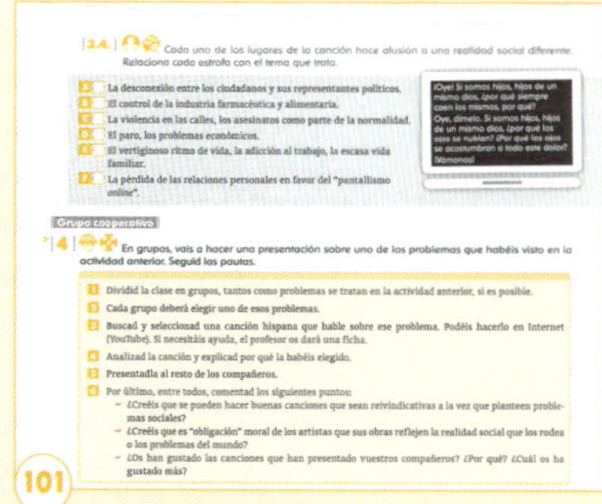

3.4. Utilizando la ficha con la letra de la canción, dígales que lean con atención las estrofas y que las relacionen con el tema al que hacen referencia. Haga una puesta en común para una corrección final.

A. 4; B. 6; C. 1; D. 3; E. 2; F. 5.

>4 A continuación se propone una actividad de grupo cooperativo con la finalidad de potenciar una nueva estrategia: la búsqueda de información para poder realizar una exposición en clase de forma clara y bien argumentada.

1. Divida a los estudiantes en seis grupos. Cada grupo elige uno de los pro-

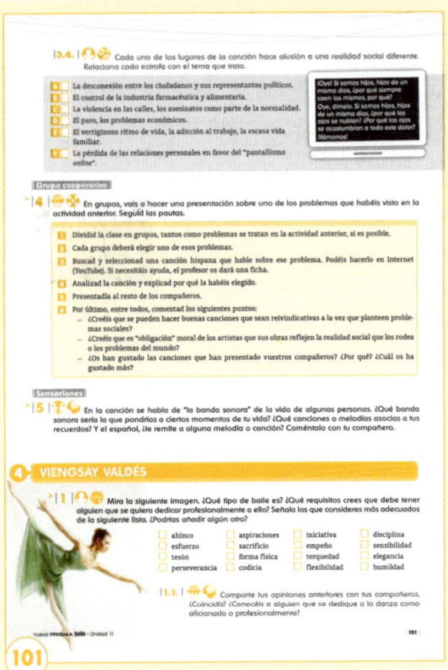

blemas que se han tratado en la actividad 3.4. y hace una investigación en Internet para encontrar una canción que hable sobre el tema que han escogido. En la ficha 26 le proponemos algunas canciones que pueden servir para realizar la tarea en el caso de que no puedan conectarse a la Red o que quiera agilizar la actividad.

2. Una vez que han elegido una canción, cada miembro del grupo se centra en un aspecto de la presentación: información sobre el grupo o cantante que la interpreta, tema o argumento de la canción, problema al que hace referencia, búsqueda de palabras en el diccionario, etc.
3. Hacen una puesta en común en cada grupo de toda la información recogida por cada miembro, la organizan y la plasman por escrito. Pídales que copien la letra de la canción para proyectarla en la clase mientras hacen su presentación. Si los medios de la clase lo permiten, cada intervención puede rematarse con la escucha de la canción correspondiente.
4. Cada grupo realiza su presentación.
5. Termine la actividad debatiendo en plenario los puntos que se proponen en el apartado 6.

Ficha 26. Propuesta de canciones.

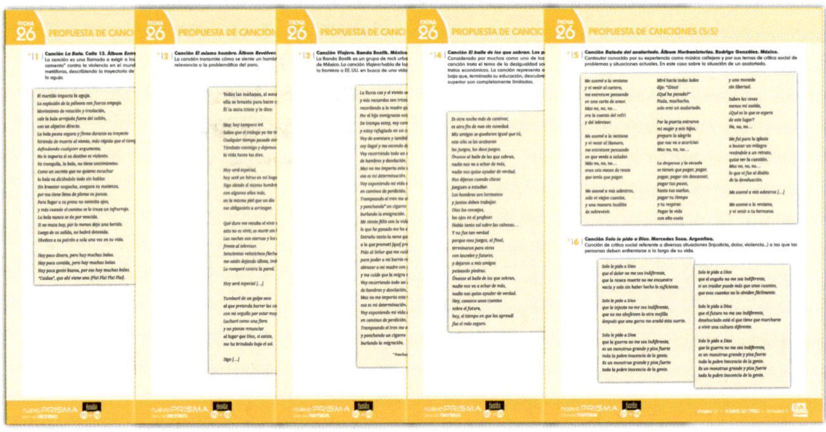

> 5 Se concluye el epígrafe con una tarea de interacción oral en parejas bajo la etiqueta de sensaciones. Sugiérales que echen la vista atrás, y que comenten qué banda sonora pondrían a ciertos momentos de su vida y qué canciones asocian a determinados recuerdos. En el caso de que no recuerden el nombre de una canción, pueden decir qué melodía asocian a esa etapa. A continuación, pídales que piensen en una melodía o banda sonora para las diferentes etapas del aprendizaje del español y que justifiquen su respuesta. Si lo cree conveniente, puede cerrar esta actividad haciendo un puesta en común.

4 VIENGSAY VALDÉS 101

Tal y como el título indica, este epígrafe está dedicado a la figura de Viengsay Valdés, una bailarina cubana de renombre que ha dedicado toda su vida a la danza. Se propone también una revisión de los usos de los tiempos del pasado y se trabaja el formato textual de una biografía.

> 1 Actividad destinada a la adquisición de léxico relacionado con el carácter y a la toma de contacto con el tema del epígrafe. En plenario, pida a los estudiantes que observen con atención la fotografía y que expliquen el tipo de baile que representa (*ballet*). Luego, individualmente, han de reflexionar sobre los requisitos o características que deben tener las personas que se dedican profesionalmente a esta actividad artística. En el caso de que no comprendan todas las palabras, sugiérales que las consulten en un diccionario monolingüe.

1.1. En plenario, haga una puesta en común de las palabras seleccionadas en la actividad anterior, para que cotejen su selección y ver en qué coinciden y en qué difieren, justificando su opinión.

> 2 Tarea de comprensión auditiva en la que el estudiante conocerá a la bailarina cubana Viengsay Valdés a través de una entrevista. Haga que lean las preguntas que deben contestar antes de la escucha para que esta esté enfocada a la selección de información relevante. Puede hacer una segunda escucha si lo considera necesario. Luego, déjeles un tiempo para escribir las respuestas a las preguntas y corrija.

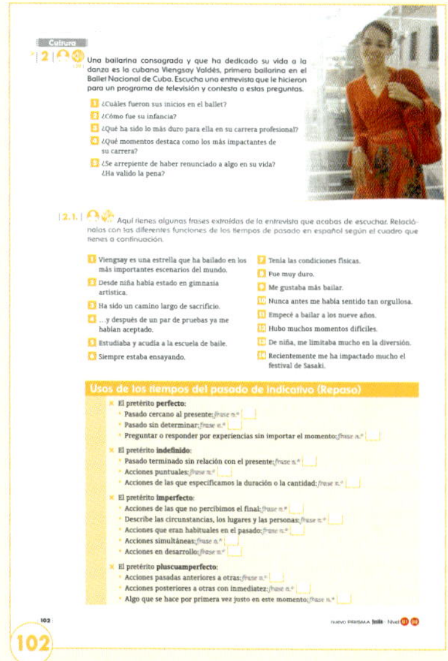
Cultura

2 | 28 | Una bailarina consagrada y que ha dedicado su vida a la danza es la cubana Viengsay Valdés, primera bailarina en el Ballet Nacional de Cuba. Escucha una entrevista que le hicieron para un programa de televisión y contesta a estas preguntas.

1. ¿Cuáles fueron sus inicios en el ballet?
2. ¿Cómo fue su infancia?
3. ¿Qué ha sido lo más duro para ella en su carrera profesional?
4. ¿Qué momentos destaca como los más impactantes de su carrera?
5. ¿Se arrepiente de haber renunciado a algo en su vida? ¿Ha valido la pena?

2.1. Aquí tienes algunas frases extraídas de la entrevista que acabas de escuchar. Relaciónalas con las diferentes funciones de los tiempos de pasado en español según el cuadro que tienes a continuación.

1. Viengsay es una estrella que ha bailado en los más importantes escenarios del mundo.
2. Desde niña había estado en gimnasia artística.
3. Ha sido un camino largo de sacrificio.
4. ...y después de un par de pruebas ya me habían aceptado.
5. Estudiaba y acudía a la escuela de baile.
6. Siempre estaba ensayando.
7. Tenía las condiciones físicas.
8. Fue muy duro.
9. Me gustaba más bailar.
10. Nunca antes me había sentido tan orgullosa.
11. Empecé a bailar a los nueve años.
12. Hubo muchos momentos difíciles.
13. De niña, me limitaba mucho en la diversión.
14. Recientemente me ha impactado mucho el festival de Sasaki.

Usos de los tiempos del pasado de indicativo (Repaso)

- El pretérito **perfecto**:
  - Pasado cercano al presente: frase n.º ___
  - Pasado sin determinar: frase n.º ___
  - Preguntar o responder por experiencias sin importar el momento: frase n.º ___
- El pretérito **indefinido**:
  - Pasado terminado sin relación con el presente: frase n.º ___
  - Acciones puntuales: frase n.º ___
  - Acciones de las que especificamos la duración o la cantidad: frase n.º ___
- El pretérito **imperfecto**:
  - Acciones de las que no percibimos el final: frase n.º ___
  - Describe las circunstancias, los lugares y las personas: frase n.º ___
  - Acciones que eran habituales en el pasado: frase n.º ___
  - Acciones simultáneas: frase n.º ___
  - Acciones en desarrollo: frase n.º ___
- El pretérito **pluscuamperfecto**:
  - Acciones pasadas anteriores a otras: frase n.º ___
  - Acciones posteriores a otras con inmediatez: frase n.º ___
  - Algo que se hace por primera vez justo en este momento: frase n.º ___

102 nuevo PRISMA fusión · Nivel B1 B2

102

28

Entrevistador: Su nombre es Viengsay, que significa "victoria" en laosiano, pero su apellido es Valdés para que no queden dudas de que es latina. Es primera bailarina del Ballet Nacional de Cuba, formada desde niña en la escuela cubana, que fundó hace 60 años Alicia Alonso. Hoy Viengsay es una estrella que ha bailado en los más importantes escenarios del mundo. La encontramos ensayando para el Festival Internacional de Ballet de Cuba, donde actuará casi todos los días. A pesar de todo, encontró un ratito para conversar con nosotros sobre su vida, sus victorias y también sobre sus renuncias... ¿Cómo te iniciaste en el *ballet*?

Viengsay: Empecé a bailar a los nueve años, y ya tenía las condiciones físicas necesarias porque desde niña había estado en gimnasia artística. Lo que pasa es que a mí me gustaba más bailar, improvisaba sola. Mi abuelita me llevó a la escuela Alejo Carpentier y después de un par de pruebas ya me habían aceptado, fue todo muy rápido y después ya fue imparable.

Entrevistador: ¿Fue difícil como niña aceptar las limitaciones que esta vida te impuso ya desde los 9 años?

Viengsay: Fue muy duro porque era mucho sacrificio el aprendizaje durante horas de algo totalmente nuevo; los dolores en el cuerpo, en los pies... Además, estudiaba y acudía a la escuela de baile; los días eran muy intensos y siempre agotadores. Pero poco a poco fui madurando, aprendiendo los pasos de *ballet*, y bueno, así llegó un día en que me di cuenta de que me había convertido en primera bailarina del Ballet Nacional de Cuba. Impresionante.

Entrevistador: ¿Cuál fue el momento más difícil en este camino?

Viengsay: Hubo muchos. En muchas ocasiones tuve que sacrificar las vacaciones, por ejemplo, para practicar un *ballet*, porque se iniciaba una nueva temporada. Y de pequeña, también fue muy duro renunciar muchas veces a los juegos, a patinar, a montar en bicicleta... De niña, me limitaba mucho en la diversión y la recreación. Siempre estaba ensayando. Esta carrera, con su disciplina y la exigencia de una constancia diaria, es algo que te absorbe por completo, desde el primer día.

Entrevistador: ¿Crees que valió la pena renunciar a todo eso por llegar a la cima del Ballet Nacional?

Viengsay: No me arrepiento del lugar que tengo hoy, ni de todo lo que he sacrificado para poder estar aquí. Porque lo cierto es que lo que estoy haciendo hoy lo disfruto muchísimo. Ha sido un camino largo de sacrificio y de privaciones personales pero alcancé la meta y la estoy disfrutando al máximo.

Entrevistador: ¿Qué escenario te ha impactado más de todos en los que has actuado?

Viengsay: Recientemente me ha impactado mucho el Festival de Sasaki, en Japón. Es un festival donde los bailarines se sienten estrellas de Hollywood porque los adoran, los idolatran. Es impresionante ver cómo se entrega ese público. También fue impresionante bailar en el Auditorio Nacional de México, con una capacidad para diez mil personas. Es un público ansioso de ver *ballet*. También el teatro Mariinski, en San Petersbur-

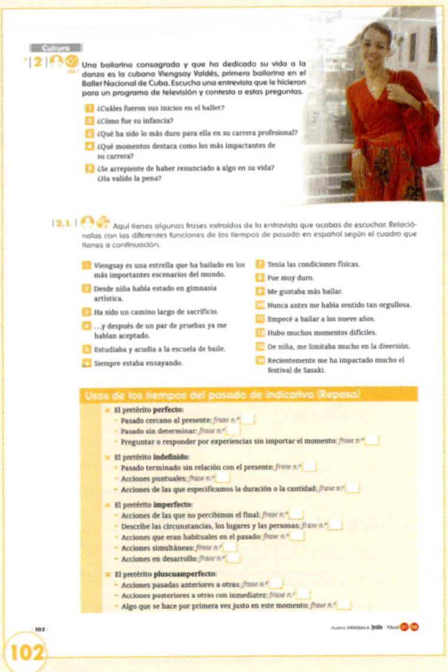

go, ha sido una de las experiencias más lindas y que quisiera repetir. Es impresionante por su tradición y su historia. Los más grandes bailarines han pasado por ahí, como Nijinski o Paulova y de pronto verme a mí, una cubanita invitada, la segunda después de Alicia Alonso, nunca antes me había sentido tan orgullosa.

- **Entrevistador:** En sus inicios, a Alicia la rechazaban en Estados Unidos por ser demasiado "latina", ¿sigue ocurriendo eso con ustedes?
- **Viengsay:** Eso ha cambiado, el público sabe cuándo un bailarín es cubano, lo perciben en esa fuerza innata que caracteriza a la escuela cubana de *ballet*. El latino le da un sabor especial al baile, pasión, cadencia, musicalidad, son los detalles que hace que notes que somos cubanos.
- **Entrevistador:** Es fácil imaginar que tienes muchas ofertas de trabajo con mejores ingresos que los que percibes en Cuba, ¿por qué sigues aquí?
- **Viengsay:** Cuba me ha dado muchísimo, aquí he hecho mi carrera. Yo comparto mi trabajo aquí y en otros escenarios del mundo, estoy tratando de llevar las dos cosas sin romper con Cuba, sin tener que exiliarme o tomar decisiones duras. Creo que es la mejor manera.

http://www.uneac.org.cu/index.php?module=entrevistas&act=entrevistas&id=97

1. Comenzó haciendo gimnasia rítmica y bailando en su casa. Su abuela la llevó a la escuela Alejo Carpentier, donde fue aceptada. Ahí comenzó su carrera como bailarina; 2. Muy dura, tanto físicamente como por la cantidad de trabajo que suponía bailar y estudiar, además de tener que renunciar a las actividades propias de un niño; 3. Renunciar a las actividades de ocio y descanso que cualquier persona tiene; 4. Sus actuaciones en el Festival de Sasaki, en Japón, en el Auditorio Nacional de México y en el teatro Mariinski, en San Petesburgo; 5. No se arrepiente de nada y dice que ha valido la pena porque está disfrutando muchísimo.

ELEteca
28. Viengsay Valdés.

2.1. Se propone ahora una actividad de contenido gramatical con la finalidad de realizar una revisión de los usos de los tiempos del pasado. Indique al estudiante que lea con atención las frases extraídas de la audición, y que las clasifique en el cuadro teniendo en cuenta el tiempo verbal del pasado que se utiliza y lo que expresa. Puede proporcionarles la transcripción del audio que aparece en la ficha 27 con el fin de que puedan ver las frases en contexto y analizarlas.

Ficha 27. Entrevista a Viengsay Valdés. Transcripción.

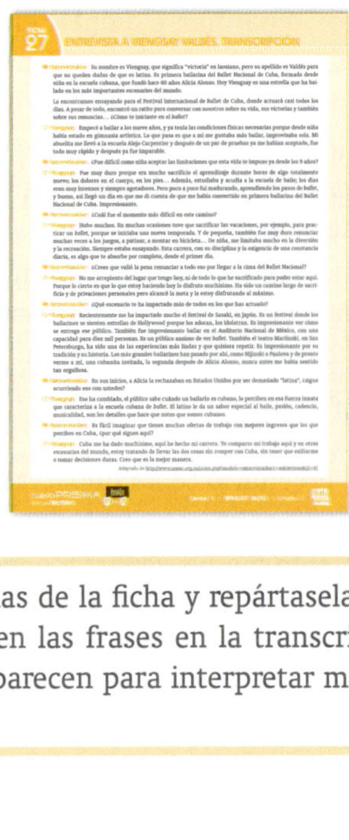

Dinámica. Haga copias de la ficha y repártaselas a los estudiantes. Dígales que, primero, localicen las frases en la transcripción y que, luego, lean el contexto en el que aparecen para interpretar mejor el uso de los diferentes tiempos del pasado.

Pretérito perfecto: 14, 3, 1; Pretérito indefinido: 8, 11, 12; Pretérito imperfecto: 9, 7, 13, 5, 6; Pretérito pluscuamperfecto: 2, 4, 10.

Antes de continuar, puede realizar una actividad similar de refuerzo con el ejercicio 5 de la unidad 11 del *Libro de ejercicios*.

2.2. Se concluye este epígrafe con una actividad integradora de expresión escrita. Pida al estudiante que piense en un artista al que admire y que escriba su biografía tomando como modelo los textos de las actividades anteriores. Debe argumentar su elección, explicando por qué admira a esa persona.

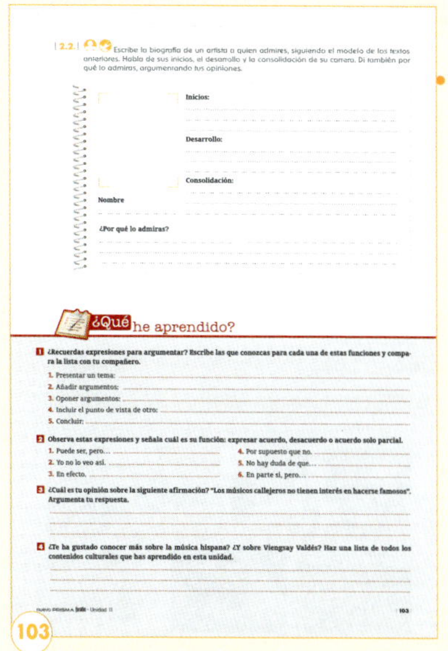
| 2.2. | Escribe la biografía de un artista a quien admires, siguiendo el modelo de los textos anteriores. Habla de sus inicios, el desarrollo y la consolidación de su carrera. Di también por qué lo admiras, argumentando tus opiniones.

Inicios:

Desarrollo:

Consolidación:

Nombre

¿Por qué lo admiras?

¿Qué he aprendido?

1 ¿Recuerdas expresiones para argumentar? Escribe las que conozcas para cada una de estas funciones y compara la lista con tu compañero.

1. Presentar un tema:
2. Añadir argumentos:
3. Oponer argumentos:
4. Incluir el punto de vista de otro:
5. Concluir:

2 Observa estas expresiones y señala cuál es su función: expresar acuerdo, desacuerdo o acuerdo solo parcial.

1. Puede ser, pero...
2. Yo no lo veo así.
3. En efecto.
4. Por supuesto que no.
5. No hay duda de que...
6. En parte sí, pero...

3 ¿Cuál es tu opinión sobre la siguiente afirmación? "Los músicos callejeros no tienen interés en hacerse famosos". Argumenta tu respuesta.

4 ¿Te ha gustado conocer más sobre la música hispana? ¿Y sobre Viengsay Valdés? Haz una lista de todos los contenidos culturales que has aprendido en esta unidad.

nuevo PRISMA fusión · Unidad 11 | 103

103

¿QUÉ HE APRENDIDO? 103

2. 1. Acuerdo parcial; 2. Desacuerdo; 3. Acuerdo; 4. Desacuerdo; 5. Acuerdo; 6. Acuerdo parcial.

ELEteca

Léxico. La música y sus beneficios.

12 CUÍDATE

104

A partir del componente cultural de la unidad, relacionado con los estilos de vida saludables y el sistema de salud en España (público y privado), se repasan y trabajan contenidos funcionales como expresar deseos y preferencias, pedir y dar consejos, o emitir juicios de valor y hacer constataciones. Desde el punto de vista gramatical, se introduce el pretérito imperfecto de subjuntivo, su morfología y usos básicos en contraste con el presente de subjuntivo, y se establece la correlación más básica entre los tiempos de indicativo y subjuntivo. También se estudian las oraciones impersonales con *ser/estar.*

1 VIDA SALUDABLE 104

El epígrafe trata los hábitos de vida saludables y en torno a este tema se articula el contenido lingüístico: la presentación del pretérito imperfecto de subjuntivo, morfología y usos, y las estructuras para pedir y dar consejos en español.

> 1 Para introducir el tema del epígrafe y crear motivación, pregunte a los estudiantes en qué consiste para ellos llevar una vida saludable. Después de que hayan hablado unos minutos sobre el tema, divida la clase en grupos y pídales que observen con atención las fotografías. Deben decidir cuáles de ellas hacen referencia a hábitos de vida saludables, justificando su respuesta.

Alternativa. Antes de realizar la actividad propuesta en el libro, puede, en plenario, preguntarles sobre cada fotografía, para que infieran de la imagen a qué hábito concreto creen que hace referencia. Esto servirá también para fomentar estrategias de aprendizaje basadas en la información que una imagen puede transmitir.

1.1. Actividad de producción oral en la que se propone una reflexión sobre el estilo de vida que lleva cada miembro de clase y valorar si es saludable o no, teniendo en cuenta sus conocimientos previos sobre el tema. Para ello, los estudiantes, en parejas, se hacen las preguntas que aparecen en el libro y, según las respuestas de cada uno, valoran su estilo de vida.

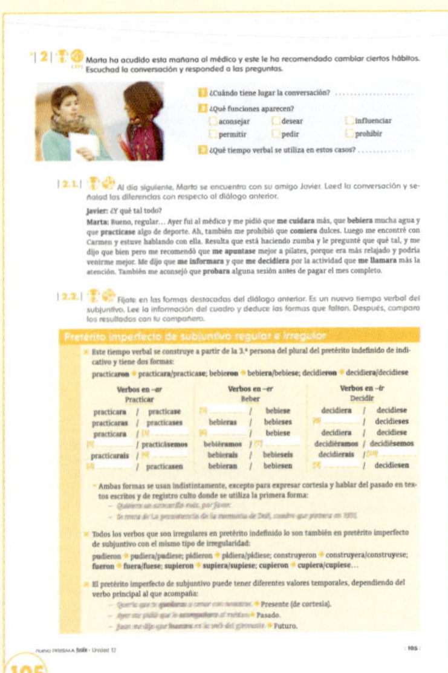

105

> 2 A partir de un diálogo, los estudiantes van a llevar a cabo una reflexión lingüística en la que deben identificar algunos elementos funcionales y gramaticales. Pídales que, en primer lugar, lean las preguntas para saber qué tipo de escucha deben realizar: se trata de interpretar lingüísticamente la muestra de lengua que se ofrece. Después, lleve a cabo la escucha. Puede repetir la audición si lo considera necesario. Luego, en parejas, contestan a las cuestiones. Esta actividad es la primera de una secuencia en donde los estudiantes aprenderán un tiempo verbal nuevo: el pretérito imperfecto de subjuntivo regular e irregular. Puede utilizar el audio para corregir la actividad parando en el momento conveniente para ilustrar las respuestas.

29

Carmen: Hola, Marta, ¿qué tal en el médico esta mañana?

Marta: Pues me ha pedido que me cuide más, que beba mucha agua y que practique algo de deporte. ¡Y me ha prohibido que coma dulces! ¡Oh, Dios! Así que he pensado en apuntarme a algún gimnasio. Tú estabas en zumba, ¿verdad? ¿Qué tal?

Carmen: Yo estoy encantada. Pero te recomiendo que te apuntes a pilates. Es más relajado y puede que te vaya mejor. De todas formas, infórmate y elige la actividad que más te llame la atención, ya que todas son muy buenas para la salud. Te aconsejo que pruebes alguna sesión de cada para ver cuál te gusta más antes de pagar todo el mes completo.

○ **Marta:** Es una buena idea. Echaré un vistazo a la web y ya te contaré. Bueno, vamos ya a la cafetería, que son las dos y tengo un hambre…

1. Al mediodía/A la hora de comer; 2. Aconsejar, prohibir, pedir; 3. Presente de subjuntivo e imperativo.

2.1. En esta actividad se reproduce el contenido del diálogo anterior en pasado. El objetivo es que el estudiante, a partir de la comparación, pueda, por un lado, identificar el nuevo tiempo verbal que se presenta y, por otro, inferir su uso principal: expresar los valores que tiene el presente de subjuntivo en pasado: aconsejar, pedir, prohibir, etc. Entrégueles una copia de la ficha 28 con la transcripción del audio 29 y pídales que, en parejas, comparen el diálogo con el que aparece en la actividad 2.1. marcando los cambios que observen. Para corregir, puede utilizar la proyección 20 en la que se ofrecen ambos textos. Dígales que las formas en negrita del texto de la actividad 2.1. corresponden a un nuevo tiempo verbal que van a aprender a continuación: el pretérito imperfecto de subjuntivo, y pregúnteles si pueden deducir cuál es su uso principal: expresar en pasado los mismos valores que expresa el presente de subjuntivo en presente/futuro. Remarque en la proyección los ejemplos para que puedan ver bien esta correspondencia.

105

Ficha 28. Transcripción del audio 29.

Dinámica. Entregue a los estudiantes la transcripción de la audición de la actividad 2 de manera que puedan marcar las diferencias entre los dos tiempos verbales. Al hablar de una acción en pasado, el tiempo verbal de subjuntivo e imperativo para aconsejar, pedir, prohibir, etc. es el pretérito imperfecto de subjuntivo.

Proyección 20. Textos de las actividades 2 y 2.1.

2.2. Se insta a los estudiantes a desarrollar una tarea deductiva para aprender la morfología del imperfecto de subjuntivo a partir de la explicación sobre su

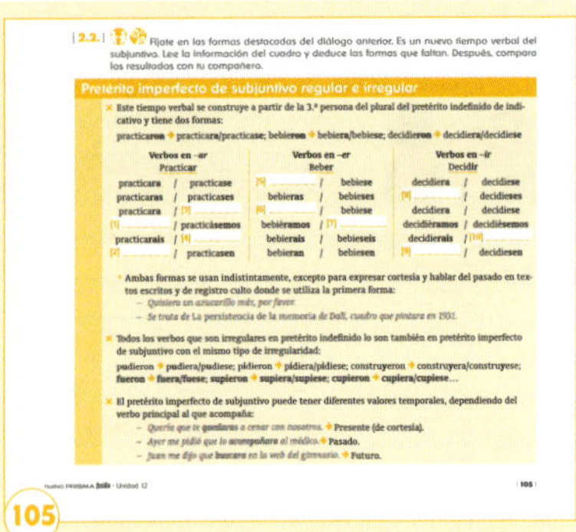

105

formación que aparece en el primer punto del cuadro. Es importante que, después de la actividad, los estudiantes comparen los resultados. Una vez que tienen los paradigmas completados, vaya repasando los puntos del cuadro sobre cómo se forma este tiempo (si ve que no ha quedado claro o han tenido dificultades, puede practicar con otros verbos regulares), la duplicación de formas, la formación de los verbos irregulares y la mención a su uso. Dígales que a lo largo del curso van a profundizar y conocer otros usos de este tiempo verbal.

1. practicáramos; 2. practicaran; 3. practicase; 4. practicaseis; 5. bebiera; 6. bebiera; 7. bebiésemos; 8. decidieras; 9. decidieran; 10. decidieseis.

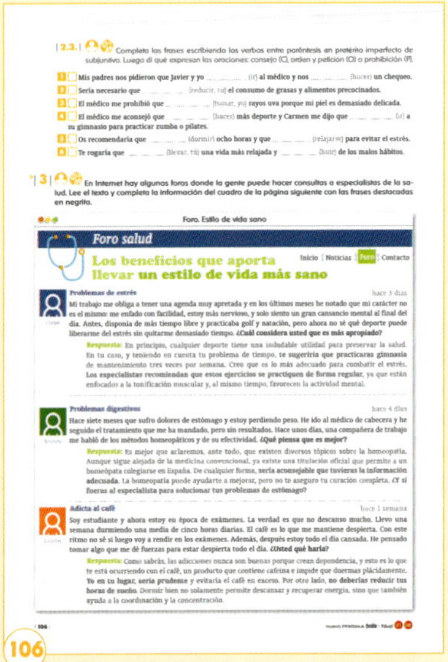

106

2.3. Actividad de corte gramatical que consiste, por un lado, en completar las frases con el pretérito imperfecto de subjuntivo con el fin de ir consolidando sus formas y, por el otro, en identificar la función que se transmite en cada una de las frases.

1. fuéramos/fuésemos, hiciéramos/hiciésemos, O; 2. redujeras/redujeses, C; 3. tomara/tomase, P; 4. hiciera/hiciese, fuera/fuese, C; 5. durmierais/durmieseis, os relajarais/relajaseis, C; 6. llevaras/llevases, huyeras/huyeses, O.

>3 El texto es un foro de salud donde la gente hace consultas a especialistas. A partir de las diferentes intervenciones, se repasan y amplían las estructuras para pedir y dar consejos. Pida a los estudiantes que, en primer lugar, hagan una lectura individual de los textos. Resuelva las posibles dudas de vocabulario. Luego, dirija su atención a las expresiones marcadas en negrita y pregúnteles si saben para qué sirven. Fácilmente podrán deducir que son expresiones que se usan para pedir y dar consejos. Una vez que todos tengan clara la función, pídales que completen el cuadro de la página siguiente con esas expresiones.

Explique que la diferencia entre *es/sería recomendable que* + presente de subjuntivo/imperfecto de subjuntivo e *¿Y si* + presente de indicativo/imperfecto de subjuntivo? está en el grado de confianza que pone el interlocutor en su consejo, mayor con presente de subjuntivo/indicativo que con imperfecto de subjuntivo. Adviértales de que, en este caso, el imperfecto de subjuntivo no es pasado sino presente.

Para trabajar con todo el grupo y obtener más retroalimentación proponemos usar la proyección 21 como alternativa. En este caso, el trabajo se hace en plenario.

Proyección 21. Pedir y dar consejos.

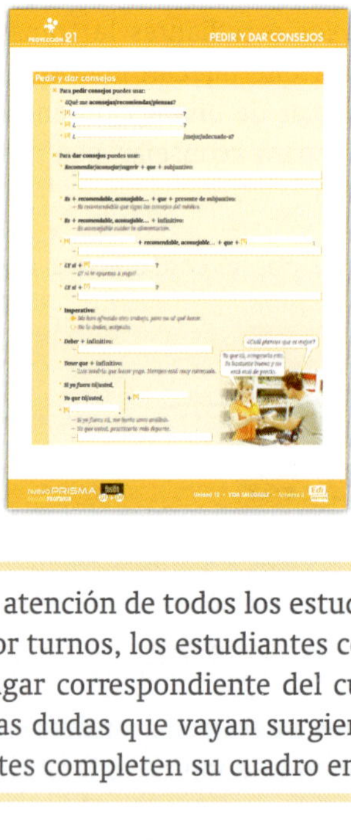

Dinámica. Focalice la atención de todos los estudiantes en el cuadro con vacío de información. Por turnos, los estudiantes colocan las frases en negrita de los textos en el lugar correspondiente del cuadro. Dé las explicaciones pertinentes y aclare las dudas que vayan surgiendo. Deje tiempo suficiente para que los estudiantes completen su cuadro en el libro.

1. ¿Qué piensa que es mejor?; 2. ¿Usted qué haría?; 3. ¿Cuál considera usted que es más apropiado/a?; *Recomendar, aconsejar, sugerir + que +* subjuntivo: Te sugeriría que practicaras gimnasia; Los especialistas recomiendan que estos ejercicios se practiquen de forma regular; 4. *Sería*; 5. pretérito imperfecto de subjuntivo; Sería aconsejable que tuvieras la información adecuada; 6. presente de indicativo; 7. pretérito imperfecto de subjuntivo; ¿Y si fueras al especialista para solucionar tus problemas de estómago?; *Deber* + infinitivo: No deberías reducir tus horas de sueño; 8. *Yo en tu/su lugar*; 9. condicional simple; Yo en tu lugar, sería prudente.

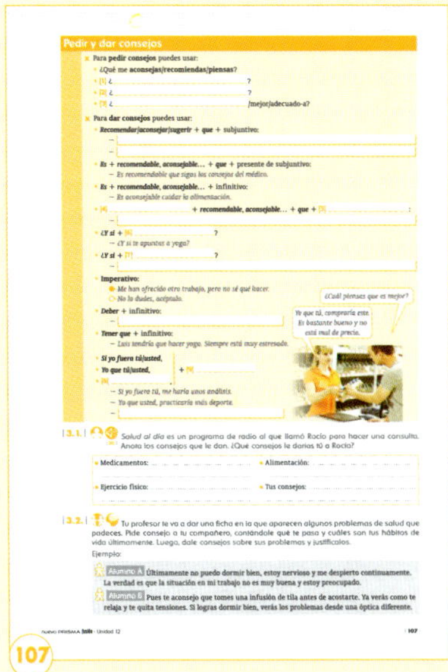

3.1. Los estudiantes van a enfrentarse a una comprensión auditiva global seguida de una actividad de producción que servirá de práctica de los contenidos aprendidos en la actividad anterior. Es recomendable que mantenga la proyección 21 mientras realizan esta actividad como herramienta de apoyo a la hora de escribir los mensajes, y para confirmar que saben las estructuras o, en caso contrario, autocorregirse.

30

Rocío: Buenos días, doctor.

Doctor: Buenos días a usted y a todos los oyentes.

Rocío: Antes de hacerle mi consulta, quería felicitarles por el programa.

Doctor: Muchas gracias.

Rocío: Verá... Tuve un hijo hace dos años y a los tres meses empecé a engordar sin razón. Desde entonces, he hecho de todo, pero sin resultado, y estoy desesperada porque ni las dietas ni los medicamentos específicos funcionan.

Doctor: En primer lugar, me gustaría saber qué tipo de dieta ha seguido y si ha practicado algún deporte.

Rocío: En realidad, he seguido varias dietas recomendadas, unas por mis amigas y otras por mi endocrino, pero ha sido inútil. ¿Ejercicio? Pues la verdad es que no mucho. Solo paseo un poquito por las mañanas, pero estoy harta de gastar dinero en medicamentos milagrosos que después no dan resultado.

Doctor: Lo primero que le recomendaría es que se olvidara de tomar medicamentos y, especialmente, los que anuncian las revistas y la televisión. Seguir dietas que nos sugieren nuestros amigos no es bueno, porque no todos necesitamos lo mismo. Lo que es extraño es que no haya perdido peso con la dieta de su endocrino. En cuanto a la alimentación, lo que le aconsejaría es que acudiera de nuevo a su especialista y que le hiciera un análisis para comprobar qué alimentos son compatibles con su organismo. A veces, ingerimos alimentos que pensamos que no engordan, pero que a nosotros no nos van bien; de todos modos, debe evitar comer grasas animales, dulces y bebidas gaseosas. También le sugeriría que acudiera a un gimnasio de forma periódica; puede ayudarle a quemar calorías, siempre y cuando lo haga con moderación y asesorada por un monitor.

Rocío: Muchas gracias por su consejo. ¡Buenos días!

Medicamentos: Lo que le recomendaría es que se olvidara de tomar medicamentos; Ejercicio físico: Le sugeriría que acudiera a un gimnasio de forma periódica; Alimentación: Lo que le aconsejaría es que acudiera de nuevo a su especialista y que le hiciera un análisis para comprobar qué alimentos son compatibles con su organismo; Debe evitar comer grasas animales, dulces y bebidas gaseosas.

3.2. Actividad de interacción oral controlada con el fin de que los estudiantes pongan en práctica todos los elementos gramaticales estudiados en este epígrafe. Para ello, proponemos trabajar con la ficha 29 para que cada estudiante tome un rol e interactúe con su compañero de la manera más adecuada. Las parejas de estudiantes irán produciendo el diálogo mientras usted los

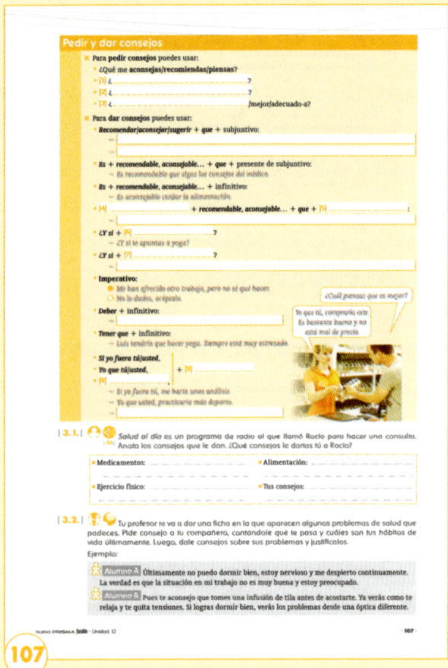

controla y anota aquellos fallos que se produzcan. Haga una revisión posterior en plenario para comentar de manera general los errores recurrentes.

Ficha 29. ¿Qué me aconsejas?

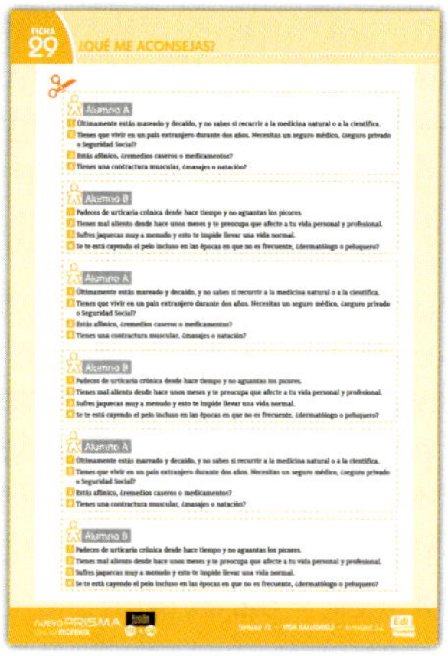

Dinámica. Trabajo de roles en parejas. Recorte la parte correspondiente de la ficha a cada miembro de la pareja. Por turnos, el estudiante A plantea las situaciones propuestas y el estudiante B le responde dándole las recomendaciones y los consejos que crea más adecuados a esa situación.

Para consolidar estos contenidos, puede lleva a cabo el ejercicio 2 de la unidad 12 del *Libro de ejercicios*.

>4 Se propone una actividad abierta de expresión escrita. Los estudiantes deberán elaborar un texto de unas 150 palabras sobre los estilos de vida saludables. Como es el tema que se ha tratado durante todo el epígrafe, podemos aconsejar a los estudiantes que revisen los textos que han leído y escuchado para recordar la información, ya que les puede servir de ayuda para expresar sus ideas. Asimismo es recomendable que repasen los cuadros de contenido gramatical y que tengan en cuenta los modos y tiempos verbales que deben utilizar. Si hay posibilidad, esta tarea puede encargarse como trabajo para casa, de modo que tengan el tiempo suficiente para repasar los contenidos recomendados.

2 ¡MÍMATE! 108

Mimarse significa cuidarse, relajarse y desconectar de trabajo diario para dedicar tiempo a uno mismo y sentirse bien. Este es el tema que sirve para contextualizar el repaso y ampliación de las estructuras para expresar deseos y preferencias, y pedir o exigir algo formalmente.

>1 Dirija la atención de los estudiantes a las imágenes que aparecen al lado de la actividad y pregúnteles si las conocen y si saben qué contienen. Actualmente este formato de comercialización turística, el de las cajas-regalo, es uno de los que más ha crecido en los últimos cinco años. La idea es realmente buena y su ejecución, en general, de gran calidad. Básicamente se trata de una caja que contiene un amplio abanico de servicios turísticos (alojamientos, actividades, comidas, visitas turísticas, estancias con spa, etc.,) en un lugar a elegir y con una fecha de caducidad amplia. Con este formato tan práctico y bien resuelto, y con precios muy variados, las cajas-regalo se han erigido en uno de los regalos estrella.

Además de responder a las preguntas planteadas, si lo cree conveniente, se sugiere ampliar la propuesta mediante estas otras cuestiones: ¿Crees que el mercado de las cajas-regalo está saturado? ¿Qué nuevas propuestas innovadoras te gustaría que se ofrecieran a partir del concepto de "caja-regalo"?

108

1.1. La actividad, de expresión oral, parte de la lectura de un texto con algunas propuestas típicas de estas cajas-regalo. Pídales que lean el texto de manera individual y que, después, en grupos de tres, elijan una justificando su elección.

1.2. La práctica de expresión oral se amplía con un trabajo de interacción oral en parejas donde los estudiantes expresan sus deseos y preferencias sobre cuál sería su caja-regalo ideal. Antes de comenzar, dirija la atención de sus estudiantes al cuadro que recuerda y amplía las estructuras más frecuentes para expresar estos sentimientos. Debe explicar a los estudiantes que el uso del pretérito imperfecto de subjuntivo supone la expresión de un deseo de realización posible pero poco probable.

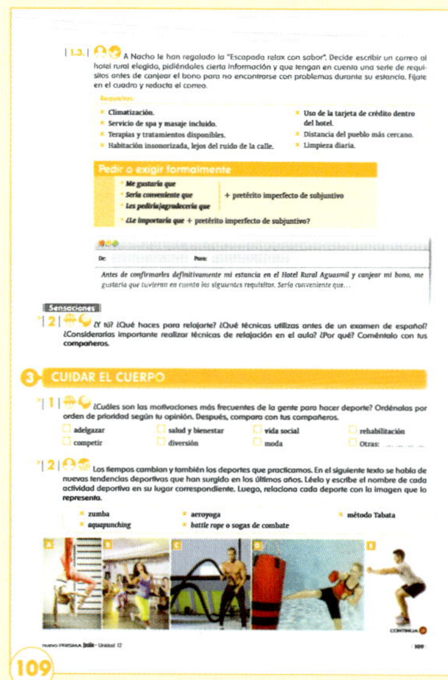
109

1.3. Actividad de expresión escrita controlada en la que los estudiantes, en el papel de Nacho, escriben un correo a un hotel rural solicitando información y planteando una serie de requisitos que le son imprescindibles antes de canjear el bono de la caja que le han regalado. Antes de empezar, dirija la atención de los estudiantes al cuadro recordatorio con las estructuras para pedir o exigir formalmente que necesitarán para realizar la actividad correctamente.

Antes de llevar a cabo la actividad, puede reforzar la práctica de estos contenidos con el ejercicio 4 de la unidad 12 del *Libro de ejercicios*.

>2 Actividad de corte emocional, en la que los estudiantes comparten sus experiencias a la hora de enfrentarse a un examen y se plantea si sería interesante incorporar la práctica de técnicas de relajación al aula.

3 CUIDAR EL CUERPO 109

En este epígrafe se trabajan la correlación de tiempos verbales en las oraciones subordinadas con subjuntivo y las estructuras que sirven para emitir juicios de valor y constatar una realidad. La importancia de cuidar nuestro cuerpo practicando alguna actividad deportiva y el sistema sanitario español, público y privado, serán los contextos en los que se desarrollan las actividades.

>1 Como precalentamiento, se propone una actividad de interacción oral. Pregunte a los estudiantes si hacen deporte y por qué lo hacen. Después de unos minutos, pídales que, de manera individual, ordenen las motivaciones que tiene la gente para hacer deporte por orden de prioridad, según su opinión. Haga una puesta en común comparando las diferentes propuestas de los estudiantes. Es una actividad que les proporcionará información previa para realizar las siguientes.

>2 Comienza la secuencia propiamente dicha con un texto en el que se presentan algunos deportes no convencionales. Los estudiantes, individualmente, leen los textos y los relacionan con el nombre del deporte o actividad física que les corresponde. Como apoyo a la comprensión, han de relacionar también los textos con las imágenes que aparecen. Dígales que se fijen bien en las fotografías, pues pueden darles pistas muy claras sobre el texto al que se refieren.

1. D, *aquapunching*; 2. E, método Tabata; 3. B, zumba; 4. A, aeroyoga; 5. C, *battle rope* o sogas de combate.

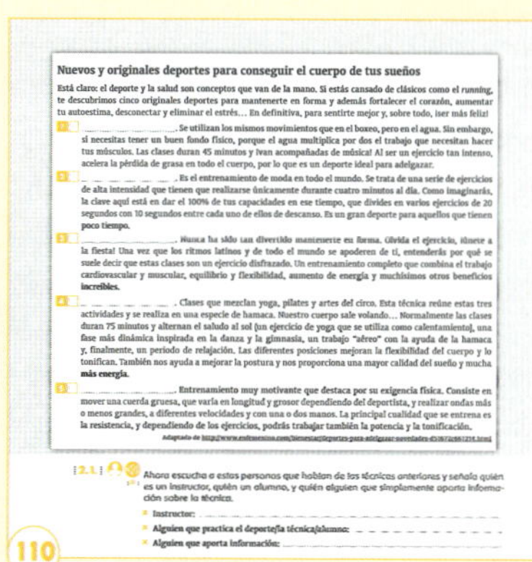
110

2.1. El audio contiene las muestras de lengua con las que se trabajará la correlación de tiempos verbales en las oraciones subordinadas con subjuntivo. En esta actividad, el estudiante realiza una escucha global donde tiene que

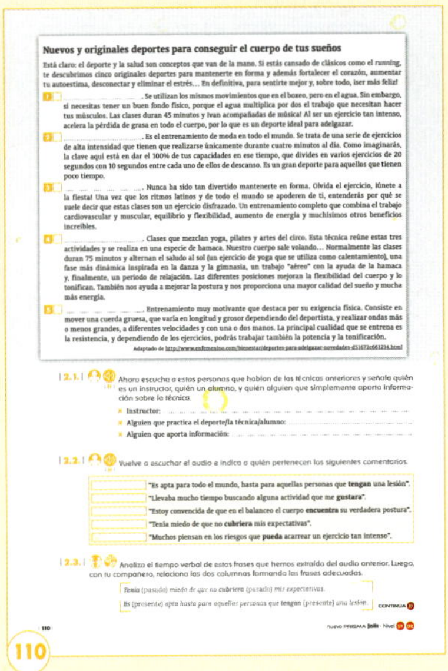

Nuevos y originales deportes para conseguir el cuerpo de tus sueños

Está claro: el deporte y la salud son conceptos que van de la mano. Si estás cansado de clásicos como el *running*, te descubrimos cinco originales deportes para mantenerte en forma y además fortalecer el corazón, aumentar tu autoestima, desconectar y eliminar el estrés… En definitiva, para sentirte mejor y, sobre todo, ¡ser más feliz!

1 .... Se utilizan los mismos movimientos que en el boxeo, pero en el agua. Sin embargo, sí necesitas tener un buen fondo físico, porque el agua multiplica por dos el trabajo que necesitan hacer tus músculos. Las clases duran 45 minutos y ¡van acompañadas de música! Al ser un ejercicio tan intenso, acelera la pérdida de grasa en todo el cuerpo, por lo que es un deporte ideal para adelgazar.

2 .... Es el entrenamiento de moda en todo el mundo. Se trata de una serie de ejercicios de alta intensidad que tienen que realizarse únicamente durante cuatro minutos al día. Como imaginarás, la clave aquí está en dar el 100% de tus capacidades en ese tiempo, que divides en varios ejercicios de 20 segundos con 10 segundos entre cada uno de ellos de descanso. Es un gran deporte para aquellos que tienen poco tiempo.

3 .... Nunca ha sido tan divertido mantenerte en forma. Olvida el ejercicio, ¡únete a la fiesta! Una vez que los ritmos latinos y de todo el mundo se apoderen de ti, entenderás por qué se suele decir que estas clases son un ejercicio disfrazado. Un entrenamiento completo que combina el trabajo cardiovascular y muscular, equilibrio y flexibilidad, aumento de energía y muchísimos otros beneficios increíbles.

4 .... Clases que mezclan yoga, pilates y artes del circo. Esta técnica reúne estas tres actividades y se realiza en una especie de hamaca. Nuestro cuerpo sale volando… Normalmente las clases duran 75 minutos y alternan el saludo al sol (un ejercicio de yoga que se utiliza como calentamiento), una fase más dinámica inspirada en la danza y la gimnasia, un trabajo "aéreo" con la ayuda de la hamaca y, finalmente, un periodo de relajación. Las diferentes posiciones mejoran la flexibilidad del cuerpo y lo tonifican. También nos ayuda a mejorar la postura y nos proporciona una mayor calidad del sueño y mucha más energía.

5 .... Entrenamiento muy motivante que destaca por su exigencia física. Consiste en mover una cuerda gruesa, que varía en longitud y grosor dependiendo del deportista, y realizar ondas más o menos grandes, a diferentes velocidades y con una o dos manos. La principal cualidad que se entrena es la resistencia, y dependiendo de los ejercicios, podrás trabajar también la potencia y la tonificación.

Adaptado de http://www.enfemenino.com/bienestar/deportes-para-adelgazar-novedades-d51672c661214.html

|2.1.| Ahora escucha a estas personas que hablan de las técnicas anteriores y señala quién es un instructor, quién un alumno, y quién alguien que simplemente aporta información sobre la técnica.

- Instructor: ....
- Alguien que practica el deporte/la técnica/alumno: ....
- Alguien que aporta información: ....

|2.2.| Vuelve a escuchar el audio e indica a quién pertenecen los siguientes comentarios.

- .... "Es apta para todo el mundo, hasta para aquellas personas que **tengan** una lesión".
- .... "Llevaba mucho tiempo buscando alguna actividad que me **gustara**".
- .... "Estoy convencida de que en el balanceo el cuerpo **encuentra** su verdadera postura".
- .... "Tenía miedo de que no **cubriera** mis expectativas".
- .... "Muchos piensan en los riesgos que **pueda** acarrear un ejercicio tan intenso".

|2.3.| Analiza el tiempo verbal de estas frases que hemos extraído del audio anterior. Luego, con tu compañero, relaciona las dos columnas formando las frases adecuadas.

Tenía (pasado) *miedo de que no* **cubriera** (pasado) *mis expectativas.*

Es (presente) *apta hasta para aquellas personas que* **tengan** (presente) *una lesión.*

CONTINÚA

110 nuevo PRISMA fusión · Nivel B1 B2

110

distinguir, a través de la respuesta de los entrevistados, si se trata de un instructor, alguien que practica ese deporte o una persona que aporta información.

|31|

Entrevistadora: Antonio, ¿qué te ha llevado a practicar este deporte tan curioso?

Antonio: Yo siempre he ejercitado mi cuerpo en diferentes disciplinas de baile, pero necesitaba un entrenamiento que fuese guiado por un experto para cumplir mis objetivos de forma física, y conocí a Rodrigo, un amigo que me habló de estas clases con la soga. Al principio, me pareció algo raro y nunca pensé que me convencería. Además, tenía miedo de que no cubriera mis expectativas. Pero bueno, al final me animé a probar con él un día y la verdad es que me resultó algo sorprendente. He dado con la actividad que creo que estaba buscando, y he descubierto que me encanta el ejercicio al aire libre, porque estas clases muchas veces son en el exterior, así que no tengo que estar horas encerrado en un gimnasio.

Entrevistadora: Hola, Silvia, ¿por qué elegiste venir a estas clases?

Silvia: Llevaba mucho tiempo buscando alguna actividad que me gustara para cuidarme un poco y hacer algo de ejercicio, y después de muchos años la he encontrado. Estas clases son ejercicio, alegría, baile, desconexión total de todos tus problemas y, sobre todo, las profesoras, que aún lo hacen más alegre y divertido… Creo que es algo que todo el mundo debería probar porque sube mucho la autoestima.

Entrevistadora: Rubén, ¿qué más nos puedes contar sobre esta actividad?

Rubén: El agua es un medio que a la larga siempre acaba ocupado por deportes que, a priori, solo podían hacerse en tierra. Ahora hacemos bici, gimnasia y hasta boxeo dentro de una piscina. Así que no nos tiene que sorprender demasiado esta nueva técnica. Algo muy positivo es que es apta para todo el mundo, hasta para aquellas personas que tengan alguna lesión, ya que el agua ayuda a amortiguar el impacto en las articulaciones. Así que yo se lo recomiendo a todo el mundo. La gente que viene a mis clases sale llena de energía y con las pilas bien recargadas. Hay que poner fin a la vida sedentaria.

Entrevistadora: ¿Qué tal, Carmen? ¿Cómo sales después de tu primera clase?

Carmen: Uf, fantástica. Empezamos en el nivel cero, y ha ido muy bien. Ha sido una clase restaurativa, el objetivo era no hacer esfuerzos. Lo mejor es que al colgarte del columpio, aunque sea parcialmente, conseguís desbloquear partes de tu cuerpo que no podrías relajar de ninguna otra forma. Para mí, que siempre tengo dolores de cuello, algunas posturas han sido una liberación. También hay algo relajante y bueno en el balanceo. No entiendo por qué durante los primeros años de nuestra vida buscamos obsesivamente ese movimiento en columpios y balancines y luego lo abandonamos para siempre. Estoy convencida de que en el balanceo el cuerpo encuentra su verdadera postura.

Entrevistadora: Oye, Luis, ¿de dónde viene el nombre de esta actividad?

Luis: Pues viene del profesor Izumi, investigador en el Instituto Nacional de Salud y Nutrición de Japón, que bautizó con su nombre este método de entrenamiento allá por 1996 y que hoy ya se ha hecho muy famoso. Este investigador trabajó muchos años con el equipo de patinaje de velocidad japonés para analizar la eficacia de su entrenamiento, que incluía una rotación de series cortas de esfuerzo máximo seguido por periodos cortos de descanso. Sin embargo, esta técnica no ha escapado a la polémica, y muchos piensan en los riesgos que pueda acarrear un ejercicio tan intenso y se preguntan qué peligro puede conllevar para el corazón.

Instructor: Rubén; Alguien que practica el deporte/la técnica/alumno: Antonio, Silvia, Carmen; Alguien que aporta información: Luis.

2.2. La segunda escucha es selectiva. Se han extraído del texto una serie de frases que el estudiante debe relacionar con las personas que las dicen.

Alternativa. Otra forma de realizar esta actividad es pedir a los estudiantes que relacionen las frases según lo que recuerdan de la escucha anterior y, después, proceder a la nueva escucha para comprobar sus respuestas. De cualquier modo, el objetivo de la actividad es que los estudiantes se familiaricen con las muestras de lengua que van a analizar en la actividad 2.3.

Rubén, Silvia, Carmen, Antonio, Luis.

2.3. Actividad de reflexión gramatical en la que los estudiantes, por parejas, han de relacionar partes de frases teniendo en cuenta la correlación de los tiempos verbales y el sentido de las propias frases. Para hacerles conscientes de esta correlación, se les pide que analicen el ejemplo donde se hace mención expresa de dicha correlación. Es relevante que tomen conciencia del uso de tiempos verbales de la frase subordinada, especialmente del pretérito imperfecto de subjuntivo.

1. g; 2. d; 3. e; 4. b; 5. f; 6. c; 7. a.

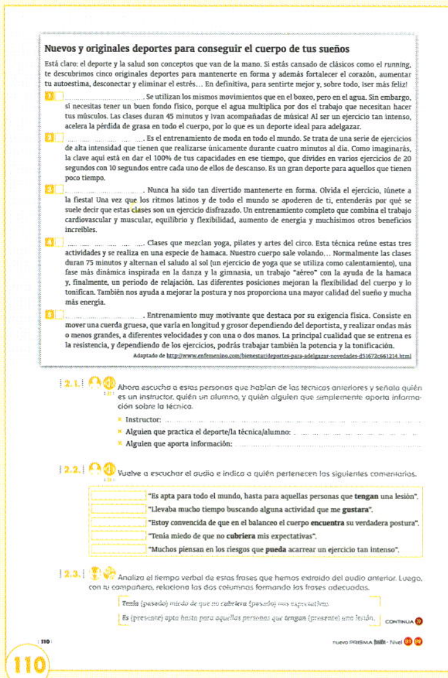

2.4. Inste a los estudiantes a reflexionar sobre la combinación de las frases de la actividad anterior para completar el cuadro fijándose en la relación de los tiempos verbales. Los ejemplos del propio cuadro son también claros en este sentido, por lo que pueden también analizarlos si con las frases anteriores no han podido deducir alguna correlación. Si lo cree conveniente, puede destacar los diferentes usos del subjuntivo que aparecen en el cuadro: valoración, sentimiento, temporalidad y finalidad.

1. Presente de indicativo; 2. Condicional simple; 3. Pretérito perfecto de indicativo; 4. Pretérito imperfecto de indicativo; 5. Pretérito indefinido.

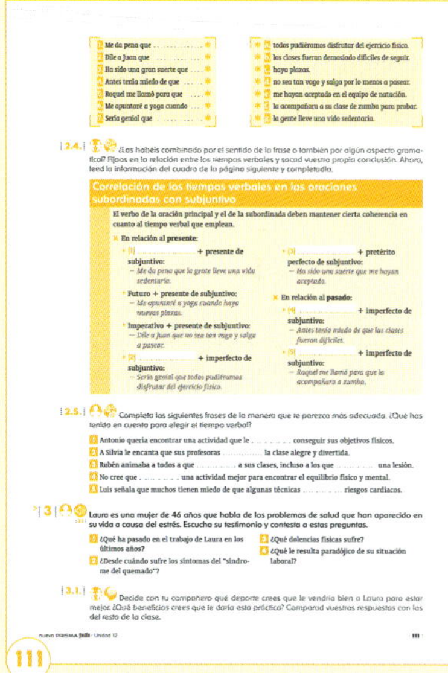

2.5. Actividad controlada de consolidación gramatical. Se aconseja la corrección de esta tarea en plenario de manera que pueda explicar las dudas o errores que tengan los estudiantes. Asimismo es importante comentarles que las respuestas que den las deben justificar y explicar. Son posibles varias respuestas siempre y cuando el verbo elegido sea correcto combinado con el resto de la frase. En una reflexión final, pregúnteles qué han de tener en cuenta para hacer correlaciones correctas: prestar atención al tiempo verbal de la oración principal.

Posible respuesta. 1. ayudase a/permitiese; 2. hagan; 3. fueran/acudieran/asistieran, tuvieran/padecieran; 4. haya; 5. generen/produzcan.

Antes de continuar con otras actividades menos controladas, puede reforzar estos contenidos con los ejercicios 3 y 5 de la unidad 12 del *Libro de ejercicios*.

>3 Se inicia una secuencia de actividades para poner en práctica, de manera más libre, todos los contenidos aprendidos hasta el momento. Se comienza en esta actividad por una comprensión auditiva. Póngales en situación (van a escuchar a una mujer con problemas de estrés) y pídales que lean las preguntas para que puedan hacer una escucha selectiva. Explique la expresión *estar hecho/a polvo* (muy cansado/a). Proceda a la escucha y deje un tiempo para que puedan contestar. Luego, en plenario, establezca un turno de respuestas.

32

Yo me encuentro sometida a una presión diaria que me está haciendo polvo, física y mentalmente, la verdad. Dicen que es el estrés laboral o el "síndrome del quemado" lo llaman también, no sé, serán las nuevas enfermedades del siglo XXI, digo yo. En mi caso, tengo un puesto de trabajo que siempre fue bastante estable, yo llevo en esta empresa 16 años. Pero ahora llevamos tres años enfrentándonos a la posibilidad de que cierre, y justo ese es el tiempo que yo llevo padeciendo todos estos síntomas: herpes labial y problemas de espalda, que ya son crónicos. Y también sufro de falta de sueño y dolores de mandíbula que se agudizan en los momentos de más estrés. Por-

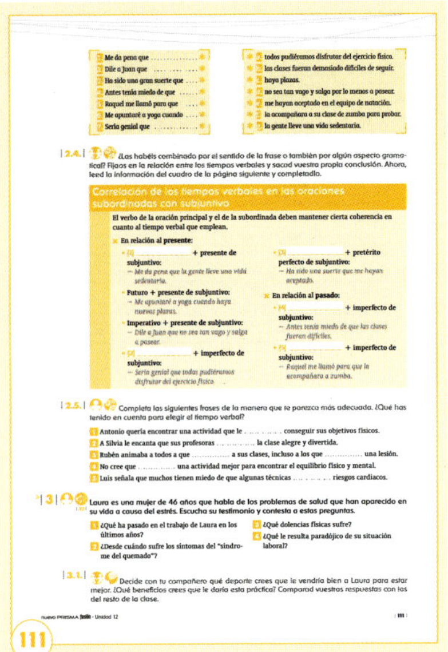

111

que, paradójicamente, a pesar de que existe el riesgo de que nos quedemos en la calle, estamos sacando adelante un gran volumen de trabajo, así que, imagínate…, estrés por todos lados. Y lo peor es que llegas a acostumbrarte, ya te haces a no dormir bien, a vivir con ansiedad, a aguantar el dolor de espalda como algo normal…, y encima, casi no te planteas ya ni sacar un poco de tiempo para ti misma, no sé, para salir con amigos, descansar más, hacer deporte…

Adaptado de http://www.elconfidencial.com/alma-corazon-vida/2013-03-01/las-enfermedades-que-vienen-y-que-no-se-cuentan-al-medico_202274/

Posible respuesta. 1. Se enfrentan a la posibilidad de cierre; 2. Desde que existe el riesgo de cierre de la empresa; 3. Herpes labial, dolor de espalda, dolor de mandíbula, insomnio; 4. Que tengan tanto trabajo y que, al mismo tiempo, la empresa se encuentre en riesgo de cerrar.

3.1. Tarea de interacción oral. Después de haber trabajado la audición, llega el momento de que, en parejas, discutan qué deporte convendría que practicara Laura, argumentando su decisión. Hemos visto a lo largo del epígrafe y de la unidad algunos deportes y actividades que ayudan a superar el estrés, así que pueden revisar los textos que han leído sobre este tema para poder argumentar sus opiniones. Puede hacer una puesta en común para ver las diferentes recomendaciones.

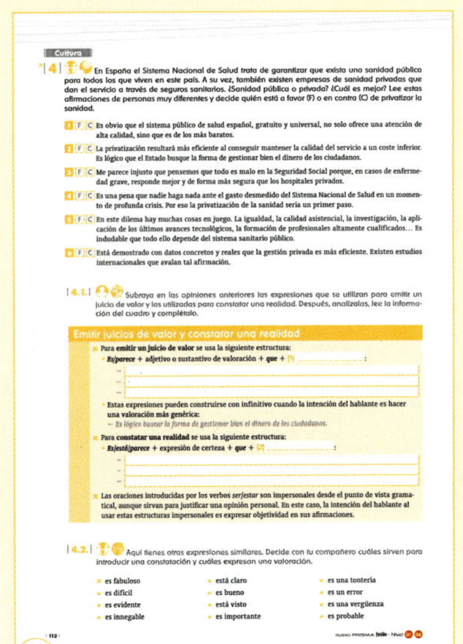

112

>4 Para introducir esta actividad de corte cultural, pregunte en plenario cuáles son las principales diferencias entre la sanidad pública y la sanidad privada. Es de esperar que asocien con la sanidad privada características como la ausencia de listas de espera, la disponibilidad de habitaciones individuales para enfermos, la prioridad de los beneficios en detrimento de la calidad o la consideración del paciente como cliente; por su parte, con la sanidad pública probablemente asocien características como la gratuidad, la masificación y las listas de espera o la posibilidad de adquirir medicamentos más baratos.

Una vez hayan discutido sobre las diferencias entre ambos sistemas sanitarios, sin necesidad de entrar a valorar por parte de sus alumnos cuál de ellos es preferible, indíqueles que van a leer las opiniones de diferentes usuarios y que deben decidir si estos se muestran a favor o en contra de privatizar la sanidad. Con este pretexto, se introducen las muestras de lengua que ilustrarán un nuevo contenido lingüístico del epígrafe: emitir juicios de valor y constatar una realidad.

Cuando haya realizado la corrección, puede ya preguntarles con quién están más de acuerdo y que cuenten sus propias experiencias a la clase.

Finalizada la tarea, y si desea profundizar en el tema, puede repartir la ficha de información extra sobre el sistema público de salud español.

1. C; 2. F; 3. C; 4. F; 5. C; 6. F.

i+ ELEteca

29. El sistema público de salud español.

4.1. Dirija la atención de los estudiantes hacia los elementos lingüísticos de las frases anteriores. Pídales que las lean de nuevo y que subrayen las expresiones que se utilizan para emitir un juicio de valor y las que sirven para constatar una realidad. Una vez subrayadas, haga que se fijen en la estructura que tienen, que la analicen y que con sus conclusiones y los ejemplos extraídos de las frases completen el cuadro.

1. subjuntivo; Es lógico que el Estado busque la forma de gestionar bien el dinero de los ciudadanos; Me parece injusto que pensemos que todo es malo en la Seguridad Social; Es una pena que nadie haga nada ante el gasto desmedido del Sistema Nacional de Salud; 2. indicativo; Es obvio que el sistema público de salud español […] es de los más baratos; Es indudable que

todo ello depende del sistema sanitario público; Está demostrado con datos concretos y reales que la gestión privada es más eficiente.

4.2. El objetivo de esta actividad es el de ampliar léxico para que el estudiante tenga un amplio abanico de expresiones para valorar y constatar. Todas estas estructuras se consolidarán en las siguientes actividades. Sugiérales que las anoten todas y las clasifiquen de modo que las puedan consultar rápidamente durante las actividades orales. Antes de pasar a la siguiente actividad, explique el contenido del cuadro de atención en el que se advierte que las expresiones de constatación en forma negativa se convierten en juicios de valor y, por tanto, rigen subjuntivo.

Sirven para introducir una constatación: es evidente, es innegable, está claro, está visto; Expresan una valoración: es fabuloso, es difícil, es bueno, es importante, es una tontería, es un error, es una vergüenza, es probable.

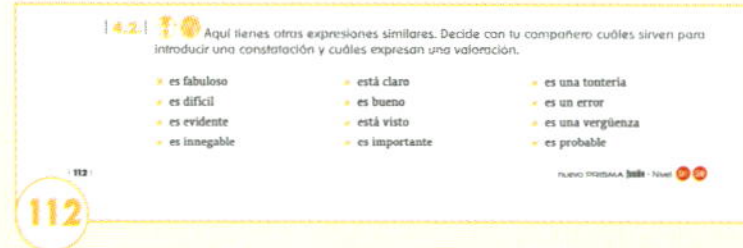

Para una práctica controlada de estos contenidos, puede realizar el ejercicio 6 de la unidad 12 del *Libro de ejercicios*.

4.3. Actividad de interacción oral en pequeños grupos para poner en práctica los contenidos aprendidos. Los estudiantes, por tanto, deben emitir juicios de valor y constatar, exponiendo sus puntos de vista y opiniones. Si sus alumnos han elaborado la lista propuesta anteriormente, aconséjeles que la tengan presente para poder consultarla.

> 5 Se ofrece, para concluir el epígrafe y la unidad, una actividad cooperativa en la que los estudiantes preparan, por grupos, una presentación sobre una de las técnicas de relajación que se proponen, poniendo en funcionamiento los contenidos lingüísticos que se han trabajado en la unidad. Pueden también investigar sobre otras técnicas diferentes a las propuestas. Para llevar a cabo la tarea, siga las pautas que se anotan en la actividad: división en grupos, elección del tema, búsqueda de información, redacción del borrador, intercambio de trabajos, redacción final de la presentación y exposición de la misma. Como final, lleve a cabo una discusión sobre cuál de las técnicas planteadas les parece más beneficiosa y atractiva.

ELEteca
30. Mandalas, reiki, reflexología, aromaterapia, yoga y meditación.

¿QUÉ HE APRENDIDO? 113

1. 1. fueran/fuesen, S; 2. explicaras/explicases, P; 3. haga, me mantenga, A; 4. fueras/fueses, A.

ELEteca
Léxico. Hábitos saludables.

13 VIAJA CON NOSOTROS

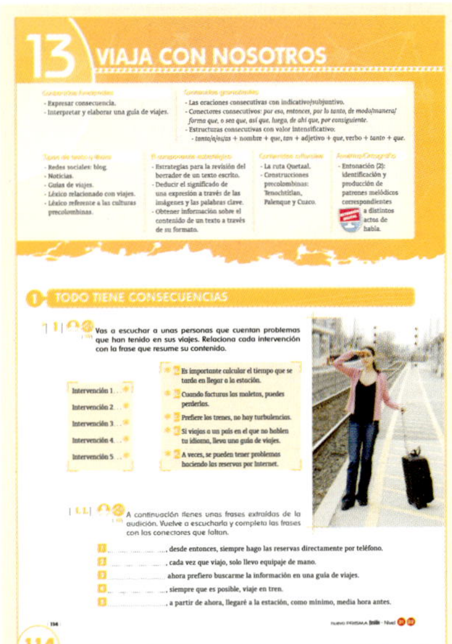
13 VIAJA CON NOSOTROS

1 TODO TIENE CONSECUENCIAS

114

La ruta Quetzal y las construcciones precolombinas ofrecerán la posibilidad de tratar el tema de los viajes y las diferentes formas de viajar. Las guías de viaje y los blogs de las redes sociales servirán de contexto para expresar consecuencias utilizando las oraciones consecutivas con indicativo o subjuntivo, y las estructuras consecutivas con valor intensificativo. Los estudiantes aprenderán a interpretar y elaborar una guía de viajes. Se cerrarán los contenidos de gramática con el estudio de los diferentes usos de *se*. El título de la unidad *Viaje con nosotros* es el de una canción del álbum *Bon Voyage* (1980) del grupo musical español la Orquesta Mondragón.

1 TODO TIENE CONSECUENCIAS 114

Se plantea, a partir de un blog que describe el diario de un viajero, el estudio de las estructuras consecutivas. Esta red social servirá de contexto para descubrir una forma diferente de viajar y conocer las consecuencias positivas y negativas de optar por ella. Ante esto, los estudiantes intercambiarán información, aplicarán las estructuras estudiadas y reflexionarán sobre “el viaje” de su aprendizaje. Se sugiere empezar esta unidad de manera lúdica presentando una actividad con la canción *Viaje con nosotros*, que encontrarán en la ficha 30.

Ficha 30. *Viaje con nosotros.*

FICHA 30 VIAJE CON NOSOTROS

Dinámica. Se entrega a los estudiantes la ficha con la letra de la canción con el objetivo de introducir el tema de la unidad mediante la realización de una actividad de léxico y de interpretación. Puede acceder al vídeo de la canción en https://www.youtube.com/watch?v=vMT6NoU-9tw

Viaje con nosotros
si quiere gozar.
Viaje con nosotros
a mil y un lugar,
y disfrute
de todo al pasar,
y disfrute
de las hermosas historias
que les vamos a contar.

Resumen: Propone un viaje en el que irá a muchos lugares y se disfrutará de muchas historias.

Viaje con nosotros
y podrá encontrar
atractivos monstruos
que le sonreirán.
Y disfrute
del gusto que da,
y disfrute
de la amistad de sirenas
y de serpientes de mar.

Resumen: En el viaje van a disfrutar de las sonrisas de los monstruos y de la amistad de sirenas y otros animales del mar.

En su viaje los romances abundarán
y en sus brazos los dragones se arrojarán.
Serán suyos
Marlène y Tarzán,
serán suyos.
Quien compra nuestro billete
compra la felicidad.

Resumen: El viaje ofrece momentos de amor y es seguro que quien va a este viaje será muy feliz.

Con nosotros viaja el sueño y la novedad,
la alegría, la sorpresa y el carnaval.
Todos juntos
iremos allá,
todos juntos.
Quien compra nuestro billete
compra la felicidad.

Resumen: Alegrías, sorpresas, fiestas... Toda la felicidad incluida con la compra de este billete.

> 1 Se presenta una actividad de comprensión auditiva para introducir este epígrafe, referido a los viajes y sus consecuencias, y para empezar la secuencia de actividades. Antes de la escucha, pídales que lean los resúmenes de cada una de las intervenciones para que, después, les sea más fácil relacionarlos entre sí. Es aconsejable que se fijen también en la imagen que aparece en la actividad, ya que esta les dará información del tema que se va a tratar.

33

Intervención 1

Hace dos años hice una reserva por Internet de un hostal que era muy barato. El problema es que, cuando llegué a la recepción, me dijeron que estaba todo completo. ¡Dios mío! ¡No había habitaciones libres! Y, encima, iba de viaje sola. Les enseñé la reserva que había hecho a través de una web, pero me dijeron que no sabían nada. Al final tuve que pagar 100 euros por dormir en un hotel de cuatro estrellas porque no encontré nada más. Así que, desde entonces, siempre hago las reservas directamente por teléfono.

Intervención 2

Hace cinco años, una compañía aérea, de la que prefiero no recordar el nombre, me envió la maleta a Bélgica, cuando resulta que yo iba de vacaciones a Roma. ¿Cómo se pudieron equivocar? Pero lo peor es que la reclamé y ¡me la enviaron a casa un mes después! Por eso, cada vez que viajo, solo llevo equipaje de mano.

Intervención 3

Nos fuimos de vacaciones a Israel y reservamos una visita guiada para conocer algunos lugares y poder conocer su historia. No salió barato, pero pensamos que era lo mejor. El problema es que ¡no me dijeron que sería en árabe! No entendimos nada, intenté explicárselo al guía, pero él tampoco me entendía a mí. De modo que ahora prefiero buscarme la información en una guía de viajes.

Intervención 4

La última vez que viajé en avión lo pasé fatal. Tuvimos turbulencias todo el viaje y ahora me da mucho miedo volar. De ahí que, siempre que es posible, viaje en tren.

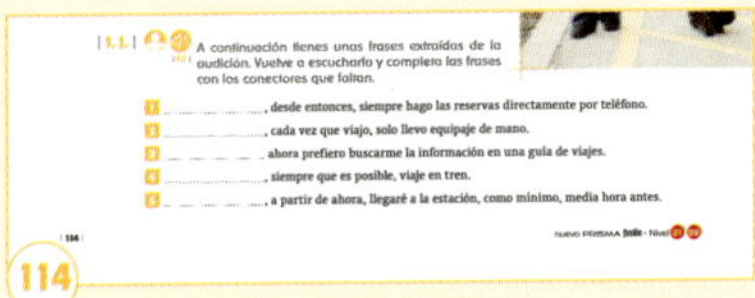

Intervención 5

Hace un mes perdí el tren de París a Madrid porque no calculé bien el tiempo que tardaba en ir del hotel a la estación. O sea que, a partir de ahora, llegaré a la estación, como mínimo, media hora antes.

Intervención 1: e; Intervención 2: b; Intervención 3: d; Intervención 4: c; Intervención 5: a.

1.1. Se aprovecha la misma audición para trabajar los conectores consecutivos que se usan en algunas de las intervenciones. Para ello, pida a los estudiantes que lean las frases de la actividad y hagan una escucha de reconocimiento de las palabras que faltan. Una vez se haya completado el ejercicio, el profesor comprobará que los conectores anotados son correctos y se pasará a la actividad siguiente.

1. Así que; 2. Por eso; 3. De modo que; 4. De ahí que; 5. O sea que.

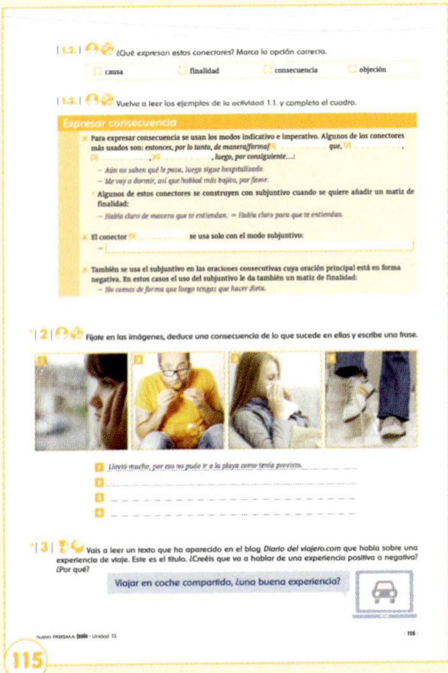

1.2. Se presenta una actividad de reflexión gramatical con el objetivo de que los alumnos deduzcan qué expresan los conectores de la actividad anterior según el contexto en el que aparecían y en contraposición con otros conectores que han estudiado anteriormente.

Consecuencia.

1.3. Se propone seguir la reflexión gramatical de las oraciones consecutivas a través de la presentación de un cuadro funcional. Se pide a los estudiantes que lean el cuadro, vuelvan a los ejemplos de la actividad 1.1. y los anoten en el lugar correspondiente de este. El profesor, si lo cree oportuno, podrá dar las explicaciones pertinentes y aclarar las dudas que se presenten.

1. modo; 2. así que; 3. por eso; 4. o sea que; 5. de ahí que; De ahí que, siempre que es posible, viaje en tren.

>2 Se plantea una actividad escrita para consolidar el uso de los conectores consecutivos. Pida a los estudiantes que observen las imágenes, piensen en lo que sucede en ellas y deduzcan una consecuencia de lo que está pasando, escribiéndolo como en el ejemplo. Se trata de un ejercicio de respuesta abierta por lo que, una vez completada la información, se recomienda realizar una puesta en común en plenario de manera que puedan conocerse las diferentes hipótesis. Si el profesor lo cree necesario, puede anotar las respuestas en la pizarra para que los alumnos dispongan de más alternativas y vean más usos de los diferentes conectores.

Posible respuesta. 2. Comió demasiado, así que una hora más tarde le dolía la barriga; 3. Está enferma, de modo que ha tenido que cancelar la reunión; 4. Se pisó el cordón de la zapatilla, por eso se cayó y se rompió un brazo.

>3 A partir de un texto de un blog de viajes se propone una actividad de comprensión lectora global. Antes, pida a los estudiantes, a modo de actividad previa a la lectura, que lean el título del blog y formulen hipótesis sobre el contenido del texto.

3.1. Se pasa ahora a la actividad propia de comprensión lectora. Se pide a los estudiantes que hagan una lectura rápida (*Skimming*) identificando ideas o frases clave. Coménteles que no es necesario leer cada palabra del texto. En su lugar, aconséjeles que lean la primera oración de cada párrafo, y que traten de identificar las frases o palabras clave de cada uno de ellos. En definitiva, se trata de que extraigan la información relevante del texto con el fin de descubrir su idea general y comprobar si las hipótesis que han formulado en la actividad anterior se confirman o no.

No ha sido una experiencia agradable, por lo tanto, viajar en coche compartido puede ser negativo.

3.2. Se trabajan ahora las expresiones de consecuencia y el modo verbal que las acompaña. Se pide a los alumnos que lean de nuevo el texto de la actividad 3.1. y las frases que se han extraído de este. Después, deberán completar las frases con el verbo entre paréntesis en la forma adecuada e insertarlas en el lugar del texto que corresponda. Esta tarea tiene como objetivo, además de continuar con la tarea de comprensión lectora, que los alumnos se familiaricen con los conectores consecutivos y el modo verbal que rigen dependiendo de la intención del hablante.

1. 3, y, por consiguiente, **tenemos** que buscar medios de transporte baratos; 2. 5, de manera que **compartan** los gastos del viaje; 3. 1, de ahí que **puedas** dar tanto con un buen conductor, que además es amable y simpático; 4. 2, Por lo tanto, que los otros viajeros sean simpáticos, que haya una charla amena o que tengáis temas en común, **es** cuestión de suerte; 5. 4, así que él **debía** adelantar por donde podía, por la derecha.

Se recomienda seguir trabajando las oraciones y conectores consecutivos, así como el modo verbal que rigen realizando los ejercicios 1 a 3 de la unidad 13 del *Libro de ejercicios*.

116

3.3. Se plantea una actividad reflexiva sobre las oraciones consecutivas con matiz intensificativo. Para ello, se pide a los estudiantes que vuelvan al texto 3.1. del diario del viajero y se fijen en las frases resaltadas en negrita que contienen la estructura que se va a estudiar. A continuación, pídales que discutan en parejas la respuesta a las preguntas planteadas en el enunciado. Después, se les pedirá que lean la información del cuadro y que verifiquen sus respuestas al tiempo que lo completan. Amplíe en este punto la información necesaria o resuelva las dudas que puedan plantearse. Finalmente, si lo desea, puede pedir a los alumnos que, con su misma pareja, clasifiquen oralmente las frases en negrita de la actividad 3.1. en el lugar correspondiente del cuadro.

Hay una diferencia de forma que consiste en la presencia de las palabras *tan* y *tanto/a/os/as*, que aportan un matiz intensificativo. Las estructuras consecutivas con matiz intensificativo.

Tanto para consolidar las estructuras consecutivas con matiz intensificativo, como para trabajar el contraste con el resto de consecutivas y hacer una revisión de ambas formas, se recomienda realizar los ejercicios 4 a 7 de la unidad 13 del *Libro de ejercicios*.

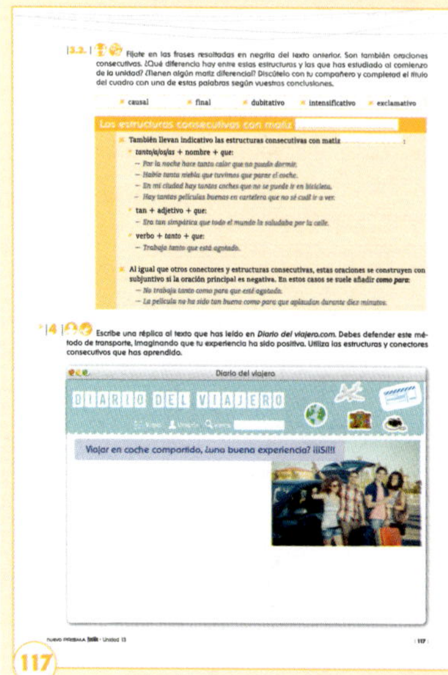

117

>4 Tarea individual de expresión escrita. Pida a los estudiantes que respondan a la intervención del diario del viajero de la actividad 3.1. escribiendo un texto de unas 100 o 120 palabras aproximadamente. Para llevar a cabo esta actividad en clase, se sugiere utilizar la proyección 22 y mantenerla en pantalla también durante la realización de la actividad 4.1.

Proyección 22. Expresar consecuencia y las estructuras consecutivas con matiz intensificativo.

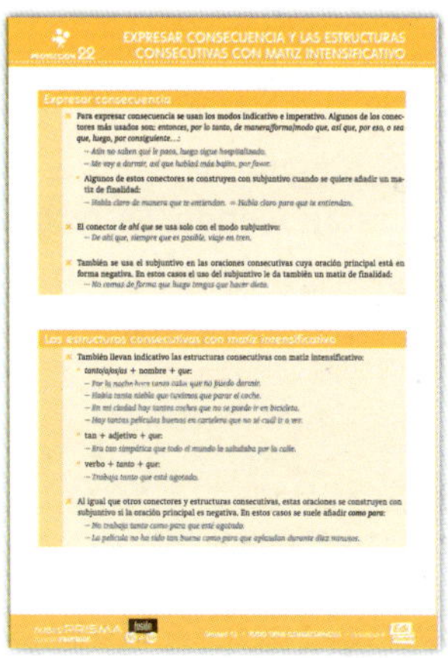

Dinámica. Se proyectan los dos cuadros de estructuras consecutivas estudiados con el fin de que los alumnos tengan toda la información estructural presente mientras trabajan en sus producciones escritas y puedan utilizar el mayor número posible de conectores consecutivos aprendidos.

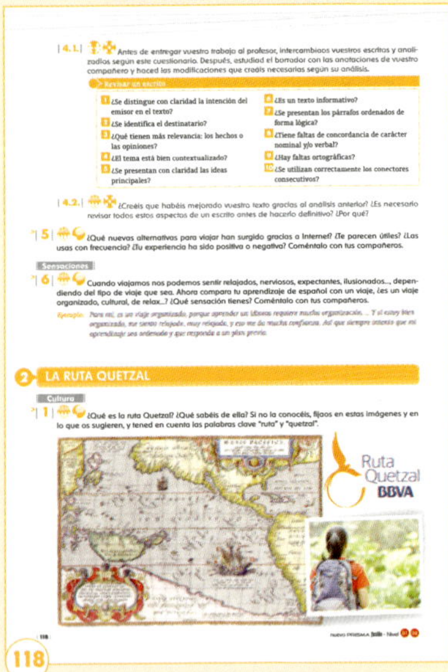

| 4.1. | Antes de entregar vuestro trabajo al profesor, intercambiaos vuestros escritos y analizadlos según este cuestionario. Después, estudiad el borrador con las anotaciones de vuestro compañero y haced las modificaciones que creáis necesarias según su análisis.

> Revisar un escrito

1. ¿Se distingue con claridad la intención del emisor en el texto?
2. ¿Se identifica el destinatario?
3. ¿Qué tienen más relevancia: los hechos o las opiniones?
4. ¿El tema está bien contextualizado?
5. ¿Se presentan con claridad las ideas principales?
6. ¿Es un texto informativo?
7. ¿Se presentan los párrafos ordenados de forma lógica?
8. ¿Tiene faltas de concordancia de carácter nominal y/o verbal?
9. ¿Hay faltas ortográficas?
10. ¿Se utilizan correctamente los conectores consecutivos?

| 4.2. | ¿Creéis que habéis mejorado vuestro texto gracias al análisis anterior? ¿Es necesario revisar todos estos aspectos de un escrito antes de hacerlo definitivo? ¿Por qué?

>| 5 | ¿Qué nuevas alternativas para viajar han surgido gracias a Internet? ¿Te parecen útiles? ¿Las usas con frecuencia? ¿Tu experiencia ha sido positiva o negativa? Coméntalo con tus compañeros.

Sensaciones

>| 6 | Cuando viajamos nos podemos sentir relajados, nerviosos, expectantes, ilusionados..., dependiendo del tipo de viaje que sea. Ahora compara tu aprendizaje de español con un viaje, ¿es un viaje organizado, cultural, de relax...? ¿Qué sensación tienes? Coméntalo con tus compañeros.

2 LA RUTA QUETZAL

Cultura

>| 1 | ¿Qué es la ruta Quetzal? ¿Qué sabéis de ella? Si no la conocéis, fijaos en estas imágenes y en lo que os sugieren, y tened en cuenta las palabras clave "ruta" y "quetzal".

118

4.1. Se pide a los estudiantes que intercambien sus trabajos. En esta actividad se ofrecen unas premisas de corte estratégico para que los alumnos puedan analizar el texto escrito por sus compañeros. Estas premisas les ayudarán a hacer una revisión del mismo y a detectar errores que se puedan haber cometido al escribirlo. Después de la revisión y anotadas las modificaciones que se crea pertinente hacer, cada alumno retomará su texto y lo reescribirá haciendo las correcciones indicadas en la revisión. Otra opción, si lo prefiere, es proponer que sean los mismos alumnos que revisan los textos los que realicen también los cambios.

Se recomienda, una vez terminada la actividad, llevar a cabo una corrección final de los textos por parte del profesor.

4.2. Se propone una reflexión sobre las estrategias a aplicar a la hora de realizar la revisión de un texto escrito con el fin de que los estudiantes tomen conciencia de cuáles deben aplicar, cuáles han aplicado ya y cuál es el resultado de haberlo hecho.

>5 Actividad de producción oral en plenario cuya finalidad es que los estudiantes opinen sobre las nuevas alternativas para viajar y expliquen sus propias experiencias. Se recomienda llevar a cabo esta actividad con todos los estudiantes de la clase. Sin embargo, si el profesor lo cree conveniente, puede pedirles que hablen en parejas o grupos pequeños y realizar, después, una puesta en común.

>6 ¿Cómo se sienten los estudiantes ante un viaje? A través de estas sensaciones, sentimientos o emociones, se propone a los estudiantes la comparación de su aprendizaje del español con un viaje. Esta actividad tiene por objetivo seguir concienciando al alumno de la importancia que tienen las emociones en el proceso de aprendizaje, y que sentirse expectante, ilusionado y relajado le ayudará, sin duda, a aprender más y conseguir mejores resultados. El conocimiento del estado emocional de los estudiantes por parte del profesor le servirá a este para conocer en qué estadio de su aprendizaje se encuentran y poder ayudarlos a mejorar.

2 LA RUTA QUETZAL 118

A través de la presentación del contenido cultural de la ruta Quetzal, se plantea el estudio del pronombre *se*. Los textos y las audiciones describiendo y explicando en qué consiste esta ruta y la especificación de cuáles son sus objetivos servirán de plataforma para el aprendizaje.

>1 Pida a los alumnos que lean el título del epígrafe y que observen el mapa y el logo de la actividad. Si algunos de ellos conocen la ruta, pueden dar la información que sepan. Si ninguno la conoce, ínsteles a formular hipótesis según las imágenes que están viendo. Se recomienda anotar en la pizarra aquellas palabras que propongan los alumnos y el profesor considere claves o relevantes.

La ruta Quetzal es un viaje que pretende dar a conocer a la juventud la historia, la cultura y las peculiaridades de los diferentes pueblos que conforman Iberoamérica viajando por esos mismos lugares.

i+ **ELEteca**

31. La ruta Quetzal.

1.1. Después de que los estudiantes hayan aportado toda la información que sabían o les hayan sugerido las imágenes de la actividad 1, están preparados para escuchar una audición de un programa de radio donde se explica en qué consiste la ruta Quetzal, sus inicios y las expectativas de alguno de los jóvenes participantes en este programa. El objetivo es que comprueben su información o la obtengan según el caso.

34

Locutor: Buenas tardes, queridos oyentes. Un día más estamos con ustedes para contarles todos los detalles sobre la actualidad cultural. Y el tema de hoy es un tema apasionante. Les hablaremos de la ruta Quetzal, de su historia, de sus protagonistas y de su increíble promotor, el gran viajero y explorador Miguel de La Cuadra Salcedo.

Tengo a mi lado a una de las participantes de la ruta Quetzal de este año, Rosa de la Torre. Rosa, ¿por qué vas a participar en este viaje?

Rosa: Hola, buenas tardes. Bueno, como sabéis, el BBVA es el patrocinador de la ruta Quetzal y ofrece unas becas a los mejores estudiantes de los diferentes países hispanos que deseen participar en esta expedición. Mi profesor me habló de esto, me propuso solicitar la beca y así lo hice. Así que trabajé mucho y la conseguí.

Locutor: ¿Qué es exactamente la ruta Quetzal?

Rosa: Bueno, es un poco difícil para mí explicarlo en pocas palabras, pero lo intentaré. La ruta Quetzal es un proyecto que se inició a finales de los años setenta por iniciativa del entonces Rey de España, Juan Carlos I, con el objetivo de hacer más fuertes los lazos de unión entre Iberoamérica, España y otros países. Pretende dar a conocer a la juventud la historia, la cultura y las peculiaridades de los diferentes pueblos que forman Iberoamérica, viajando por esos lugares, porque, como dice Miguel de La Cuadra Salcedo, solo viajando y estando en contacto con otras culturas podemos comprenderlas y conocerlas.

Locutor: Rosa, tú tienes tan solo 17 años. ¿Piensas que estás preparada para la experiencia?

Rosa: ¡Espero que sí! Es verdad que soy muy joven. Pero esta es, en general, la edad de los participantes. De hecho, es un viaje con fines educativos. Un viaje de conocimiento, pero también, como los participantes de otras ediciones más antiguas dicen, para motivarte a elegir una carrera con la que puedas ayudar a la sociedad en el futuro.

Locutor: Es verdad. Curiosamente, muchos de los jóvenes que han participado en esta ruta luego han dedicado su vida profesional a realizar trabajos en pro de la sociedad. Precisamente, nos acompaña hoy una de estas personas, Javier Hernández, presidente de una empresa dedicada a la promoción del desarrollo en áreas pobres. Vamos un momento a publicidad y enseguida volvemos.

1.2. Esta actividad estratégica sirve para concienciar al estudiante de que las imágenes ayudan a obtener o deducir la información de un texto y comprenderlo mejor. También es importante que comprueben si las palabras anotadas en la pizarra en la actividad 1 les han ayudado en la comprensión.

1.3. Se sigue trabajando con la comprensión auditiva. En este caso, escucharán la continuación del programa de radio de la actividad 1.1. Antes de proceder a la escucha, indique a los estudiantes que lean y contesten a las preguntas que puedan, ya que algunas corresponden al texto que han escuchado ya. Una vez hayan contestado a todas las preguntas posibles, es el momento de pasar a esta siguiente parte de la escucha.

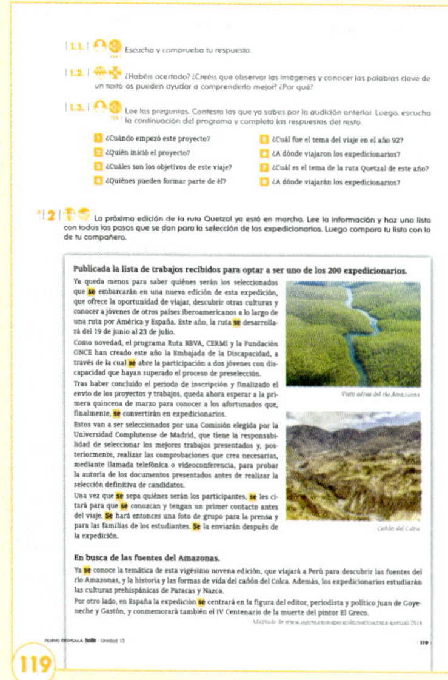
1.1. Escucha y comprueba tu respuesta.

1.2. ¿Habéis acertado? ¿Creéis que observar las imágenes y conocer las palabras clave de un texto os pueden ayudar a comprenderlo mejor? ¿Por qué?

1.3. Lee las preguntas. Contesta las que ya sabes por la audición anterior. Luego, escucha la continuación del programa y completa las respuestas del resto.

1. ¿Cuándo empezó este proyecto?
2. ¿Quién inició el proyecto?
3. ¿Cuáles son los objetivos de este viaje?
4. ¿Quiénes pueden formar parte de él?
5. ¿Cuál fue el tema del viaje en el año 92?
6. ¿A dónde viajaron los expedicionarios?
7. ¿Cuál es el tema de la ruta Quetzal de este año?
8. ¿A dónde viajarán los expedicionarios?

2. La próxima edición de la ruta Quetzal ya está en marcha. Lee la información y haz una lista con todos los pasos que se dan para la selección de los expedicionarios. Luego compara tu lista con la de tu compañero.

Publicada la lista de trabajos recibidos para optar a ser uno de los 200 expedicionarios.

Ya queda menos para saber quiénes serán los seleccionados que se embarcarán en una nueva edición de esta expedición, que ofrece la oportunidad de viajar, descubrir otras culturas y conocer a jóvenes de otros países iberoamericanos a lo largo de una ruta por América y España. Este año, la ruta se desarrollará del 19 de junio al 23 de julio.

Como novedad, el programa Ruta BBVA, CERMI y la Fundación ONCE han creado este año la Embajada de la Discapacidad, a través de la cual se abre la participación a dos jóvenes con discapacidad que hayan superado el proceso de preselección.

Tras haber concluido el periodo de inscripción y finalizado el envío de los proyectos y trabajos, queda ahora esperar a la primera quincena de marzo para conocer a los afortunados que, finalmente, se convertirán en expedicionarios.

Estos van a ser seleccionados por una Comisión elegida por la Universidad Complutense de Madrid, que tiene la responsabilidad de seleccionar los mejores trabajos presentados y, posteriormente, realizar las comprobaciones que crea necesarias, mediante llamada telefónica o videoconferencia, para probar la autoría de los documentos presentados antes de realizar la selección definitiva de candidatos.

Una vez que se sepa quiénes serán los participantes, se les citará para que se conozcan y tengan un primer contacto antes del viaje. Se hará entonces una foto de grupo para la prensa y para las familias de los estudiantes. Se la enviarán después de la expedición.

Vista aérea del río Amazonas

Cañón del Colca

En busca de las fuentes del Amazonas.

Ya se conoce la temática de esta vigésimo novena edición, que viajará a Perú para descubrir las fuentes del río Amazonas, y la historia y las formas de vida del cañón del Colca. Además, los expedicionarios estudiarán las culturas prehispánicas de Paracas y Nazca.

Por otro lado, en España la expedición se centrará en la figura del editor, periodista y político Juan de Goyeneche y Gastón, y conmemorará también el IV Centenario de la muerte del pintor El Greco.

nuevo PRISMA fusión · Unidad 13 — 119

119

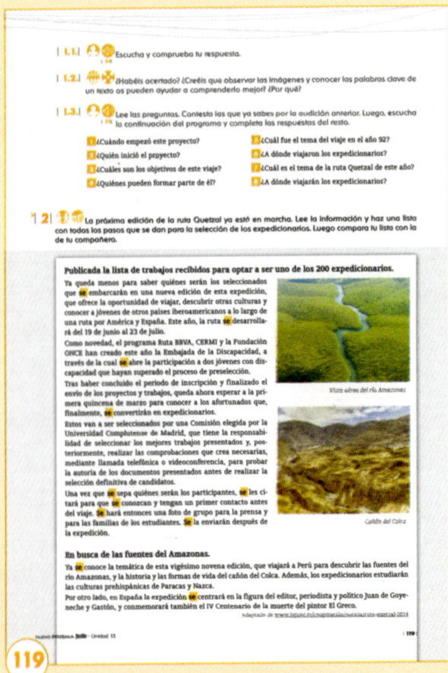

| 1.1. | Escucha y comprueba tu respuesta.

| 1.2. | ¿Habéis acertado? ¿Creéis que observar las imágenes y conocer las palabras clave de un texto os pueden ayudar a comprenderlo mejor? ¿Por qué?

| 1.3. | Lee las preguntas. Contesta las que ya sabes por la audición anterior. Luego, escucha la continuación del programa y completa las respuestas del resto.

1. ¿Cuándo empezó este proyecto?
2. ¿Quién inició el proyecto?
3. ¿Cuáles son los objetivos de este viaje?
4. ¿Quiénes pueden formar parte de él?
5. ¿Cuál fue el tema del viaje en el año 92?
6. ¿A dónde viajaron los expedicionarios?
7. ¿Cuál es el tema de la ruta Quetzal de este año?
8. ¿A dónde viajarán los expedicionarios?

| 2 | La próxima edición de la ruta Quetzal ya está en marcha. Lee la información y haz una lista con todos los pasos que se dan para la selección de los expedicionarios. Luego compara tu lista con la de tu compañero.

Publicada la lista de trabajos recibidos para optar a ser uno de los 200 expedicionarios.

Ya queda menos para saber quiénes serán los seleccionados que se embarcarán en una nueva edición de esta expedición, que ofrece la oportunidad de viajar, descubrir otras culturas y conocer a jóvenes de otros países iberoamericanos a lo largo de una ruta por América y España. Este año, la ruta se desarrollará del 19 de junio al 23 de julio.

Como novedad, el programa Ruta BBVA, CERMI y la Fundación ONCE han creado este año la Embajada de la Discapacidad, a través de la cual se abre la participación a dos jóvenes con discapacidad que hayan superado el proceso de preselección.

Tras haber concluido el periodo de inscripción y finalizado el envío de los proyectos y trabajos, queda ahora esperar a la primera quincena de marzo para conocer a los afortunados que, finalmente, se convertirán en expedicionarios.

Estos van a ser seleccionados por una Comisión elegida por la Universidad Complutense de Madrid, que tiene la responsabilidad de seleccionar los mejores trabajos presentados y, posteriormente, realizar las comprobaciones que crea necesarias, mediante llamada telefónica o videoconferencia, para probar la autoría de los documentos presentados antes de realizar la selección definitiva de candidatos.

Una vez que se sepa quiénes serán los participantes, se les citará para que se conozcan y tengan un primer contacto antes del viaje. Se hará entonces una foto de grupo para la prensa y para las familias de los estudiantes. Se la enviarán después de la expedición.

Vista aérea del río Amazonas

Cañón del Colca

En busca de las fuentes del Amazonas.

Ya se conoce la temática de esta vigésimo novena edición, que viajará a Perú para descubrir las fuentes del río Amazonas, y la historia y las formas de vida del cañón del Colca. Además, los expedicionarios estudiarán las culturas prehispánicas de Paracas y Nazca.

Por otro lado, en España la expedición se centrará en la figura del editor, periodista y político Juan de Goyeneche y Gastón, y conmemorará también el IV Centenario de la muerte del pintor El Greco.

nuevo PRISMA fusión · Unidad 13 | 119 |

119

| 35 |

- **Locutor:** Javier, buenas tardes, ¿qué aprendiste de tu participación en este viaje?
- **Javier:** Hola, buenas tardes. Bueno, esa experiencia ha sido la mejor y la más decisiva que he tenido en vida. Me abrió los ojos a otras realidades, a otras culturas y a otros modos de vida porque me puso en contacto con gentes muy diversas. Los días de campamento, las visitas a ciudades tan importantes para la historia, el conocimiento directo de las personas y, sobre todo, las charlas de Miguel de La Cuadra cambiaron mi modo de ver el mundo. Entendí que todos estamos unidos aunque seamos tan diferentes, y comprendí que mi futuro estaba en la ayuda al desarrollo, en la cooperación internacional.
- **Locutor:** Creo que tú fuiste miembro de una de las primeras expediciones.
- **Javier:** Bueno, no de las primeras, pero fue ya hace bastantes años. Formé parte de la ruta Quetzal 1992. ¿Podéis imaginar la suerte que tuve? Era la que conmemoraba el quinientos aniversario de la llegada de Colón a América y el año de los juegos olímpicos de Barcelona.
- **Locutor:** ¿En qué consistió la ruta Quetzal de 1992?
- **Javier:** Ese año la expedición se llamaba *Aventura 92. Rumbo al mundo del futuro.* Del 5 de septiembre al 14 de octubre viajamos a muchos lugares. Empezamos el viaje en Madrid y de allí viajamos a Valladolid y a Asturias. Hicimos un recorrido por distintas ciudades históricas del norte de España. De allí fuimos a Extremadura, donde visitamos ciudades como Cáceres, Mérida, Guadalupe y Trujillo. Después fuimos a Sevilla, para visitar la EXPO 92, que era el objetivo primordial, pues allí se reunían los máximos avances tecnológicos del planeta. Después viajamos de nuevo a Madrid y de allí a La República Dominicana, donde el Papa Juan Pablo II, que estaba de visita allí, nos recibió en audiencia.
- **Locutor:** Podemos imaginar ahora cómo este viaje ha marcado tu vida.
- **Javier:** Sí. Ya lo creo.
- **Locutor:** Rosa, ¿qué itinerario seguirá la ruta Quetzal de este año?
- **Rosa:** Este año la ruta se llama *De la selva de Darién a la Europa de Carlos V. La gran aventura del descubrimiento del Mar del Sur*. Somos 225 estudiantes, de 53 países. En 1513, hace más de 500 años, el extremeño Vasco Núñez de Balboa descubrió el océano Pacífico. Viajaremos desde Madrid a Panamá y cruzaremos la selva del Darién hasta llegar al Mar del Sur, siguiendo los pasos de su descubridor.
- **Locutor:** Toda una aventura, desde luego. Aventura de la que informaremos a nuestros oyentes en cada etapa. Te deseamos un feliz viaje, Rosa, y os damos las gracias a los dos por vuestra presencia hoy en nuestro programa.
- **Javier:** Muchas gracias a vosotros por invitarme.
- **Rosa:** Sí, ha sido un placer.
- **Locutor:** Y a ustedes, queridos oyentes, también muchas gracias. Que tengan un buen día. Hasta mañana.

1. A finales de los años 70; 2. El rey de España Juan Carlos I; 3. Hacer más fuertes los lazos de unión entre Iberoamérica, España y otros países. Pretende dar a conocer a la juventud la historia, la cultura y las peculiaridades de los diferentes pueblos que forman Iberoamérica; 4. Los mejores estudiantes del país y de otros países hispanos que lo deseen; 5. El mundo del futuro; 6. Primero, a las distintas ciudades históricas del norte de España y de Extremadura, como Valladolid, Cáceres o Trujillo; después, a la EXPO 92, en Sevilla, que era el objetivo primordial, pues allí se reunían los máximos avances del planeta; luego, a Madrid, y de allí, a la República Dominicana; 7. El descubrimiento del océano Pacífico; 8. Irán de Madrid a Panamá y cruzarán la selva del Darién hasta llegar al mar del Sur u océano Pacífico, siguiendo los pasos de su descubridor, Vasco Núñez de Balboa.

> **2** Actividad que propone la comprensión selectiva de un texto donde se explican los pasos que se dan para seleccionar a los participantes a la ruta Quetzal. Se pide a los alumnos que lean la información, hagan una lista de dichos pasos y, después, la comparen con un compañero para completarla si procede.

Una vez realizada la actividad de comprensión lectora, se propone una actividad de reflexión gramatical sobre los usos del pronombre *se* utilizando la proyección 23.

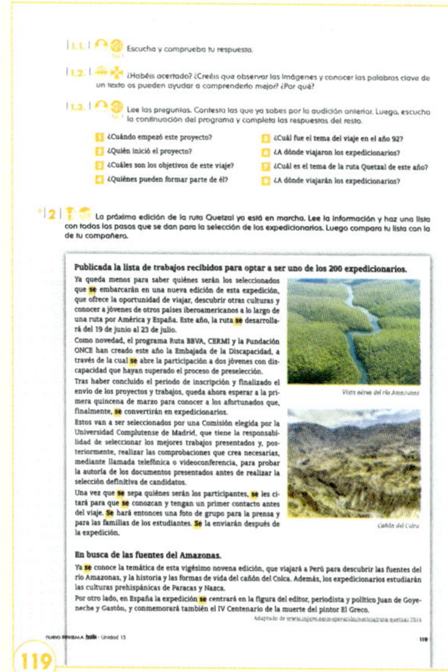

Proyección 23. Usos de *se*.

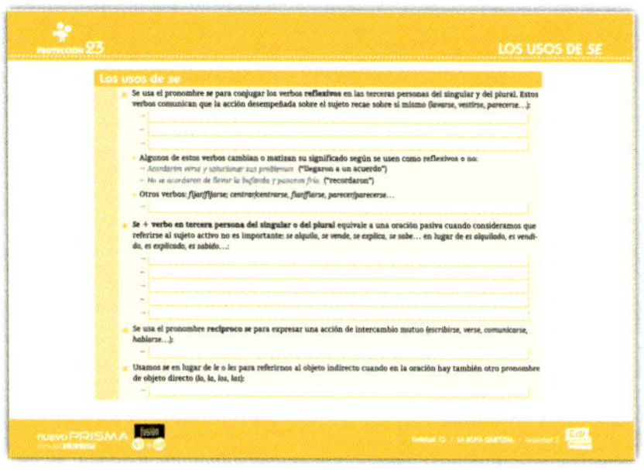

Dinámica. Proponga a los estudiantes que lean de nuevo el texto de la actividad 2 de su libro y que se fijen en las frases en las que aparece resaltado el pronombre *se*. Después, proyecte el cuadro gramatical y comente con ellos cada uno de los usos del pronombre. Es el momento de resolver las dudas que puedan surgir o de ampliar información si lo cree conveniente. Para terminar, los estudiantes deberán completar el cuadro escribiendo en la pizarra las frases del texto resaltadas en negrita en el lugar adecuado según el uso. Aunque la actividad está pensada para que completen el cuadro en plenario, puede fotocopiar la proyección y repartir copias si prefiere que los alumnos trabajen en pequeños grupos.

Uso reflexivo: los seleccionados que se embarcarán en una nueva edición de esta expedición; Este año, la ruta se desarrollará del 19 de junio al 23 de julio; para conocer a los afortunados que, finalmente, se convertirán en expedicionarios; Diferente significado con el verbo en forma reflexiva: la expedición se centrará en la figura del editor, periodista y político Juan de Goyeneche y Gastón; Uso pasivo: la Embajada de la Discapacidad, a través de la cual se abre la participación a dos jóvenes con discapacidad; Una vez que se sepa quiénes serán los participantes; se les citará; Se hará entonces una foto de grupo para la prensa; Ya se conoce la temática de esta vigésimo novena edición; Como pronombre recíproco: para que se conozcan y tengan un primer contacto antes del viaje; Como objeto indirecto: Se la enviarán después de la expedición.

Inscripción; Envío de proyectos y trabajos; Selección de los mejores trabajos presentados; Llamada telefónica o videoconferencia para probar la autoría de los trabajos; Selección definitiva de los candidatos.

Puede realizar los ejercicios 8 y 9 de la unidad 13 del *Libro de ejercicios* para consolidar los usos de *se* y el cambio de significado o matiz en algunos verbos.

3 NECESITAS UNA GUÍA 120

El objetivo de este epígrafe es la elaboración, por parte de los alumnos, de una guía de viajes. Se presentan textos con el formato y contenidos de una guía de viajes con el fin de que el estudiante obtenga muestras y modelos que le aporten información. Las construcciones precolombinas, como Tenochtitlan, Palenque y Cuzco, y sus respectivas culturas ofrecerán estos contenidos, además de una información cultural de gran interés.

> 1 Actividad de corte estratégico que servirá para introducir el tema de la guía de viajes y cuya finalidad es que los estudiantes se conciencien de que el formato de un texto nos da mucha información previa sobre el contenido del mismo. Pregunte a sus alumnos si saben qué tipo de libro aparece en la imagen y en qué se han basado para suponerlo. Si lo considera oportuno, puede preguntarles si utilizan este tipo de libros, teniendo en cuenta que hoy en día en Internet se puede encontrar toda la información que se necesita a modo de guía.

Es una guía de viajes. El formato, el mapa y las fotos dan las pistas necesarias para saber qué tipo de texto es.

1.1. Se plantea una actividad de interacción oral para que los estudiantes tomen contacto, a través de las construcciones precolombinas, con las culturas azteca, maya e inca. Pídales que, a modo de lluvia de ideas, comenten con sus compañeros si conocen estos lugares y estas culturas, y expliquen lo que saben de ellas. Se trata de una actividad de iniciación para la preparación de la tarea final.

1.2. Se propone seguir conociendo las culturas precolombinas retomando la información compartida de la actividad anterior y ampliándola con la que encontrarán en la ficha 31. Para realizar la actividad, siga las instrucciones de la ficha.

Ficha 31. Guía de culturas.

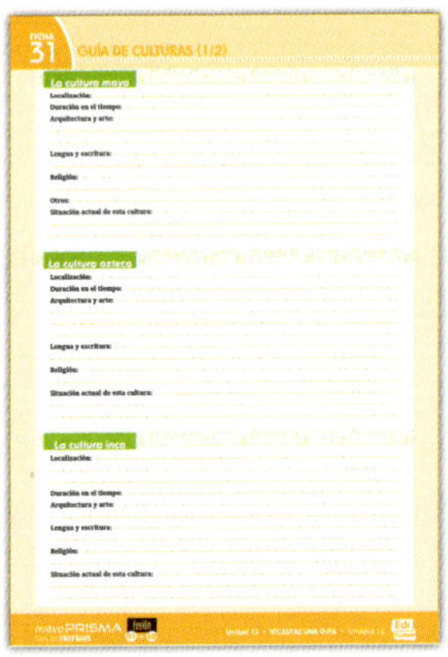

Dinámica. Divida la clase en grupos de tres y reparta a cada grupo una copia de la primera parte de la ficha, 31 (1/2). Pídales que completen, entre los tres, los datos que conozcan según la información compartida en la actividad anterior y sus conocimientos previos. Después, reparta la segunda ficha, 31 (2/2), con la información sobre cada cultura para que completen los datos que les faltan en la primera ficha. Si lo desea, puede entregar a cada alumno del grupo uno de los tres textos de esta última ficha, de modo que cada uno tenga que explicar al resto la información del texto que le haya tocado. Finalmente, en grupo clase, pídales que hablen sobre estas culturas precolombinas y que reflexionen sobre las ventajas de compartir conocimientos con sus compañeros.

1.3. Actividad de producción oral y de corte intercultural cuyo fin es que los estudiantes produzcan lo que han aprendido y comenten si en sus países existen vestigios de antiguas culturas.

> 2 Actividad a modo de muestra de una guía de viajes. Se ofrece un texto que trata sobre Palenque, México, y se pide a los estudiantes que lo completen con las palabras propuestas. El objetivo es que los alumnos, mediante la comprensión lectora, conozcan los apartados que debe tener una guía turística, así como las características de los textos descriptivos que ofrecen información sobre el lugar, arquitectura, restaurantes, etc. El léxico que se ofrece para completar los espacios son las palabras que corresponden, precisamente, a los apartados del texto. Para facilitar la actividad, indique a sus alumnos que lean el cuadro informativo que aparece en la página 120 y que explica en qué consiste una guía turística, qué información contiene y cómo está escrita. Si lo prefiere, antes de pasar a la lectura del cuadro, puede hacer preguntas a los alumnos sobre su contenido para que sean ellos mismos los que reflexionen al respecto (*¿Qué tipo de información contiene una guía de viajes?, ¿qué tipo de lenguaje utiliza?, ¿qué partes o elementos tiene?*, etc.). Una vez leído el cuadro, es el momento de que los alumnos realicen la tarea.

1. Introducción; 2. Historia; 3. Lugares de interés; 4. El templo de las Inscripciones; 5. La tumba de Pakal; 6. El conjunto de la Cruz; 7. Restaurantes; 8. Alojamiento.

>3 Tarea cooperativa que cierra el epígrafe en la que se pedirá a los estudiantes que elaboren una guía turística. Para ello, se valdrán de toda la información que ya conocen y de los modelos que han visto a lo largo del apartado. Pídales que, conjuntamente, decidan los países y lugares de los que van a elaborar la guía. Si es necesario, escriba los nombres de los lugares escogidos en la pizarra y asigne uno a cada grupo para evitar la repetición. A continuación, cada grupo deberá elaborar su propia guía siguiendo las pautas que se indican en la actividad. Finalmente, deberán presentar sus guías al resto de compañeros de clase.

ELEteca
Léxico. El arte en los viajes.

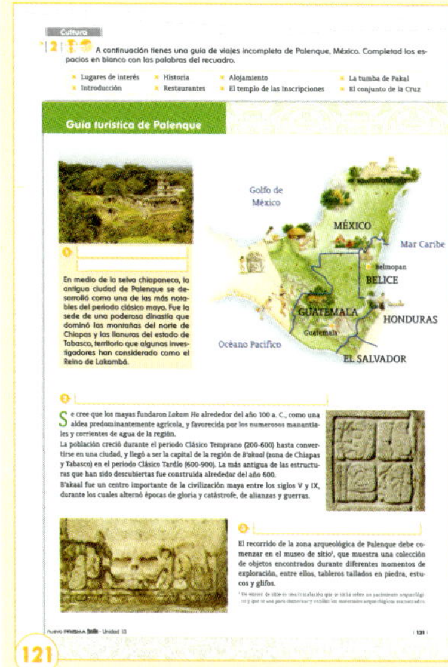
121

122

123

14 IMAGINARTE

124

Esta unidad gira en torno al arte, manifestado a través de la fotografía, pintura y escultura. Se hará un recorrido por algunos de los artistas más relevantes de estas disciplinas en el mundo hispano. Los contenidos gramaticales focalizan su atención en la revisión de los usos de *ser* y *estar*, y se presentan las oraciones pasivas de proceso y de resultado, además de la pasiva refleja y pasiva con objeto directo + pronombre.

Se juzgarán situaciones, se hablará sobre diferentes expresiones artísticas y el estudiante aprenderá a realizar una crítica de arte.

1 ¿QUÉ ES ARTE? 124

Se comienza este primer epígrafe de la unidad con una reflexión sobre el arte y sus diferentes manifestaciones. El estudiante conocerá a tres artistas de vertientes distintas como son el escultor Eduardo Chillida, el muralista Diego Rivera y el fotógrafo Pedro Luis Raota. Se hace una revisión de los usos de *ser* y *estar*, y se practica la descripción. Se presenta también la actividad de sensaciones de la unidad, proponiendo una reflexión metafórica en la que los estudiantes van a hacer uso de sus recién adquiridos conocimientos sobre pintura corporal, asignando un color a diferentes aspectos del aprendizaje del español y explicando el significado de dichos colores.

> 1 En esta actividad de interacción oral planteada para realizar en plenario, pida a los estudiantes que observen con atención las fotografías y pregúnteles si considerarían obras de arte las actividades a las que se refieren. Si hay disparidad de opiniones, pídales que debatan la cuestión justificando sus respuestas.

Las manisfestaciones artísticas que se reflejan son: A. diseño de ropa; B. escultura; C. grafiti; D. fotografía; E. cómic; F. pintura corporal.

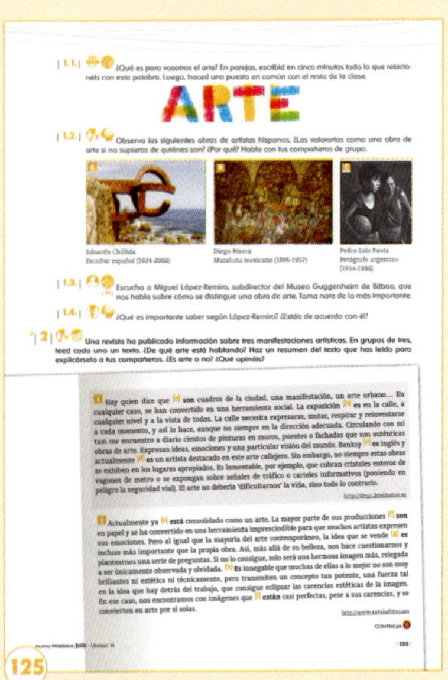

125

1.1. Se continúa reflexionando sobre el concepto de arte. Indíqueles que formen parejas y escriban brevemente todo aquello que relacionan con esta palabra. A continuación, haga una puesta en común para intercambiar ideas. Si lo considera conveniente, sugiera que entre todos elijan aquella definición que consideren más completa, o que elaboren, entre todos, una que recoja las mejores ideas planteadas con anterioridad.

Alternativa. Reparta copias de la ficha 32 y lleve a cabo las actividades que se indican.

Ficha 32. Definiciones de arte.

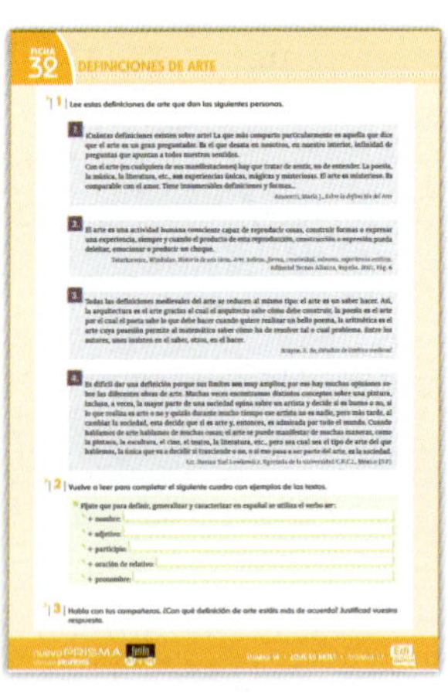

Dinámica. Entregue copias de la ficha 32 e indique a los estudiantes que, de manera individual, lean las definiciones de arte que se dan. Resuelva las dudas de vocabulario que puedan surgir. Una vez leídos y comprendidos los textos, pídales que se fijen en el verbo *ser* resaltado en negrita y dirija su atención al cuadro de la actividad 2. Luego, pídales que completen las estructuras con ejemplos de los textos. Por último, lleve a cabo una actividad de interacción oral en la que, en plenario, elijan una de las definiciones justificando su elección.

2. Posible respuesta: + nombre: El arte es una actividad humana consciente (...); + adjetivo: Es comparable con el amor; + participio: es admirada por todo el mundo; + oración de relativo: Es el que desata en nosotros (...); + pronombre: ese artista no es nadie.

1.2. Proponga a los estudiantes que, en pequeños grupos, observen con atención las siguientes fotografías y que valoren si deben ser o no consideradas como obras artísticas. Sugiera que pongan en común sus opiniones con el resto de la clase y que las justifiquen.

i+ **ELEteca**

31. Eduardo Chillida, Diego Rivera y Pedro Luis Raota.

1.3. Tarea de comprensión auditiva. Informe a los estudiantes de que van a escuchar hablar al director del Museo Guggenheim de Bilbao sobre los criterios que distinguen a una buena obra de arte. Pídales que escuchen con atención y que tomen nota de la información que les parezca más relevante. Si lo considera necesario, puede poner el audio dos veces.

36

Entrevistadora: ¿Cómo se distingue una buena obra de arte? ¿Cómo tener buen criterio?

Miguel: En primer lugar, poniéndose en contacto con las obras, fomentando una nueva sensibilidad, un gusto, un sentido crítico. Quizá nunca has visto una obra de arte contemporáneo, pero tienes costumbre de ir al monte, y tienes facilidad para apreciar la luz, las formas, la belleza. Entonces, cuando te enfrentas a una obra de arte y la ves, te sugiere algo. La buena obra de arte es la que busca una aportación, una nueva forma de ver la vida. Es difícil dar "guiones" para aprender a distinguir: acudir a buenos centros de arte, garantes de cierta calidad... No hace falta ser crítico de arte para disfrutar de una obra, como no hace falta ser crítico de cine para disfrutar de una película. Por otro lado, no todo el mundo tiene la misma sensibilidad y no para las mismas cosas: a unos les atrae la pintura, a otros la música... La cultura se cultiva, y aporta mundos nuevos, formas nuevas de entender las cosas. Otra manera de acercarse al arte es hablar con los artistas; "somos" gente muy peculiar, un poco filósofos, siempre pensando sobre la vida, la belleza... y apasionada por lo que hace.

Entrevistadora: Cuando Duchamp presentó un urinario del revés, en su momento fue un escándalo, pero hoy sí se puede entender que tenía cierto sentido, que respondía a un fundamento filosófico o antropológico. Sin embargo, las obras de arte actuales despiertan el recelo de no tener ningún fundamento. ¿El arte actual está comprometido con algo?

Miguel: Como en todo, hay gente y artistas que sí están comprometidos con la búsqueda de algo. Lo que busca el buen artista es crear algo verdadero, algo que tenga sentido, que aporte, que signifique algo. La pura representación de un simulacro es una pérdida de tiempo, aunque una obra que no tiene ningún significado también puede tener cierto sentido filosófico... Sobre lo de Duchamp, es verdad que inicia el planteamiento posmoderno: "todo es arte". Y ahí empieza un gran dilema: si todo es arte, si todo el mundo puede ser artista, ¿dónde está el límite?

Entrevistadora: En el momento en que todo es arte, se acaba el arte...

Miguel: Puede parecer así, aunque creo que el arte siempre existirá.

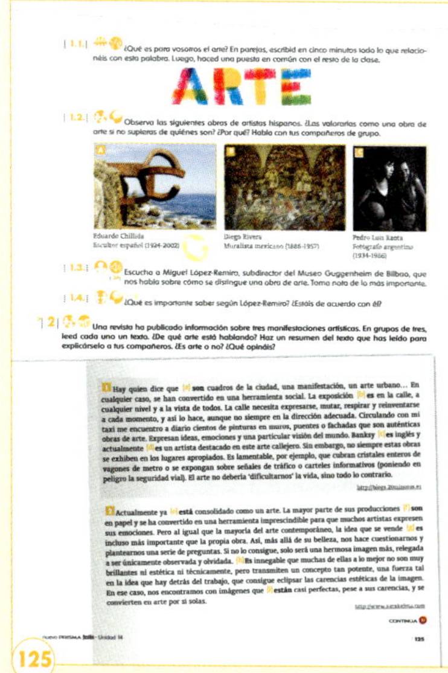

1.1. ¿Qué es para vosotros el arte? En parejas, escribid en cinco minutos todo lo que relacionéis con esta palabra. Luego, haced una puesta en común con el resto de la clase.

ARTE

1.2. Observa las siguientes obras de artistas hispanos. ¿Las valorarías como una obra de arte si no supieras de quiénes son? ¿Por qué? Habla con tus compañeros de grupo.

A Eduardo Chillida, Escultor español (1924-2002)

B Diego Rivera, Muralista mexicano (1886-1957)

C Pedro Luis Raota, Fotógrafo argentino (1934-1986)

1.3. Escucha a Miguel López-Remiro, subdirector del Museo Guggenheim de Bilbao, que nos habla sobre cómo se distingue una obra de arte. Toma nota de lo más importante.

1.4. ¿Qué es importante saber según López-Remiro? ¿Estáis de acuerdo con él?

2. **Una revista ha publicado información sobre tres manifestaciones artísticas. En grupos de tres, leed cada uno un texto. ¿De qué arte está hablando? Haz un resumen del texto que has leído para explicárselo a tus compañeros. ¿Es arte o no? ¿Qué opináis?**

1 Hay quien dice que [a] **son** cuadros de la ciudad, una manifestación, un arte urbano... En cualquier caso, se han convertido en una herramienta social. La exposición [b] **es** en la calle, a cualquier nivel y a la vista de todos. La calle necesita expresarse, mutar, respirar y reinventarse a cada momento, y así lo hace, aunque no siempre en la dirección adecuada. Circulando con mi taxi me encuentro a diario cientos de pinturas en muros, puentes o fachadas que son auténticas obras de arte. Expresan ideas, emociones y una particular visión del mundo. Banksy [c] **es** inglés y actualmente [d] **es** un artista destacado en este arte callejero. Sin embargo, no siempre estas obras se exhiben en los lugares apropiados. Es lamentable, por ejemplo, que cubran cristales enteros de vagones de metro o se expongan sobre señales de tráfico o carteles informativos (poniendo en peligro la seguridad vial). El arte no debería 'dificultarnos' la vida, sino todo lo contrario.

2 Actualmente ya [e] **está** consolidado como un arte. La mayor parte de sus producciones [f] **son** en papel y se ha convertido en una herramienta imprescindible para que muchos artistas expresen sus emociones. Pero al igual que la mayoría del arte contemporáneo, la idea que se vende [g] **es** incluso más importante que la propia obra. Así, más allá de su belleza, nos hace cuestionarnos y plantearnos una serie de preguntas. Si no lo consigue, solo será una hermosa imagen más, relegada a ser únicamente observada y olvidada. [h] **Es** innegable que muchas de ellas a lo mejor no son muy brillantes ni estética ni técnicamente, pero transmiten un concepto tan potente, una fuerza tal en la idea que hay detrás del trabajo, que consigue eclipsar las carencias estéticas de la imagen. En ese caso, nos encontramos con imágenes que [i] **están** casi perfectas, pese a sus carencias, y se convierten en arte por sí solas.

CONTINÚA

125

125

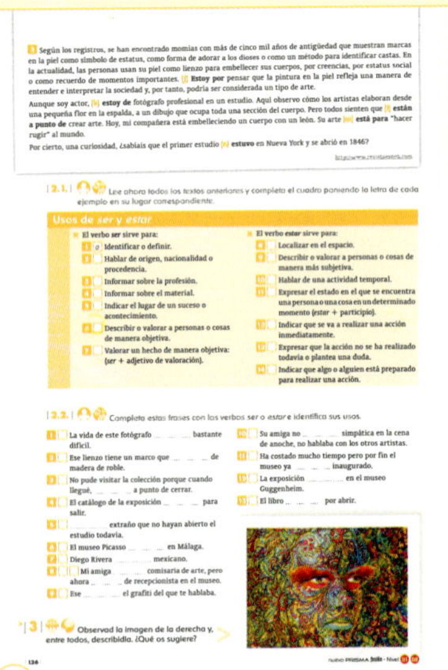

126

127

ELEteca

32. El museo Guggenheim de Bilbao.

1.4. Pida a los estudiantes que, en parejas, comenten qué criterios se deben tener, según el director del Museo Guggenheim de Bilbao, para poder distinguir una obra de arte y digan si están de acuerdo con él o no. Puede cerrar la secuencia de actividades proponiendo que, en plenario, den su opinión y la justifiquen.

Establecer contacto con las obras y fomentar una nueva sensibilidad hacia el arte contemporáneo, dejándose llevar por las sensaciones que te provoca su contemplación. Es necesario acudir a buenos centros de arte, cultivarse, hablar con los artistas y buscar el sentido filosófico de la obra de arte.

>2 Se procede ahora a una tarea de comprensión lectora. Indique a los estudiantes que formen grupos de tres. Cada miembro del grupo debe leer uno de los textos que se ofrecen e inferir a qué tipo de actividad se refiere. Una vez identificadas, cada estudiante hace un resumen del texto para explicárselo a sus compañeros de grupo y, entre los tres, opinan si para ellos entra dentro de la categoría de arte. Si lo considera oportuno, haga una puesta en común.

1. grafiti; 2. fotografía; 3. tatuaje.

2.1. Se continúa con una tarea de reflexión gramatical de repaso de los usos de *ser* y *estar* planteada para realizar de manera individual. Pida al estudiante que relea los tres textos de la actividad anterior fijándose en los verbos resaltados en negrita para completar con ellos el cuadro. Antes de llevar a cabo la corrección, haga que cotejen sus respuestas en parejas.

Verbo *ser*: 1. a; 2. c; 3. d; 4. f; 5. b; 6. g; 7. h. Verbo *estar*: 8. n; 9. i; 10. k; 11. e; 12. l; 13. j; 14. m.

2.2. Actividad de práctica controlada diseñada para realizar de modo individual cuyo objetivo es consolidar los conocimientos adquiridos en la actividad anterior.

1. es/fue, uso 6; 2. es, uso 4; 3. estaban, uso 12; 4. está, uso 14; 5. Es, uso 7; 6. está, uso 8; 7. era, uso 2; 8. es, uso 3; está, uso 10; 9. es, uso 1; 10. estuvo, uso 9; 11. está, uso 11; 12. es/fue, uso 5; 13. está, uso 13.

Si cree que su grupo necesita una práctica extra de estos contenidos, puede llevar a cabo los ejercicios 1 y 2 de la unidad 14 del *Libro de ejercicios*.

>3 Actividad de interacción oral diseñada con la intención de que los estudiantes, tras observar la foto con atención, la describan y verbalicen lo que les sugiere. Es una actividad introductoria de una secuencia en la que van a conocer el arte del *body painting* o pintura corporal.

3.1. Actividad previa a la tarea de comprensión auditiva de la actividad 3.2. En plenario, pregúnteles en qué consiste la pintura corporal. Si no lo saben, dirija su atención hacia las fotografías que les darán pistas sobre el tema. A continuación, pídales que, de modo individual, hagan hipótesis sobre las afirmaciones que aparecen para decidir si son verdaderas o falsas. De este modo, activará sus conocimientos previos sobre el tema y creará interés por conocer la respuesta correcta. No corrija la actividad de momento.

1. V; 2. V; 3. F; 4. V; 5. F; 6. V; 7. F; 8. V.

3.2. Actividad de comprensión auditiva cuyo objetivo es confirmar o desmentir sus suposiciones anteriores. Pídales que escuchen atentamente y comprueben sus respuestas a la actividad 3.1. Luego, déjeles unos minutos para corregir las respuestas que no han acertado. A continuación, propónganles que, en plenario, den su opinión sobre la pintura corporal y si creen que debe incluirse dentro del concepto de arte o no.

37 La pintura corporal o *body painting* es la modalidad más artística del maquillaje. La pintura se funde con el cuerpo, dando como resultado una obra de arte en movimiento. Se requiere una gran dedicación al trabajo y un buen conocimiento de las técnicas y los materiales por parte de los artistas que realizan la obra. La pintura en un cuerpo desnudo o semidesnudo es una forma de transmitir un mensaje y convertirlo en una obra de arte viviente.

El *body painting* ha evolucionado desde que fuera una de las primeras formas de expresión utilizadas por el hombre. En la prehistoria, el hombre descubrió que la tierra coloreada, la tiza, la sangre de los animales o el carbón se podían utilizar para decorar el cuerpo, para identificar a la tribu, intimidar al enemigo, cazar o en diferentes ritos.

Actualmente, muchas culturas continúan con la tradición de pintar sus cuerpos por diferentes motivos. Los pueblos de Kau, Nyaro y Fungor realizan un arte de pintura corporal y facial de gran nivel. El significado de pintar sus cuerpos de diferentes formas se convierte en una especie de marca que identifica a cada grupo de edad.

Algunos pueblos indígenas de Sudamérica utilizan el huito –algo parecido a la henna– y el carbón para decorar su cuerpo, con los que expresan un significado dependiendo del tipo de dibujo o símbolo. Las mujeres de la India o el Magreb continúan aplicándose pintura corporal como la henna en celebraciones religiosas.

En la sociedad occidental, la pintura corporal se utiliza como mero divertimiento o como elemento decorativo en carnavales, fiestas, convenciones o, incluso, en desfiles de moda. Los publicistas lo usan como herramienta promocional, pues no hay mejor forma de darte a conocer que con una obra de arte en el cuerpo de una persona semidesnuda.

El éxito de un buen trabajo con el *body painting* permite exhibir el cuerpo desnudo sin que se aprecien las zonas. Su único inconveniente –sobre todo para el artista que lo realiza–, es que se trata de un arte efímero, es decir, que dura poco tiempo en el cuerpo. La única forma de inmortalizar esa obra de arte es mediante los medios visuales: vídeos o fotografías.

Anualmente se celebra el World Body Painting Festival. Es el más importante del mundo y se ha convertido en la meca del *body painting*. El evento dura una semana, y durante los cuatro primeros días se imparten talleres especiales y clases de aprendizaje, mientras que los tres últimos están dedicados a la competición de los artistas en diferentes categorías. Todo un espectáculo de colores para los aficionados a este tipo de arte.

3.3. Para concluir el epígrafe, se propone una actividad oral en plenario bajo la etiqueta de sensaciones. Se trata de un juego en el que, asociando los colores a diversos sentimientos, deben "colorear" cómo sienten que es su aprendizaje de español en sus diferentes dimensiones. Para concluir, pregúnteles qué tipo de obra de arte sería su aprendizaje: un grafiti, una fotografía… justificando su respuesta.

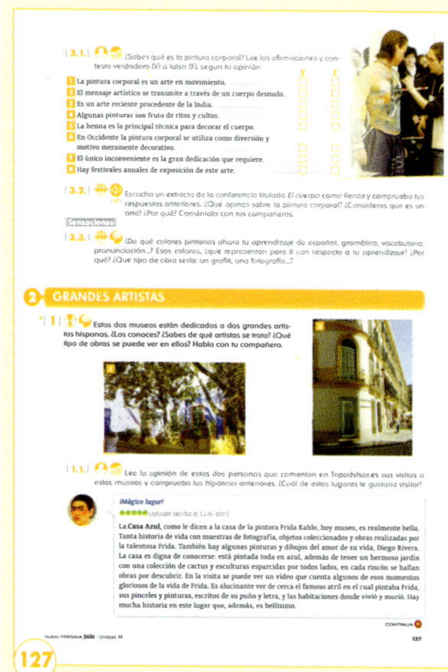

127

2 GRANDES ARTISTAS 127

Este epígrafe prosigue con la presentación de diferentes artistas hispanos, siendo el turno ahora de los pintores Frida Kahlo y Pablo Picasso, sus museos (la Casa Azul y el museo Picasso de Málaga) y algunas de sus obras más representativas. Se introducen también las oraciones pasivas de proceso y resultado y las oraciones reflexivas impersonales.

> 1 Actividad de interacción oral en parejas. Haga que se fijen en las fotografías y dígales que son dos museos dedicados a dos pintores hispanos de fama

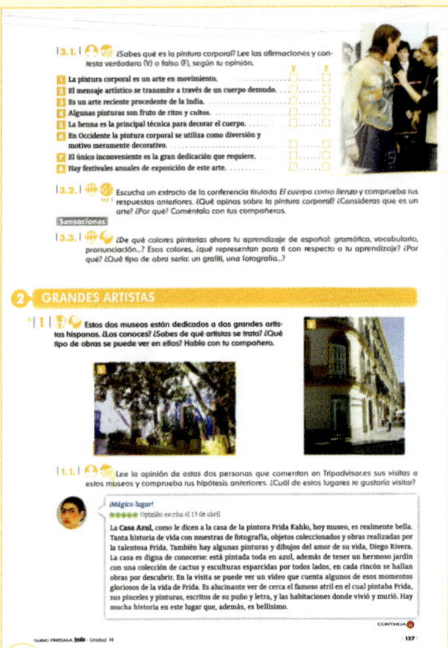

127

128

mundial. Pregúnteles si reconocen estos lugares y pídales que intercambien lo que saben sobre ellos. Puede hacer una puesta en común con toda la clase para reunir toda la información.

1. La Casa Azul, Frida Kahlo; Se pueden ver fotografías, objetos y cuadros de Frida Kahlo y algunas obras de Diego Rivera, su marido. También algunos objetos personales, como el atril en el que pintaba Frida, pinceles y pinturas, manuscritos... 2. El museo Picasso de Málaga, Pablo Picasso; Se puede ver una muestra de sus obras.

1.1. Indique a los estudiantes que lean con atención dos opiniones sobre dos personas que comentan sus visitas a los museos anteriores para que comprueben si sus hipótesis anteriores eran acertadas. Una vez leídas las dos opiniones, sugiérales que piensen en cuál de los dos lugares les gustaría visitar. Luego, haga una puesta en común.

i+ ELEteca
33. Frida Kahlo y Pablo Picasso.

1.2. Actividad de comprensión lectora sobre el texto anterior para llevar a cabo de manera individual. Pídales que vuelvan a leer los textos, que subrayen los adjetivos que utilizan los foreros para exaltar las cualidades de estos lugares y que completen el cuadro. Proceda a una corrección grupal.

La Casa Azul; Frida Kahlo; Es la casa donde vivía y actualmente es un museo. Está pintada de azul y tiene un jardín con una colección de cactus y esculturas. En ella se pueden encontrar obras de Frida y algunas de Diego Rivera, su marido, también pintor, además de objetos personales de gran valor histórico. El museo Picasso; Pablo Picasso; Está ubicado en un gran edificio en el centro de Málaga y, aunque los fondos que posee son modestos, el museo está muy bien organizado con información adicional que permite entender en profundidad la obra de Picasso.

1.3. Se finaliza esta secuencia de actividades de introducción a los artistas Frida Kahlo y Pablo Picasso con una tarea integradora de intercambio intercultural en la que, después de dar su opinión sobre ellos, los estudiantes hablan sobre el artista que prefieren de su país. Pídales que describan qué tipo de cuadros pinta, a qué corriente artística pertenece y por qué es su pintor favorito.

> 2 Actividad de comprensión auditiva de selección de información. Antes de comenzar, indique a los estudiantes que observen con atención cuatro cuadros que representan la vida de Frida Kahlo. A continuación proceda a la escucha para que puedan escribir el título de cada cuadro y la descripción correspondiente. Si lo considera necesario, proceda a una segunda escucha de la audición.

Puede realizar una actividad alternativa escribiendo en la pizarra los títulos de los cuadros desordenados y dejándoles un tiempo para que los asocien a las imágenes del libro. Si decide hacer así la actividad, el audio les servirá para comprobar si han establecido bien la relación.

| 38 |

Magdalena Carmen Frida Kahlo y Calderón, conocida como Frida Kahlo, fue una pintora mexicana que realizó autorretratos en los que utilizaba una fantasía y un estilo inspirados en el arte popular de su país. Frida nació en 1907 en Coyoacán, en el sur de Ciudad de México. La niñez de Frida fue muy triste. A los seis años contrajo poliomelitis, enfermedad que la dejó con una pierna mucho más corta y delgada que la otra para el resto de su vida, minusvalía que ella intentaba ocultar de joven bajo pantalones y más tarde bajo largas faldas mexicanas. A los 18 años, sufrió un grave accidente de tráfico al chocar un tren con el autobús que la llevaba, junto a su amigo Alejandro Gómez Arias, de la escuela a su casa, iniciándose en la pintura durante su recuperación.

El cuadro *Accidente* fue pintado por Frida Kahlo en 1926. En este dibujo a lápiz, Frida representa este accidente en forma de pintura votiva popular. A causa de este accidente, nuestra pintora padeció secuelas graves a lo largo de toda su vida.

Más tarde, le llevó a Diego Rivera algunos de sus cuadros para que los viera y este la animó a continuar. Tres años después, se casaron.

La obra *El tiempo vuela. Autorretrato* la pintó en 1929. Como estuvo meses encamada, le instalaron un espejo para que se pudiera ver a sí misma. Dice Frida: "Me pinto ya que estoy mucho tiempo solita y que soy el motivo que mejor conozco".

El cuadro *Frida y Diego Rivera* fue pintado en 1931 y representa su matrimonio con Diego Rivera, quien le llevaba más de 21 años. Se casan el 21 de agosto de 1929. Con él descubre la mexicanidad, o sea, las raíces de la identidad mexicana de hoy.

Al igual que su marido, Frida quería que su obra fuera una afirmación de su identidad mexicana y, por ello, recurría a técnicas y temas extraídos del folclore y del arte popular de su país. Su experiencia personal y los aspectos dolorosos de su vida, gran parte postrada en una cama, están plasmados en sus cuadros.

Expresa la desintegración de su cuerpo y el terrible sufrimiento que padeció en obras como en su autorretrato *La columna rota*, de 1944, en el que aparece con un aparato ortopédico de metal y con el cuerpo abierto mostrando una columna arquitectónica rota en lugar de una columna vertebral. Al empeorar su salud debido al accidente, se vio obligada a llevar un corsé de metal. Este lienzo viene a simbolizar el sufrimiento y la soledad de la artista.

Durante su matrimonio, se sucedieron los amantes por parte de ambos cónyuges. Frida y Diego se divorciaron, pero antes de que transcurriera un año, se volvieron a casar. En abril de 1953, expuso por primera vez en la galería de arte contemporáneo de Ciudad de México. Su vida terminó en una silla de ruedas. Murió el 13 de julio de 1954. Su casa de Coyoacán, la Casa Azul, se transformó en museo en 1958, cuatro años después de su muerte, y actualmente lleva su nombre.

Adaptado de http://www.publispain.com/fridakahlo/biografia.htm

1. *La columna rota*, 1944, en el que aparece con un aparato ortopédico de metal y con el cuerpo abierto mostrando una columna arquitectónica rota en lugar de una columna vertebral; 2. *El tiempo vuela. Autorretrato*, 1929. Como estuvo meses encamada, le instalaron un espejo para que se pudiera ver a sí misma y por esa razón pintó muchos autorretratos, este es uno de ellos; 3. *Frida y Diego Rivera*, 1931. Representa su matrimonio con Diego Rivera, quien le llevaba más de 21 años; 4. *Accidente*, 1926, representa el accidente de tráfico que tuvo con 18 años y que le dejó secuelas para toda la vida, pero que también fue el detonante de su inicio en la pintura.

2.1. Actividad de reflexión y análisis gramatical en parejas. Pida a los estudiantes que lean las frases prestando especial atención a las palabras resaltadas en negrita. Si lo cree conveniente, antes de pasar a la siguiente actividad, proponga a los estudiantes que comenten la respuesta con el resto de los compañeros.

Son oraciones pasivas, donde al hablante le interesa más enfatizar una acción o estado que quien la realiza (sujeto).

2.2. En el siguiente cuadro se explican y sistematizan los distintos tipos de oraciones pasivas que hay en español. Antes de explicar el contenido, pida a los estudiantes que hagan una lectura silenciosa del mismo para comprobar su respuesta anterior. Después, proyecte el cuadro para proceder a la explicación y resolver las dudas que puedan surgir.

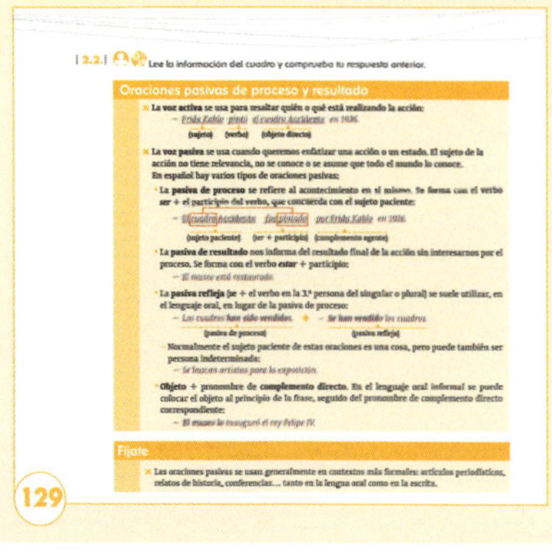

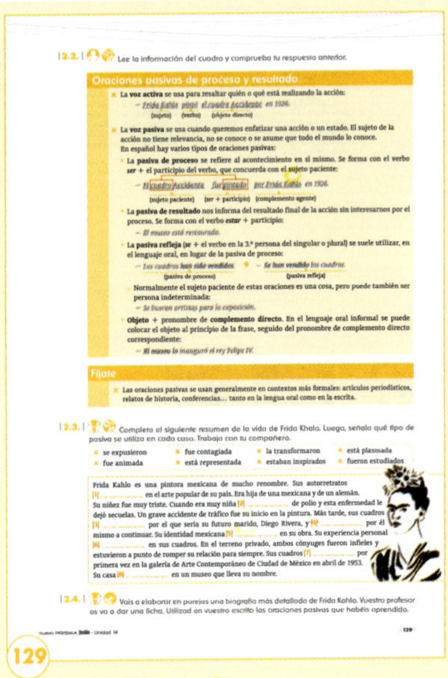

Proyección 24. Oraciones pasivas de proceso y resultado.

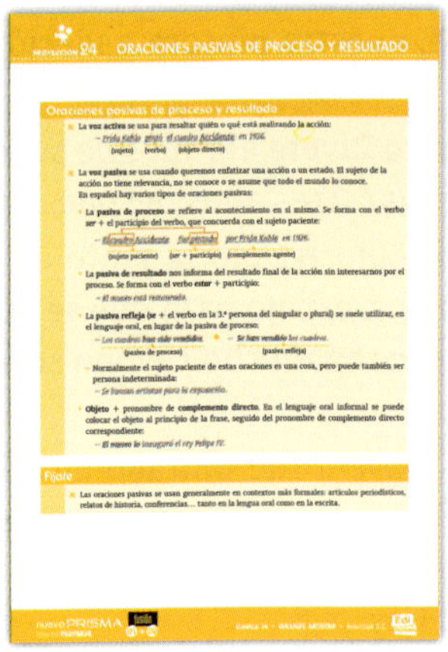

Dinámica. Proyecte el cuadro y proceda a la explicación de los diferentes puntos. Puede pedir a los alumnos que añadan otros ejemplos a los que ya aparecen para comprobar que comprenden la explicación. Recuerde que la proyección le permite focalizar la atención de los estudiantes en los puntos que a usted le interesa resaltar y que todos ellos sigan la explicación al mismo tiempo.

No olvide la nota de atención en la que se explica que la voz pasiva en español es un recurso que se usa más en registros formales, a diferencia de otras lenguas como el inglés.

2.3. En parejas, los estudiantes llevarán a cabo una tarea de práctica y consolidación de las oraciones pasivas presentadas en la actividad anterior, completando un resumen de la vida de Frida Kahlo. Durante la corrección, pregunte el tipo de pasiva que es en cada caso.

1. estaban inspirados, pasiva de resultado; 2. fue contagiada, pasiva de proceso; 3. fueron estudiados, pasiva de proceso; 4. fue animada, pasiva de proceso; 5. está plasmada, pasiva de resultado; 6. está representada, pasiva de resultado; 7. se expusieron, pasiva refleja; 8. la transformaron, pasiva con objeto + pronombre de complemento directo.

Antes de seguir adelante, y para consolidar estos contenidos, puede llevar a cabo los ejercicios 8, 9 y 11 de la unidad 14 del *Libro de ejercicios*.

2.4. Actividad propuesta para realizar en parejas. Entregue a los estudiantes una copia de la ficha 33 y explíqueles en qué consisten las actividades.

Ficha 33. La vida de Frida Kahlo.

Dinámica. Indique a los estudiantes que, en parejas, observen cuidadosamente los cuadros que reflejan parte de la vida de Frida Kahlo y que lean los textos con atención. A continuación, deben relacionar los textos con las fotos. Antes de realizar una corrección común, puede proponer que comparen y comenten sus respuestas con otras parejas de la clase. Una vez corregida la actividad, deben ampliar por escrito la biografía de Frida Kahlo extrayendo nuevos datos de su vida y obra a partir de los textos que acompañan a las imágenes de sus cuadros. Esta tarea, que recomendamos se haga fuera de clase, está diseñada para hacer en parejas y el objetivo es practicar de manera más libre las oraciones pasivas. Por eso, es importante que sigan el modelo textual de la actividad 2.3.

A. 3; B. 2; C. 4; D. 1; E. 5.

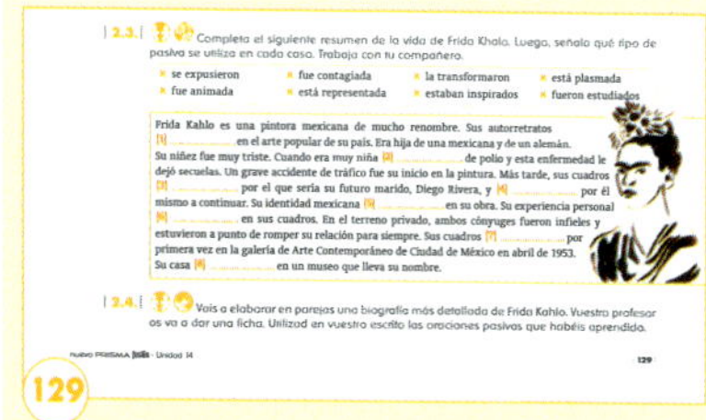

>3 Iniciamos ahora una secuencia de actividades con la finalidad de que el estudiante conozca un poco mejor a Pablo Picasso y una de sus obras, el *Guernica*. Pídales que formen pequeños grupos, observen con atención el cuadro e intenten explicar qué quiere transmitir el artista. Se trata de un primer acercamiento a la obra, por lo que advierta al estudiante que no debe explicar la simbología de cada elemento sino dar una idea general. Le recomendamos utilizar la proyección 25, con la imagen del cuadro, para facilitar la realización de la actividad.

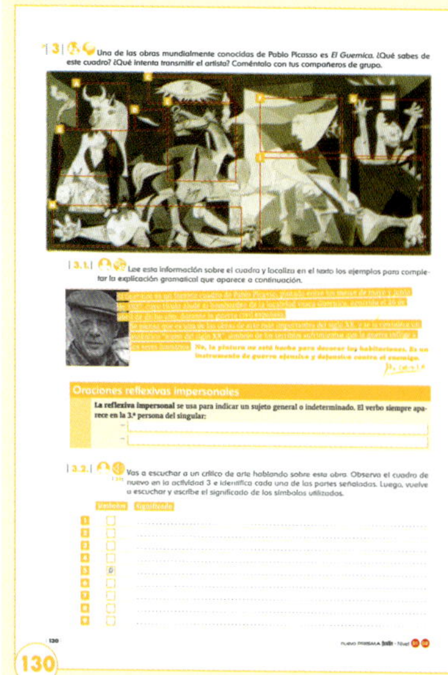

Proyección 25. ***El Guernica* de Pablo Picasso.**

Dinámica. Puede utilizar la imagen durante esta secuencia de actividades (3-3.2.) para focalizar la atención de los estudiantes en el cuadro y facilitar, así, la realización de las actividades.

El Guernica (1937) es un óleo sobre lienzo, de 3,50 m de alto por 7,80 m de largo. A pesar de su título y de las circunstancias en que fue realizado, no hay en él ninguna referencia concreta al bombardeo de Guernica ni a la guerra civil española. Es un cuadro simbólico. Está pintado utilizando únicamente el blanco y negro, y una variada gama de grises. Su título alude al bombardeo de Guernica, localidad vasca, ocurrido el 26 de abril de dicho año, durante la guerra. Fue realizado por encargo del Director General de Bellas Artes, a petición del gobierno de la República española, para ser expuesto en el pabellón español durante la Exposición Internacional de 1937 en París, con el fin de atraer la atención del público hacia la causa republicana en plena Guerra Civil.

3.1. Actividad de reflexión gramatical en la que, a través de un breve texto sobre la obra, los estudiantes, de manera individual, completan el cuadro de información sobre las oraciones reflexivas impersonales. Pídales que lean primero la información gramatical y que, a continuación, lean el texto, intentando localizar dos ejemplos para completar el cuadro.

Se piensa que es una de las obras de arte más importantes del siglo XX; Se la considera un auténtico "icono del siglo XX".

ELEteca
34. ***El Guernica* de Pablo Picasso.**

3.2. Tarea de comprensión auditiva de selección de información sobre el simbolismo de las figuras representadas en *El Guernica*. Antes de comenzar,

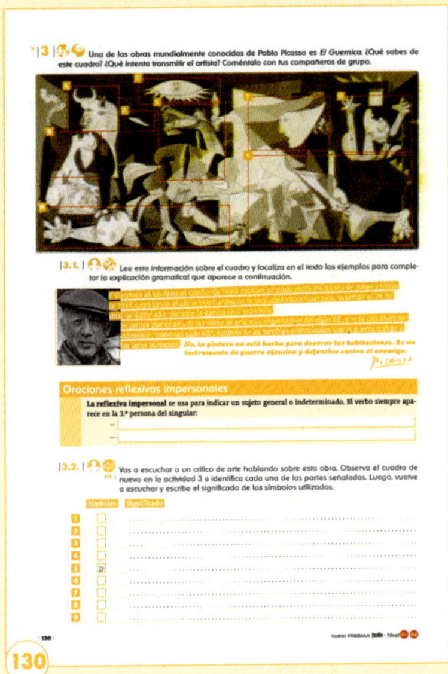
3 | Una de las obras mundialmente conocidas de Pablo Picasso es *El Guernica*. ¿Qué sabes de este cuadro? ¿Qué intenta transmitir el artista? Coméntalo con tus compañeros de grupo.

3.1. | Lee esta información sobre el cuadro y localiza en el texto los ejemplos para completar la explicación gramatical que aparece a continuación.

No, la pintura no está hecha para decorar las habitaciones. Es un instrumento de guerra ofensivo y defensivo contra el enemigo.
Picasso

Oraciones reflexivas impersonales

La reflexiva impersonal se usa para indicar un sujeto general o indeterminado. El verbo siempre aparece en la 3.ª persona del singular:

3.2. | Vas a escuchar a un crítico de arte hablando sobre esta obra. Observa el cuadro de nuevo en la actividad 3 e identifica cada una de las partes señaladas. Luego, vuelve a escuchar y escribe el significado de los símbolos utilizados.

130

indíqueles que van a escuchar a un crítico hablando sobre la obra. Deben escuchar al mismo tiempo que miran el cuadro en la actividad 3 para poder identificar cada una de las partes señaladas. Una vez identificadas estas partes, proceda a una segunda escucha con la finalidad de que los estudiantes resuman el significado simbólico de cada figura. Le recomendamos utilizar la proyección 25, con la imagen del cuadro, para que la realización de la actividad sea más provechosa.

39

El Guernica es un óleo sobre lienzo, con unas dimensiones de 3,50 x 7,80 metros. Está pintado utilizando únicamente el blanco y negro, y una variada gama de grises.

La estructura del cuadro es semejante a la de un tríptico, cuyo panel central está ocupado por el caballo agonizante y la mujer portadora de la lámpara. Los laterales serían, a la derecha, la casa en llamas y una persona implorando, y, a la izquierda, el toro y la mujer con su hijo muerto.

En el cuadro hay nueve símbolos: cinco seres humanos, tres animales (toro, caballo y paloma) y un objeto (la bombilla). A continuación, se describen estos elementos y lo que simbolizan.

1. **El caballo.** Ocupa el centro de la composición. Su cuerpo está hacia la derecha, pero su cabeza, igual que la del toro, se vuelve hacia la izquierda. En su costado se abre una herida vertical y está, además, atravesado por una lanza. Tiene la cabeza levantada y la boca abierta, de donde sobresale la lengua, terminada en punta. Se dice que simboliza a las víctimas inocentes de la guerra.
2. **El toro.** Aparece en la izquierda del cuadro. Este se gira y parece mostrarse aturdido ante lo que ocurre a su alrededor. Picasso indicó que simbolizaba "brutalidad y oscuridad".
3. **La madre con el hijo muerto.** Se sitúa bajo el toro, como protegida por él, con la cara vuelta hacia el cielo en un ademán o grito de dolor. Su lengua es afilada como un estilete y sus ojos tienen forma de lágrimas. Sostiene en sus brazos a su hijo ya muerto. Se interpreta como la Piedad, representación de la Virgen María sosteniendo en sus brazos a su hijo muerto. Otros dicen que simbolizaría a la ciudad de Madrid, sitiada por las tropas de Franco.
4. **La mujer arrodillada.** Esta figura, ubicada en el extremo inferior derecho, recuerda a la María Magdalena de los retablos sobre la crucifixión. Representa el intento de huida de los supervivientes.
5. **La paloma.** Situada entre el toro y el caballo, a la altura de sus cabezas, no resulta visible a simple vista, pues, excepto por una franja de color blanco, es del mismo color que el fondo y únicamente está trazada su silueta. Tiene un ala caída y la cabeza vuelta hacia arriba, con el pico abierto. Generalmente, se ha considerado un símbolo de la paz rota.
6. **El guerrero muerto.** En realidad, solo aparecen los restos de la cabeza y los brazos. Uno de ellos tiene la mano extendida. El otro sostiene una espada rota y una flor, que puede interpretarse como un rayo de esperanza dentro de ese panorama descorazonador.
7. **La bombilla.** Es una de las imágenes que más intriga despierta. Está ubicada en el centro del cuadro. Se interpreta que la bombilla representa la "bomba", una nueva arma en la época que se habría probado en Guernica para analizar sus efectos.
8. **Persona implorando.** Una persona mirando al cielo como rogando a los aviones que dejen de bombardear. Es la forma artística de decir "basta de guerras".
9. **La mujer del quinqué.** Ilumina la estancia con una vela y avanza con la mirada perdida, como en un estado de *shock*. Esta mujer se interpreta como una alegoría de la República. Tiene su otra mano aprisionándose el pecho justo entre sus dos senos, que salen a relucir a través de la ventana.

1. E. Simboliza a las víctimas inocentes de la guerra; 2. A. Simboliza la brutalidad y la oscuridad; 3. B. Se interpreta como la Piedad, representación de la Virgen María sosteniendo en sus brazos a su hijo muerto. Otros dicen que simbolizaría a la ciudad de Madrid, sitiada por las tropas de Franco; 4. I. Representa el intento de huida de los supervivientes; 5. D. Generalmente se ha considerado a la paloma de *El Guernica* como un símbolo de la paz rota; 6. H. Es un guerrero muerto que en una de sus manos lleva una flor; muchos interpretan este detalle como un rayo de esperanza dentro de ese panorama descorazonador; 7. C. La bombilla se puede interpretar como la bomba que destruyó Guernica; 8. G. La persona que está implorando al cielo puede interpretarse como símbolo del "no" a la guerra; 9. F. Esta mujer se interpreta como alegoría de la República.

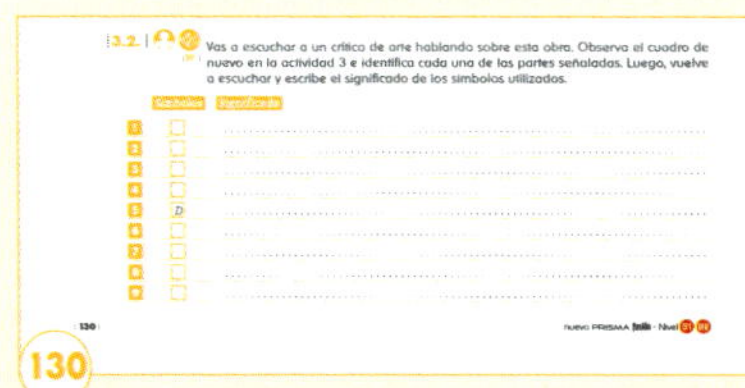

130

3 EL ARTE DE LAS PEQUEÑAS COSAS 131

Se cierra con este epígrafe la presentación de otras manifestaciones artísticas alternativas: el cómic y el arte reciclado o *Trash Art*. Se finaliza la revisión de los usos de *ser* y *estar* con los adjetivos que cambian de significado según se usen con uno u otro verbo y, mediante una tarea de corte cooperativo, los alumnos realizarán su propia crítica de arte.

> 1 Iniciamos el epígrafe con una actividad que tiene como finalidad una reflexión por parte de los estudiantes sobre las actividades artísticas que pertenecen a las Bellas Artes. En pequeños grupos, los estudiantes hacen la lista de estas nueve artes y, luego, en plenario, realizan la lista definitiva, contrastando sus opiniones, en el caso de no coincidir.

Las Bellas Artes son: Música (y Teatro); Danza (y Teatro); Literatura y Teatro; Dibujo y Pintura; Escultura; Arquitectura; Cine; Fotografía; Cómic.

1.1. Actividad de interacción oral en parejas en la que los estudiantes hacen hipótesis sobre el arte del cómic y el arte reciclado. A continuación, se ofrecen dos textos que han de leer para saber si sus suposiciones eran o no correctas.

1.2. Actividad de interacción oral en plenario sobre si creen que el cómic y arte reciclado puede considerarse parte o no de las Bellas Artes, argumentando su opinión.

131

1.3. y 1.4. Actividad individual de reflexión gramatical de carácter inductivo, para completar el texto de un foro sobre cómics en Internet con los verbos *ser* o *estar*. En este caso, van a repasar y ampliar los cambios de significado que se producen cuando determinados adjetivos se combinan con uno u otro verbo. Antes de comenzar, y para entrar en materia, ponga un ejemplo con el adjetivo *listo* (*ser listo* que significa *ser inteligente* frente a *estar listo*, *estar preparado*). Dígales que el resto de adjetivos que aparecen resaltados en negrita tienen el mismo comportamiento. A continuación, pase a la actividad 1.4. y pídales que, en parejas, completen la tabla analizando las frases de 1.3. (el contexto en que aparecen los adjetivos) para comprobar sus respuestas.

1. está; 2. son; 3. Estoy; 4. está; 5. estar; 6. son; 7. Estoy; 8. estar.

listo/a; atento/a; grave; interesado/a; orgulloso/a; verde; vivo/a.

1.5. Con esta actividad se amplía la lista de adjetivos que cambian el significado según se combinen con *ser* o *estar*. Propóngales que mantengan las parejas de la actividad anterior y que completen la lista, pero esta vez encontrando un sinónimo o definición para cada uno. Corrija y explique que la expresión *no estar católico/a* solo se usa en forma negativa.

Alternativa. Divida la clase en grupos de tres estudiantes (A, B y C) y repártales su parte correspondiente de la ficha 34.

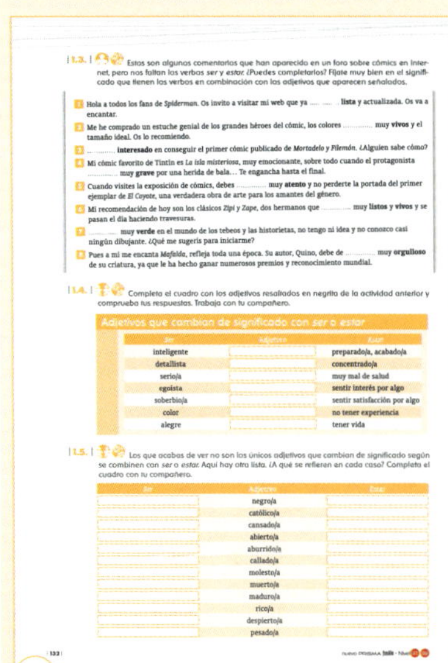

132

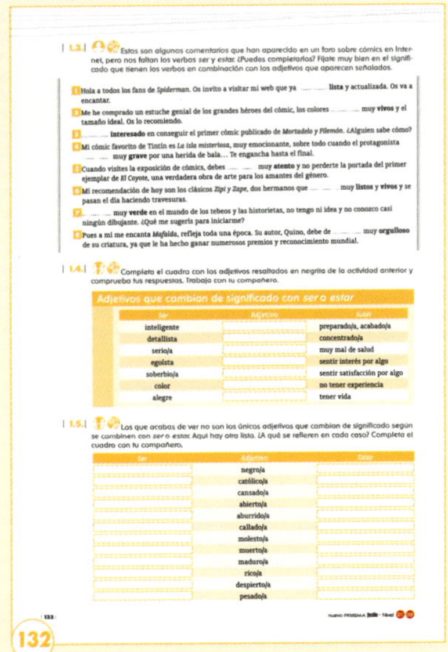

Ficha 34. *Ser/estar* + adjetivo.

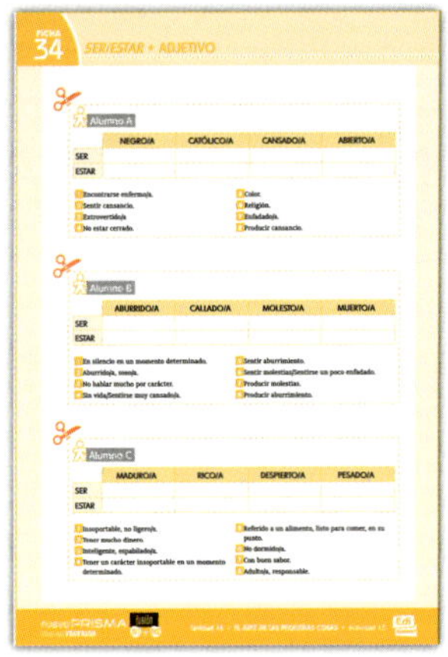

Dinámica. Pida a los estudiantes que, individualmente, relacionen las definiciones que aparecen con los adjetivos de la tabla y que, luego, escriban un ejemplo de cada uno. Una vez terminado el trabajo individual, deben intercambiar la información de las tres tablas para completar el cuadro del libro.

Ser/Estar negro-a: color/enfadado-a; Ser/No estar católico-a: religión/encontrarse enfermo-a; Ser/Estar cansado-a: producir cansancio/sentir cansancio; Ser/Estar abierto-a: extrovertido-a /no estar cerrado-a; Ser/Estar aburrido-a: producir aburrimiento/sentir aburrimiento; Ser/Estar callado-a: no hablar mucho por carácter/en silencio en un momento determinado; Ser/Estar molesto-a: producir molestias/sentir molestias, sentirse un poco enfadado-a; Ser/Estar muerto-a: aburrido-a, soso-a/sin vida, sentirse muy cansado-a; Ser/Estar maduro-a: adulto-a, responsable/referido a un alimento, listo para comer, en su punto; Ser/Estar rico-a: tener mucho dinero/con buen sabor; Ser/Estar despierto-a: inteligente, espabilado-a/no dormido-a; Ser/Estar pesado-a: insoportable, no ligero-a/tener un carácter insoportable en un momento determinado.

Antes de pasar a la siguiente actividad, puede llevar a cabo el ejercicio 4 de la unidad 14 del *Libro de ejercicios*.

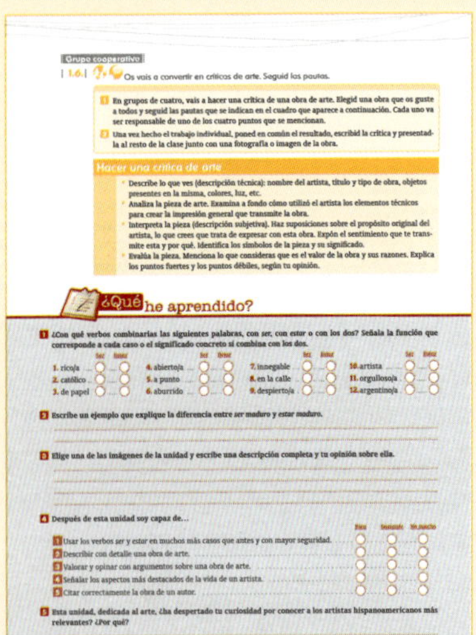

1.6. Se finaliza este epígrafe con una tarea de grupo cooperativo en la que los alumnos realizarán una crítica de arte de manera conjunta y colaborativa. Pida a los estudiantes que se dividan en grupos de cuatro y que escojan una obra que les guste a todos con el objetivo de hacer una crítica de arte. Lean juntos las pautas del cuadro antes de comenzar. Una vez elegida la obra, cada miembro del grupo, según sus habilidades, se encarga de uno de los puntos. Una vez que cada estudiante haya desarrollado su punto, llega el momento de poner el resultado en común, elaborar la crítica y presentarla al resto de la clase junto a una fotografía o imagen de la obra.

¿QUÉ HE APRENDIDO? 133

1. 1. Ser/Estar rico-a: tener mucho dinero/con buen sabor; 2. Ser/Estar católico: religión/encontrarse enfermo-a; 3. Ser de papel; 4. Ser/Estar abierto-a: extrovertido-a/no estar cerrado-a; 5. Estar a punto; 6. Ser/Estar aburrido: producir aburrimiento/sentir aburrimiento; 7. Ser innegable; 8. Estar en la calle; 9. Ser/Estar despierto-a: inteligente, espabilado-a/no dormido-a; 10. Ser artista; 11. Ser/Estar orgulloso-a: soberbio-a/sentir satisfacción por algo; 12. Ser argentino-a.

ELEteca
Léxico. El arte español.

15 DE PELÍCULA

El núcleo temático de esta unidad gira en torno al cine. El estudiante se adentrará en el mundo del cine actual español e hispanoamericano con diversas películas, actores, actrices y directores, además de festivales y premios de cine. En el apartado gramatical se trabaja el discurso referido o estilo indirecto y la correlación de tiempos correspondiente. Se practicarán diversos contenidos funcionales como reproducir una conversación, expresar sorpresa, indiferencia o incredulidad, y escribir una crítica de cine.

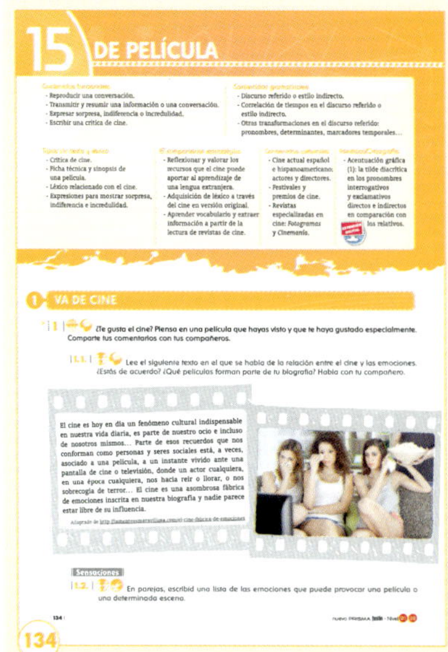
15 DE PELÍCULA

- Reproducir una conversación.
- Transmitir y resumir una información o una conversación.
- Expresar sorpresa, indiferencia o incredulidad.
- Escribir una crítica de cine.

- Discurso referido o estilo indirecto.
- Correlación de tiempos en el discurso referido o estilo indirecto.
- Otras transformaciones en el discurso referido: pronombres, determinantes, marcadores temporales...

- Crítica de cine.
- Ficha técnica y sinopsis de una película.
- Léxico relacionado con el cine.
- Expresiones para mostrar sorpresa, indiferencia e incredulidad.

- Reflexionar y valorar los recursos que el cine puede aportar al aprendizaje de una lengua extranjera.
- Adquisición de léxico a través del cine en versión original.
- Aprender vocabulario y extraer información a partir de la lectura de revistas de cine.

- Cine actual español e hispanoamericano: actores y directores.
- Festivales y premios de cine.
- Revistas especializadas en cine: *Fotogramas* y *Cinemanía*.

- Acentuación gráfica (1): la tilde diacrítica en los pronombres interrogativos y exclamativos directos e indirectos en comparación con los relativos.

1 VA DE CINE

1 ¿Te gusta el cine? Piensa en una película que hayas visto y que te haya gustado especialmente. Comparte tus comentarios con tus compañeros.

1.1. Lee el siguiente texto en el que se habla de la relación entre el cine y las emociones. ¿Estás de acuerdo? ¿Qué películas forman parte de tu biografía? Habla con tu compañero.

El cine es hoy en día un fenómeno cultural indispensable en nuestra vida diaria, es parte de nuestro ocio e incluso de nosotros mismos... Parte de esos recuerdos que nos conforman como personas y seres sociales está, a veces, asociado a una película, a un instante vivido ante una pantalla de cine o televisión, donde un actor cualquiera, en una época cualquiera, nos hacía reír o llorar, o nos sobrecogía de terror... El cine es una asombrosa fábrica de emociones inscrita en nuestra biografía y nadie parece estar libre de su influencia.

Sensaciones

1.2. En parejas, escribid una lista de las emociones que puede provocar una película o una determinada escena.

134

1 VA DE CINE 134

Este primer epígrafe sirve de introducción a la temática del cine desde un punto de vista emotivo. El estudiante hablará sobre sus preferencias cinematográficas y reflexionará sobre el cine como herramienta de aprendizaje de una lengua extranjera.

> 1 Actividad oral en plenario que supone una primera toma de contacto por parte de los estudiantes con el tema que articula la unidad. Lance la pregunta y permita que vayan contestando según sus preferencias. Haga hincapié en el campo de las emociones: qué sienten cuando están en una sala de cine, qué tipo de películas les gusta ver y por qué... Luego, pídales que comenten alguna película que hayan visto últimamente y que les haya gustado.

1.1. Sugiera a los estudiantes que formen parejas, lean el texto que trata la relación del cine con las emociones y lo comenten haciendo especial hincapié en las últimas frases: "El cine es una asombrosa fábrica de emociones inscrita en nuestra biografía y nadie parece estar libre de su influencia". Pídales que den su opinión al respecto y, si están de acuerdo, que indiquen cuáles son aquellas películas que forman parte de su propia biografía.

1.2. Manteniendo las parejas de la actividad anterior, pídales que elaboren una lista de emociones asociadas a una película o a una escena concreta. Para ello, deben echar mano de su propia experiencia reviviendo películas o escenas que, por diferentes razones, les hayan impactado, provocando una sensación o sentimiento determinado. Para guiar la actividad, puede lanzar las siguientes preguntas: ¿Qué película os hace llorar irremediablemente? ¿Con cuál no podéis parar de reír? ¿Cuál os dio ganas de vomitar? y proporcionarles el siguiente vocabulario: *pena, risa, asco, sorpresa, frustración, impotencia, miedo, terror, desconcierto, alegría, buen humor, buen rollo, mal rollo, emoción, sueño, angustia, agobio, vergüenza, preocupación*.

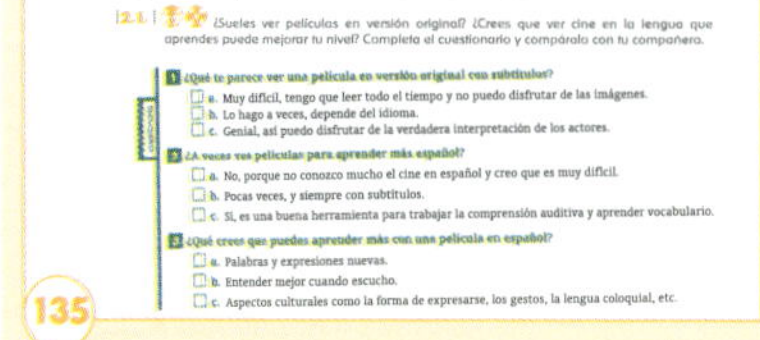
2 ¿Cuál es la diferencia entre ver una película en versión original subtitulada (V.O.S.) y verla en versión doblada? En grupos, escribid los pros y los contras para cada forma de ver y oír una película. Compartid vuestras opiniones con el resto de la clase. ¿Estáis de acuerdo?

2.1. ¿Sueles ver películas en versión original? ¿Crees que ver cine en la lengua que aprendes puede mejorar tu nivel? Completa el cuestionario y compáralo con tu compañero.

1 ¿Qué te parece ver una película en versión original con subtítulos?
- a. Muy difícil, tengo que leer todo el tiempo y no puedo disfrutar de las imágenes.
- b. Lo hago a veces, depende del idioma.
- c. Genial, así puedo disfrutar de la verdadera interpretación de los actores.

2 ¿A veces ves películas para aprender más español?
- a. No, porque no conozco mucho el cine en español y creo que es muy difícil.
- b. Pocas veces, y siempre con subtítulos.
- c. Sí, es una buena herramienta para trabajar la comprensión auditiva y aprender vocabulario.

3 ¿Qué crees que puedes aprender más con una película en español?
- a. Palabras y expresiones nuevas.
- b. Entender mejor cuando escucho.
- c. Aspectos culturales como la forma de expresarse, los gestos, la lengua coloquial, etc.

135

> 2 Para llevar a cabo esta actividad de expresión escrita, pida a los estudiantes que formen pequeños grupos para reflexionar sobre la diferencia existente entre ver una película en versión original y verla doblada, escribiendo los pros y los contras de cada opción. Para finalizar, haga una puesta en común de todas las opiniones vertidas.

2.1. Se propone ahora la primera actividad estratégica de la unidad que invita al estudiante a reflexionar sobre la importancia que puede tener ver películas en versión original para mejorar el nivel de dominio de una lengua. Dígales que, de manera individual, lean y contesten el cuestionario para luego comentar sus respuestas con su compañero/a.

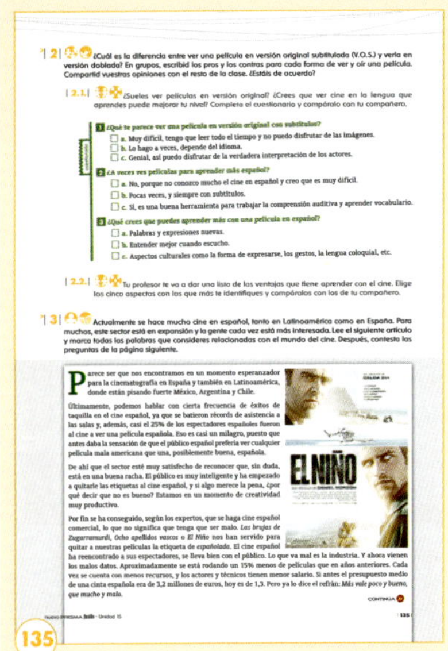

2.2. Actividad de reflexión estratégica sobre el aprendizaje a través del cine. Reparta una copia a cada estudiante de la ficha 35 y siga las indicaciones.

Ficha 35. El cine en el aprendizaje de una lengua extranjera.

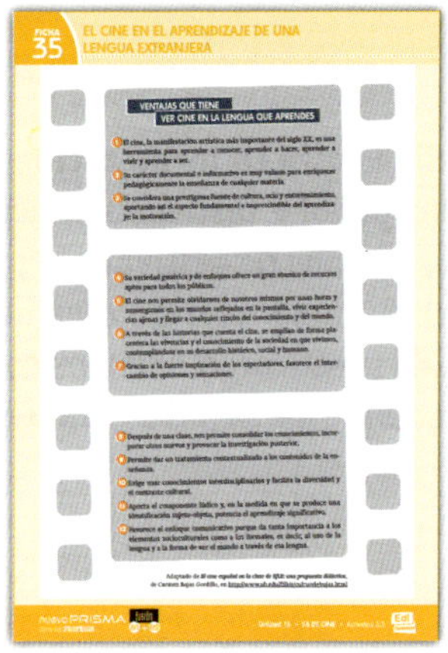

Dinámica. Entregue a los estudiantes la ficha e indíqueles que, de manera individual, lean con atención las ventajas que tiene ver el cine en la lengua que están aprendiendo y escojan las cinco que consideren más relevantes para luego comentarlas con sus compañeros. Si lo considera oportuno, puede cerrar esta actividad con una puesta en común en plenario en la que todos los estudiantes puedan comentar los aspectos más importantes y justificar su elección.

> 3 Con este ejercicio se introduce la primera actividad de comprensión lectora de la unidad. Pídales que individualmente lean con atención este artículo que trata sobre el fenómeno de expansión que vive en la actualidad el cine español y señalen aquellas palabras que están relacionadas con el ámbito del cine. A continuación, indíqueles que contesten las preguntas de comprensión del texto. Si es necesario, pueden realizar una segunda lectura.

cinematografía, éxito de taquilla, batir récords de asistencia, sala, espectador, película, público, cine comercial, rodar una película, actor, técnico, cinta.

1. Estar en un momento de buena suerte; 2. Según el DRAE: "Acción, espectáculo u obra literaria que exagera el carácter español"; 3. La crisis de la industria y los bajos presupuestos para hacer películas; 4., 5. y 6. Respuesta abierta.

i+ ELEteca
35. Algunas películas españolas.

2 DE AQUÍ Y DE ALLÍ 136

En este epígrafe los estudiantes conocerán a diferentes actores, actrices, festivales y películas de España e Hispanoamérica. Gramaticalmente, se aborda el discurso referido o estilo indirecto, explicando la correlación de tiempos y otras transformaciones que implican el uso de este tipo de discurso: pronombres, determinantes, marcadores temporales, etc.

> 1 Iniciamos el epígrafe con una secuencia de actividades de corte cultural. Pida a los estudiantes que, en pequeños grupos, observen con atención las fotografías de diversos actores, actrices, festivales y películas de cine, y señalen cuáles pertenecen a España y cuáles a Hispanoamérica, echando mano de sus conocimientos previos. Si no conocen a todos, puede sugerirles que busquen información en Internet.

Alternativa. Si quiere hacer la actividad más guiada, haga copias de la información extra n.º 36 de la ELEteca (una copia por grupo), y repártala. Pídales que la lean y que digan qué parte de la información conocían y qué parte es nueva para ellos.

De Hispanoamérica: Festival Internacional de Cine de Cartagena de Indias, *Relatos salvajes*, Alejandro González Iñárritu, Soledad Villamil; De España: Festival de Cine de San Sebastián, *Ocho apellidos vascos*, David Trueba, María León.

i+ ELEteca
36. *De aquí y de allí.* Información para la actividad 1.

1.1. En parejas o manteniendo los pequeños grupos de la actividad anterior, pida a los estudiantes que añadan más actores, actrices, películas y festivales a su lista. De esta manera, activarán todos los conocimientos previos que tengan sobre el tema. A continuación, proponga una puesta en común con todos los estudiantes para completar la lista.

1.2 Actividad de comprensión auditiva de carácter global. Indique a los estudiantes que escuchen con atención la información que se da sobre las actrices Soledad Villamil y María León, y que tomen nota de lo más importante. Si lo considera necesario, proceda a una segunda escucha antes de realizar la corrección.

40

Francesca: Hola, soy Francesca, de Estados Unidos, y me gustaría saber cuál es tu actor o actriz favorito y por qué.

Roberto: Hola, Francesca, pues a mí me gusta mucho una actriz argentina, Soledad Villamil, la protagonista de *El secreto de sus ojos*. ¿La conoces? Creo que en Estados Unidos también es conocida.

Francesca: No, la verdad es que por el nombre no... ¿Y por qué te gusta?

Roberto: Me parece que entra muy bien en la piel de los personajes y, sobre todo, que interioriza mucho los papeles. Además, es una mujer muy guapa, me encantan su voz y su manera de actuar. Algo que destacaría especialmente es que es muy seria, no es de ese tipo de artistas que se ríen todo el tiempo y parecen un poco superficiales.

Francesca: ¿Y qué sabes de su carrera artística?

Roberto: Pues es una actriz que ha hecho varias películas desde los noventa... Por ejemplo, otra que tuvo mucho éxito fue *El mismo amor, la misma lluvia*, también con Ricardo Darín. Tiene algo..., no sé, que no deja ver, solo intuir... En *El secreto de sus ojos* la verdad que su mirada decía tantas cosas... Creo que es así en la vida real, por eso te enamoras del personaje cuando la ves. Parece una persona modesta, pero con mucha vida interior. Vamos, una artista en todo el sentido de la palabra. Me alegro mucho de que ganara el Goya en 2010 a la mejor actriz revelación, sin duda alguna se lo merecía por su trabajo en *El secreto de sus ojos*.

Francesca: Veo que eres un fiel seguidor.

Roberto: Sí, la verdad es que sí. Y ahora por partida doble, porque hace unos años inició también una carrera musical con bastante éxito. Es un lujo que podamos disfrutar de ella no solo en la gran pantalla, sino ahora también en los escenarios musicales.

Francesca: ¿En serio? Qué polifacética.

Roberto: Sí, ha sido una grata sorpresa para sus fans. Escúchala, vale la pena.

Francesca: Lo haré, muchas gracias.

[...]

Francesca: Hola, Elena, ¿tienes un momentito? Estoy recogiendo información para un trabajo sobre cine.

Elena: Sí, claro, dime.

Francesca: Háblame sobre un actor o actriz actual que te guste.

Elena: Actor o actriz... déjame pensar... hay tantos... Pues mira, ahora está apareciendo mucho en cine y televisión una actriz muy joven que se llama María León, ¿te suena?

136

Francesca: Sí, creo que la he visto en alguna serie, pero no sé mucho de ella. Cuéntame.

Elena: Pues lo que yo sé es que es andaluza, muy guapa y que últimamente está cosechando muchos éxitos. Yo la conocí con una película muy triste, *La voz dormida*, donde tenía un papel muy trágico. Es una historia ambientada en la posguerra y sobre las mujeres presas, tremenda, que además es la adaptación de un libro… Bueno, la cosa es que hizo un trabajo excelente y con el que ganó varios premios. Lo que más me sorprende es que después la he visto en papeles más bien cómicos, y la verdad es que también los borda, así que por eso me gusta, porque creo que es capaz de adaptarse a cualquier papel. Otros actores suelen ser más de un estilo, o son cómicos o son más del drama. Los buenos de verdad, los que tienen talento, como María, se meten en la piel de cualquier personaje.

Francesca: Vaya, me dan ganas de ver sus películas.

Elena: Sí, espero que lo hagas. María viene de una familia de artistas, su madre y su hermano también son actores. Parece que lo llevan en la sangre. Una película bastante popular también ha sido *Carmina o revienta*, donde actúa junto con su madre y las dirige su hermano, Paco León. Y una curiosidad: ha sido la primera película en España que se ha estrenado simultáneamente en las salas de cine, en Internet y con copia digital. Así que las críticas le han dado una acogida estupenda.

De Soledad Villamil dicen que es muy buena actriz porque entra muy bien en la piel de los personajes e interioriza mucho los papeles; es una mujer muy guapa y muy seria; es una persona modesta, pero con mucha vida interior; una artista en el sentido completo de la palabra; es polifacética porque además de cine, hace musicales. De María León dicen que es andaluza, muy joven y guapa; se hizo famosa por su trabajo en *La voz dormida*, donde realizó un trabajo excelente y con el que ganó varios premios; es capaz de adaptarse a cualquier papel, trágico o cómico, y puede meterse en la piel de cualquier personaje.

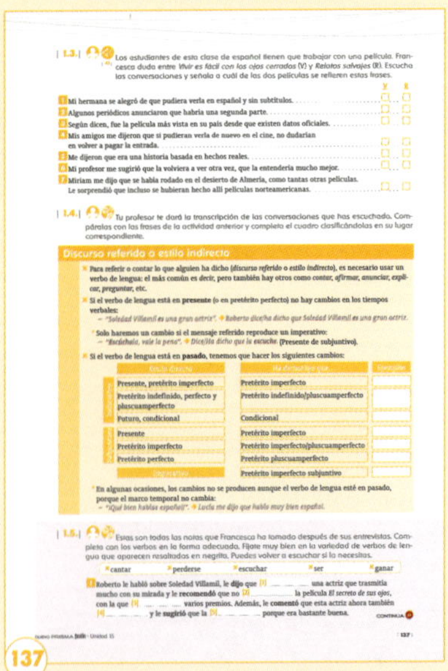

137

1.3. Actividad de comprensión auditiva de selección de información. Dígales que van a escuchar ahora una conversación en la que se aporta información sobre las películas *Vivir es fácil con los ojos cerrados* y *Relatos salvajes*. Antes de proceder a la escucha de la conversación, pídales que lean las frases, para facilitar la tarea. Deben escuchar y clasificar las frases según se refieran a una u otra película. Si lo considera necesario, puede proceder a una segunda escucha.

i+ ELEteca

37. Vivir es fácil con los ojos cerrados y Relatos salvajes.

41

Francesca: Necesito decidirme entre dos películas para terminar mi trabajo sobre el cine. La primera opción que tengo es una película preciosa del director David Trueba: *Vivir es fácil con los ojos cerrados*. ¿La conocéis? ¿Qué me podéis contar sobre ella?

Roberto: Esta película cuenta la historia de Juan Carrión, un profesor de inglés de Cartagena que, cuando se enteró de que John Lennon estaba rodando una película en Almería, decidió irse para allá con el objetivo de conocerlo. No era un fanático enloquecido, sino un tipo práctico. Carrión enseñaba inglés utilizando las canciones de los Beatles, las transcribía y se las enseñaba a los chicos en la clase, pero tenía un problema: que había palabras que no lograba entender. Así que, cuando por fin consiguió encontrarse con Lennon en Almería, este le corrigió las transcripciones y le dijo que iría a visitarlo a la escuela en Cartagena. Nunca lo hizo, pero lo sorprendente fue que, a partir del siguiente disco que sacaron los Beatles, se empezaron a incluir las letras de las canciones.

Miriam: Se rodó en Almería, en el Cabo de Gata. En esta localidad ya están acostumbrados a tener equipos de rodaje trabajando, así que no hay problemas con los extras, que suelen ser muchas veces gente de la zona. Es un lugar con un paisaje desértico impresionante, que ha servido para muchas películas del oeste o históricas que se han hecho aquí, por ejemplo, *Indiana Jones y la última cruzada*, ¿a que no lo sabías? A mí me sorprende mucho que equipos completos de rodaje hayan venido hasta Almería desde los Estados Unidos para rodar.

Su hermana: Me alegro mucho de que tu nivel de español te permita ya poder ver una película en versión original. Además, en este caso, sin subtítulos. La película argentina imagino que es más difícil y ahí sí que los habrás necesitado. Supongo que estás más acostumbrada al acento de España desde que estudias allí.

Francesca: Ahora voy a ver *Relatos salvajes*, una película argentina que ha tenido también mucho éxito. ¿La habéis visto?

Rafa: Vaya película tan impresionante. Son seis historias que empiezan de forma bastante normal, en contextos más o menos cotidianos pero que, en un momento dado, se tuercen porque los personajes deciden perder el control, llegando incluso a reacciones muy violentas. En esta película no hay límites y el resultado es como un delirio. Está muy bien hecha y algunas escenas te dejan sin palabras porque no imagináis hasta dónde va a llegar la exageración.

Carlos: Esta película hay que verla en pantalla grande. Si pudiéramos verla de nuevo en el cine, no dudaríamos en ir, porque en casa pierde espectacularidad. Por lo visto, ha sido la peli argentina de mayor éxito en la historia de su cine, incluso ha estado nominada al Óscar. Así que es muy probable que vuelva a las salas de cine en algún momento con motivo de algún ciclo, evento o festival. Ojalá.

Malena: El director escribió creo que hasta catorce historias, pero en esta película solo salen seis, por eso seguramente habrá más relatos salvajes y podremos seguir disfrutando del trabajo estupendo que hacen Damián Szifrón y todo su equipo. Espero que hayan empezado ya a trabajar en este proyecto, porque seguro que va a ser otro triunfo.

El profesor: Vuelve a ver esta película si tienes oportunidad, porque seguro que la entenderás mejor después de verla un par de veces. Ya verás como vas a ir percibiendo más detalles y encontrando más palabras nuevas en cada secuencia. Además, como la vas a ver con subtítulos, no estarás tan centrada en la genial interpretación de los actores. En una segunda o tercera vez, podrás fijarte mejor en Erica Rivas, Ricardo Darín o Leonardo Sbaraglia, metidos en la piel de estos salvajes personajes.

Vivir es fácil con los ojos cerrados: 1, 5, 7; *Relatos salvajes:* 2, 3, 4, 6.

1.4. Actividad de reflexión gramatical para introducir el discurso referido o estilo indirecto. Para llevar a cabo la actividad, utilice la ficha 36 y la proyección 26.

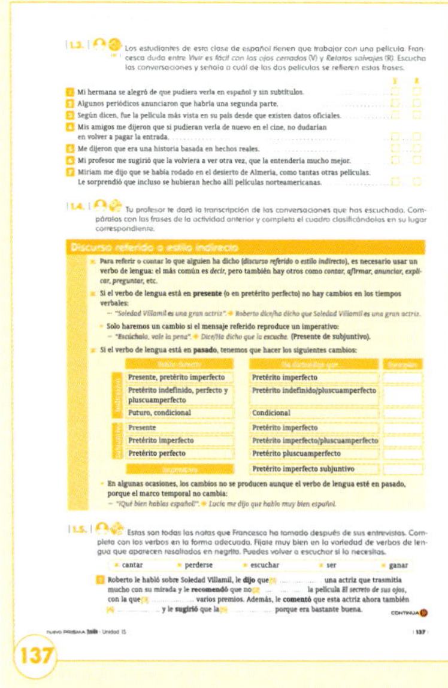

Ficha 36. Transcripción del audio 41.

Proyección 26. Discurso referido o estilo indirecto.

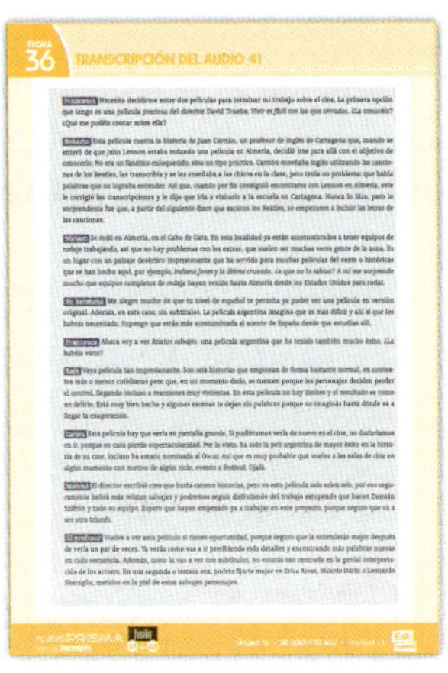

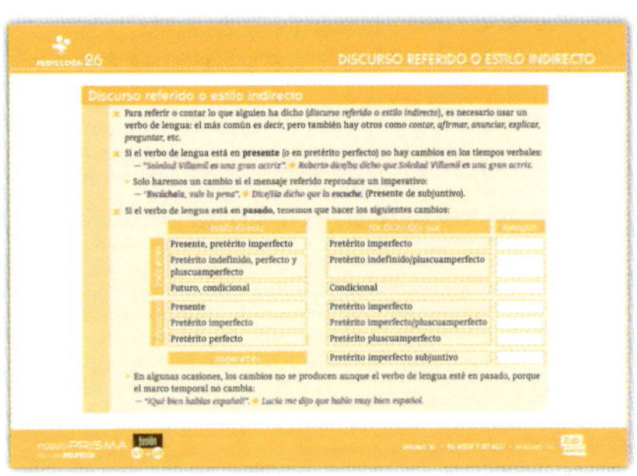

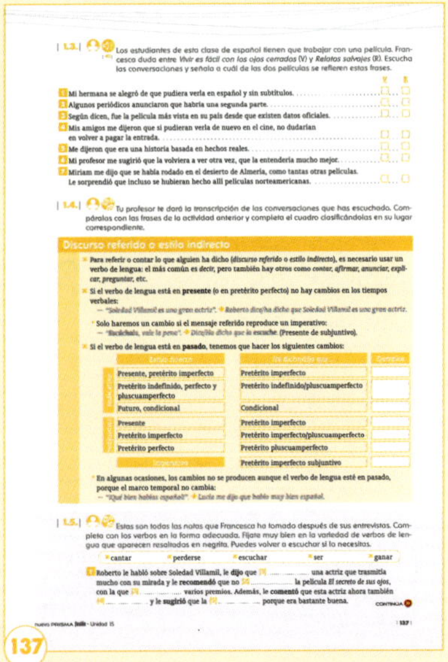

Dinámica. Entregue a los estudiantes una copia de la ficha que contiene las conversaciones de la actividad anterior, pídales que las lean con atención, que las comparen con las frases de la tarea anterior para comprobar si sus respuestas son correctas, y que las corrijan en caso necesario. A continuación, pregúnteles qué diferencia hay entre las conversaciones que han escuchado y las frases que aparecen en la actividad anterior desde el punto de vista lingüístico: las conversaciones están en estilo directo y las frases las resumen a través del discurso referido. Ponga la proyección 27 y focalice la atención de los estudiantes en los dos primeros puntos del cuadro donde se aclaran estos conceptos. Una vez que haya realizado la explicación, indíqueles que analicen el cuadro de transformaciones verbales del discurso referido en pasado y que lo completen con las frases anteriores. Déjeles un tiempo para hacer la actividad y corrija.

	Estilo directo	Ha dicho/Dijo que...	Ejemplos
Indicativo	Presente, pretérito imperfecto	Pretérito imperfecto	5
Indicativo	Pretérito indefinido, perfecto y pluscuamperfecto	Pretérito indefinido/ pluscuamperfecto	3, 7
Indicativo	Futuro, condicional	Condicional	2, 6
Subjuntivo	Presente	Pretérito imperfecto	1
Subjuntivo	Pretérito imperfecto	Pretérito imperfecto/ pluscuamperfecto	4
Subjuntivo	Pretérito perfecto	Pretérito pluscuamperfecto	7
	Imperativo	Pretérito imperfecto subjuntivo	6

1.5. Actividad de práctica controlada sobre el discurso referido. Explíqueles que van a completar las notas que Francesca ha tomado de las conversaciones que ha mantenido. Dígales que estas notas están en estilo indirecto y que deben poner un verbo en el tiempo adecuado según lo que han aprendido en la actividad anterior. Déjeles un tiempo para realizar la actividad y corrija con la proyección 27. Si lo considera oportuno, puede volver a poner el audio para refrescar las conversaciones. Una vez corregida la actividad, pídales que se fijen en los verbos que están resaltados en negrita en los diferentes textos. Explíqueles que además de los verbos *decir* y *preguntar*, existen muchos verbos de lengua que permiten matizar, resumir, completar, etc., cuando se usa el discurso referido para que este no resulte monótono o artificial. Este tema se retomará en la actividad 4.

1. era; 2. se perdiera/perdiese; 3. había ganado/ganó; 4. cantaba/canta; 5. escuchara/escuchase; 6. era/es; 7. se dedicaba/se dedica; 8. había hecho/hizo; 9. había estrenado/estrenó; 10. habían dejado/dejaron; 11. fuera/fuese; 12. viera/viese; 13. habría; 14. se trataba; 15. llegó; 16. había pedido/pidió; 17. empezaron.

Proyección 27. Notas de Francesca.

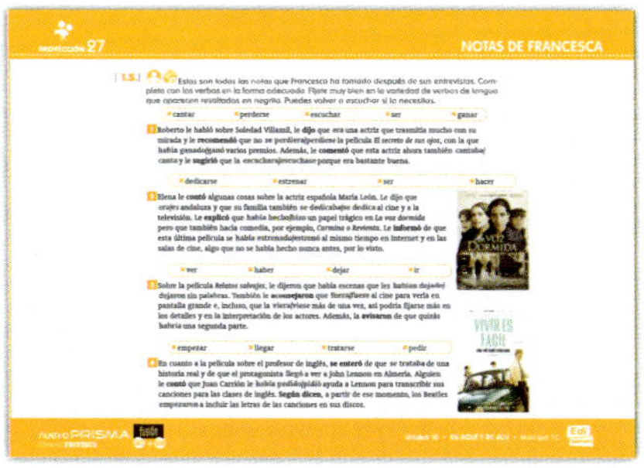

Dinámica. Mantenga la imagen proyectada, mientras procede a la corrección de la actividad.

>2 Actividad de interacción oral cuyo objetivo es poner en práctica de manera menos controlada el uso del discurso referido o estilo indirecto. Pídales que formen parejas, que piensen en una película y que se cuenten el argumento. A continuación, intercambian de pareja y cuentan el argumento de la película de su primer compañero al segundo, tal y como se indica en el ejemplo del libro.

Para seguir practicando el estilo indirecto, proponga los ejercicios 2, 3 y 4 de la unidad 15 del *Libro de ejercicios*.

>3 Actividad de comprensión lectora que sirve de muestra para profundizar en los cambios gramaticales que se producen en el discurso referido. Ponga a los estudiantes en situación contándoles que Marta, una joven actriz, se ha presentado a un *casting* en Sevilla para participar en una serie. Le escribe un correo a su amigo Jesús, contándole cómo le ha ido, entre otras cosas. Pídales que lean el correo y que se fijen muy bien en los elementos que aparecen resaltados. Si quiere ampliar la actividad, reparta una copia de la ficha 37 y siga las indicaciones.

Ficha 37. Otras transformaciones en el discurso referido.

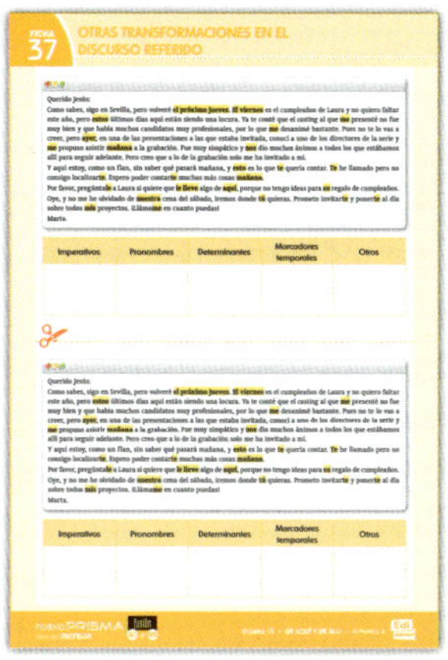

Dinámica. Reparta una copia de la ficha a cada estudiante y pídales que clasifiquen los elementos resaltados dentro de su categoría gramatical correspondiente. Una vez realizada la actividad y antes de corregir, sugiérales que comparen sus resultados en parejas.

Imperativos: pregúntale, llámame; Pronombres: me, nos, esto, te, le, tú; Determinantes: estos, su, nuestra, mis; Marcadores temporales: el próximo jueves, el viernes, ayer, mañana; Otros: le lleve, aquí.

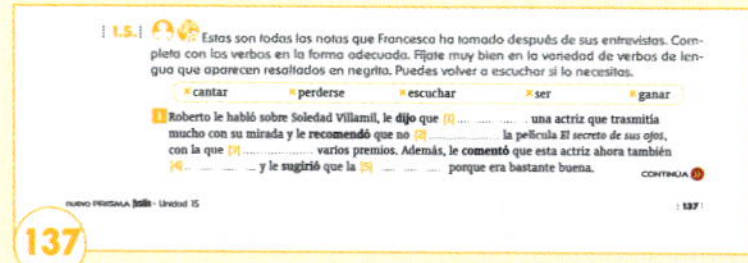

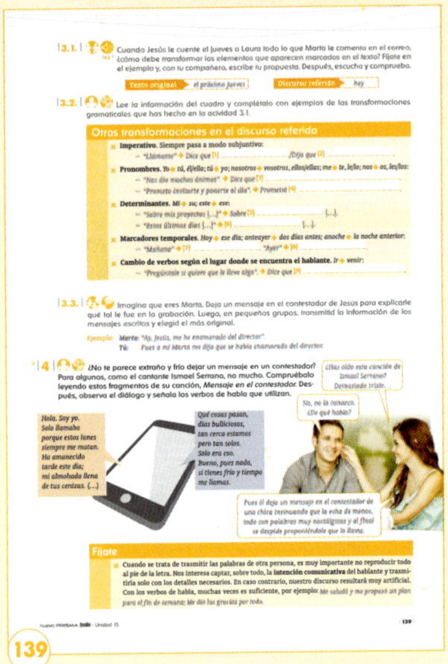

3.1. Actividad de reflexión en la que los estudiantes, en parejas, transforman el texto al discurso referido. Ponga a los estudiantes en situación y dígales que hoy es jueves y que Jesús le cuenta a Laura todo lo que Marta le ha dicho en el correo. La tarea consiste en escribir el hipotético diálogo que mantienen Jesús y Laura. Si ha hecho la ficha 37 en actividad anterior, vuelva a su clasificación y dígales que, además de las transformaciones de los tiempos verbales que han aprendido en las actividades anteriores, esos elementos también cambian. Deténgase en el ejemplo del libro y, si lo cree necesario, ponga algún ejemplo más. Luego, déjeles un tiempo para realizar la actividad y, a continuación, ponga el audio para que comprueben sus respuestas y las corrijan.

42

● **Jesús:** Hola, Laura, ¿qué tal?

○ **Laura:** Hola, bien, ¿y tú? Oye, ¿has sabido algo de Marta? Llevo dos días sin tener noticias suyas, solo me mandó un mensaje diciéndome que el *casting* no había ido bien.

● **Jesús:** Sí, no está muy pendiente del teléfono que digamos, pero a mí me escribió un correo el otro día.

○ **Laura:** ¿Ah sí? Cuenta, cuenta...

● **Jesús:** Me dijo que volvería hoy jueves porque mañana quiere estar en tu fiesta de cumpleaños.

○ **Laura:** Uf, menos mal..., ya pensaba que este año me iba a dar plantón otra vez.

● **Jesús:** Bueno, eso dijo, pero ya veremos si finalmente viene, porque también me comentó que esos últimos días estaban siendo una locura. El *casting* al que se había presentado, ya sabes que no fue bien y que se desanimó mucho. Pero, por lo visto, el día anterior había conocido a un director de no sé qué serie y que le propuso asistir a la grabación al día siguiente, así que, imagínate, estaba de los nervios y muy emocionada con la idea.

○ **Laura:** ¡Madre mía! Ya me la imagino, atacada. Pero qué suerte... Al menos valdrá la pena haber ido hasta allí.

● **Jesús:** Esperemos... Me dijo que ese director, que no me acuerdo del nombre, les había animado mucho a todos los del *casting*, pero que a la grabación solo la habían invitado a ella. Y nada, me escribía para contármelo porque había intentado llamarme pero no me localizó. Me dijo que ya me contaría más cosas, pero sigo sin tener noticias.

○ **Laura:** A ver si ese director la ha secuestrado...

● **Jesús:** Ah, también me pidió que te preguntara si querías que te trajera algo de allí como regalo por tu cumple.

○ **Laura:** Pues a este paso, ni regalo, ni esa cena que teníais planeada, porque la tía no da señales de vida.

● **Jesús:** Pues prometió invitarme el sábado, me dijo que no había olvidado nuestra cita y dijo que me pondría al día de todos sus proyectos. Me dijo que la llamara, pero es que está siempre apagado.

○ **Laura:** Esta chica o ha perdido el móvil o se ha fugado con el director de la serie.

● **Jesús:** Anda ya...

el próximo jueves: hoy; El viernes: Mañana; estos: esos; me: se; me: se; ayer: el día anterior; me: le; mañana: al día siguiente; nos: les; esto: eso; te: me; Te: Me; localizarte: localizarme; contarte: contarme; mañana: al día siguiente; pregúntale: te preguntara; le lleve: te trajera; aquí: allí; su: tu; nuestra: nuestra; tú: yo; invitarte: invitarme; ponerte: ponerme; mis: sus; llámame: la llamara.

3.2. Actividad de reflexión y sistematización de contenidos lingüísticos. Una vez corregida la actividad anterior, pídales que, individualmente, completen el cuadro con ejemplos de su escrito. Una vez corregido, deténgase un momento en el último punto recordándoles que algunos verbos de movimiento cambian según el lugar en el que esté el hablante en esos momentos: son los verbos *llevar/traer* e *ir/venir*.

1. lo/la llame; 2. lo/la llamara; 3. Dice que les había dado/dio muchos ánimos; 4. Prometió invitarme y ponerme al día; 5. Sobre sus proyectos...; 6. Esos últimos días...; 7. Al día siguiente; 8. El día anterior; 9. Dice que si quieres que te traiga algo.

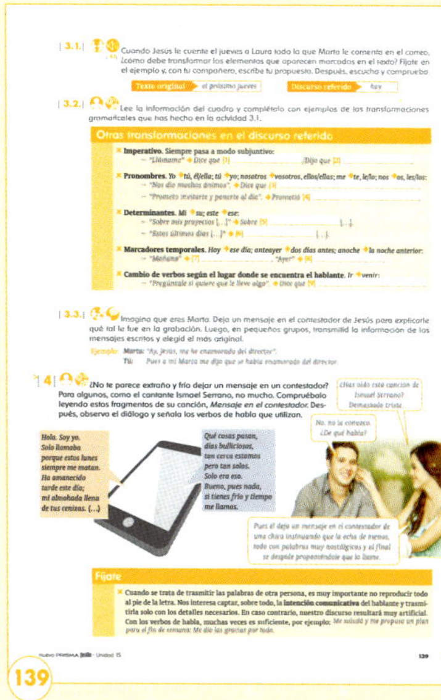

3.3. Actividad de interacción oral en grupos de tres. Cada estudiante, en el papel de Marta, escribe un mensaje para Jesús. Pídales que utilicen su imaginación para que los mensajes sean divertidos. Recoja todos los mensajes y repártalos al azar entre los miembros de los diferentes grupos. Cada uno debe transmitir el mensaje que le ha tocado a sus compañeros. Una vez hecha la tarea, eligen cuál de ellos les ha parecido más divertido. Haga una puesta en común para que cada grupo transmita al resto de la clase el mensaje elegido.

>4 Última secuencia de actividades relacionadas con el discurso referido centrada en los verbos de lengua y las posibilidades que ofrecen para, por un lado, resumir lo que otra persona ha dicho, y para interpretar la intención comunicativa del hablante, por otro. Para ello, se les ofrece un ejemplo extraído de una canción de Ismael Serrano, cantautor español. Pídales que lean el mensaje del contestador y que luego lo comparen con el diálogo que aparece a la derecha. Hágales las siguientes preguntas: ¿utiliza la chica las mismas palabras que hay en el mensaje? (Evidentemente, no.); ¿consigue transmitir lo que dice el mensaje? (Está claro que sí.); ¿cómo lo consigue? La chica ha interpretado el texto, ha captado la intención del hablante y, mediante los verbos *insinuar*, *despedirse* y *proponer*, ha podido transmitir el mensaje sin necesidad de hacerlo de manera literal. Una vez hecha esta reflexión, pídales que lean el cuadro de atención para reforzar la explicación.

1. hablar; 2. insinuar; 3. despedirse; 4. proponer.

Si los estudiantes están interesados en escuchar la canción completa, pueden hacerlo en el siguiente enlace: https://www.youtube.com/watch?v=hi48l5EgmRo

i+ ELEteca
38. Ismael Serrano.

4.1. y **4.2.** Secuencia de actividades de práctica controlada y ampliación de léxico sobre los verbos de habla. Antes de comenzar, pida a los estudiantes que lean los verbos que se proponen resolviendo las dudas de vocabulario que puedan surgir. Después, individualmente, leen los diálogos y escogen, de entre las opciones que se dan, el verbo que resulte más adecuado según la intención comunicativa en cada diálogo. Corrija y pase a la actividad 4.2. De nuevo individualmente, los estudiantes deben transmitir el contenido de cada diálogo utilizando los verbos de habla elegidos resumiendo el contenido. Deje un tiempo para realizar la actividad y luego, aleatoriamente, elija a varios estudiantes para que lean sus propuestas.

1. regañar; 2. rechazar; 3. saludar; 4. explicar.

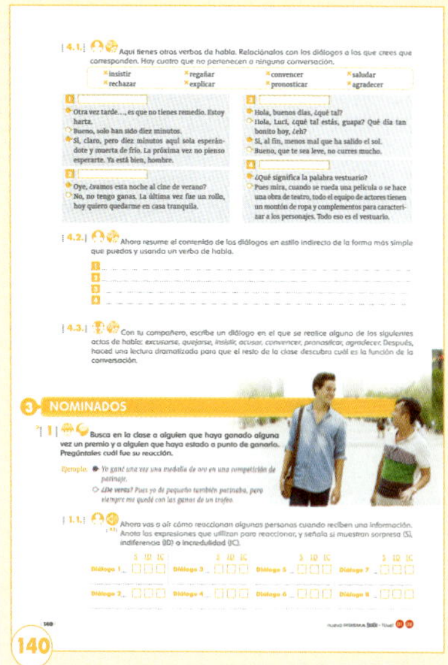

Para la práctica y consolidación de los verbos de habla, puede utilizar el ejercicio 5 de la unidad 15 del *Libro de ejercicios*.

4.3. Como final de esta secuencia de actividades se propone una tarea integradora. Pida a los estudiantes que formen parejas y elaboren un diálogo en el que se realicen algunos de los actos de habla que expresan los verbos que

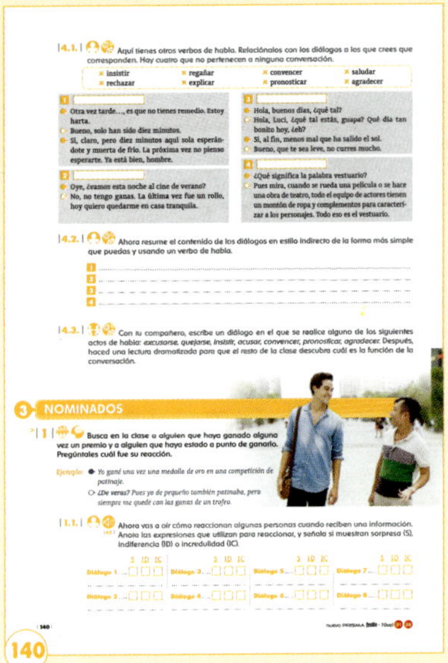

se detallan en la instrucción. A continuación, deben representar su diálogo delante de la clase. La tarea consiste en que los demás interpreten el diálogo y digan a qué acto de habla corresponde. Puede plantear la actividad como una competición. En este caso, el que primero descubra el acto de habla escondido en cada diálogo gana un punto. Si lo cree conveniente, puede añadir otros actos de habla, como los que aparecen en la actividad 4.1.

3 NOMINADOS 140

Dedicado a los premios y festivales de cine y a las revistas especializadas, en el presente epígrafe se trabaja, desde el punto de vista funcional, la expresión de sorpresa, indiferencia e incredulidad.

Al final del epígrafe se lleva a cabo una actividad de carácter cooperativo en la que los estudiantes pondrán en funcionamiento todos los conocimientos adquiridos con la tarea de escribir una crítica de una película para una revista de cine.

> 1 Actividad oral en plenario cuyo objetivo es motivar e introducir el tema del epígrafe: los premios cinematográficos. Haga que se levanten y vayan preguntado a diferentes compañeros si han ganado alguna vez un premio en su vida o conocen a alguien que lo haya hecho. Deben comentar de qué premio se trataba y cómo se sintieron los afortunados: reaccionaron con sorpresa, les resultó indiferente, no se lo creían... Con esto, introduce el contenido funcional del epígrafe de manera inductiva, activando todos los conocimientos previos que tengan los alumnos sobre cómo expresar sorpresa, indiferencia e incredulidad en español.

1.1. Actividad de comprensión auditiva de discriminación de información para entrar en contacto con el contenido funcional del epígrafe. Explíqueles que van a escuchar una serie de breves diálogos en los que los interlocutores reaccionan expresando sorpresa, indiferencia o incredulidad. La tarea consiste en clasificar las reacciones de los interlocutores según lo que expresen. Puede parar la grabación entre diálogo y diálogo si lo considera necesario.

43

Diálogo 1

● ¿Sabías que *Ágora*, de Alejandro Amenábar, fue la película más cara del cine español?

○ ¡No me digas! Pues yo la he visto y no veo que sea para tanto...

Diálogo 2

● ¿Sabes que cada vez hay más cines con películas en versión original?

○ Sí, ya lo he visto. ¿Pero crees que tendrán éxito? ¿La gente irá? Yo creo que eso está por ver.

Diálogo 3

● ¿Sabías que el director de cine más joven del mundo fue un niño de la India que hizo su primera película a los 9 años?

○ ¡¿De veras?! Eso es vocación. Pero, ¡qué vida...! ¿Tendrá tiempo de estudiar y jugar?

Diálogo 4

● ¿Sabías que Penélope Cruz y Javier Bardem se conocieron haciendo la película *Jamón, jamón*?

○ La verdad es que me da lo mismo. No me interesa la vida privada de los famosos.

Diálogo 5

● Dicen que el verdadero beneficio del cine ya no está en las entradas, sino en todo lo demás; palomitas, refrescos, chucherías..., que producen el 45% de sus ingresos.

○ ¡Ya será menos!

Diálogo 6

- Parece ser que el 40% de las películas españolas no se llegan a estrenar en cines o tienen menos de cien espectadores.
- Sí, no me sorprende, tal y como está la industria…

Diálogo 7

- Me han dicho que ir al cine va a costar mucho menos, creo que solo tres euros, incluso los fines de semana.
- ¡Eso no te lo crees ni tú!

Diálogo 8

- He leído que Fidel Castro, antes de convertirse en un líder revolucionario, participó en algunas películas como actor de reparto. ¿Qué te parece?
- ¿Sí? ¡Es increíble!

Diálogo 1: ¡No me digas!, sorpresa; Diálogo 2: Eso está por ver, incredulidad; Diálogo 3: ¡¿De veras?!, incredulidad/sorpresa; Diálogo 4: Me da lo mismo, indiferencia; Diálogo 5: Ya será menos, incredulidad; Diálogo 6: No me sorprende, indiferencia; Diálogo 7: Eso no te lo crees ni tú, incredulidad; Diálogo 8: ¿Sí? ¡Es increíble!, sorpresa.

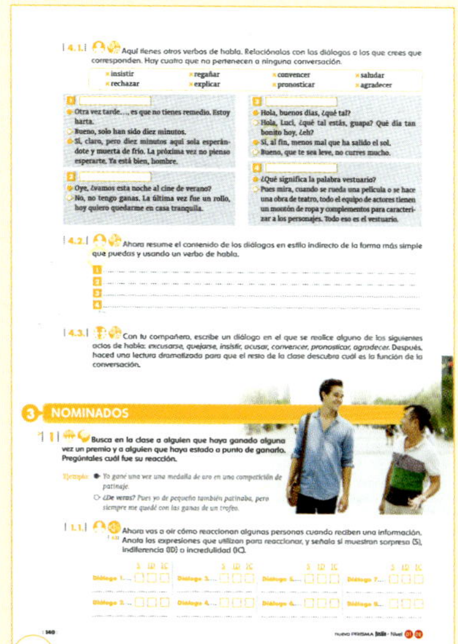

140

1.2. Actividad de léxico planteada con el objetivo de ampliar las expresiones de sorpresa, indiferencia e incredulidad. Pídales que, de manera individual, lean las expresiones y las clasifiquen teniendo en cuenta su función. Antes de corregir, pídales que comparen sus resultados con un compañero/a.

Sorpresa: ¿Quéeee?/¿Cóooomo?; ¿Qué dices?; Me dejas de piedra…; ¡Anda! (pronunciado con énfasis en la segunda *a*); Indiferencia: Por mí…; ¿Y a mí qué?; Allá tú…; Me da igual; Incredulidad: ¿Lo dices en serio?; ¿Bromeas?; ¡No puede ser!; ¡Anda!(pronunciado con énfasis en la primera *a*); ¡Qué cosa tan rara!

> 2 Esta actividad y las siguientes presentan nuevo léxico sobre el cine, esta vez en relación con los premios y festivales. Dirija la atención de todos a la fotografía y pregúnteles si saben qué es. Se trata de la estatuilla que se da a los ganadores de las diferentes categorías en los Premios Goya. Pregúnteles si los conocen. A continuación, dígales que seleccionen, de la lista que aparece, el léxico relacionado con los premios de cine.

estatuilla, Globo de Oro, Premio Coral, Goya, Concha de Plata, Oso de Oro, Óscar.

2.1. Pida a los estudiantes que formen pequeños grupos y elaboren un listado con los festivales de cine más importantes del mundo hispano. Anímeles a que busquen la información que necesiten en Internet. Para finalizar, haga una puesta en común con todos los miembros de la clase para que, entre todos, puedan ampliar el listado. Luego, pídales que añadan otros festivales internacionales.

2.2. Actividad de ampliación del léxico. Pida a los estudiantes que llevar a cabo la tarea, reflexionen sobre los requisitos que ellos creen que debe tener una película para ganar premios. A continuación, pídales que lean las definiciones y que adivinen a qué aspectos se refieren. Como estrategia para adivinar la palabra, sugiérales que lean también el ejemplo que deben completar. De este modo, se ayudarán del contexto para saber a qué palabra se refiere cada definición. Una vez que hayan corregido la actividad, puede ampliarla pidiéndoles que hagan una clasificación de los diferentes puntos por orden de importancia para ellos, y que la pongan en común con el resto de la clase para ver si coinciden.

2. originalidad, original; 3. Efectos especiales; 4. Novel; 5. reparto.

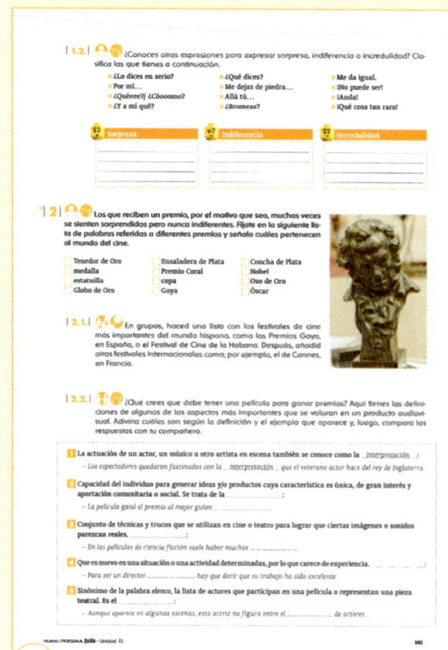

141

2.3. Tarea de interacción oral para intercambiar opiniones y puntos de vista sobre diferentes aspectos relacionados con los premios y las películas.

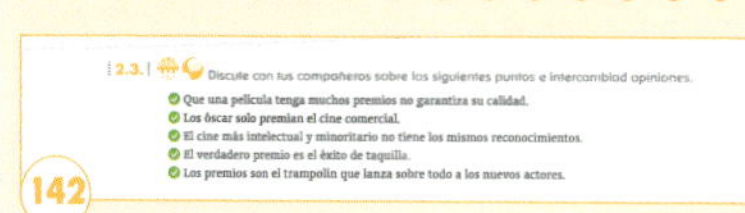

142

>3 Actividad de comprensión lectora de una crítica cinematográfica. Los estudiantes leen las dos críticas cinematográficas sobre la película cubana *Conducta* para determinar cuál de ellas es positiva y cuál es negativa. Indíqueles que subrayen aquellas expresiones que justifiquen su elección.

1. Positiva: notable actuación, cuidada fotografía, un film que enorgullece, emociona y mantiene la tensión, su argumento convence, llega al corazón, excelente trabajo del elenco de actores; 2. Negativa: la hemos visto millones de veces, no es nada original, repite modelos ya vistos, no es demasiado valiente, arriesga poco, casi todos los tópicos están presentes.

i+ ELEteca

39. La película *Conducta*.

3.1. Actividad de ampliación de vocabulario sobre la crítica cinematográfica a través de una comprensión auditiva con ocho críticas sobre diferentes películas. En una primera escucha, deben marcar si la crítica que oyen es buena, aceptable o mala. En la segunda escucha, deben anotar los calificativos que utilizan los interlocutores para valorar la película de la que hablan.

44

1. Ha sido una gratísima sorpresa. Una de esas joyas que pasa desapercibida para el gran público y que cautivará a los que la vean. Su estreno ha sido un formidable éxito de público y muy bien acogida por la crítica.

2. Que nadie espere unos actores en estado de gracia, ni una fotografía magnífica, ni nada por el estilo. Es una película vulgar, como la inmensa mayoría de las películas de superhéroes de nuestro tiempo. Pero, aun en esa vulgaridad, logra hacer pasar un buen rato, no se hace pesada en absoluto, ni farragosa, ni demasiado pretenciosa.

3. No soy fanática de las películas de terror, es un género que no me atrae demasiado pero, para una vez que me decido por este género, por temblar y precipitarme al oscuro túnel del más allá, de lo desconocido y alucinante…, ¡qué fraude!, ¡qué desilusión! Pues ni he encontrado pánico, ni escalofrío, ni temor; donde los demás describen "¡maravilla!", yo he vivido desinterés y ausencia.

4. En el aspecto interpretativo no hay nada reseñable ni que merezca mención especial, el actor principal deja claro que no da la talla para el papel protagonista.

5. Hacía mucho tiempo que no veía una película tan pobre y mala en todos los aspectos. Supongo que no todo iba a ser aciertos y, en algún momento, tenía que dar con un hueso. Ese momento ha llegado. La cinta que nos ocupa es mala hasta decir basta, pero esto es algo que me tenía que haber olido cuando observé que apenas tenía una crítica en esta página, sin apenas votaciones y con una media bajísima.

6. Pese a sus defectos, me ha encantado, he disfrutado como hace mucho no lo hacía con una película. Sus defectos son superados por sus aciertos; el resultado es cine de ciencia ficción también del bueno, del que rara vez se ve; una gozada.

7. El problema más grave es su guion, que convierte a la película en algo intrascendente; empezando por unos diálogos en su mayor parte de parvulario, pasando por subtramas que no aportan nada a la historia, y acabando en las ya conocidas sobreexplicaciones. Esto último llega a ser cansino e irritante, porque no creo yo que sea necesario repetir los argumentos hasta cinco veces.

8. Al inicio parece un drama social del montón que apunta al típico mensaje de que se pueden dejar atrás los problemas y empezar desde cero, pero después va mucho más allá. La mejor cualidad de la película, aparte de su *in crescendo*, su buen gusto y buen hacer en su montaje y en sus actuaciones, es la forma de construir e hilar el relato. Desde pequeños detalles, obsesiones de la protagonista que van cobrando sentido, a cómo se van formando las nuevas relaciones y cómo se hila todo entre sí, incluyendo historias secundarias que no quedan de relleno, sino que van en consonancia con el mensaje y con la historia general.

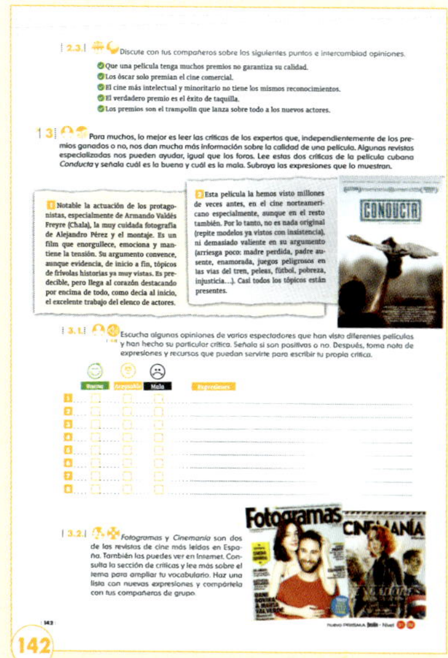

1. Buena: gratísimas sorpresa, joya que cautivará, formidable éxito, bien acogida; 2. Aceptable: que nadie espere unos actores en estado de gracia, vulgar, no se hace pesada; 3. Mala: Qué fraude, qué desilusión, desinterés y ausencia; 4. Mala: nada reseñable, el actor no da la talla; 5. Mala: mala, pobre, un hueso, mala hasta decir basta; 6. Buena: he disfrutado, sus defectos son superados por sus aciertos, cine del bueno, del que rara vez se ve, una gozada; 7. Mala: guion intrascendente, diálogos de parvulario, no aporta nada, cansino e irritante; 8. Buena: su *in crescendo*, buen gusto, su buen hacer, la forma de construir e hilar el relato.

Ampliación. Reparta la ficha 38 que contiene una crítica sobre la película *El secreto de sus ojos*. Con ella, los estudiantes contarán con otra muestra del mismo tipo de texto que les permitirá profundizar y realizar con éxito la tarea de grupo cooperativo del final de epígrafe.

Ficha 38. Crítica de la película *El secreto de sus ojos*.

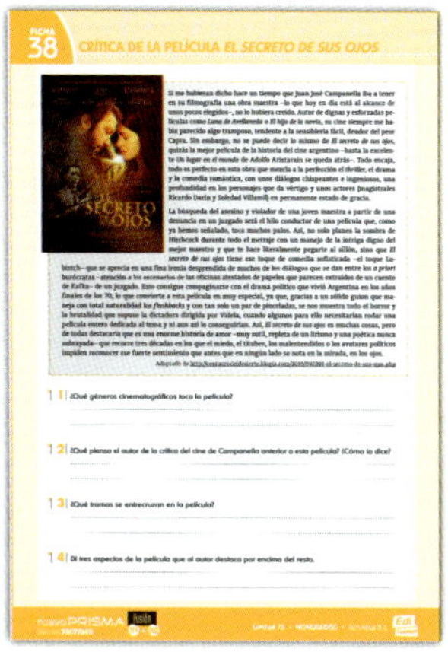

Dinámica. Pida a sus estudiantes que, individualmente, lean la crítica y contesten a las preguntas.

1. el *thriller*, el drama y la comedia romántica; 2. Que es un cine digno pero no brillante: "Autor de dignas y esforzadas películas como *Luna de Avellaneda* o *El hijo de la novia*, su cine siempre me había parecido algo tramposo, tendente a la sensiblería fácil, deudor del peor Capra"; 3. La intriga del asesinato y violación, la época de la dictadura de Videla y la historia de amor truncada; 4. Los diálogos, la profundidad de los personajes, el trabajo de los actores, el manejo de la intriga, el reflejo de una época, la historia de amor…

3.2. Se propone ahora una tarea de estrategias en la que aprenderán a ampliar su léxico a través de textos especializados. Dígales que *Fotogramas* y *Cinemanía* son las dos revistas de cine más leídas en España. Deben entrar en sus páginas web (http://www.fotogramas.es/ y http://www.cinemania.es/, respectivamente) y consultar la sección de críticas para ampliar el léxico relacionado. Con una puesta en común, intercambian las nuevas expresiones que hayan aprendido, ampliando la lista anterior. Además, con esta tarea, los estudiantes podrán comprobar si han conseguido los objetivos de esta unidad: ampliar los conocimientos sobre el cine hispano y los recursos lingüísticos sobre el tema. Si lo cree conveniente, puede pedirles que lean las críticas fuera del horario de clase, como tarea para casa.

>4 Se cierra el epígrafe con una tarea de grupo cooperativo para poner en práctica los conocimientos aprendidos. La tarea consiste en crear una revista de cine con críticas de películas hispanas.

Divida la clase en grupos pequeños y pídales que elijan una película de origen hispano (puede ser alguna de las que han tratado a lo largo de la unidad). Una vez que la han visionado, entre todos elaboran la ficha técnica de la

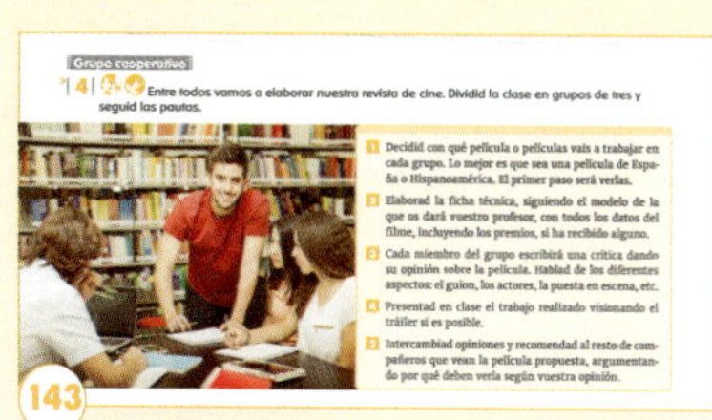

Grupo cooperativo

4 | Entre todos vamos a elaborar nuestra revista de cine. Dividid la clase en grupos de tres y seguid las pautas.

1. Decidid con qué película o películas vais a trabajar en cada grupo. Lo mejor es que sea una película de España o Hispanoamérica. El primer paso será verlas.
2. Elaborad la ficha técnica, siguiendo el modelo de la que os dará vuestro profesor, con todos los datos del filme, incluyendo los premios, si ha recibido alguno.
3. Cada miembro del grupo escribirá una crítica dando su opinión sobre la película. Hablad de los diferentes aspectos: el guion, los actores, la puesta en escena, etc.
4. Presentad en clase el trabajo realizado visionando el tráiler si es posible.
5. Intercambiad opiniones y recomendad al resto de compañeros que vean la película propuesta, argumentando por qué deben verla según vuestra opinión.

¿Qué he aprendido?

1. Escribe las siguientes frases en estilo indirecto.
   1. "Os recomiendo que veáis el cine en versión original y, si necesitáis subtítulos, los ponéis". La profesora nos sugirió que ....
   2. "Antes de esta unidad, apenas sabía nada de cine. Ahora tengo una visión más amplia". Mi compañera dijo que ....
   3. "A partir de ahora iré más al cine o veré más películas en casa... pero en español". Yo les dije a mis compañeros que ....
   4. "Quiero que me expliques mejor cómo usar los verbos de habla, no los entiendo bien". Me ....
2. Escribe la sinopsis de una película que conozcas y de la que no hayas escrito en esta unidad.
3. Después de trabajar con esta unidad, ¿cómo valorarías tus conocimientos sobre los siguientes temas?

	[illegible]	[illegible]	[illegible]
1. Cine actual en países hispanos.	○	○	○
2. Directores y actores representativos.	○	○	○
3. Géneros y léxico sobre el cine.	○	○	○
4. Festivales y premios importantes.	○	○	○

4. ¿Qué te ha parecido más difícil y más fácil en esta unidad?
   Fácil: ....
   Difícil: ....
5. Escribe tres palabras que no conocías hasta ahora.

nuevo PRISMA fusión · Unidad 15 | 143 |

142

misma buscando los datos en Internet o en los propios créditos de la película (los que aparecen al final de la misma). Para esta parte de la tarea, deles la ficha 39 como modelo.

Una vez reunidos todos los datos, cada uno, individualmente, elabora una crítica de la película argumentando su opinión. Pídales que traten diferentes aspectos de la misma y que, antes de presentar el trabajo al resto de la clase, intercambien las críticas entre los miembros del grupo para que las corrijan y las mejoren.

Para la presentación, sería conveniente disponer de una pantalla en la que proyectar el tráiler de la película seleccionada. Una vez visto, pueden leer sus críticas al resto de la clase. Otra opción es que elaboren un cartel y lo cuelguen en la clase o que inicien un blog con sus diferentes escritos.

Ficha 39. Ficha técnica de *La vida de nadie*.

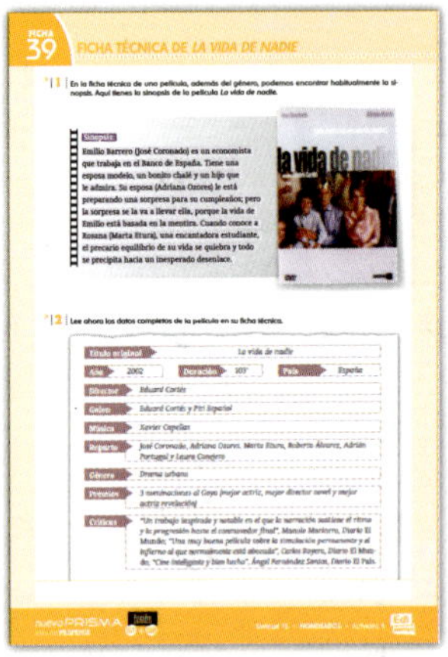

FICHA 39 FICHA TÉCNICA DE *LA VIDA DE NADIE*

1 | En la ficha técnica de una película, además del género, podemos encontrar habitualmente la sinopsis. Aquí tienes la sinopsis de la película *La vida de nadie*.

Sinopsis: Emilio Barrero (José Coronado) es un economista que trabaja en el Banco de España. Tiene una esposa modelo, un bonito chalé y un hijo que le admira. Su esposa (Adriana Ozores) le está preparando una sorpresa para su cumpleaños; pero la sorpresa se la va a llevar ella, porque la vida de Emilio está basada en la mentira. Cuando conoce a Rosana (Marta Etura), una encantadora estudiante, el precario equilibrio de su vida se quiebra y todo se precipita hacia un inesperado desenlace.

2 | Lee ahora los datos completos de la película en su ficha técnica.

Título original	La vida de nadie
Año	2002
Duración	103'
País	España
Director	Eduard Cortés
Guion	Eduard Cortés y Piti Español
Música	Xavier Capellas
Reparto	José Coronado, Adriana Ozores, Marta Etura, Roberto Álvarez, Adrián Portugal y Laura [illegible]
Género	Drama urbano
Premios	3 nominaciones al Goya (mejor actriz, mejor director novel y mejor actriz revelación)
Críticas	"Un trabajo inspirado y notable en el que la narración sostiene el ritmo y la progresión hasta el conmovedor final", Manolo Marinero, Diario El Mundo; "Una muy buena película sobre la simulación permanente y el infierno al que normalmente está abocada", Carlos Boyero, Diario El Mundo; "Cine inteligente y bien hecho", Ángel Fernández Santos, Diario El País.

nuevo PRISMA fusión

Dinámica. Entregue a los alumnos la ficha en la que aparece un ejemplo de ficha técnica y de sipnosis de la película española *La vida de nadie*. De este modo tendrán un modelo que facilite la realización del punto 2 de la tarea.

ELEteca

Léxico. El cine hispano.

16 COLECCIÓN DE RECUERDOS

A lo largo de esta unidad, centrada en los recuerdos y los hechos históricos, se presentan el pretérito pluscuamperfecto de subjuntivo, las oraciones condicionales reales e irreales y sus conectores, además del condicional compuesto. En relación a los contenidos funcionales, los estudiantes aprenderán, entre otras cosas, a expresar hipótesis, condiciones posibles o poco probables y a establecer semejanzas imaginarias, todo ello en torno al léxico relacionado con las vivencias personales y la historia.

1 EN MI MEMORIA 144

Tal y como su nombre indica, este primer epígrafe de la unidad centra su atención en la memoria y en los recuerdos para trabajar las estructuras que sirven expresar hipótesis en el pasado, y se introduce un nuevo tiempo verbal: el pretérito pluscuamperfecto de subjuntivo.

> 1 Actividad de interacción oral de introducción al tema en la que los estudiantes evocan algunos momentos importantes de su vida. Para romper el hielo, empiece usted primero evocando algún momento importante de su vida y cuénteselo brevemente. Después, pídales que sigan su ejemplo y que hablen de los suyos.

1.1. Actividad de interacción oral en parejas. Para ponerles en situación, explíqueles que van a ver unas fotografías personales que evocan recuerdos especiales en la vida de algunas personas. La actividad consiste en que los estudiantes hagan hipótesis sobre el momento que evocan las fotos. Puede hacer una puesta en común con las suposiciones de todos. No les diga aún la respuesta. La oirán en la actividad 1.3.

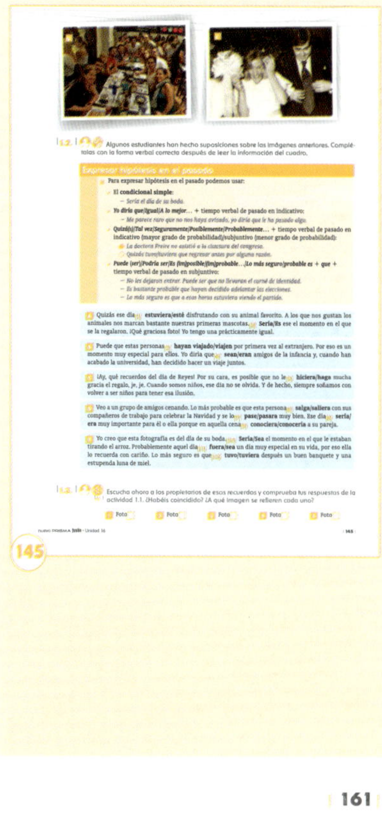

1.2. Se plantea ahora una tarea de reflexión gramatical a través de las suposiciones que un grupo de estudiantes ha hecho sobre las fotografías. El cuadro presenta, como repaso, las estructuras que se usan más frecuentemente en español para hacer hipótesis sobre el pasado. Pídales que lo lean individualmente y resuelva las dudas si es necesario. Luego, los estudiantes, de manera individual, leen los textos y eligen la opción verbal correcta en cada caso. Sugiérales que consulten la información del cuadro si les surge alguna duda. Una vez corregida la actividad, pregúnteles si estas hipótesis se parecen a las que ellos habían hecho en la actividad 1.1.

1. estuviera; 2. Sería; 3. hayan viajado; 4. eran; 5. hiciera; 6. saliera; 7. pasara; 8. sería; 9. conocería; 10. Sería; 11. fuera; 12. tuviera.

1.3. Tarea de comprensión auditiva para realizar de modo individual. El objetivo de la actividad es hacer una escucha global para comprobar si sus hipótesis eran correctas. Después, en una escucha más atenta, deben relacionar cada foto con su comentario.

45

1. Al cerrar los ojos, se me viene la imagen jugando con mi gata. Fue mi primera mascota. Recuerdo cuando la encontramos por casualidad en la calle, detrás de un seto en el parque, mientras jugaba con mis primos. Desbordaba alegría, emoción y una agradable sensación de saber que ya no estaría solo, que esa pequeña gata sería mi compañera por varios años. Se

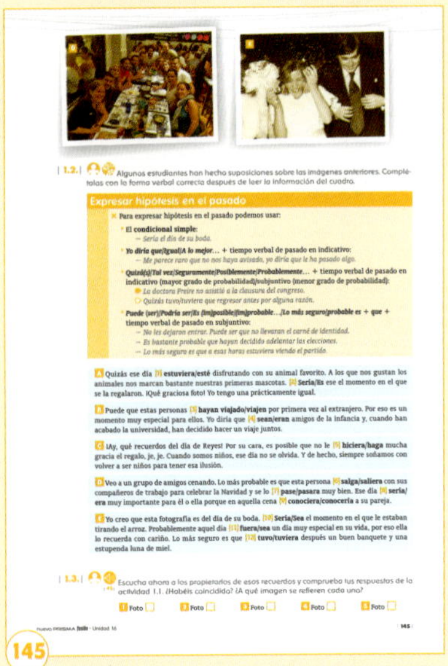

acurrucaba entre mis pequeños brazos buscando el afecto y la amistad. La bauticé como Nube. Era tan grande mi emoción cuando la encontré, que no la quería dejar en brazos de nadie. Quizás yo tendría tres o cuatro años, pero lo recuerdo como si hubiera sido ayer.

2. Lo más bello de mi boda fue tener conmigo ese día tan solo a mi familia y a mis verdaderos amigos. En sí fue una boda pequeña, pero repleta de muchos detalles: muchas flores, un vestido maravilloso que llevaba y los nervios tan grandes al entrar a la iglesia del brazo de mi padre. Todo precioso, aunque lo que más me estresó fue prepararla en tan solo dos meses, y prácticamente sola, porque mi esposo estaba trabajando en Francia, así que llegó dos días antes a España, justo para casarnos e irnos a vivir allí. ¡Me hubiera encantado tener una luna de miel, pero no pudo ser! Fue un día realmente inolvidable para todos. Fuimos muy felices durante los primeros años, pero nos divorciamos..., no nos llevábamos bien. Lo mejor, que tuvimos dos mellizos maravillosos, ¿qué más puedo pedir?

3. Hace cosa de diez años que terminó mi aventura Erasmus en Bruselas. Pero hoy, revisando el ordenador, he encontrado un montón de fotos que hizo mi hermana la primera vez que vino a visitarme, y no he podido evitar ponerme a recordar... Pues bueno, ¿qué decir de esta experiencia que no se haya dicho ya? Es una experiencia increíble que todo el mundo debería tener al menos una vez en la vida. Eso sí, es bien difícil meter en una caja los recuerdos de todo un año, o encerrar en un diario todas las aventuras vividas. Sobre todo me dio muchísima pena pensar en toda la gente a la que conocí. Ojalá hubiéramos seguido en contacto. Aquí estoy con Benja y Mateo, dos amigos que conocí durante mi estancia allí y con los que aún sigo en contacto por Facebook, porque teníamos muy buena relación.

4. Hoy os quería contar que mis compañeros del colegio son muy especiales para mí. Con ellos crecí y con ellos tengo la suerte de conservar una maravillosa amistad. Mis amigos de la infancia y yo tenemos un grupo de WhatsApp en el que seguimos contándonos nuestros proyectos y compartiendo nuestros recuerdos. Esta foto fue el último día que quedamos para celebrar la despedida de soltero de uno de mis amigos. Me pareció increíble que todos hubiéramos podido asistir. Lo pasamos genial y recordamos, como siempre, esos maravillosos momentos juntos en clase.

5. ¿Quién no recuerda el día de Reyes Magos, intentando dormir esa noche, con tantos nervios e incertidumbre? Recuerdo que mi padre a eso de las diez siempre decía: "¡Venga, a la cama!" y nos íbamos rápidamente sin rechistar. Posiblemente, no lo hubiéramos hecho en otro momento del año. Recuerdo que siempre me levantaba por la noche para comprobar que mis zapatos estaban bien limpios en el balcón, y para advertir a nuestros padres de que lo dejasen abierto para que entraran sus Majestades. Me acuerdo de entrar en el salón por la mañana y quedarme atónito al comprobar la cantidad de paquetes que habían dejado para toda la familia. Después, iba a la Asociación de Vecinos del barrio, donde los Reyes también nos dejaban un regalo. Aquí estoy con mi juguete en brazos de Melchor, al que rápidamente reconocí porque era un señor del barrio que conocía de vista. Recuerdo especialmente este regalo, que era un autobús con el que me gustaba mucho jugar. De hecho, en casi todas las fotos de la época salgo con este juguete a cuestas.

1. A; 2. E; 3. B; 4. D; 5. C.

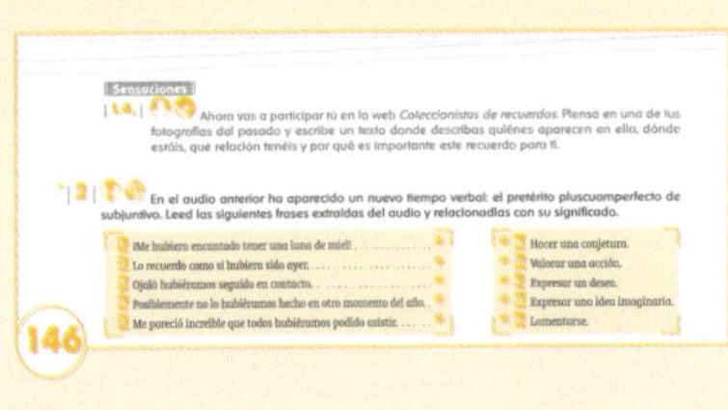

1.4. A continuación, proponga la siguiente tarea etiquetada como *Sensaciones* en la que los estudiantes, de manera individual, van a dejarse llevar por los recuerdos y los sentimientos, escogiendo una fotografía de su pasado y describiéndola por escrito: personas que aparecen en la foto, relación existente entre ellas, el lugar donde se hizo, etc., explicando el significado que esa foto tiene para ellos. Si lo cree conveniente, puede terminar esta actividad animando a los estudiantes a que comenten la fotografía con el resto de la clase y exterioricen los sentimientos que les provoca.

> 2 Se inicia con esta tarea una secuencia de actividades de reflexión gramatical en la que el estudiante conocerá y trabajará con un nuevo tiempo verbal: el pretérito pluscuamperfecto de subjuntivo. Pídales que formen parejas y que lean las frases extraídas del audio anterior donde aparece el pretérito pluscuamperfecto de subjuntivo para que las relacionen con su significado.
1. e; 2. d; 3. c; 4. a; 5. b.

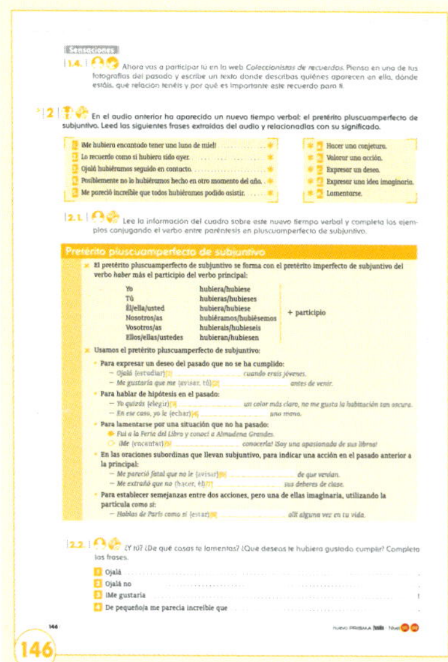

2.1. Actividad de reflexión gramatical en la que se explica la morfología del pretérito pluscuamperfecto de subjuntivo y sus usos. Los estudiantes, de manera individual, deben leer la información y completar los ejemplos con el verbo en pretérito pluscuamperfecto de subjuntivo. Para corregir la actividad y resolver dudas, utilice la proyección 28.

Proyección 28. Pretérito pluscuamperfecto de subjuntivo.

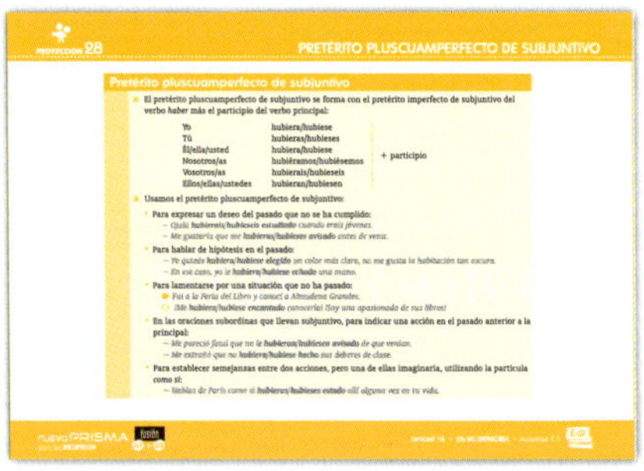

1. hubierais/hubieseis estudiado; 2. hubieras/hubieses avisado; 3. hubiera/hubiese elegido; 4. hubiera/hubiese echado; 5. hubiera/hubiese encantado; 6. hubieran/hubiesen avisado; 7. hubiera/hubiese hecho; 8. hubieras/hubieses estado.

2.2. Actividad de práctica y consolidación sobre los usos del pretérito pluscuamperfecto de subjuntivo. Pida a los estudiantes que, de manera individual, completen las frases explicando las cosas de las que se lamentan o las que hubieran querido realizar y no han podido, utilizando las estructuras que se dan. Luego, puede hacer una puesta en común en la que algunos estudiantes lean alguna de sus frases.

Para seguir practicando los usos del pretérito pluscuamperfecto de subjuntivo, puede llevar a cabo los ejercicios 3 y 4 de la unidad 16 del *Libro de ejercicios*.

2 SI VENDIERAN SUEÑOS... 147

El trabajo en este epígrafe se centra en la presentación de las oraciones condicionales reales e irreales en presente y futuro, y en otros conectores condicionales. Se trabajan los cuestionarios en torno a las vivencias personales y, desde el punto de vista cultural, conocerán a Victoria Subirana, autora del libro *Una maestra en Katmandú*.

> 1 Actividad de precalentamiento en la que los estudiantes, en pequeños grupos, piensan detenidamente en algún aspecto de su vida, personal o profesional, y reflexionan sobre aquellos sueños que les hubiese gustado realizar y en aquellos que aún les gustaría llevar a cabo. Para romper el hielo, ponga un ejemplo sobre usted mismo. Si lo considera más interesante, puede hacer esta actividad en plenario.

> 2 Actividad de comprensión lectora en la que los estudiantes, de manera individual, deben ponerle un título al texto. Para introducir el tema, pregúnteles lo que harían si la vida les ofreciese una segunda oportunidad. Dígales que

147

148

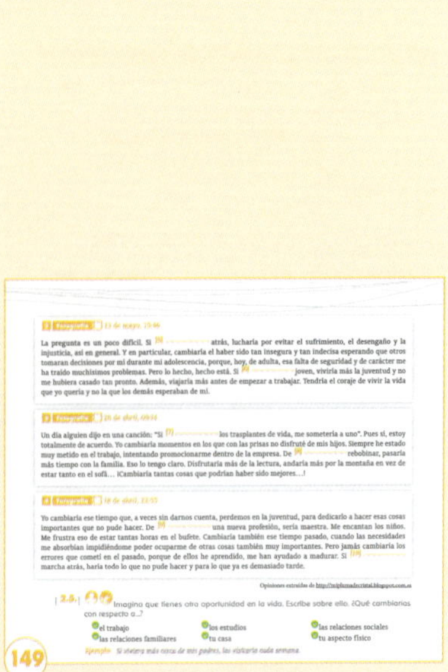

149

este es el tema del que trata el artículo. Antes de comenzar, pídales que lean el cuadro de atención para que entiendan el objetivo de la tarea propuesta.

2.1. Motive a sus estudiantes para que compartan el título en pequeños grupos y, en consenso, decidan cuál es el más adecuado. Puede continuar la actividad en plenario: cada grupo lee el título seleccionado y entre todos escogen el que más se adecua al contenido del texto. El título original del artículo es *Adquiere prudencia*. Después, si ve que el tema les interesa, proponga un debate sobre este pensamiento de Heráclito: "Día a día, lo que eliges, lo que piensas y lo que haces es en quien te conviertes". (Lo que somos es el resultado de las distintas elecciones que hacemos a lo largo de nuestra vida).

2.2. y **2.3.** Secuencia de actividades de reflexión gramatical para introducir la primera y segunda condicional. Las actividades están diseñadas para realizarse de modo individual, pero si cree que es un tema complejo para su grupo, puede distribuir a los estudiantes en parejas para que se ayuden mutuamente. De este modo, facilitará la tarea. En la actividad 2.2., analizan el significado de una frase condicional extraída del texto anterior eligiendo entre tres opciones. En la actividad 2.3. comprueban su respuesta al tiempo que obtienen información sobre el tipo de oraciones condicionales que se pueden encontrar en presente y futuro.

2. Se expresan hechos que se consideran de muy difícil o imposible realización.

Una vez corregida la actividad, y si lo considera conveniente, puede profundizar en el contenido del cuadro poniendo otros ejemplos. Para focalizar la atención de los estudiantes, utilice la proyección 29.

Proyección 29. Oraciones condicionales reales e irreales en presente y futuro.

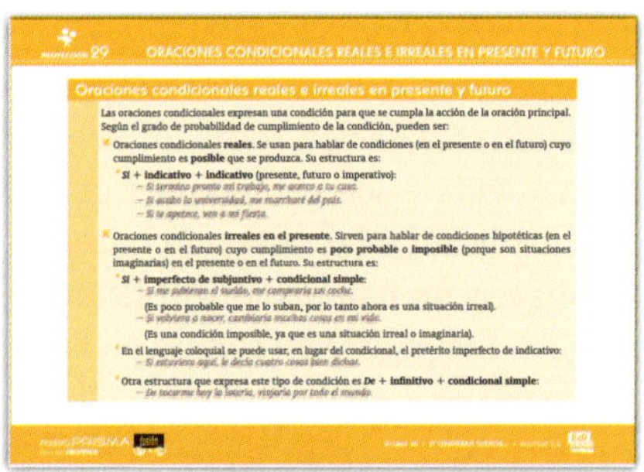

2.4. Actividad de práctica controlada para consolidar los contenidos del cuadro anterior. Explique la dinámica de la actividad (completar los textos con el verbo en la forma adecuada y, según su contenido, relacionarlos con las personas de las fotos). Si lo cree oportuno, antes de realizar una corrección en plenario, anime a los estudiantes a que formen parejas para comparar sus respuestas.

Texto 1: Fotografía C; 1. pudiera/pudiese; 2. empezara/empezase; 3. tener; 4. conociera/conociese; Texto 2: Fotografía B; 5. volviera/volviese; 6. fuera/fuese; Texto 3: Fotografía A; 7. existieran/existiesen; 8. poder; Texto 4: Fotografía D; 9. elegir; 10. diera/diese.

2.5. Actividad de práctica individual en la que los estudiantes, tomando como modelo los textos de la actividad anterior, escriben acerca de lo que harían si pudieran cambiar los aspectos de su vida que se proponen. Haga, después, una puesta en común sobre alguno de los temas para que los estudiantes hablen de sus experiencias y sentimientos.

Para la práctica de estos contenidos, puede realizar los ejercicios 5 y 6 de la unidad 16 del *Libro de ejercicios*.

2.6. Reparta un ejemplar de la ficha 40 entre los estudiantes y, por parejas, pídales que relacionen las diferentes partes del texto. Para corregir, ponga la audición y pídales que comprueben sus respuestas.

Ficha 40. Si por un instante...

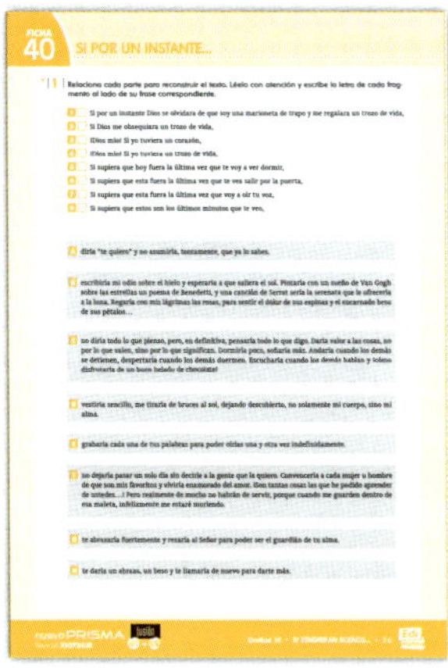

Dinámica. Entregue una copia de la ficha a los estudiantes y pídales que, en parejas, lean con atención cada parte del texto para relacionarlo con el fragmento correspondiente. A continuación, proceda a la escucha del audio con el objetivo de que los estudiantes puedan comprobar sus respuestas y corregirlas en caso necesario.

1. c; 2. d; 3. b; 4. f; 5. g; 6. h; 7. e; 8. a.

46

Si por un instante Dios se olvidara de que soy una marioneta de trapo y me regalara un trozo de vida, no diría todo lo que pienso, pero, en definitiva, pensaría todo lo que digo. Daría valor a las cosas, no por lo que valen, sino por lo que significan. Dormiría poco, soñaría más. Andaría cuando los demás se detienen, despertaría cuando los demás duermen. Escucharía cuando los demás hablan y... ¡cómo disfrutaría de un buen helado de chocolate!

Si Dios me obsequiara un trozo de vida, vestiría sencillo, me tiraría de bruces al sol, dejando descubierto, no solamente mi cuerpo, sino mi alma. ¡Dios mío! Si yo tuviera un corazón, escribiría mi odio sobre el hielo y esperaría a que saliera el sol. Pintaría con un sueño de Van Gogh sobre las estrellas un poema de Benedetti, y una canción de Serrat sería la serenata que le ofrecería a la luna. Regaría con mis lágrimas las rosas, para sentir el dolor de sus espinas y el encarnado beso de sus pétalos... Dios mío, si yo tuviera un trozo de vida, no dejaría pasar un solo día sin decirle a la gente que la quiero. Convencería a cada mujer u hombre de que son mis favoritos y viviría enamorado del amor. ¡Son tantas cosas las que he podido aprender de ustedes...! Pero realmente de mucho no habrán de servir, porque cuando me guarden dentro de esa maleta, infelizmente me estaré muriendo. Si supiera que hoy fuera la última vez que te voy a ver dormir, te abrazaría fuertemente y rezaría al Señor para poder ser el guardián de tu alma. Si supiera que esta fuera la última vez que te vea salir por la puerta, te daría un abrazo, un beso y te llamaría de nuevo para darte más. Si supiera que esta fuera la última vez que voy a oír tu voz, grabaría cada una de tus palabras para poder oírlas una y otra vez indefinidamente. Si supiera que estos son los últimos minutos que te veo, diría “te quiero” y no asumiría, tontamente, que ya lo sabes.

ELEteca

40. Johnny Welch.

Alternativa. Como actividad alternativa o complementaria antes de seguir adelante, le proporcionamos la ficha 41 con una explotación didáctica de la canción *No dudaría*, del cantante español Antonio Flores.

Ficha 41. Una canción de Antonio Flores.

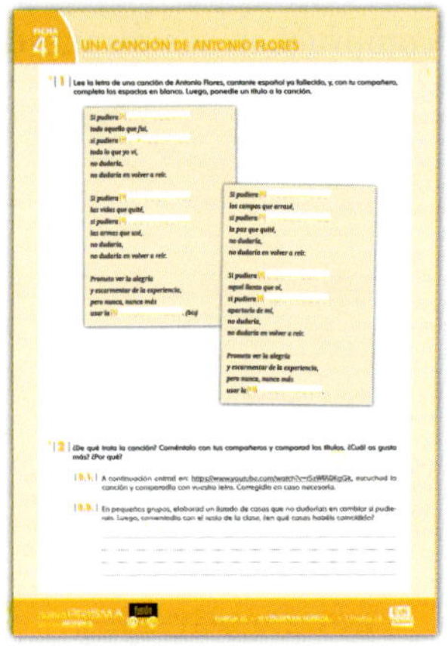

Dinámica. Reparta una copia de la ficha a cada estudiante. Lleve a cabo las actividades propuestas agrupando a los alumnos según se indica en cada actividad.

1. olvidar; 2. borrar; 3. explicar; 4. quemar; 5. violencia; 6. sembrar; 7. devolver; 8. olvidar; 9. lograr; 10. violencia.

2.7. A través del cuestionario, se lleva a cabo una actividad final de práctica oral en parejas de los contenidos aprendidos hasta este momento.

>3 La siguiente secuencia de actividades se inicia con un texto en el que se explica la trayectoria vital y profesional de la cooperante y pedagoga española Victoria Subirana. Pida a los estudiantes que, de manera individual, lean el texto para señalar si las afirmaciones que aparecen a continuación son verdaderas o falsas. Antes de comenzar a leer, aconséjeles que lean las frases para que el trabajo sea más productivo. Si lo cree oportuno, antes de realizar una corrección en común, pídales que comparen y justifiquen sus respuestas en parejas.

1. F; 2. V; 3. V; 4. F; 5. V; 6. F.

ELEteca
41. Victoria Subirana.

3.1. Siga con esta tarea planteada para llevarse a cabo en plenario con el objetivo de fomentar el componente intercultural en el aula. Anime a sus estudiantes a que intercambien información sobre su entorno más cercano, comentando si hay alguien que haya dedicado su vida a cumplir un ideal.

3.2. Se procede ahora a una propuesta de reflexión gramatical. Indique a los estudiantes que, en parejas, lean el breve texto de Vicki Subirana prestando especial atención a los conectores condicionales señalados en negrita. A continuación, propóngales que lean el cuadro gramatical y que completen los espacios en blanco con los conectores del texto. Corrija la actividad con la proyección 30.

Proyección 30. Conectores condicionales.

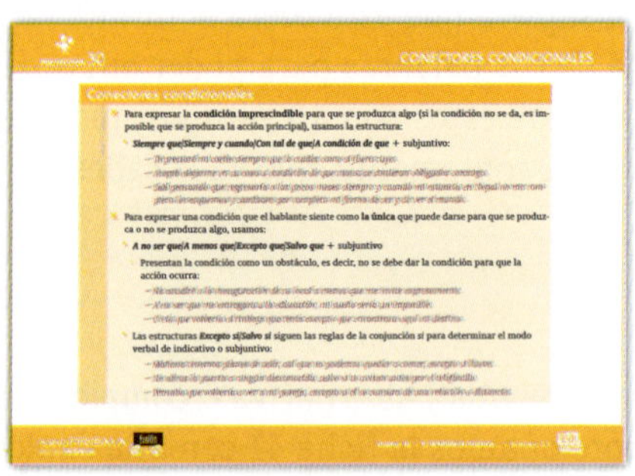

Dinámica. Mantenga la imagen proyectada mientras procede a la corrección de la actividad. Utilícela también para focalizar la atención sobre estos conectores y explicar sus diferencias.

1. Siempre y cuando; Salí pensando que regresaría a los pocos meses, siempre y cuando mi estancia en Nepal no me rompiera los esquemas y cambiara por completo mi forma de ser y de ver el mundo; 2. A no ser que; 3. Excepto que; A no ser que me entregara a la educación, mi sueño sería un imposible; Creía que volvería al trabajo que tenía, excepto que encontrara aquí mi destino; 4. Excepto si; Pensaba que volvería a ver a mi pareja, excepto si él se cansara de una relación a distancia.

Para practicar el uso de estos conectores condicionales, puede llevar a cabo los ejercicios 7 y 8 de la unidad 16 del *Libro de ejercicios*.

3.3. En este ejercicio que cierra el epígrafe se propone una práctica de interacción oral para practicar los conectores condicionales en contexto. Los estudiantes, en pequeños grupos, y tomando como punto de partida la trayectoria vital de Vicki Subirana, comentan en qué casos hipotéticos dejarían todo para cumplir un sueño. Si lo considera oportuno, finalice esta tarea con una puesta en común de todos los grupos.

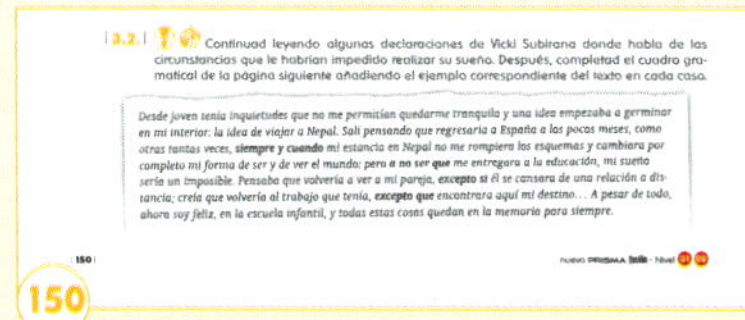
150

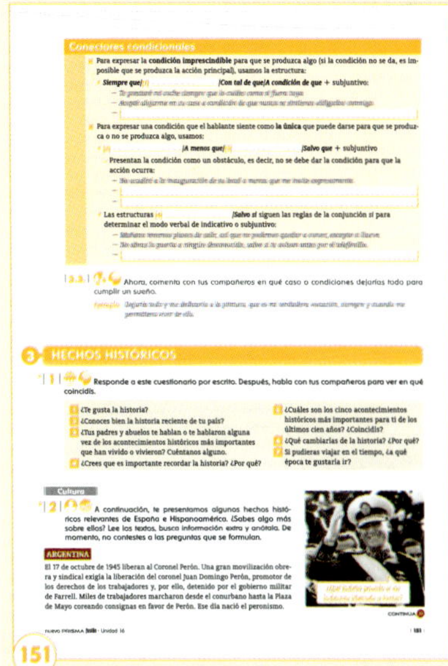
151

3 HECHOS HISTÓRICOS 151

El título de este epígrafe hace alusión directa a su contenido. Los estudiantes descubrirán hechos históricos relevantes de Argentina, Panamá, España y América Central. Se trabaja, por tanto, léxico relacionado con la historia y se presenta un nuevo contenido gramatical: las oraciones condicionales irreales en pasado. Se plantea en este epígrafe una actividad de grupo cooperativo cuyo objetivo es la investigación por parte de los estudiantes de diferentes hechos históricos de países de Hispanoamérica.

> 1 Con esta tarea inicial se introduce el contenido temático de esta unidad: la historia y sus acontecimientos más relevantes. Indique a los estudiantes que lean con atención las preguntas del cuestionario y que las contesten por escrito de manera individual. A continuación, en plenario, comentan sus respuestas para intercambiar impresiones y ver en qué puntos coinciden.

> 2 Actividad de comprensión lectora y búsqueda de información individual sobre cuatro hechos históricos de algunos países de habla hispana. Puede proponer esta actividad como tarea de casa para que puedan ampliar la información sobre esos sucesos con más tiempo. Dígales que, de momento, no deben prestar atención a las preguntas que se hacen.

Alternativa. También puede dividir la clase en cuatro grupos asignándoles uno de los sucesos históricos que se tratan en la actividad. En este caso, cada grupo debe buscar información sobre el hecho histórico que le ha tocado para, posteriormente, informar al resto de la clase.

ELEteca
42. Personajes y hechos históricos de España e Hispanoamérica.

152

2.1. Puesta en común de los conocimientos adquiridos con la finalidad de que, entre todos, amplíen la información sobre estos hechos históricos.

2.2. Actividad de reflexión gramatical que introduce las oraciones condicionales irreales en pasado. Pida a los estudiantes que analicen los ejemplos del

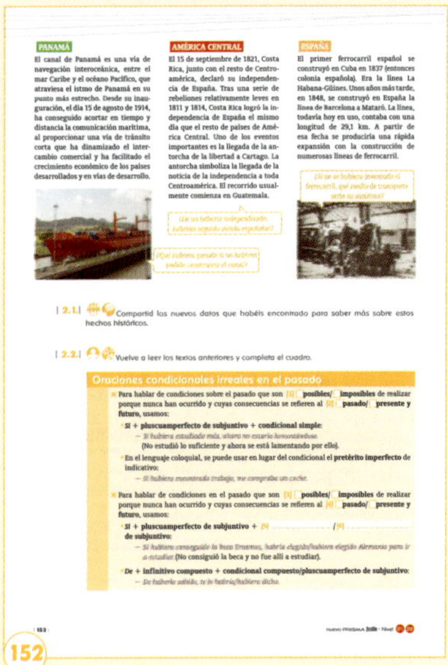

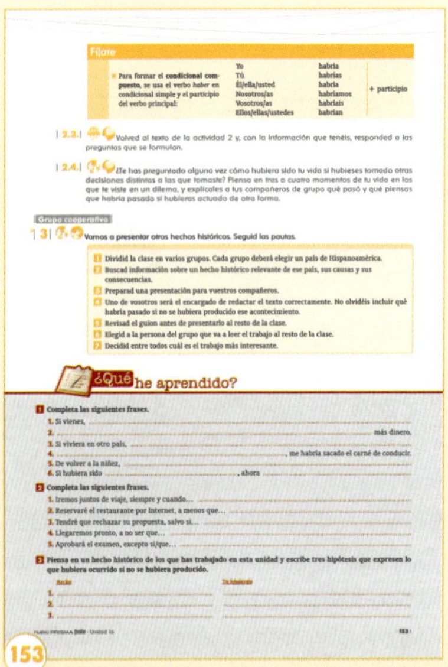

cuadro para completar las estructuras. Antes de llevar a cabo la actividad, focalice la atención del grupo sobre la morfología del condicional compuesto. La actividad está diseñada para hacerse de modo individual, pero puede hacerse también en parejas si se quiere facilitar la tarea. Puede llevar a cabo la corrección de la actividad y la explicación con la proyección 31.

Proyección 31. Oraciones condicionales irreales en el pasado.

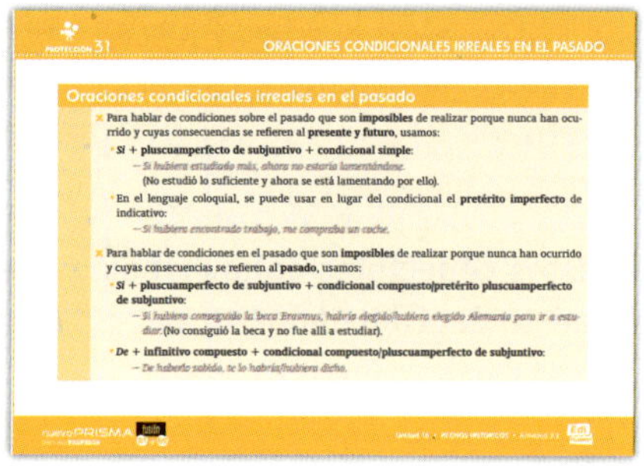

1. imposibles; 2. presente y futuro; 3. imposibles; 4. pasado; 5. condicional compuesto; 6. pretérito pluscuamperfecto.

2.3. Actividad de práctica libre para llevar a cabo en plenario. Vuelva de nuevo a los textos de la actividad 2 y pídales que contesten a las preguntas que se plantean usando su imaginación y toda la información que han recabado y compartido en la anterior secuencia de actividades.

Puede continuar con la práctica de estos contenidos con el ejercicio 9 de la unidad 16 del *Libro de ejercicios*.

> 3 Como actividad final se propone una actividad de grupo cooperativo que ahonda en los acontecimientos históricos del mundo hispano. Los estudiantes, en grupos de tres o cuatro, eligen un país hispanoamericano, bucean en su historia y eligen un acontecimiento histórico de ese país que sea de importancia. A partir de ahí, se reparten las tareas para recoger datos sobre el mismo, estructurar y redactar una presentación que, finalmente, uno de ellos hará ante la clase. Dentro de la presentación deben hacer conjeturas sobre lo que hubiera pasado de no haberse producido dicho suceso. Al final y después de las presentaciones, se decide entre todos qué acontecimiento histórico de los presentados es el más interesante.

ELEteca
Léxico. Sueños cumplidos.

17 DESPERTANDO LOS SENTIDOS

Los sentidos nos sirven para conocer y relacionarnos con nuestro entorno. En esta unidad se pretende despertar los sentidos de los estudiantes y que los conviertan en sensaciones. Para ello, se introducen las funciones y el léxico para expresar sentimientos, gustos y emociones, hablar de experiencias relacionadas con los viajes, hablar de olores y sabores así como expresar propósito y finalidad. Todo ello en torno a la temática de los viajes, los olores y los sabores, la cocina, y algunos fragmentos de textos literarios relacionados con la gastronomía.

154

1 SORPRESAS TE DA LA VIDA 154

Las actividades bajo este epígrafe introducen todas las expresiones y verbos para expresar sentimientos, gustos y emociones en torno al tema de los viajes.

> 1 Actividad de corte estratégico en la que, a través de la imagen, se trata de provocar sensaciones y sentimientos a los estudiantes. Pídales que miren las imágenes y que expresen sensaciones y sentimientos que estas les provocan. La actividad está diseñada para hacer en parejas, pero puede hacerla con todo el grupo si lo cree conveniente. Luego, lea en voz alta el pequeño párrafo que aparece en la página web y pregúnteles si están de acuerdo con lo que dice y si ellos han experimentado esas sensaciones con algún lugar que hayan visitado.

1.1. Actividad cultural en la que los estudiantes comparten sus conocimientos previos sobre los lugares y el país de las fotografías de la actividad 1. Una vez recabada toda la información que se tiene, puede ampliarla con la información extra 39 que está a su disposición en la ELEteca.

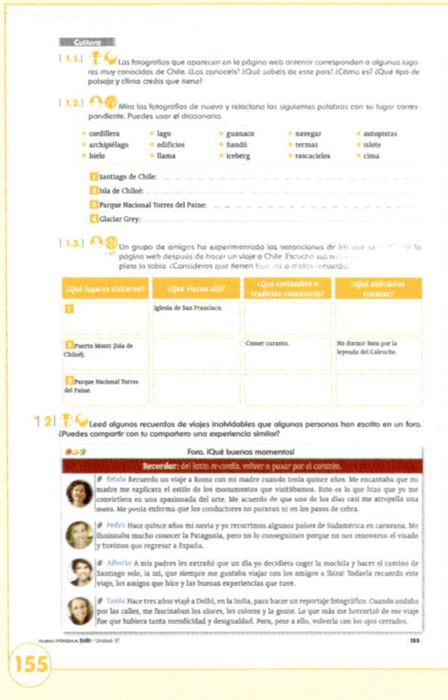

155

i+ ELEteca

43. Santiago de Chile, isla de Chiloé, Parque Nacional Torres del Paine y el glaciar Grey.

1.2. Actividad de léxico cuyo objetivo es preparar y facilitar la actividad de comprensión auditiva posterior. Los estudiantes, individualmente, asocian el léxico de accidentes geográficos que aparece en el recuadro con cada uno de los sitios de Chile que muestras las fotografías. Permítales usar un diccionario monolingüe. Antes de la corrección de la actividad, pídales que comparen sus resultados en parejas. Tenga en cuenta que no hay una única solución.

Posible respuesta. 1. Santiago de Chile: edificios, rascacielos, autopistas; 2. Isla de Chiloé: archipiélago, lago, navegar, islote; 3. Parque Nacional Torres del Paine: cordillera, lago, llama, guanaco, ñandú, navegar, termas, cima; 4. Glaciar Grey: hielo, iceberg, navegar.

1.3. Actividad de comprensión auditiva de selección de información en la que los estudiantes tendrán que escuchar para completar el cuadro de información. Además, podrán confirmar las respuestas a las preguntas que se han ido realizando en toda esta secuencia de actividades. Necesitará, probablemente, hacer dos escuchas.

47

Isra: ¡Ya era hora de que quedáramos! A ver, contadme qué tal el viaje y dadme un poco de envidia. Fuisteis a Santiago de Chile, ¿no?

Jaime: Sí, estuvimos un par de días en la capital. Hicimos un recorrido por

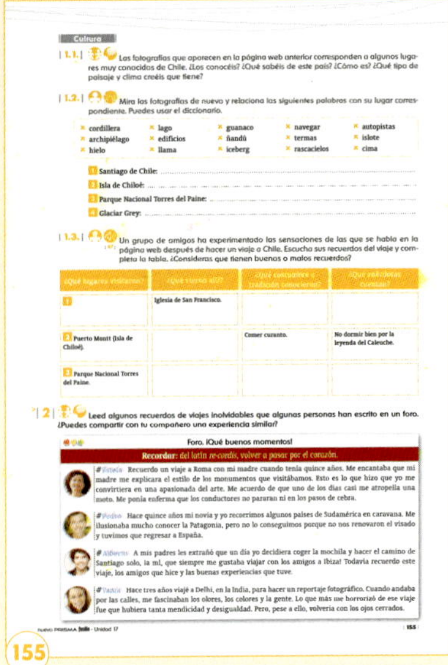

Cultura

| 1.1. | Las fotografías que aparecen en la página web anterior corresponden a algunos lugares muy conocidos de Chile. ¿Los conocéis? ¿Qué sabéis de este país? ¿Cómo es? ¿Qué tipo de paisaje y clima creéis que tiene?

| 1.2. | Mira las fotografías de nuevo y relaciona las siguientes palabras con su lugar correspondiente. Puedes usar el diccionario.

- cordillera
- archipiélago
- hielo
- lago
- edificios
- llama
- guanaco
- ñandú
- iceberg
- navegar
- termas
- rascacielos
- autopistas
- islote
- cima

1 Santiago de Chile: ...
2 Isla de Chiloé: ...
3 Parque Nacional Torres del Paine: ...
4 Glaciar Grey: ...

| 1.3. | Un grupo de amigos ha experimentado las sensaciones de las que se habla en la página web después de hacer un viaje a Chile. Escucha sus recuerdos del viaje y completa la tabla. ¿Consideras que tienen buenos o malos recuerdos?

¿Qué lugares visitaron?	¿Qué vieron allí?	¿Qué costumbre o tradición conocieron?	¿Qué anécdotas cuentan?
1	Iglesia de San Francisco.		
2 Puerto Montt (Isla de Chiloé).		Comer curanto.	No dormir bien por la leyenda del Caleuche.
3 Parque Nacional Torres del Paine.			

| 2 | Leed algunos recuerdos de viajes inolvidables que algunas personas han escrito en un foro. ¿Puedes compartir con tu compañero una experiencia similar?

Foro. ¡Qué buenos momentos!

Recordar: del latín *re-cordis*, volver a pasar por el corazón.

Estela Recuerdo un viaje a Roma con mi madre cuando tenía quince años. Me encantaba que mi madre me explicara el estilo de los monumentos que visitábamos. Esto es lo que hizo que yo me convirtiera en una apasionada del arte. Me acuerdo de que uno de los días casi me atropella una moto. Me ponía enferma que los conductores no pararan ni en los pasos de cebra.

Pedro Hace quince años mi novia y yo recorrimos algunos países de Sudamérica en caravana. Me ilusionaba mucho conocer la Patagonia, pero no lo conseguimos porque no nos renovaron el visado y tuvimos que regresar a España.

Alberto A mis padres les extrañó que un día yo decidiera coger la mochila y hacer el camino de Santiago solo, ¡a mí, que siempre me gustaba viajar con los amigos a Ibiza! Todavía recuerdo este viaje, los amigos que hice y las buenas experiencias que tuve.

Tania Hace tres años viajé a Delhi, en la India, para hacer un reportaje fotográfico. Cuando andaba por las calles, me fascinaban los olores, los colores y la gente. Lo que más me horrorizó de ese viaje fue que hubiera tanta mendicidad y desigualdad. Pero, pese a ello, volvería con los ojos cerrados.

nuevo PRISMA fusión · Unidad 17 | 155

155

la ciudad. Vimos la iglesia de San Francisco; el Club Hípico –realmente increíble, nos dijeron que era uno de los más bonitos de Hispanoamérica–; el Palacio de la Moneda, que es la sede del gobierno...

Ruth: Y luego vimos también barrios muy bonitos: el de la Providencia, el de Vitacura...

Isra: ¡Guau, estoy impaciente por ver las fotos!

Ana: Yo, el mejor recuerdo que me llevé de Santiago es el rodeo que vimos, ¿os acordáis?

Isra: ¡Un rodeo! ¡Como en las películas!

Isaac: Sí, pero no tiene nada que ver. Estar allí viendo cómo el hombre lucha por domar al animal es otra cosa. Y luego el público, animando...

Ana: Me estoy acordando de otra cosa, ¿recordáis la cara que puso Ruth cuando oyó la palabra "polla"?

Isra: ¿Qué pasó?

Jaime: Pues que una le dijo si quería jugar a la polla o algo así y Ruth se pensó que le estaba tomando el pelo.

Ruth: Oye, que tú tampoco sabías lo que significaba...

Jaime: Sí, es verdad, pero, por cómo lo dijo, deduje que no podía significar lo mismo que en España. ¿Sabes, Isra? Lo dijo la mar de natural, era imposible que fuera "eso".

Isra: ¿Y qué era?

Isaac: ¡Pues la lotería nacional! La verdad es que nos encantó la ciudad.

Isra: Bueno, y luego, ¿adónde fuisteis?

Ana: Cogimos otro avión para Puerto Montt, que está a unos 1000 km al sur de Santiago y desde allí hicimos un crucero hasta la isla de Chiloé.

Isaac: Sí, ya me acuerdo. Fue allí donde me puse morado de curanto.

Isra: ¿Cu... qué?

Isaac: Curanto, es la comida típica de la isla de Chiloé. Es un cocido de carne, pescado, marisco y verdura. Llena un montón. Comí tanto que luego me dolía el estómago...

Ruth: Calla, no me lo recuerdes, que aún me acuerdo de la nochecita que nos diste...

Isaac: Vaaaale, lo siento... Oye, ¿y tú? ¡Quién fue a hablar! La que no podía dormir después de lo de la leyenda...

Isra: Ruth, ¿qué leyenda?, ¿qué pasó?

Ruth: No si... ya tenía que saltar con eso... Pues, nada, que una noche nos reunimos todos para hablar en uno de los salones del hotel y allí un hombre nos explicó la leyenda del Caleuche.

Isra: ¿Del Caleuche? Nunca la había oído. ¿Y qué dice?

Ruth: Claro, porque es típica de la zona. Por lo visto, hay varias versiones, pero el hombre nos contó una. El Caleuche era un ser mágico que estaba casado con una loba. Unos pescadores en la isla de Tenglo, que está frente a Puerto Montt, mataron a la loba. El Caleuche, muy enfadado por lo que habían hecho los pescadores, juró vengarse, mandando a Puerto Montt grandes males y llevándose a la niña más guapa del puerto. Algunos de los males fueron, por ejemplo, las erupciones del volcán Calbuco y unos incendios que destruyeron...

Ana: A mí lo que me gustó fue lo de ver bailar el costillar a los chicos...

Jaime: No, Ana, no cuentes eso... ¡Qué vergüenza!

Isaac: ¡Dios!

Ana: Te lo explico, Isra. Es un baile típico de la zona. Ponen una botella en el centro de la pista. Es un baile de parejas masculinas. Es una competición, tienen que bailar alrededor de la botella y quien tira la botella queda eliminado y gana el otro.

Isaac: A mí lo que más me impresionó fue el Parque Nacional Torres del Paine y toda esa zona del sur. A ti que te gusta tanto la montaña te encantaría, de verdad.

Isra: ¿Pero el paisaje de la isla de Chiloé no era bonito? Una amiga de mi hermana estuvo allí el año pasado y me dijo que hab...

Ana: Sí, Isaac, acuérdate del lago Todos los Santos, el que había cuando hicimos la excursión hacia Puerto Varas. Y luego, el volcán Osorno, con la cima nevada, era impresionante.

Isaac: Sí, pero nunca olvidaré las montañas del Parque... Y luego, ¿no os acordáis del guanaco o qué?

Ruth: Ah, sí, qué bonito... Tuvimos mucha suerte de verlo.

Isra: ¿Qué es el guanaco?

Ruth: Es un animal de montaña, típico de la zona, como una llama, pero un poco más grande. La llama es doméstica, mientras que el guanaco es salvaje.

Isra: ¡Chica, sí que estás puesta!

Ruth: No, no teníamos ni idea de lo que era, pero cuando vimos uno, le preguntamos al guía y él nos lo explicó.

Isra: Ah, vale.

Ana: Y también vimos un ñandú, que es el avestruz de América.

Isra: Tuvisteis mucha suerte. Es muy difícil ver animales en las montañas porque siempre se esconden cuando hay gente.

Jaime: Lo que fue una idea genial es ir a las Termas de Quitralco. Fue perfecto para relajarnos un poco y recargar las pilas.

Ruth: Sí, es verdad, era como estar en el paraíso...

Ana: ¡A mí me encantó beber un cóctel con hielo del iceberg!

Isra: ¿Con hielo del iceberg? ¿Y eso?

Ana: Pues los tripulantes de las barcas lo arrancan y te lo dan y...

Isra: Vaya, debe de ser toda una experiencia.

Isaac: Bueno, dadle el regalo ya, pobrecillo.

Isra: ¿Un regalo...? A ver... Es que no puedo abrirlo, está muy bien envuelto...

Jaime: Es una taba. ¿Ves que tiene cuatro caras? Estas se llaman: hoyo, tripa, carne y culo. Los jugadores apuestan y dicen la cara que va a salir. Luego, la tiran y gana el que ha acertado. ¿Sabes? Su origen es muy antiguo, por lo visto, ya la conocían los primitivos griegos. Nos dijeron que el juego se practica mucho entre gauchos argentinos y que de ahí pasó a Chile.

Isra: ¡Guau, qué interesante! Muchísimas gracias.

¿Qué lugares visitaron?: 1. Santiago de Chile; ¿Qué vieron allí?: 1. Club Hípico, Palacio de la Moneda, barrios de la Providencia y Vitacura. 2. lago Todos los Santos, Volcán Osorno; 3. Montañas. guanaco, Termas de Quitralco, ñandú. ¿Qué costumbre o tradición conocieron?: 1. El rodeo; 3. El juego de la taba. ¿Tuvieron alguna anécdota?: 1. Malentendido con la palabra “polla”; 2. No dormir bien por la leyenda del Caleuche; baile del costillar; 3. Los tripulantes de las barcas arrancan el hielo de los icebergs y te lo dan para beber cócteles.

> 2 Los estudiantes leen las diferentes intervenciones en el foro de recuerdos de viajes inolvidables. Una vez leído, se pasa a una actividad de interacción en parejas en la que los estudiantes comparten una experiencia parecida con respecto a un viaje similar. Esta tarea se puede realizar también por escrito, de manera que forme parte del mismo foro que se presenta.

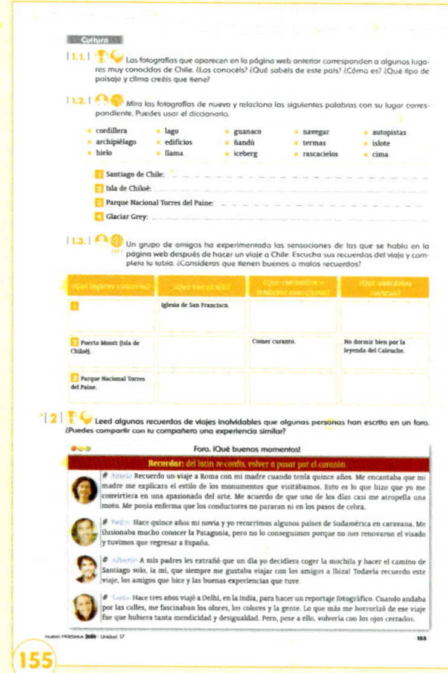

155

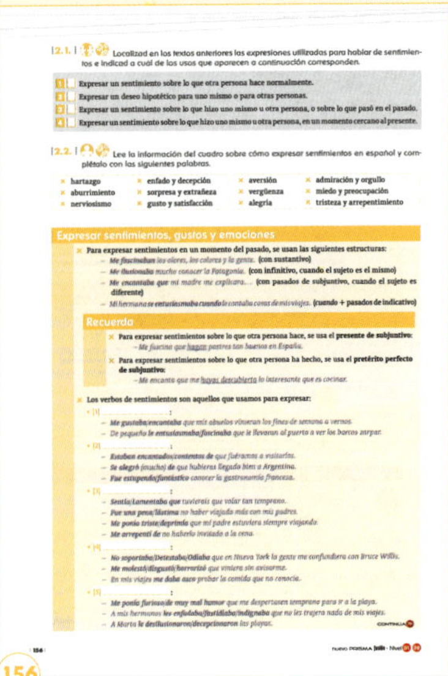

156

2.1. Actividad de reflexión gramatical de corte lingüístico inductivo. Pida a los estudiantes que vuelvan a leer los textos, reconociendo y subrayando las estructuras para expresar sentimientos y el uso concreto que tienen.

Expresiones: Me encantaba que mi madre me explicara...; Me ponía enferma que los conductores no pararan...; Me ilusionaba mucho conocer la Patagonia...; A mis padres les extrañó que un día yo decidiera...; me gustaba viajar...; me fascinaban los olores...; Lo que más me horrorizó de ese viaje fue... Uso 3.

2.2. Siguiendo con la actividad de reflexión gramatical, se ofrece en el cuadro una amplia muestra de expresiones de sentimientos que han de nombrar con su etiqueta correspondiente según el sentimiento que expresan. Antes de hacer la actividad, deténgase en la primera parte del cuadro para explicar los distintos tipos de estructuras que se pueden dar (con sustantivo, infinitivo, verbo en subjuntivo o *cuando* + verbo en indicativo). Para ello, puede utilizar la proyección 32. Después, déjeles un tiempo para que lean el cuadro completo y le pregunten las dudas que les puedan surgir, o bien usar el diccionario.

Proyección 32. Estructuras para expresar sentimientos, gustos y emociones.

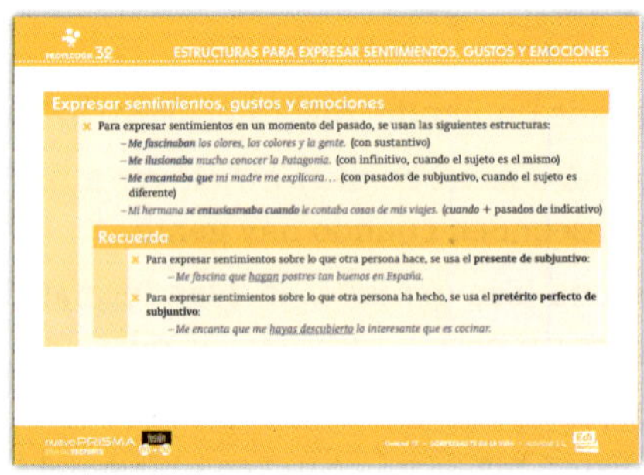

1. gusto y satisfacción; 2. alegría; 3. tristeza y arrepentimiento; 4. aversión; 5. enfado y decepción; 6. sorpresa y extrañeza; 7. aburrimiento; 8. miedo y preocupación; 9. vergüenza; 10. hartazgo; 11. nerviosismo; 12. admiración y orgullo.

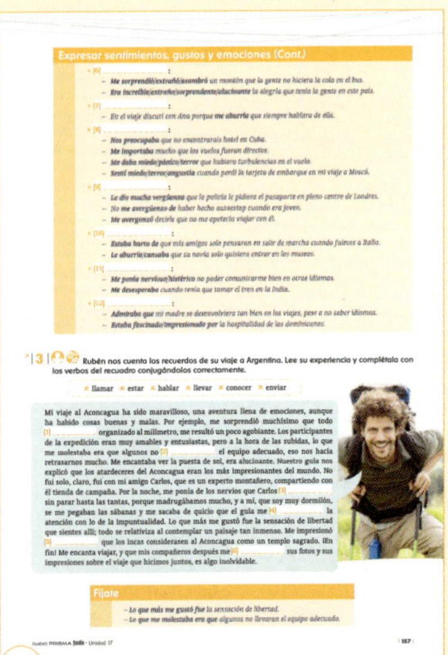

157

>3 A través de los recuerdos del viaje a Argentina que hizo Rubén, se hace una práctica controlada de las expresiones lingüísticas estudiadas para hablar de sentimientos, gustos y emociones. Antes de comenzar, comente la nota que aparece en el cuadro de atención sobre la expresión *lo que*: relativo que se usa para referirse a ideas, acciones o conceptos. Nunca se refiere a sustantivos. Tiene aproximadamente el mismo significado que *la cosa que* o *la acción que*. Por ejemplo: *Lo que* necesitamos es más dinero. *Lo que* él me dijo no era verdad.

1. estuviera/estuviese; 2. llevaran/llevasen; 3. hablara/hablase; 4. llamara/llamase; 5. conocer; 6. envíen.

Antes de continuar, puede afianzar el uso de estas estructuras con los ejercicios 1 a 3 de la unidad 17 del *Libro de ejercicios*.

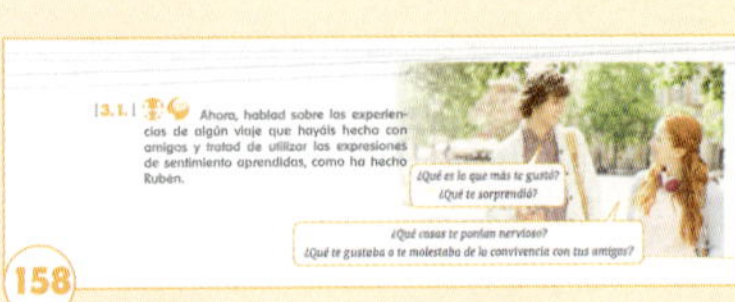

158

3.1. Actividad de interacción oral sobre la expresión de sentimientos. Se pide a los estudiantes que hagan un intercambio de experiencias de sus viajes. Deberán utilizar las expresiones de sentimiento que se han aprendido en este epígrafe. Dígales que pueden tener delante el cuadro con las expresiones para que la interacción sea más fluida.

2 RECUERDOS CON SENTIDO 158

En este epígrafe se trabajan los sentidos como evocadores de recuerdos. Para ello, los estudiantes usarán las expresiones lingüísticas aprendidas en el epígrafe anterior y aprenderán a hablar de olores y sabores (verbos *oler* y *saber*). La temática de los recuerdos, principalmente de la infancia, nos servirá de hilo conductor utilizando algunos fragmentos literarios para fomentar el elemento cultural.

> 1 Actividad de comprensión lectora y expresión escrita. Ponga a los estudiantes en situación comentándoles que se ha abierto un foro para hablar de sensaciones físicas (olores, sabores, tacto...) que evocan recuerdos de la infancia, a partir de la lectura de dos fragmentos literarios pertenecientes a las obras *Afrodita* de Isabel Allende y *En busca del tiempo perdido* de Proust. Pídales que lean los textos y resuelva rápidamente las dudas de vocabulario. Luego, lean entre todos las intervenciones del foro. Indíqueles que comenten si han tenido alguna vez sensaciones similares (puede poner un ejemplo usted mismo) y pídales que intervengan en el foro con una experiencia personal. Pueden utilizar los textos de los participantes del foro como modelo.

Si quiere dinamizar la actividad y darle mayor relevancia, divida la clase en dos grupos, reparta una copia de la ficha 42 y siga las instrucciones.

Ficha 42. Foro. Recuerdos con sentido.

Dinámica. El primer estudiante de cada grupo escribe su texto y le pasa la ficha a su compañero/a para que intervenga. Así hasta que todos los integrantes del grupo hayan terminado. Cuelgue todos los comentarios en un lugar visible de la clase y pida a los estudiantes que se levanten y los lean: ¿cuál les sorprende más? ¿Cuál es el más divertido? ¿Y el más extraño?

ELEteca

44. *Afrodita*, **de Isabel Allende y** *En busca del tiempo perdido*, **de Marcel Proust.**

1.1. Los estudiantes, en pequeños grupos, discuten sobre las preguntas que se plantean en la actividad tomando nota de sus comentarios y conclusiones. Deje de 5 a 7 minutos de tiempo para la discusión. Después realice la escucha del audio. Dígales que se trata de una conferencia sobre el tema. Deben tomar notas sobre lo que se dice para después comparar estas notas con sus conclusiones anteriores.

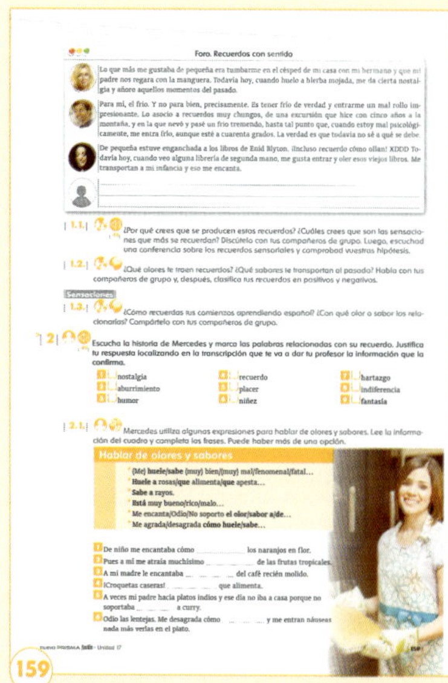

48 Sensaciones y sentidos evocan, de forma enérgica y emotiva, recuerdos de nuestro pasado. El sabor o el gusto de un dulce desencadena una respuesta muy intensa que nos devuelve a la infancia; una balada que creíamos olvidada nos transporta a la adolescencia. Los recuerdos sensoriales afectan a todos los sentidos. Un sonido, un paisaje o un suave rozamiento pueden evocarnos experiencias intensas de nuestra historia vivida.

¿Por qué los sonidos, sabores y olores evocan de forma tan intensa algunos momentos de nuestra vida?

Diremos que cuando recordamos momentos precisos, se produce en nues-

tro cerebro el movimiento idéntico que cuando sucedió o fue vivido. Entra en juego lo que se denomina *la memoria sensorial.*

La memoria sensorial toma fotografías de todo lo que percibe por los sentidos; el cerebro absorbe todos los aspectos del lugar donde nos encontramos, hasta el detalle más insignificante, asociándolo con otros momentos ya vividos.

La memoria que procede de lo que vemos se llama *memoria icónica*. Aparentemente, las imágenes icónicas desaparecen más rápidamente que las que provienen de nuestros oídos (*memoria ecoica*). Las imágenes ecoicas duran más, como nos sucede cuando apagamos la radio y nos parece oír que aún está funcionando. Escuchar una vieja canción nos puede transportar a un momento puntual del pasado, incluso muy lejano. Otra memoria es la *olfativa*, como cuando olemos una cierta fragancia y nos recuerda detalles mínimos de nuestra infancia, o a personas, sabores y situaciones. El olfato es, por excelencia, el sentido que es capaz de evocar recuerdos más vívidos. La evolución nos ha privado de la capacidad olfativa de los animales porque, en nuestro mundo, distinguir los olores ya no es una cuestión de supervivencia, pero el cerebro de los seres humanos conserva aún algunos vestigios de lo que antes fue un potente sentido. También recordamos por la memoria *cinestésica,* que consiste en que, cuando estamos ejecutando una acción, recordamos algunos detalles que percibimos en el pasado cuando realizamos esa misma acción: la sensación de un abrazo, el tacto de una piel, el contacto de unos labios pueden conseguir que veamos nuevamente la cara del ser amado aunque ya no esté. Y, cómo no, el gusto: degustar un sabor puede evocarnos un momento del pasado en el que paladeamos otro igual.

Es nuestro cerebro, pues, el responsable de que un olor o sabor familiar pueda despertar tan vívidos recuerdos de lo ocurrido tiempo atrás, y producir con ellos esa mezcla de felicidad y tristeza bien llamada nostalgia.

1.2. Actividad de interacción oral en pequeños grupos. Después de comentar entre ellos qué olores y sabores les transportan al pasado, cada uno, individualmente, hace una lista de recuerdos positivos y negativos. Al final, se hace una puesta en común para conocer los recuerdos de todos los compañeros de grupo. Si le parece interesante, puede hacer esta puesta en común en plenario.

1.3. Se cierra la secuencia con una actividad de corte emocional en donde el estudiante deberá comentar los recuerdos sensoriales que le trae el aprendizaje del español.

>2 Actividad de comprensión auditiva global en la que los estudiantes deben asociar el recuerdo que van a escuchar con alguna o algunas de las palabras de la lista que se ofrece. Antes de proceder a la escucha, haga que lean la lista de palabras y resuelva las dudas de vocabulario si las hubiera. Una vez que han resuelto la actividad, reparta una copia de la ficha 43 a cada estudiante con la transcripción del audio para que justifiquen su respuesta con frases extraídas del mismo.

Ficha 43. La historia de Mercedes.

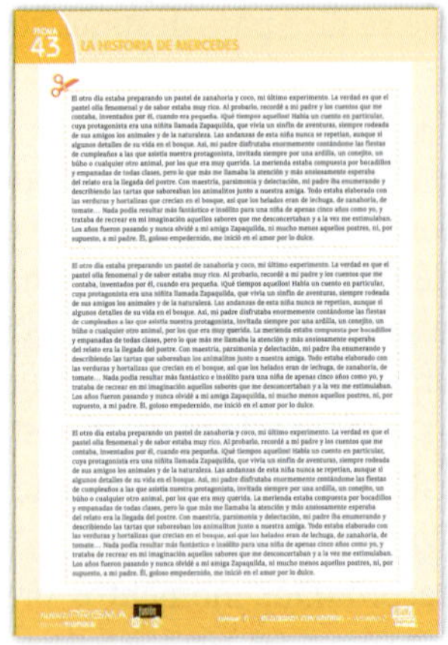

El otro día estaba preparando un pastel de zanahoria y coco, mi último experimento. La verdad es que el pastel olía fenomenal y de sabor estaba muy rico. Al probarlo, recordé a mi padre y los cuentos que me contaba, inventados por él, cuando era pequeña. ¡Qué tiempos aquellos! Había un cuento en particular, cuya protagonista era una niñita llamada Zapaquilda, que vivía un sinfín de aventuras, siempre rodeada de sus amigos los animales y de la naturaleza. Las andanzas de esta niña nunca se repetían, aunque sí algunos detalles de su vida en el bosque. Así, mi padre disfrutaba enormemente contándome las fiestas de cumpleaños a las que asistía nuestra protagonista, invitada siempre por una ardilla, un conejito, un búho o cualquier otro animal, por los que era muy querida. La merienda estaba compuesta por bocadillos y empanadas de todas clases, pero lo que más me llamaba la atención y más ansiosamente esperaba del relato era la llegada del postre. Con maestría, parsimonia y delectación, mi padre iba enumerando y describiendo las tartas que saboreaban los animalitos junto a nuestra amiga. Todo estaba elaborado con las verduras y hortalizas que crecían en el bosque, así que los helados eran de lechuga, de zanahoria, de tomate… Nada podía resultar más fantástico e insólito para una niña de apenas cinco años como yo, y trataba de recrear en mi imaginación aquellos sabores que me desconcertaban y a la vez me estimulaban. Los años fueron pasando y nunca olvidé a mi amiga Zapaquilda, ni mucho menos aquellos postres, ni, por supuesto, a mi padre. Él, goloso empedernido, me inició en el amor por lo dulce.

49

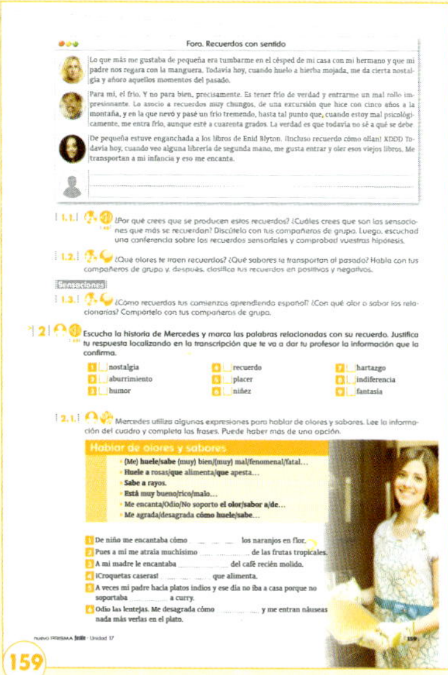

159

Posible respuesta. Recuerdo: Al probarlo, recordé a mi padre y los cuentos que me contaba, inventados por él, cuando era pequeña; Placer: Con maestría, parsimonia y delectación, mi padre iba enumerando y describiendo las tartas que saboreaban los animalitos junto a nuestra amiga; Niñez: Nada podía resultar más fantástico e insólito para una niña de apenas cinco años como yo, y trataba de recrear en mi imaginación aquellos sabores que me desconcertaban y a la vez me estimulaban; Fantasía: Había un cuento en particular, cuya protagonista era una niñita llamada Zapaquilda, que vivía un sinfín de aventuras, siempre rodeada de sus amigos los animales y de la naturaleza.

2.1. Actividad de reflexión lingüística en la que se presentan las estructuras más frecuentes para hablar de olores y sabores. Una vez que se han visto las expresiones, pídales que completen las frases para consolidar este contenido.

Posible respuesta. 1. olían; 2. el sabor/el olor; 3. el olor/el sabor; 4. Huelen; 5. el sabor/el olor; 6. saben/huelen.

2.2. Actividad de léxico en la que se presentan expresiones idiomáticas referidas a la forma de comer. Los estudiantes, en parejas, tienen que leer las expresiones y relacionarlas con una de las dos fotografías que muestran dos actitudes ante la comida: el gusto por comer y la inapetencia.

Imagen A: 1, 2, 4, 6, 7, 8, 12. Todas estas expresiones significan: "comer mucho y con gusto"; Imagen B: 3, 5, 9, 10, 11. Todas estas expresiones significan: "comer poco, sin apetito y poniendo pegas a la comida"; *No me dice nada* y *Ni fu ni fa* indican indiferencia, en este caso, hacia una determinada comida.

160

>3 y **3.1.** Como actividad final de epígrafe, se parte de un cuestionario para hacer en parejas sobre el tema de los olores y sabores y su relación con la comida en el que los estudiantes hablan de su experiencia personal. Después, en plenario, se hace una puesta en común y se comentan las respuestas que les hayan resultado más curiosas o divertidas.

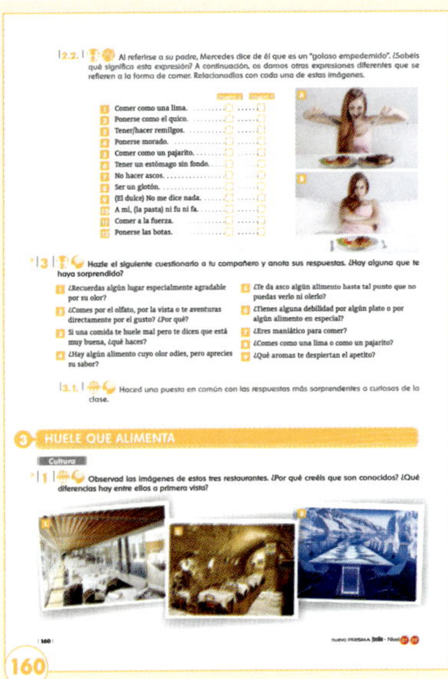

3 HUELE QUE ALIMENTA 160

Este apartado de la unidad dedica gran parte de su atención a los contenidos culturales haciendo un breve recorrido por tres restaurantes de renombre en España: Casa Botín, Celler de Can Roca y Sublimotion. Se presentan también las oraciones y los conectores finales y se propone una tarea de grupo cooperativo en la que se facilitarán las pautas para la elaboración de una crítica gastronómica.

> 1 Actividad de interacción oral en plenario en la que se muestran imágenes de los tres restaurantes que van a conocer en este apartado como primer acercamiento. Pídales que los describan y que hagan hipótesis sobre el tipo de comida que ofrecen según su aspecto. Es una actividad de prelectura importante para llevar a cabo la tarea de la actividad 1.1. Puede utilizar la proyección 33 para realizar la actividad y tener las imágenes en grande.

1. El Celler de Can Roca (Gerona); 2. Casa Botín (Madrid); 3. Sublimotion (Ibiza).

Proyección 33. Tres restaurantes.

1.1. Es esta una actividad de comprensión lectora, en la que los estudiantes deben leer con atención los textos sobre tres reconocidos restaurantes españoles para relacionarlos con cada una de las fotografías anteriores. Se trata de una lectura global para resolver la tarea, por lo que no es imprescindible conocer el significado de todas las palabras. En la ficha 44 le ofrecemos una explotación alternativa de los textos para profundizar en el vocabulario.

Ficha 44. Tres restaurantes españoles.

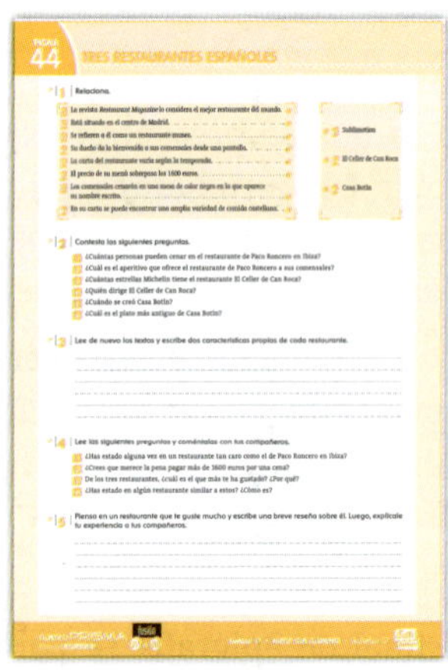

Dinámica. Una vez corregida la actividad del libro, reparta una copia de la ficha a cada estudiante y pídales que vayan resolviendo las actividades releyendo los textos si lo necesitan. Puede mantener las imágenes de los restaurantes proyectadas (proyección 33). La actividad 4 es para realizar en grupos pequeños. La actividad 5, de expresión escrita, se realiza primero individualmente y luego se hace una puesta en común con los compañeros.

1. Sublimotion: 4, 6, 7; El Celler de Can Roca: 1, 5; Casa Botín: 2, 3, 8. **2.** 1. Doce; 2. Sangría y crema de queso con membrillo; 3. Tres; 4. Los hermanos Roca; 5. En el siglo XVIII; 6. El cochinillo y el cordero asado en un horno de leña. **Actividades 3 a 5.** Respuesta abierta.

Texto 1: imagen 3; Texto 2: imagen 1; Texto 3: imagen 2.

i+ ELEteca

45. Paco Roncero, los hermanos Roca y Sobrino de Botín.

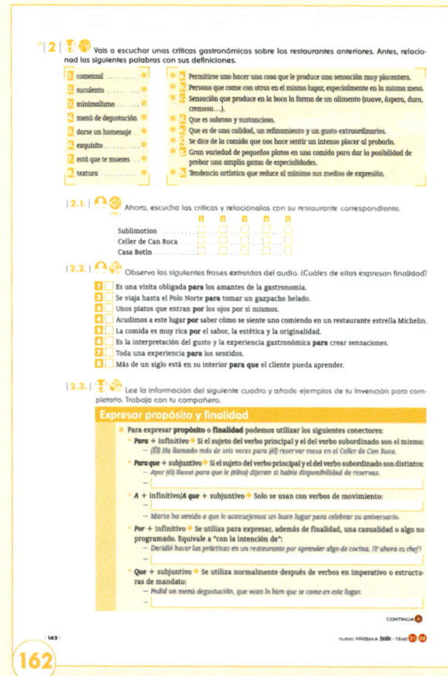
|2| Vais a escuchar unas críticas gastronómicas sobre los restaurantes anteriores. Antes, relacionad las siguientes palabras con sus definiciones.

1 comensal
2 suculento
3 minimalismo
4 menú de degustación
5 darse un homenaje
6 exquisito
7 está que te mueres
8 textura

a Permitirse uno hacer una cosa que le produce una sensación muy placentera.
b Persona que come con otras en el mismo lugar, especialmente en la misma mesa.
c Sensación que produce en la boca la forma de un alimento (suave, áspera, dura, cremosa...).
d Que es sabroso y sustancioso.
e Que es de una calidad, un refinamiento y un gusto extraordinarios.
f Se dice de la comida que nos hace sentir un intenso placer al probarla.
g Gran variedad de pequeños platos en una comida para dar la posibilidad de probar una amplia gama de especialidades.
h Tendencia artística que reduce al mínimo sus medios de expresión.

|2.1.| Ahora, escucha las críticas y relaciónalas con su restaurante correspondiente.

Sublimotion
Celler de Can Roca
Casa Botín

|2.2.| Observa las siguientes frases extraídas del audio. ¿Cuáles de ellas expresan finalidad?

1 Es una visita obligada **para** los amantes de la gastronomía.
2 Se viaja hasta el Polo Norte **para** tomar un gazpacho helado.
3 Unos platos que entran **por** los ojos por sí mismos.
4 Acudimos a este lugar **por** saber cómo se siente uno comiendo en un restaurante estrella Michelin.
5 La comida es muy rica **por** el sabor, la estética y la originalidad.
6 Es la interpretación del gusto y la experiencia gastronómica **para** crear sensaciones.
7 Toda una experiencia **para** los sentidos.
8 Más de un siglo está en su interior **para que** el cliente pueda aprender.

|2.3.| Lee la información del siguiente cuadro y añade ejemplos de tu invención para completarlo. Trabaja con tu compañero.

Expresar propósito y finalidad

Para expresar **propósito** o **finalidad** podemos utilizar los siguientes conectores:
Para + infinitivo → Si el sujeto del verbo principal y el del verbo subordinado son el mismo:
– *(Él) Ha llamado más de seis veces para (él) reservar mesa en el Celler de Can Roca.*
Para que + subjuntivo → Si el sujeto del verbo principal y el del verbo subordinado son distintos:
– *Ayer (él) llamó para que le (ellos) dijeran si había disponibilidad de reservas.*
A + infinitivo/**A que** + subjuntivo → Solo se usan con verbos de movimiento:
– *Marta ha venido a que le aconsejemos un buen lugar para celebrar su aniversario.*
Por + infinitivo → Se utiliza para expresar, además de finalidad, una casualidad o algo no programado. Equivale a "con la intención de":
– *Decidió hacer las prácticas en un restaurante por aprender algo de cocina. ¡Y ahora es chef!*
Que + subjuntivo → Se utiliza normalmente después de verbos en imperativo o estructuras de mandato:
– *Pedid un menú degustación, que vean lo bien que se come en este lugar.*

CONTINÚA

162
nuevo PRISMA fusión · Nivel B1 B2

162

> 2 Empieza una secuencia de actividades con un doble objetivo: darle al estudiante las herramientas necesarias para familiarizarse con la crítica gastronómica, por un lado, y, desde el punto de vista gramatical, repasar y ampliar los exponentes para expresar finalidad. Esta primera actividad anticipa el léxico que facilita la comprensión auditiva de la actividad siguiente.

1. b; 2. d; 3. h; 4. g; 5. a; 6. e; 7. f; 8. c.

2.1. Actividad de comprensión auditiva en la que los estudiantes escucharán unas críticas gastronómicas. La tarea consiste en relacionar cada una con el restaurante al que se refieren, teniendo en cuenta lo que saben de ellos hasta el momento. Puede proceder a una segunda escucha si lo considera oportuno.

50

1. Es una visita obligada para los amantes de la gastronomía. Comenzando por el servicio, solo se pueden decir maravillas. Este tipo de restaurantes suelen tener profesionales que te ofrecen un gran servicio, pero donde este marca la diferencia es en el trato de los propios hermanos Roca. Sobre la oferta gastronómica... ¡Qué decir!..., el menú es espectacular. La presentación, sabores y texturas engañan al paladar... Un 10. Cuando te diriges al elegido mejor restaurante del mundo, las expectativas son muy altas pero, al salir de allí, sin duda, las habrás superado.

2. Un sitio al que siempre da gusto volver. Una comida sencilla, suculenta y con una excelente relación calidad/precio. A destacar el cordero, el cochinillo y esa tarta de crema y merengue que remata una excelente comida. Unos platos que entran por los ojos por sí mismos, que están de morirse, y que no necesitan nombres rimbombantes, florituras ni adornos inútiles. El trato y la amabilidad del personal son sobresalientes.

3. Nos encontramos con un tres estrellas donde la comida es muy rica por el sabor, la estética y la originalidad. Los comensales disfrutarán de uno de los platos más impresionantes: la gamba roja, un plato con un sabor exquisito. Evidentemente, el resto de platos no merecen más que excelentes adjetivos, la bodega es cuidada y mimada minuciosamente por Josep, y Jordi nos invita a jugar con sus sugerentes postres. Por lo demás, muy bueno el trato del personal. Pagás casi 300 euros, pero la experiencia es única. Acudimos a este lugar por saber cómo se siente uno comiendo en un restaurante estrella Michelin. Sin duda, es un lugar que merece la pena visitar más veces en la vida.

4. No es un restaurante al uso, no hay carta, no hay nombres, es la interpretación del gusto y la experiencia gastronómica para crear sensaciones. Sorprende al comensal desde el diseño de sus platos de su único menú degustación, que puede variar de una sesión a otra, hasta la manera de presentarlos sobre una mesa inteligente y proyectable. Es todo un espectáculo: se viaja hasta el Polo Norte para tomar un gazpacho helado, a un campo de trigo para probar un huerto de verduras con tierra comestible sobre una crema, o a Central Park a tomar un picnic, que consiste en una minihamburguesa, una latita de caviar Persé y foie. Toda una experiencia para los sentidos.

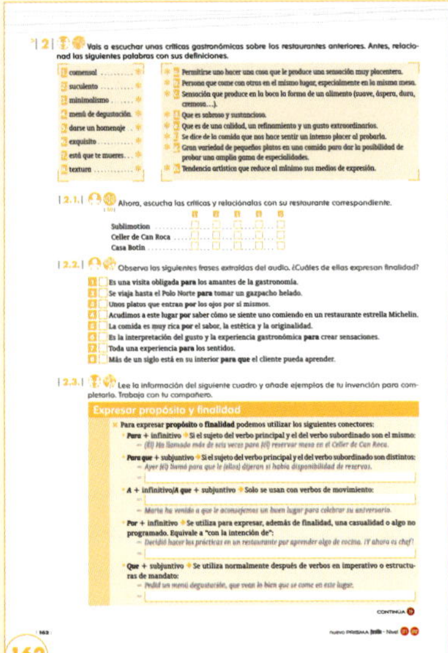

162

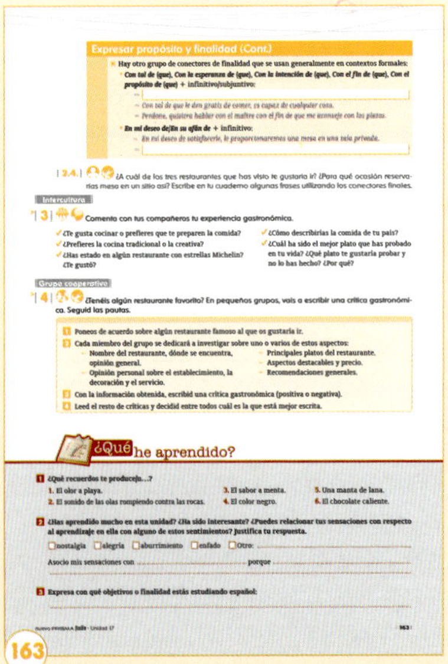

163

5. No solo es un clásico, sino un monumento vivo. Además de los platos destacados, hay una selección de platos del mercado interesantes, buscando recuperar recetas madrileñas evitando el minimalismo. Si solo se visita para darse un homenaje, es una pena. Más de cien años lo contemplan, y más de un siglo está en su interior para que el cliente pueda aprender tantas cosas como su interés y su curiosidad le permitan.

Sublimotion: 4; Celler de Can Roca: 1, 3; Casa Botín: 2, 5.

2.2. Actividad de reflexión gramatical a partir de frases extraídas del audio anterior. Pídales que lean las frases y que marquen aquellas que expresan finalidad. Luego, en parejas, comparan sus respuestas justificándolas si no coinciden.

Expresan finalidad las frases 2, 4, 6, 8.

2.3. Actividad de reflexión gramatical en parejas en la que los estudiantes leen la información del cuadro y la completan con ejemplos de su propia invención. Déjeles un tiempo para completarlo y paséese entre las parejas para ir corrigiendo su trabajo y aclarando las dudas que le planteen los estudiantes.

2.4. Se concluye esta secuencia de actividades sobre las oraciones finales con una tarea de expresión escrita sobre los restaurantes que han conocido a través de los diferentes textos. Para realizar la tarea aconséjeles que tengan presente el cuadro de información sobre los diferentes conectores finales. Luego, cuando terminen, puede pedirles que lean algunas de sus frases en voz alta y corregirlas, si es necesario.

Para consolidar el uso de los conectores finales, puede realizar los ejercicios 4, 7 y 8 de la unidad 17 del *Libro de ejercicios*.

>3 Esta actividad de interacción oral de carácter intercultural pretende un intercambio sobre los gustos y preferencias de los estudiantes a la hora de cocinar, y también la explicación al resto de sus compañeros de cómo es la comida en su país, comparando las diferentes culturas que conviven en la clase con España.

>4 Se cierra el epígrafe con una propuesta de trabajo cooperativo con el objetivo de que los estudiantes, en grupos, elaboren una crítica gastronómica. Indíqueles con precisión las directrices para llevar a cabo la tarea, y finalice con una puesta en común de todas las críticas para que elijan la que piensan que está mejor escrita justificando su elección: valorando su redacción, la riqueza de vocabulario, la información que aportan, etc.

ELEteca
Léxico. Viajes gastronómicos.

18 VIVIENDO DEPRISA

El título de esta unidad ("Viviendo deprisa") hace referencia al estilo de vida rápido y estresado que llevamos en la actualidad. El estudiante tendrá la oportunidad de reflexionar sobre el uso de las nuevas tecnologías en la sociedad, y valorar los cambios positivos y negativos que se han producido. Se presentan las oraciones y conectores concesivos, el gerundio circunstancial y las estructuras reduplicativas con valor concesivo. También se hace referencia a las nuevas profesiones y las que están en vías de extinción, y sobre ese tema se lleva a cabo una amplia actividad de léxico de carácter estratégico en la que se hace consciente al estudiante de la utilidad de las definiciones y el uso de sinónimos y antónimos para el aprendizaje del vocabulario. La actividad de carácter cooperativo consiste en la elaboración de un artículo sobre la aplicación de las nuevas tecnologías en el mundo laboral.

164

1 UN MUNDO TECNOLÓGICO 164

El primer epígrafe de la unidad se centra en un invento que ha revolucionado muchas de las tareas que lleva al cabo el ser humano en la actualidad: el dron (según definición del DRAE, "Aeronave no tripulada"), pero que tiene también sus detractores. A través de un artículo sobre el tema, se introduce el gerundio circunstancial y algunas expresiones que se usan frecuentemente para argumentar y convencer.

> 1 Se comienza con una propuesta de interacción oral en plenario. El objetivo es que, a partir de la descripción de la imagen, los estudiantes reflexionen sobre el cambio que han producido en nuestras vidas los avances tecnológicos, tema central de la unidad.

1.1. Proponga a los estudiantes que formen pequeños grupos, que piensen en un dispositivo tecnológico que consideran imprescindible en su vida y lo comenten con sus compañeros. Si lo considera oportuno, puede animar a los estudiantes a que comenten qué les gusta comprar en tecnología.

165

> 2 y 2.1. Los estudiantes, en parejas, deben hablar sobre el dispositivo que aparece en el texto de la actividad 2.1. ¿Saben qué es? ¿Para qué se usa? Luego, leen el texto individualmente para comprobar su respuesta.

2.2. El objetivo de esta actividad es la adquisición de nuevo léxico a través de la búsqueda de sinónimos en el texto de las palabras que se proponen. Si lo considera oportuno, puede proponer la realización de este ejercicio en parejas ayudándose de un diccionario monolingüe. La reflexión sobre el uso de sinónimos para el aprendizaje de léxico se lleva a cabo en el epígrafe 3.

1. tripulado, controlado; 2. bélico; 3. tóxico, nocivo; 4. reticencia; 5. permiso; 6. artilugio.

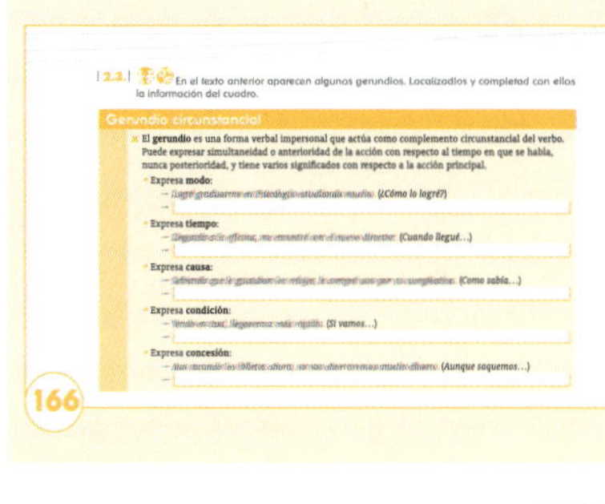

166

2.3. Se continúa con una tarea de reflexión gramatical en parejas sobre el gerundio circunstancial. Pida a los estudiantes que primero lean el cuadro gramatical detenidamente y que a continuación localicen en el texto los gerundios para completar el cuadro con la información adecuada. Proceda a la corrección de esta actividad con la proyección 34.

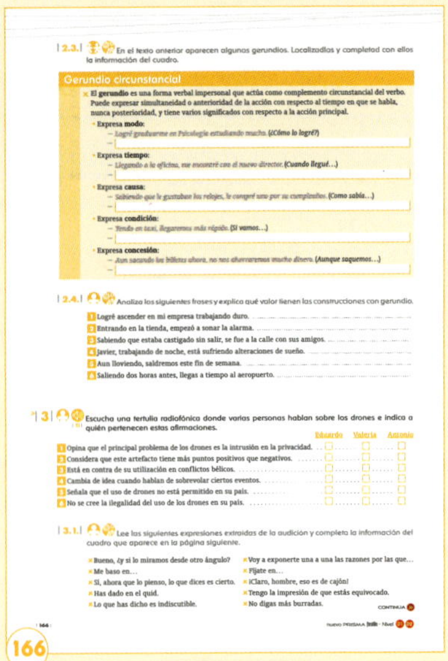

Proyección 34. Gerundio circunstancial.

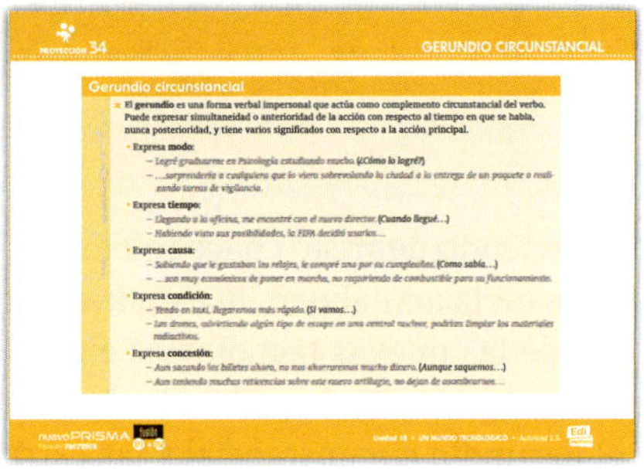

Dinámica. Mantenga la imagen proyectada mientras corrige. Utilícela también para focalizar la atención de los estudiantes y resolver todas sus dudas.

Modo: ...sorprendería a cualquiera que lo viera sobrevolando la ciudad a la entrega de un paquete o realizando tareas de vigilancia; Tiempo: Habiendo visto sus posibilidades, la FIFA decidió usarlos...; Causa: son muy económicos de poner en marcha, no requiriendo de combustible para su funcionamiento; Condición: Los drones, advirtiendo algún tipo de escape en una central nuclear, podrían limpiar los materiales radiactivos...; Concesión: Aun teniendo muchas reticencias sobre este nuevo artilugio, no dejan de asombrarnos...

2.4. Actividad de práctica controlada sobre el gerundio circunstancial. Antes de realizar la corrección, anime a los estudiantes a que comparen y comenten sus respuestas con otro compañero/a.

1. modo; 2. tiempo; 3. concesión; 4. causa; 5. concesión; 6. condición.

Si quiere seguir practicando el gerundio circunstancial puede llevar a cabo los ejercicios 1 a 3 de la unidad 18 del *Libro de ejercicios*.

>3 Actividad de comprensión auditiva en la que se introducen, contextualizadas en un debate, las expresiones relativas a la función de argumentar y convencer. Pida a los estudiantes que escuchen con atención la tertulia radiofónica para luego indicar a quién pertenece cada información. Antes de comenzar la escucha, lea con ellos las afirmaciones para facilitar la tarea. Si lo considera oportuno, proceda a una segunda escucha.

|51|

Eduardo: El otro día observé un vídeo increíble, sorprendente. Se filmó en Estados Unidos con una cámara muy especial. En él se veía un grupo de delfines y a tres ballenas grises emigrando hasta la bahía de San Clemente. Son imágenes grabadas por un dron, increíble, ¿no? Las imágenes eran maravillosas, y han dado la vuelta al mundo, posiblemente ya las habréis visto, pero son imágenes muy difíciles de conseguir, habría que coger a un helicóptero desde muy alto, con una cámara; es difícil.

Valeria: Sí, la cercanía que alcanza es espectacular.

Eduardo: Esto nos invita a reflexionar sobre la importancia del hecho de que podamos ser controlados, espiados constantemente por estos drones, por estos aviones, cámaras que vuelan por control remoto.

Valeria: Has dado en el quid. Este es el principal problema que veo en este tipo de aparatos. ¿No creéis que pueden invadir nuestra privacidad?

Eduardo: Efectivamente, Valeria.

Antonio: Bueno, ¿y si lo miramos desde otro ángulo? ¿No creéis que ayudan más que restan? Como sabéis, los drones tienen una aplicación importante en el control del tráfico, en la agricultura... Sirven para vigilar una determinada zona, en un cultivo pueden monitorizar el estado del riego, así como las condiciones climatológicas.

Valeria: Antonio, lo que has dicho es indiscutible. Pero deberíamos controlar bien el uso que les damos. Es verdaderamente importante esto..., se puede convertir en un arma de control de la población.

Eduardo: De hecho, vamos a hablar sobre 20 drones que ha comprado nuestro ejército por varios millones de euros para observar de cerca los movimientos sociales y las marchas ciudadanas.

Antonio: Yo creo que los ejércitos deben proveerse de cualquier innovación ante cualquier conflicto bélico, porque otros países ya lo están haciendo.

Valeria: No digas más burradas, Antonio. ¿En serio que se han gastado tanto en eso? No creo que estemos ahora para este tipo de derroches.

Eduardo: Antes de seguir, ¿realmente saben nuestros oyentes lo que es un dron? Especifiquémoslo para que la gente lo entienda en sus casas. Por favor, Antonio.

Antonio: Son aeronaves no tripuladas, como muy bien dijo Eduardo, que cumplen con labores de vigilancia.

Valeria: Hasta ahora.

Eduardo: Claro, hasta ahora.

Antonio: Bueno, me baso en informaciones oficiales… Y son controlados por ordenadores o por control remoto y principalmente son usados para operaciones militares, pero, ATENCIÓN, cada vez son más usados en actividades civiles. Pesan entre 9 y 16 kilos, y miden desde los 5 centímetros hasta los 3 metros de largo.

Eduardo: Yo creo que los más grandes son los que se utilizan para llevar o transportar cosas, ¿no?

Antonio: ¡Claro, hombre, eso es de cajón! Ya Amazon los está utilizando para el envío de mensajería.

Eduardo: ¿Valeria?

Valeria: Pues otro uso que recuerdo es que se están utilizando mucho últimamente en las fiestas. Están grabando muchos vídeos de los recitales, en los conciertos.

Eduardo: Salió publicado cómo un dron militar grabó en Brasil a dos kilómetros de distancia un gol de Neymar. Era un dron militar que estaba haciendo un reconocimiento en Brasil, pasó por el estadio.

Valeria: Pero bueno, qué miedo, ¡podría haber tirado algo o haber caído!

Eduardo: También recuerdo una polémica que hubo en la foto oficial de los ministros cuando un dron estaba sobrevolando el momento, captando imágenes… Pero, atención, os recuerdo que esto es ilegal en nuestro país.

Antonio: Sí, ahora que lo pienso, lo que dices es cierto. Debería controlarse su uso en ciertas ocasiones. Es peligroso.

Valeria: Pero yo insisto en la importancia de la privacidad. Voy a exponeros una a una las razones por las que ya los gobiernos están tomando medidas en sus leyes para controlar sus usos. No todo es positivo, Antonio. Fíjate que en EE. UU. se llamó al jefe del FBI al Congreso y se le interrogó para saber si los drones estaban espiando a la población norteamericana… Y su respuesta fue que sí estaban vigilando a la población, pero en una fase inicial.

Eduardo: Esto es una gran falacia. Lo más probable es que no estén en esa etapa de vigilar, sino en la de atacar. Como sabéis, en nuestro país es ilegal que este tipo de aparatos sobrevuelen.

Antonio: Tengo la impresión de que estás equivocado. Es muy normal verlos en partidos de fútbol, en conciertos…

Eduardo: Sí, claro, y la televisión también los utiliza, pero la Dirección General de Aeronáutica Civil no autoriza vuelos sobre sectores poblados.

Valeria: Mirad, en Europa se estima que el negocio involucra 15 mil millones de euros al año. Ojo con los drones, porque pueden ser un sistema donde a todos nos tengan bajo la lupa.

Eduardo: 5; Valeria: 1, 3; Antonio: 2, 4, 6.

3.1. Las expresiones extraídas de la audición están relacionadas con la función de argumentar para convencer. La actividad de reflexión gramatical consis-

|2.3.| En el texto anterior aparecen algunos gerundios. Localizadlos y completad con ellos la información del cuadro.

Gerundio circunstancial

- El **gerundio** es una forma verbal impersonal que actúa como complemento circunstancial del verbo. Puede expresar simultaneidad o anterioridad de la acción con respecto al tiempo en que se habla, nunca posterioridad, y tiene varios significados con respecto a la acción principal.
  - Expresa **modo**:
    - *Logré graduarme en Psicología estudiando mucho.* (¿Cómo lo logré?)
    - –
  - Expresa **tiempo**:
    - *Llegando a la oficina, me encontré con el nuevo director.* (Cuando llegué…)
    - –
  - Expresa **causa**:
    - *Sabiendo que le gustaban los relojes, le compré uno por su cumpleaños.* (Como sabía…)
    - –
  - Expresa **condición**:
    - *Yendo en taxi, llegaremos más rápido.* (Si vamos…)
    - –
  - Expresa **concesión**:
    - *Aun sacando los billetes ahora, no nos ahorraremos mucho dinero.* (Aunque saquemos…)
    - –

|2.4.| Analiza las siguientes frases y explica qué valor tienen las construcciones con gerundio.

1. Logré ascender en mi empresa trabajando duro. ……
2. Entrando en la tienda, empezó a sonar la alarma. ……
3. Sabiendo que estaba castigado sin salir, se fue a la calle con sus amigos. ……
4. Javier, trabajando de noche, está sufriendo alteraciones de sueño. ……
5. Aun lloviendo, saldremos este fin de semana. ……
6. Saliendo dos horas antes, llegas a tiempo al aeropuerto. ……

|3| Escucha una tertulia radiofónica donde varias personas hablan sobre los drones e indica a quién pertenecen estas afirmaciones.

	Eduardo	Valeria	Antonio
1. Opina que el principal problema de los drones es la intrusión en la privacidad.	☐	☐	☐
2. Considera que este artefacto tiene más puntos positivos que negativos.	☐	☐	☐
3. Está en contra de su utilización en conflictos bélicos.	☐	☐	☐
4. Cambia de idea cuando hablan de sobrevolar ciertos eventos.	☐	☐	☐
5. Señala que el uso de drones no está permitido en su país.	☐	☐	☐
6. No se cree la ilegalidad del uso de los drones en su país.	☐	☐	☐

|3.1.| Lee las siguientes expresiones extraídas de la audición y completa la información del cuadro que aparece en la página siguiente.

- Bueno, ¿y si lo miramos desde otro ángulo?
- Me baso en…
- Sí, ahora que lo pienso, lo que dices es cierto.
- Has dado en el quid.
- Lo que has dicho es indiscutible.
- Voy a exponerte una a una las razones por las que…
- Fíjate en…
- ¡Claro, hombre, eso es de cajón!
- Tengo la impresión de que estás equivocado.
- No digas más burradas.

CONTINÚA

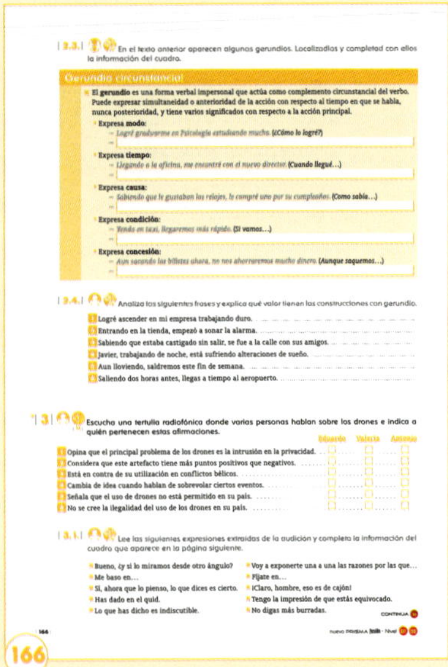

166

167

te en ver los modelos que se ofrecen y clasificar los que se dan en su lugar correspondiente. La actividad está diseñada para realizar individualmente, pero también se puede llevar a cabo en parejas si quiere facilitarla. Para corregir, se sugiere utilizar la proyección 35.

Proyección 35. Argumentar para convencer.

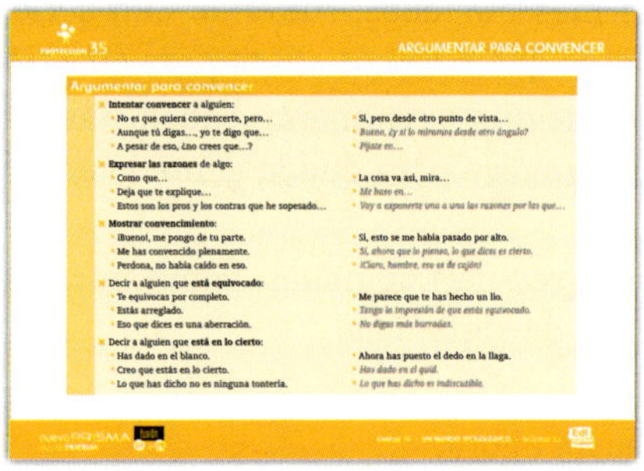

1. Bueno, ¿y si lo miramos desde otro ángulo?; 2. Fíjate en…; 3. Me baso en…; 4. Voy a exponerte una a una las razones por las que…; 5. Sí, ahora que lo pienso, lo que dices es cierto; 6. ¡Claro, hombre, eso es de cajón!; 7. Tengo la impresión de que estás equivocado; 8. No digas más burradas; 9. Has dado en el quid; 10. Lo que has dicho es indiscutible.

Puede seguir practicando las expresiones argumentativas con el ejercicio 4 de la unidad 18 del *Libro de ejercicios*.

>4 Actividad de interacción oral cuyo objetivo es poner en práctica los exponentes funcionales presentados anteriormente. Divida la clase en grupos de tres estudiantes y pídales que elijan un texto cada uno y lo lean. Una vez leído, han de iniciar un debate en el que cada uno trate de convencer al resto de que el avance presentado en su texto es el mejor, argumentando sus razones.

4.1. A modo de conclusión del epígrafe, cerramos con una tarea de interacción oral en plenario en la que los estudiantes debatirán sobre los avances tecnológicos que tendremos dentro de diez años. Puede utilizar la ficha 45 en la que se habla de algunos avances que se prevén ocurrirán alrededor de 2025, bien para motivar el debate o bien como final del mismo, a modo de conclusión sobre el tema.

Ficha 45. Algunos avances tecnológicos que cambiarán el mundo.

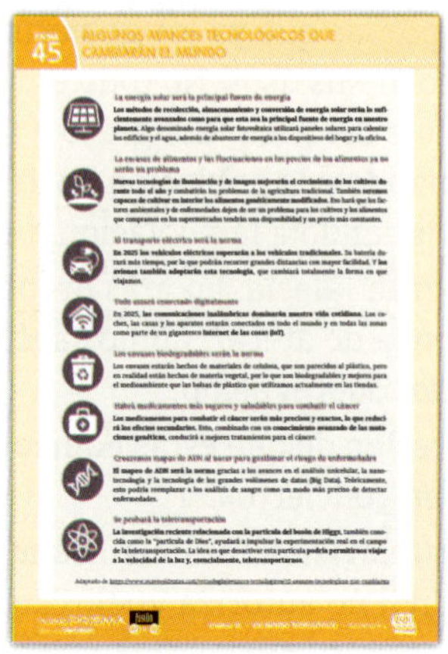

Dinámica. Reparta una copia de la ficha a cada estudiante. Deje que la lean y resuelva las posibles dudas de vocabulario que surjan. Después, hágales las siguientes preguntas: ¿creéis que se cumplirán estas previsiones? ¿Qué avance os parece más importante? ¿Qué otros avances pensáis que están previstos? ¿Qué otros avances opináis que están lejos de producirse? ¿Por qué?

2 DESCONECTA 168

En torno al tema del surgimiento de nueva filosofía de vida, el movimiento lento o *slow*, en oposición a la vida moderna y rápida, se presentan las oraciones y conectores concesivos. Los estudiantes tendrán la oportunidad de reflexionar sobre el uso que hacen de las nuevas tecnologías.

> 1 Dirija la atención de los estudiantes a la fotografía que ilustra la actividad y pídales que la describan: ¿qué pasa? ¿Qué les sugiere esta imagen? (un grupo de jóvenes están juntos pero sin comunicarse. Cada uno está atento a su dispositivo móvil). Una vez que han expresado sus opiniones, hágales la pregunta que se sugiere en la instrucción y permita el debate entre ellos.

1.1. A través de esta actividad para hacer en parejas, los estudiantes aprenderán léxico relacionado con las adicciones causadas por el uso indiscriminado de las nuevas tecnologías. Antes de corregir, pueden comparar sus resultados con la pareja de al lado.

1. d; 2. e; 3. f; 4. c; 5. b; 6. a.

1.2. En esta actividad de carácter emocional se plantea una reflexión sobre el uso que hacen los propios estudiantes de las nuevas tecnologías. Se trata de expresar qué grado de vinculación emocional sienten hacia determinados dispositivos y aplicaciones. Pídales que formen parejas y reparta una copia de la ficha 46. Siga las indicaciones.

Ficha 46. ¿Adicción a la tecnología?

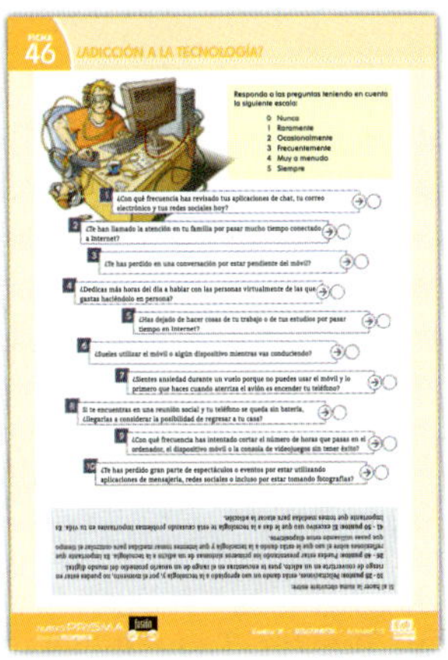

Dinámica. Distribuya a los estudiantes en parejas y pídales que se hagan el cuestionario entre ellos. Cada uno anota el resultado de su compañero/a. Una vez que han terminado, leen el resultado (que aparece al final de la ficha) y expresan su acuerdo o desacuerdo con el diagnóstico. Puede terminar la actividad haciendo una puesta en común con los resultados de toda la clase, comentando entre todos su grado de vinculación a las nuevas tecnologías.

> 2 Los estudiantes, en pequeños grupos, observan a las personas de las fotos, su edad y su profesión. Deben establecer la relación de estas personas con las nuevas tecnologías razonando sus respuestas. No dé la solución todavía.

2.1. Para comprobar su respuesta pídales que escuchen con atención el audio. Primero, en parejas, deben resolver la tarea: relacionar cada historia con las personas de las fotografías. Luego, en una segunda escucha, comprueban si sus suposiciones de la actividad 2 son correctas. Seguramente les sorprenderá lo que oyen: estas tres personas, con profesiones liberales (publicista, periodista y comerciante) han renunciado al uso de las nuevas tecnologías y las usan mínimamente. Las tres historias son reales. Dígales que pertenecen a un grupo cada vez más numeroso de personas que no quiere depen-

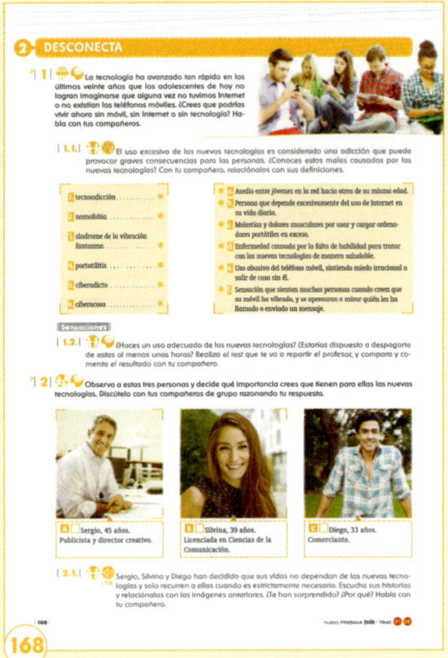

der de las nuevas tecnologías en su vida y a las que, simplemente, no les interesan ni los nuevos dispositivos ni las redes sociales. Si quiere ampliar el tema, puede leer con ellos el ejemplo de Joaquín Sabina (ficha 47), cantautor español muy famoso en España y Latinoamérica, que puede ser incluido, sin duda, en este movimiento.

52 **1.** Solo tiene un viejo Motorola que utiliza para trabajar. Lo usa como despertador y, en ocasiones, envía mensajes de texto. No chatea ni tiene correo electrónico. Cree que no tener email a veces complica su trabajo, porque sus clientes le piden su dirección de correo electrónico y se sorprenden cuando les dice que no tiene. Aunque esto algunos lo vean como un problema, él lo soluciona diciéndoles que le manden un SMS. Sobre las redes sociales, no tiene tiempo para utilizarlas. Trabaja desde las 8 de la mañana hasta las 8 de la tarde. Cuando llega a casa, quiere estar con su hijo. Le parece que a los que usan Facebook y Twitter les sobra el tiempo. No es su caso. Es verdad que a veces se siente molesto por quedar excluido de muchos comentarios que hacen sus amigos en las reuniones. Conversan sobre fotos o contenidos que compartieron en Facebook, y él no tiene idea de sobre qué están hablando. Ahí empieza a pensar si es él el que se equivoca.

2. Hace unos años fue a una experiencia creativa en una agencia publicitaria de Nueva York. En el avión empezó a escribir conceptos, ideas, titulares y guiones en una libretita. Esa misma tarde se reunió con los directores del área. Recuerda que cada uno tenía su portátil sobre la mesa. Todos hacían presentaciones que leían en las pantallas. Cuando llegó su turno, sacó del bolsillo su libreta y realizó su presentación leyendo sus papelitos. Todavía se acuerda de la cara de asombro de los directivos. Pero no solo utiliza muy poco el ordenador, tampoco le interesa tener el último *smartphone* disponible. Tiene un móvil del 2008. Aunque sea tan antiguo, no necesita más, porque solo lo utiliza para hablar y enviar mensajes de texto. Solo utiliza el email para trabajar y no usa redes sociales. Reconoce que la tecnología facilitaría su tarea, pero de momento no está entre sus prioridades.

3. Tiene un móvil, pero solo lo utiliza para hablar. No envía mensajes de texto ni usa ninguna otra función del equipo. Además, usa el correo electrónico, pero solo por cuestiones laborales; rara vez por motivos personales. La verdad es que la tecnología no le interesa, y eso que trabaja en uno de los periódicos más famosos de Argentina. Aunque comprenda los nuevos equipos y las redes sociales, simplemente elige no utilizarlos. Disfruta más de otras cosas que le da la vida. Sus amigos se sorprenden cuando les dice que no tiene Facebook ni Twitter. Tiene muchas anécdotas que evidencian su falta de interés por la tecnología. En el trabajo tiene un teléfono ultramoderno de Cisco, pero solo sabe transferir llamadas y ponerlo en silencio.

Adaptado de http://www.lanacion.com.ar/1615424-como-es-vivir-sin-tecnologia-en-el-siglo-xxi

A. 2; B. 3; C. 1.

Ficha 47. Joaquín Sabina vive aislado en un mundo de otro siglo.

Dinámica. Cada vez son más las celebridades que se suman a la idea de no tener móvil. Proponga a los estudiantes que, de manera individual, lean el texto del cantante español Joaquín Sabina en la que da su opinión en relación al uso que se hace hoy en día de las nuevas tecnologías. La ficha también cuenta algo similar sobre el famoso actor Antonio Banderas. A continuación, pídales que formen pequeños grupos y den su opinión comentando si están o no de acuerdo con ellos.

i+ ELEteca

46. Joaquín Sabina.

2 Observa a estas tres personas y decide qué importancia crees que tienen para ellas las nuevas tecnologías. Discútelo con tus compañeros de grupo razonando tu respuesta.

A Sergio, 45 años. Publicista y director creativo.

B Silvina, 39 años. Licenciada en Ciencias de la Comunicación.

C Diego, 33 años. Comerciante.

2.1. Sergio, Silvina y Diego han decidido que sus vidas no dependan de las nuevas tecnologías y solo recurren a ellas cuando es estrictamente necesario. Escucha sus historias y relaciónalas con las imágenes anteriores. ¿Te han sorprendido? ¿Por qué? Habla con tu compañero.

168

2.2. Para llevar a cabo esta actividad de reflexión gramatical, pídales que de manera individual lean con atención las frases extraídas de la audición anterior y las clasifiquen según el tipo de información que se da: desconocida o conocida para el interlocutor. Lo importante es que en estas frases se pone en entredicho lo que se afirma, bien porque no se sabe si es una información cierta o no (información desconocida) o porque no es importante para el hablante (conocida).

Explíqueles el cuadro con la proyección 36 para poder focalizar la atención de los estudiantes en un único punto. Puede ir pidiéndoles ejemplos alternativos a los propuestos para comprobar si van comprendiendo.

1. Desconocida; 2. Conocida; 3. Desconocida.

Proyección 36. Oraciones y conectores concesivos.

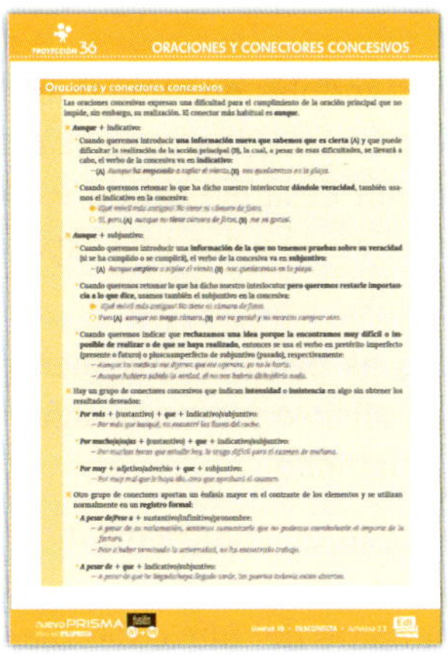

Proyección 36 · ORACIONES Y CONECTORES CONCESIVOS

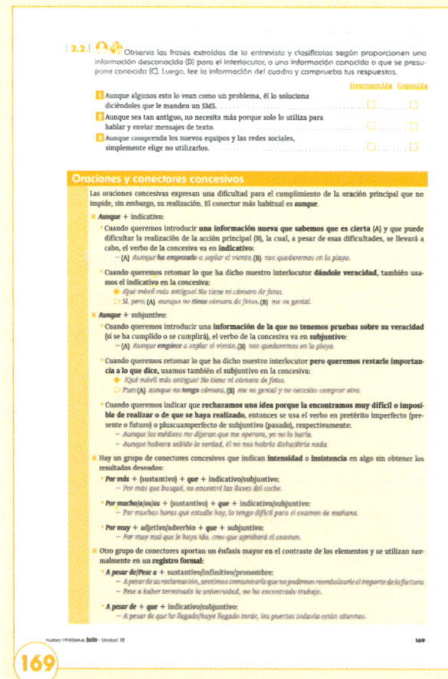

2.2. Observa las frases extraídas de la entrevista y clasifícalas según proporcionen una información desconocida (D) para el interlocutor, o una información conocida o que se presupone conocida (C). Luego, lee la información del cuadro y comprueba tus respuestas.

	Desconocida	Conocida
1 Aunque algunos esto lo vean como un problema, él lo soluciona diciéndoles que le manden un SMS.	☐	☐
2 Aunque sea tan antiguo, no necesita más porque solo lo utiliza para hablar y enviar mensajes de texto.	☐	☐
3 Aunque comprenda los nuevos equipos y las redes sociales, simplemente elige no utilizarlos.	☐	☐

Oraciones y conectores concesivos

Las oraciones concesivas expresan una dificultad para el cumplimiento de la oración principal que no impide, sin embargo, su realización. El conector más habitual es **aunque**.

- *Aunque* + indicativo:
  - Cuando queremos introducir **una información nueva que sabemos que es cierta** (A) y que puede dificultar la realización de la acción principal (B), la cual, a pesar de esas dificultades, se llevará a cabo, el verbo de la concesiva va en **indicativo**:
    – (A) *Aunque* ***ha empezado*** *a soplar el viento,* (B) *nos quedaremos en la playa.*
  - Cuando queremos retomar lo que ha dicho nuestro interlocutor **dándole veracidad**, también usamos el indicativo en la concesiva:
    - *¡Qué móvil más antiguo! No tiene ni cámara de fotos.*
    - *Sí, pero* (A) *aunque no* ***tiene*** *cámara de fotos,* (B) *me va genial.*
- *Aunque* + subjuntivo:
  - Cuando queremos introducir una **información de la que no tenemos pruebas sobre su veracidad** (si se ha cumplido o se cumplirá), el verbo de la concesiva va en **subjuntivo**:
    – (A) *Aunque* ***empiece*** *a soplar el viento,* (B) *nos quedaremos en la playa.*
  - Cuando queremos retomar lo que ha dicho nuestro interlocutor **pero queremos restarle importancia a lo que dice**, usamos también el subjuntivo en la concesiva:
    - *¡Qué móvil más antiguo! No tiene ni cámara de fotos.*
    - *Pues* (A) *aunque no* ***tenga*** *cámara,* (B) *me va genial y no necesito comprar otro.*
  - Cuando queremos indicar que **rechazamos una idea porque la encontramos muy difícil o imposible de realizar o de que se haya realizado**, entonces se usa el verbo en pretérito imperfecto (presente o futuro) o pluscuamperfecto de subjuntivo (pasado), respectivamente:
    – *Aunque los médicos me dijeran que me operara, yo no lo haría.*
    – *Aunque hubiera sabido la verdad, él no nos habría dicho/diría nada.*
- Hay un grupo de conectores concesivos que indican **intensidad** o **insistencia** en algo sin obtener los resultados deseados:
  - ***Por más*** + (sustantivo) + ***que*** + indicativo/subjuntivo:
    – *Por más que busqué, no encontré las llaves del coche.*
  - ***Por mucho/a/os/as*** + (sustantivo) + ***que*** + indicativo/subjuntivo:
    – *Por muchas horas que estudie hoy, lo tengo difícil para el examen de mañana.*
  - ***Por muy*** + adjetivo/adverbio + ***que*** + subjuntivo:
    – *Por muy mal que lo haya ido, creo que aprobaré el examen.*
- Otro grupo de conectores aportan un énfasis mayor en el contraste de los elementos y se utilizan normalmente en un **registro formal**:
  - ***A pesar de/Pese a*** + sustantivo/infinitivo/pronombre:
    – *A pesar de su reclamación, sentimos comunicarle que no podemos reembolsarle el importe de la factura.*
    – *Pese a haber terminado la universidad, no ha encontrado trabajo.*
  - ***A pesar de*** + ***que*** + indicativo/subjuntivo:
    – *A pesar de que he llegado/haya llegado tarde, las puertas todavía están abiertas.*

169

2.3. Actividad de práctica controlada en la que el estudiante interpreta una situación, decide qué tipo de información se da y escribe una frase transmitiendo dicha información a través de una frase concesiva. Por ello, es importante que mantenga el cuadro “Oraciones y conectores concesivos” proyectado. Si sus estudiantes tienen dificultades para realizar la actividad, distribúyalos por parejas. Antes de corregir, permítales que comparen sus resultados con otros compañeros.

Posible respuesta. 1. Por más que lo he pensado, sigo sin entender que mucha gente decida vivir alejada de todo lo que la tecnología les puede proporcionar; 2. Aunque se encuentren en la misma habitación con su familia, muchas personas se comunican todo el tiempo por WhatsApp; 3. Por mucho que protestes, no podemos cambiar de compañía en estos momentos; 4. Por muy malo que sea llevar móvil, no tendrás más remedio que usarlo; 5. Aunque no lo creas, en Bélgica sí que hay carriles para escribir con el móvil mientras caminas; 6. Aunque no te parece perjudicial, deberías usar menos las nuevas tecnologías y disfrutar más de la familia y amigos.

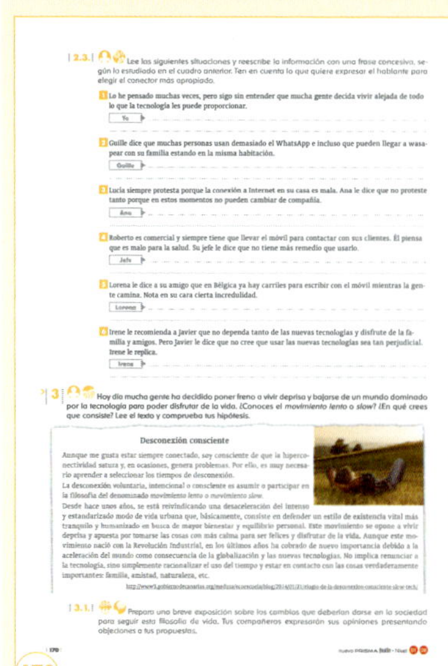

2.3. Lee las siguientes situaciones y reescribe la información con una frase concesiva, según lo estudiado en el cuadro anterior. Ten en cuenta lo que quiere expresar el hablante para elegir el conector más apropiado.

1 Lo he pensado muchas veces, pero sigo sin entender que mucha gente decida vivir alejada de todo lo que la tecnología les puede proporcionar.
Yo ▸ ...

2 Guille dice que muchas personas usan demasiado el WhatsApp e incluso que pueden llegar a wasapear con su familia estando en la misma habitación.
Guille ▸ ...

3 Lucía siempre protesta porque la conexión a Internet en su casa es mala. Ana le dice que no proteste tanto porque en estos momentos no pueden cambiar de compañía.
Ana ▸ ...

4 Roberto es comercial y siempre tiene que llevar el móvil para contactar con sus clientes. Él piensa que es malo para la salud. Su jefe le dice que no tiene más remedio que usarlo.
Jefe ▸ ...

5 Lorena le dice a su amigo que en Bélgica ya hay carriles para escribir con el móvil mientras la gente camina. Nota en su cara cierta incredulidad.
Lorena ▸ ...

6 Irene le recomienda a Javier que no dependa tanto de las nuevas tecnologías y disfrute de la familia y amigos. Pero Javier le dice que no cree que usar las nuevas tecnologías sea tan perjudicial. Irene le replica.
Irene ▸ ...

3 Hoy día mucha gente ha decidido poner freno a vivir deprisa y bajarse de un mundo dominado por la tecnología para poder disfrutar de la vida. ¿Conoces el *movimiento lento* o *slow*? ¿En qué crees que consiste? Lee el texto y comprueba tus hipótesis.

Desconexión consciente

Aunque me gusta estar siempre conectado, soy consciente de que la hiperconectividad satura y, en ocasiones, genera problemas. Por ello, es muy necesario aprender a seleccionar los tiempos de desconexión.

La desconexión voluntaria, intencional o consciente es asumir o participar en la filosofía del denominado *movimiento lento* o *movimiento slow*.

Desde hace unos años, se está reivindicando una desaceleración del intenso y estandarizado modo de vida urbana que, básicamente, consiste en defender un estilo de existencia vital más tranquilo y humanizado en busca de mayor bienestar y equilibrio personal. Este movimiento se opone a vivir deprisa y apuesta por tomarse las cosas con más calma para ser felices y disfrutar de la vida. Aunque este movimiento nació con la Revolución Industrial, en los últimos años ha cobrado de nuevo importancia debido a la aceleración del mundo como consecuencia de la globalización y las nuevas tecnologías. No implica renunciar a la tecnología, sino simplemente racionalizar el uso del tiempo y estar en contacto con las cosas verdaderamente importantes: familia, amistad, naturaleza, etc.

3.1. Prepara una breve exposición sobre los cambios que deberían darse en la sociedad para seguir esta filosofía de vida. Tus compañeros expresarán sus opiniones presentando objeciones a tus propuestas.

170

Para practicar el uso de las oraciones y conectores concesivos, realice los ejercicios 5 y 7 de la unidad 18 del *Libro de ejercicios*.

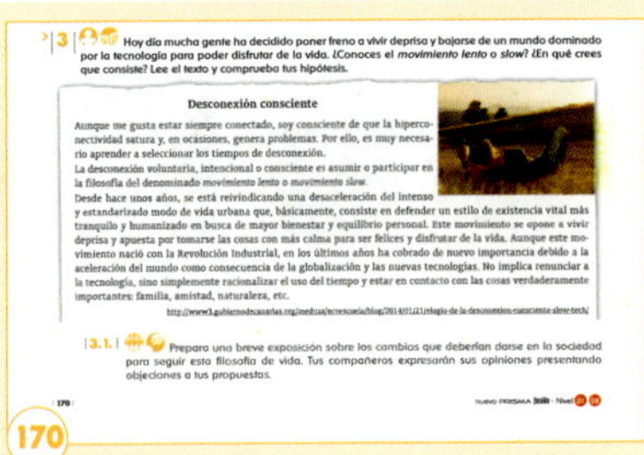
Desconexión consciente

170

>3 Antes de proceder a la lectura del texto *Desconexión consciente*, pregúnteles si conocen el *movimiento lento* o *slow* explicando lo que significa. La lectura del texto servirá para comprobar si sus comentarios y explicaciones son correctos.

i+ ELEteca
47. Movimiento lento o *slow*.

3.1. Para cerrar el epígrafe, se propone una actividad de interacción oral en la que entre todos comentarán los cambios que deben producirse en la sociedad para que pueda ser factible la filosofía de vida que se plantea en el movimiento lento. Antes de realizar la exposición, sugiérales que reflexionen unos minutos sobre estos cambios y tomen notas. Luego, por turnos, van exponiendo sus reflexiones. Los demás deben poner objeciones a sus propuestas. Si su clase es demasiado numerosa, puede organizar a los estudiantes en pequeños grupos.

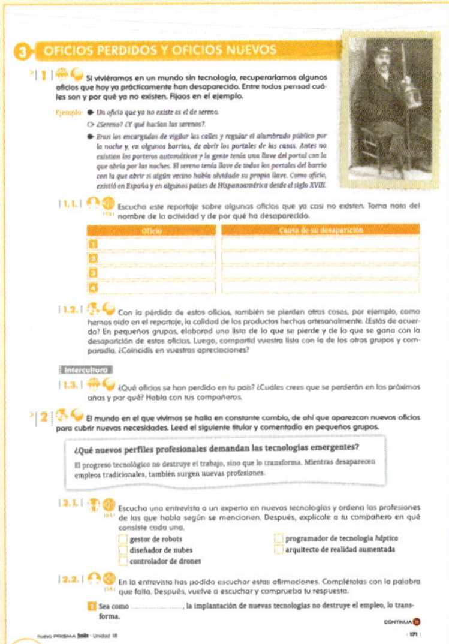
OFICIOS PERDIDOS Y OFICIOS NUEVOS

171

3 OFICIOS PERDIDOS Y OFICIOS NUEVOS 171

A lo largo de este epígrafe los estudiantes conocerán profesiones antiguas en vías de desaparición en España e Hispanoamérica y trabajarán el componente intercultural hablando de las profesiones perdidas en sus países. Se presentan las estructuras reduplicativas con valor concesivo, además de facilitar estrategias de aprendizaje para la adquisición de léxico mediante el trabajo con definiciones, sinónimos y antónimos.

>1 Póngales en situación diciéndoles que imaginen un mundo sin ordenadores ni móviles. ¿Qué profesiones imaginan que se recuperarían? Todas esas profesiones que imaginen han desaparecido o están en vías de desaparición. Anímeles a que hagan un listado y den una explicación de cada oficio tomando el ejemplo como modelo.

Alternativa. Otra opción es pedirles que piensen a qué se dedicaban sus abuelos y que digan si su oficio o profesión sigue existiendo y, si es así, cómo es esa profesión en la actualidad.

1.1. El objetivo de esta actividad de comprensión auditiva es que el estudiante conozca profesiones que ya no existen en la actualidad. Como tarea debe escribir en la tabla el nombre del oficio desaparecido y la causa de su desaparición. Si lo cree conveniente, escuchen la audición dos veces. Antes de llevar a cabo una corrección común, anime a los estudiantes a que comenten sus respuestas en parejas.

|53| Los rápidos avances tecnológicos y los cambios en nuestro estilo de vida han puesto en peligro de extinción y olvido trabajos y oficios que fueron esencia de la vida cotidiana durante siglos y siglos. Se abandonan los oficios y trabajos, y con ellos se pierde un saber y un conocimiento ancestral, una cultura que parecía imperecedera y que solo algunos viejos artesanos conservan en sus manos. ¿Valdrá la pena? ¿No perderemos calidad? ¿De verdad será mejor el trabajo de las máquinas que el de los hombres?

Una de estas profesiones es la de farero que, aunque de momento no ha desaparecido, ya le han cambiado el nombre. Ahora se les llama *técnicos de sistemas de ayuda a la navegación*, y aunque parece que nadie imagina la costa sin faros, puede que sí sin fareros, debido a la llegada de las nuevas tecnologías a las linternas de los faros, en concreto, a la aparición de los modernos sistemas de localización vía satélite o GPS, y de los radares.

Otro oficio en vías de desaparición es el de pastor. Las generaciones jóvenes no encuentran ninguna motivación para seguir viviendo del campo, por lo

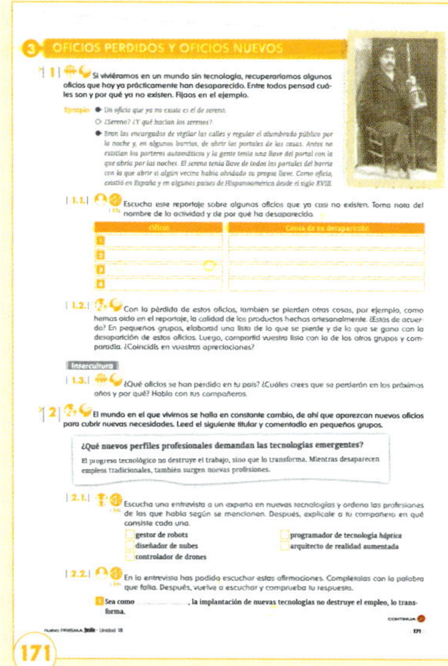

3 OFICIOS PERDIDOS Y OFICIOS NUEVOS

1 | Si viviéramos en un mundo sin tecnología, recuperaríamos algunos oficios que hoy ya prácticamente han desaparecido. Entre todos pensad cuáles son y por qué ya no existen. Fijaos en el ejemplo.

Ejemplo:
- *Un oficio que ya no existe es el de sereno.*
- *¿Sereno? ¿Y qué hacían los serenos?*
- *Eran los encargados de vigilar las calles y regular el alumbrado público por la noche y, en algunos barrios, de abrir los portales de las casas. Antes no existían los porteros automáticos y la gente tenía una llave del portal con la que abría por las noches. El sereno tenía llave de todos los portales del barrio con la que abrir si algún vecino había olvidado su propia llave. Como oficio, existió en España y en algunos países de Hispanoamérica desde el siglo XVIII.*

| 1.1. | Escucha este reportaje sobre algunos oficios que ya casi no existen. Toma nota del nombre de la actividad y de por qué ha desaparecido.

Oficio	Causa de su desaparición
1	
2	
3	
4	

| 1.2. | Con la pérdida de estos oficios, también se pierden otras cosas, por ejemplo, como hemos oído en el reportaje, la calidad de los productos hechos artesanalmente. ¿Estás de acuerdo? En pequeños grupos, elaborad una lista de lo que se pierde y de lo que se gana con la desaparición de estos oficios. Luego, compartid vuestra lista con la de los otros grupos y comparadla. ¿Coincidís en vuestras apreciaciones?

Intercultura

| 1.3. | ¿Qué oficios se han perdido en tu país? ¿Cuáles crees que se perderán en los próximos años y por qué? Habla con tus compañeros.

2 | El mundo en el que vivimos se halla en constante cambio, de ahí que aparezcan nuevos oficios para cubrir nuevas necesidades. Leed el siguiente titular y comentadlo en pequeños grupos.

¿Qué nuevos perfiles profesionales demandan las tecnologías emergentes?

El progreso tecnológico no destruye el trabajo, sino que lo transforma. Mientras desaparecen empleos tradicionales, también surgen nuevas profesiones.

| 2.1. | Escucha una entrevista a un experto en nuevas tecnologías y ordena las profesiones de las que habla según se mencionen. Después, explícale a tu compañero en qué consiste cada una.

- gestor de robots
- diseñador de nubes
- controlador de drones
- programador de tecnología *háptica*
- arquitecto de realidad aumentada

| 2.2. | En la entrevista has podido escuchar estas afirmaciones. Complétalas con la palabra que falta. Después, vuelve a escuchar y comprueba tu respuesta.

1 Sea como ...., la implantación de nuevas tecnologías no destruye el empleo, lo transforma.

CONTINUA

nuevo PRISMA fusión · Unidad 18 171

171

que muchas profesiones relacionadas con la agricultura o la ganadería están desapareciendo a marchas forzadas por puro abandono. La desaparición del pastoreo, en concreto, puede ocasionar, además, graves consecuencias, ya que, según los expertos, la ganadería ayuda a limpiar el monte, a prevenir incendios y a mantener las estructuras rurales. Con la desaparición de esta actividad, los pueblos llegarán a estar totalmente abandonados.

Todos los puestos de trabajo que consisten en cobrar dinero en metálico están en vías de extinción, como los taquilleros. La generalización de nuevos medios de pago y el avance en todo tipo de máquinas de cobro automático hacen que los taquilleros de todo tipo sean ya prescindibles. En lugares como el metro ya han desaparecido por completo, y en otros lugares como peajes de autopista o garajes cada vez hay menos. Incluso en los supermercados, donde las cajas siguen siendo imprescindibles, cada vez hay más facilidades para pagar nuestras compras ya sea por Internet o a través de sistemas de cobro automático.

Otros oficios se adaptan a los nuevos tiempos, como los carpinteros. El trabajo de la madera es una de las actividades profesionales más antiguas que existen. Con la aparición de nuevos materiales, las puertas y ventanas de madera se han ido sustituyendo por las de aluminio o PVC, lo que se llama *carpintería de aluminio* y *carpintería de PVC*, en la que muchos de los antiguos carpinteros de madera han encontrado una salida profesional y que ha supuesto la supervivencia de este antiguo oficio.

Adaptado de http://www.20minutos.es/noticia/1893990/0/farero-empleo/profesion/peligro-extincion-trabajo/#xtor=AD-15&xts=467263
http://www.elconfidencial.com/alma-corazon-vida/2012-05-22/las-profesiones-que-dejaran-de-existir-dentro-de-diez-anos_502376/

1. Farero, por la aparición de radares y sistemas GPS; 2. Pastor, los jóvenes no encuentran motivación para trabajar en el campo; 3. Taquillero, por las máquinas de cobro automático y el pago *online*; 4. Carpintero, por la aparición de nuevos materiales como el aluminio o el PVC.

i+ ELEteca
48. Oficios perdidos.

1.2. Para llevar a cabo esta actividad, proponga la formación de pequeños grupos. Pídales que reflexionen sobre el planteamiento escuchado en el reportaje de que con la pérdida de oficios antiguos se pierden también la calidad de los productos hechos artesanalmente. A continuación, indíqueles que elaboren una lista con lo que se pierde y gana con la desaparición de estos oficios, para compartirla luego con otros grupos y debatir si están o no de acuerdo.

1.3. Se concluye esta secuencia de actividades de reflexión sobre los oficios perdidos con una propuesta intercultural en la que los estudiantes comentarán oficios que ya no existen en su país y hablarán de aquellos que creen que desparecerán también en los próximos años.

>2 Siguiendo con el tema de oficios y profesiones, se plantea una actividad de interacción oral en pequeños grupos en la que los estudiantes deben hablar sobre las nuevas profesiones que han surgido con las nuevas tecnologías. De esta manera, antes de escuchar el audio sobre este tema de la actividad 2.1., comparten los conocimientos previos que tengan sobre el tema. Pregúnteles si están de acuerdo con la entradilla de la noticia: “El progreso tecnológico no destruye el trabajo, sino que lo transforma”, argumentando su opinión.

2.1. Los estudiantes van a escuchar una entrevista hecha a un experto en nuevas tecnologías hablando sobre las nuevas profesiones asociadas a ellas. Pídales que señalen en orden de aparición las profesiones que menciona. Después, en parejas y por turnos, se explican entre ellos en qué consisten esas profesiones. También puede hacer esta última parte de la actividad en plenario.

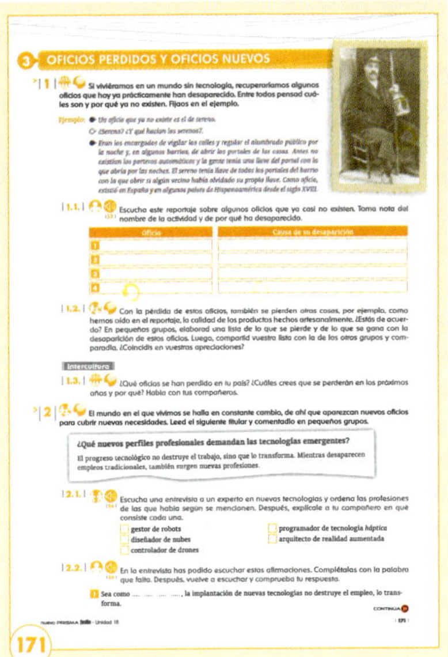

3 OFICIOS PERDIDOS Y OFICIOS NUEVOS

171

54

Entrevistadora: ¿Es cierto que la llegada de los imparables avances tecnológicos está destruyendo el paradigma de trabajo conocido hasta ahora?

Experto: Bueno, sea como sea, la implantación de nuevas tecnologías no destruye empleo, lo transforma, aunque a corto plazo parezca lo contrario. Ya vimos como, en el pasado, la mano de obra emigró masivamente desde el campo a las fábricas. No fue una destrucción, sino un cambio de paradigma. Hagamos lo que hagamos, la realidad es que la automatización de un gran número de profesiones tradicionales es ya imparable.

Entrevistadora: ¿Y cree usted que ya hay profesionales preparados para afrontar esta transformación?

Experto: Claro, los radicales avances tecnológicos están haciendo surgir perfiles profesionales que las empresas demandan. En la mayoría de los casos, aún no existen programas educativos enfocados al cambio en la nueva concepción de empleo que se avecina, pero sin duda alguna, asistimos al comienzo de una nueva era y unos nuevos profesionales.

Entrevistadora: ¿Y qué profesiones serán las más demandadas en el futuro?

Experto: Pues podemos comentar algunas, por ejemplo, arquitecto de realidad aumentada. Según un estudio, la producción de gafas inteligentes alcanzará los 10 millones por año en 2020, en comparación con las 87 000 unidades estimadas para este año. Las empresas de *software* echan humo tratando de desarrollar nuevas aplicaciones –tanto para trabajar como para jugar–, cuya materia prima es la realidad aumentada, que tiene mucho que ver con el diseño gráfico.

Entrevistadora: ¿Y qué me puede comentar de los gestores de robots? ¿Es una profesión con futuro?

Experto: Por supuesto. Existen tecnólogos muy críticos con el desembarco de los androides en las empresas, pero ya es un fenómeno imparable. Los robots crearán empleo, y los seres humanos encontrarán nuevos puestos de trabajo haciéndose cargo de su gestión. En lugar de empaquetar personalmente las mercancías, un operario estará a cargo de varios robots capaces de hacer su trabajo más rápido. Le pese a quien le pese, los robots llegarán a ser compañeros habituales de trabajo.

Entrevistadora: Increíble. ¿Alguna más?

Experto: Pues una muy interesante es también la profesión de diseñador de nubes.

Entrevistadora: ¿De nubes?

Experto: Claro. Teniendo en cuenta la inmensa cantidad de centros de datos que se construyen en el mundo, tanto a pequeña como a gran escala, no es de extrañar que se trate de una de las profesiones más demandadas del momento. Diseñar la estructura de estos grandes bancos de información en la nube y crear un sistema sostenible para su desarrollo y control a largo plazo es clave para las empresas, para las multinacionales como Google, pero cada vez más también para las pymes y los usuarios individuales. Queramos o no, ya nadie puede negar la importancia clave que las nubes tienen para las pymes.

Entrevistadora: ¿Y qué hay de los drones? ¿También tendrán una aplicación en el futuro profesional de las empresas grandes y pequeñas?

Experto: Pues sí, también los drones. Desde los medios de comunicación suele tratarse a los *drones* exclusivamente desde el punto de vista de su utilidad como herramienta de guerra, pero se trata de una tecnología emergente con muchas aplicaciones civiles. El futuro de los servicios de paquetería, tanto a larga distancia como en la misma ciudad, pasa por la implantación de tecnologías basadas en *drones*. El personal de oficina, que, en la actualidad, gestiona flotas de camiones, en el futuro administrará este tipo de aparatos. Les cueste lo que les cueste, la mayoría de las empresas de paquetería tendrán su equipo de drones de aquí a unos años.

Entrevistadora: Muy interesante. Creo que tendremos que ponernos todos las pilas para no quedarnos obsoletos.

Experto: Sin duda. Me gustaría comentar una más que también me parece fundamental. La programación de tecnología *háptica*, que describe aquellos entornos tecnológicos que interaccionan con el ser humano mediante el sentido del tacto. En la actualidad, la aplicación más extendida de esta tecnología se encuentra en los *smartphones* y tabletas, pero lo creamos o no, su origen es anterior: el primer sistema háptico surgió en los años 50 para manipular a distancia sustancias radioactivas.

Entrevistadora: Apasionante el ritmo al que todo cambia a nuestro alrededor. Muchas gracias por sus respuestas.

Adaptado de http://www.elconfidencial.com/tecnologia/2013-11-14/los-nuevos-perfiles-profesionales-que-demandan-las-tecnologias-emergentes_54185/

2, 3, 4, 5, 1.

2.2. Las frases que han sido extraídas del texto son las muestras de lengua que contienen las estructuras reduplicativas que van a ver en las actividades posteriores. Para trabajar la gramática de modo inductivo, pida a los estudiantes que intenten completar las frases: de este modo, aprenderán a formar este tipo de estructuras. Una vez que han llevado a cabo la actividad de manera individual, ponga de nuevo el audio para que puedan comprobar sus respuestas.

1. sea; 2. Hagamos; 3. pese; 4. Queramos; 5. cueste; 6. creamos.

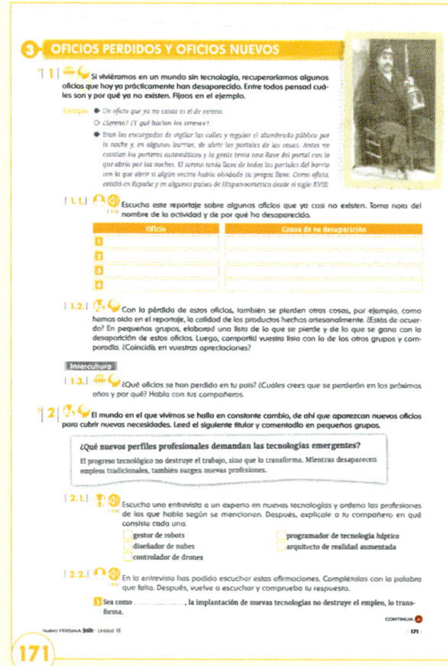

2.3. Actividad de reflexión inductiva en la que los estudiantes, en primer lugar, deberán analizar en parejas las frases de la actividad 2.2., respondiendo a las preguntas que se plantean en el enunciado. Puede proponerles que parafraseen con sus propias palabras las frases para hacerles conscientes de su valor concesivo. Comente en plenario las conclusiones de todos y, finalmente, indíqueles que lean el cuadro explicativo para comprobar sus respuestas y sistematizar estos contenidos.

2.4. Para consolidar estas expresiones reduplicativas, se ofrece una actividad de expresión escrita en la que los estudiantes deben escribir tuits bajo los *hashtag* que se sugieren. Divida la clase en cuatro grupos, cada uno de ellos con uno de los *hashtag*. Un estudiante comienza escribiendo el primer tuit, se lo pasa al segundo estudiante que escribe el segundo tuit, etc., hasta llegar al último estudiante. Puede colgar los tuits en la clase para que todo el mundo pueda leerlos.

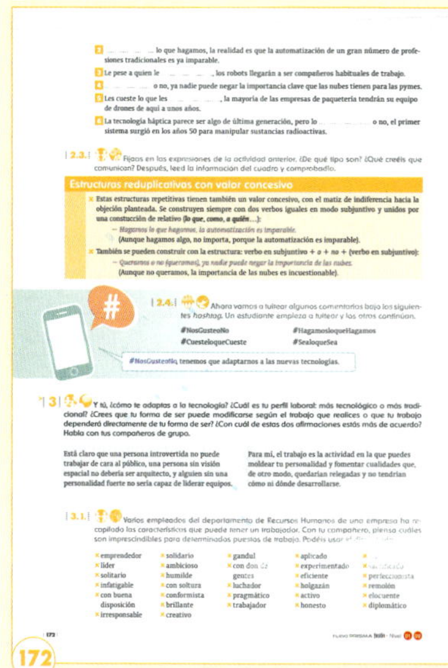

Para la práctica y consolidación de las estructuras reduplicativas con valor concesivo, realice el ejercicio 8 de la unidad 18 del *Libro de ejercicios*.

>3 Comienza una secuencia de actividades que trabajan el componente estratégico en relación al léxico del carácter en el ámbito profesional. Para entrar en materia, se propone un debate en pequeños grupos donde los estudiantes reflexionan sobre su perfil profesional respondiendo a las afirmaciones que se plantean en la actividad.

3.1. Pídales que piensen en dos profesiones diferentes y que elijan las características que deben tener los trabajadores que se dediquen a ellas. Pasee entre las parejas para prestar su ayuda en caso necesario. El objetivo de la actividad es conocer el significado de estos adjetivos, así que puede pedirles que, antes de comenzar, tachen los que ya conocen y busquen en el diccionario los que no saben.

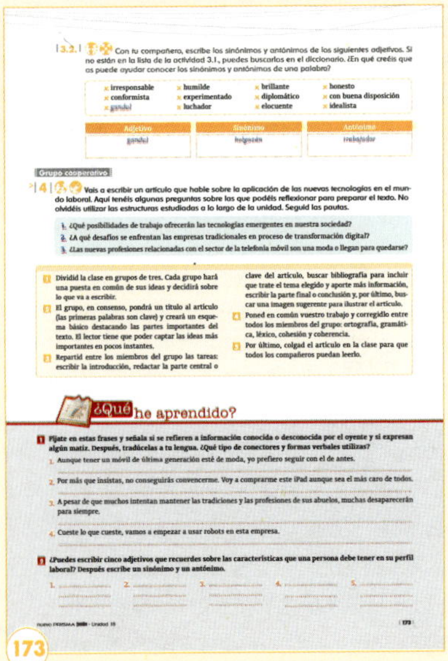

3.2. Con esta actividad de carácter estratégico se pretende hacer conscientes a los estudiantes de la utilidad de formar conexiones entre las palabras de modo que su aprendizaje resulte más fácil y efectivo. Uno de los mecanismos más usuales para relacionar palabras es buscar antónimos y sinónimos de un vocablo. En eso consiste la tarea de esta actividad. Pida a las parejas que ya estaban formadas que vuelvan a la lista de vocabulario anterior para buscar los antónimos y sinónimos de las palabras que se presentan. Una vez finalizada y corregida la actividad, haga una reflexión en plenario sobre esta estrategia de aprendizaje: ¿les ha resultado útil? ¿La han usado alguna vez para recordar o deducir vocabulario? ¿Qué otras formas conocen/utilizan para establecer relaciones entre las palabras?, etc.

Irresponsable: imprudente/responsable; Conformista: acomodaticio/rebelde, inconformista; Humilde: sencillo, modesto/ambicioso, creído, arrogante, soberbio; Experimentado: entendido, ducho, con experiencia, con soltura/novato; Luchador: infatigable/remolón; Brillante: inteligente, sobresaliente/torpe; Diplomático: negociador, político/torpe, rudo; Elocuente: expresivo/callado, seco; Honesto: honrado/deshonesto, tramposo, sinvergüenza; Con buena disposición: eficiente, predispuesto/holgazán, gandul; Idealista: utópico, soñador/conformista, pragmático, práctico, realista.

>4 Se cierra la unidad con una tarea de grupo cooperativo cuyo objetivo es la elaboración de un artículo por parte de los estudiantes sobre la aplicación de las nuevas tecnologías en el mundo laboral. Para ello, indíqueles con precisión las pautas a seguir, indicándoles que presten especial atención a los aspectos mencionados en el punto 4: ortografía, gramática, léxico, coherencia y cohesión. Puede realizar la actividad en dos fases: la primera consistirá en la búsqueda de información sobre el tema elegido de manera individual y la redacción de la parte que le ha tocado a cada miembro del grupo, y la segunda, la redacción del artículo poniendo en común el trabajo de cada uno y la posterior redacción y corrección en conjunto. Puede hacer copias de los trabajos para todos los miembros del grupo, publicar los artículos en un blog de clase o colgarlos en el aula para que todos puedan leerlos.

¿QUÉ HE APRENDIDO? 173

1. 1. Información conocida que el interlocutor no comparte; 2. Información conocida, matiz de indiferencia; 3. Información conocida; 4. Información desconocida, matiz de indiferencia.

ELEteca
Léxico. Avances tecnológicos.

19 TODO CAMBIA

En esta unidad se presentan contenidos culturales relacionados con personajes famosos del mundo de la televisión y con los cambios producidos en la sociedad actual debido al uso de Internet, las redes sociales o los nuevos modelos de familia. El apartado gramatical focaliza su atención en las perífrasis verbales de infinitivo y de gerundio, las perífrasis modales y aspectuales, y los verbos de cambio que, desde un punto de vista funcional, servirán para expresar acciones inminentes, obligatorias o de suposición, así como el comienzo y fin de una acción, la repetición, la continuación y el desarrollo. Se presentan también diferentes tipos de texto como los artículos divulgativos o las biografías, el léxico referente a la familia y a las distintas etapas de la vida y las expresiones idiomáticas con colores.

1 ¡CÓMO CAMBIA LA VIDA! 174

Tal y como transmite su título, en este primer epígrafe de la unidad se hablará de cambios, en concreto de los cambios que se producen en la vida de las personas. La biografía de algunos personajes famosos conocidos casi mundialmente servirá para introducir el componente gramatical que ayudará a cumplir con dicho objetivo: las perífrasis verbales.

> 1 Se presenta una actividad previa antes de abordar la biografía de cuatro personas famosas. Pida a sus alumnos que observen las fotografías y que digan todo lo que sepan sobre las personas que aparecen en ellas y por qué son conocidas.

A. Sofía Vergara: actriz colombiana; B. Christian Gálvez: presentador español de televisión; C. Salma Hayek: actriz mexicana; D. Enrique Iglesias: cantante español.

i+ ELEteca
49. Biografías de artistas hispanos famosos.

1.1. Esta actividad tiene por objetivo conocer las biografías de los personajes famosos que se han presentado en la actividad anterior. Se trata de una actividad de comprensión lectora identificativa en la que, por el contenido de las biografías, los estudiantes deben reconocer a quién corresponde cada una.

1. Christian Gálvez; 2. Sofía Vergara; 3.Enrique Iglesias; 4. Salma Hayek.

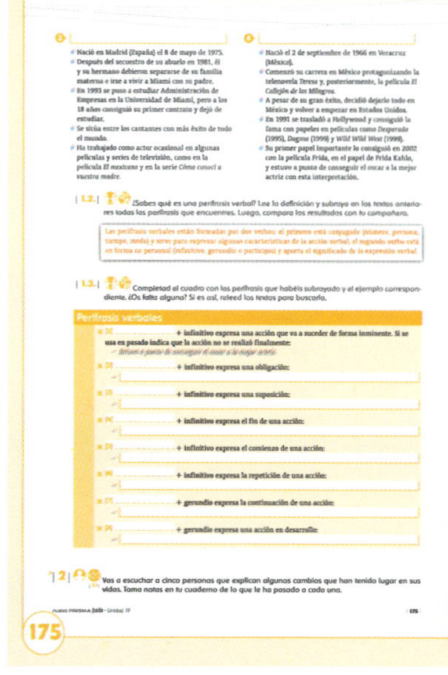

1.2. Las anteriores biografías servirán como pretexto para introducir el concepto de perífrasis verbal y sus diferentes estructuras lingüísticas. Para ello, pida a los alumnos que lean el cuadro explicativo en donde se describe qué es una perífrasis y cómo está formada. Una vez se haya asegurado de que los alumnos han entendido la información del cuadro, estos deberán subrayar en los textos biográficos anteriores todas las perífrasis que encuentren.

1.3. Se ofrece un cuadro con la estructura de las diferentes perífrasis de infinitivo y gerundio. Los alumnos, ayudándose en parejas, deberán completar la información del cuadro y escribir, a modo de ejemplo, las frases perifrásticas que han subrayado anteriormente. El profesor puede comentar o ampliar esta información si lo cree oportuno. Para la corrección y reflexión correspondientes se propone usar la proyección 37, que se recomienda mantener proyectada en las actividades posteriores 2, 2.1. y 2.2.

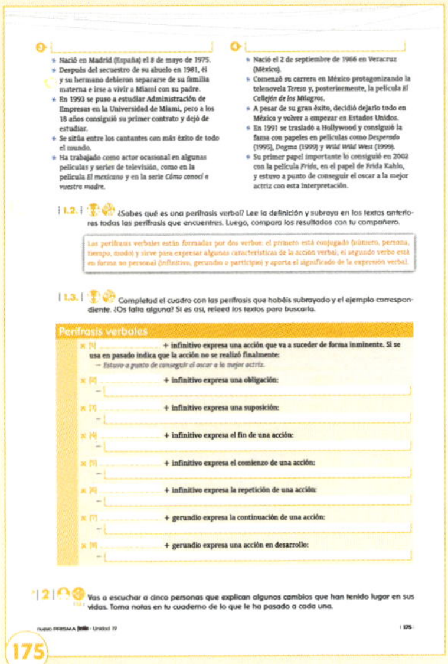

Proyección 37. Perífrasis verbales.

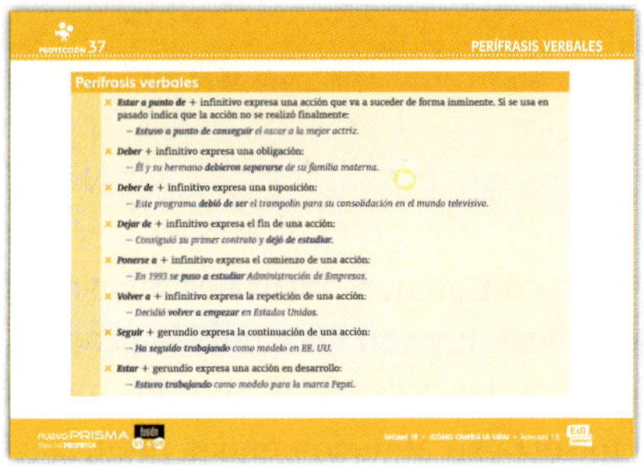

Dinámica. La proyección tiene el objetivo de corregir la actividad y consolidar los contenidos vistos. Proyecte el cuadro y confirme que las respuestas de sus alumnos coinciden con la información que aparece en el mismo. En caso necesario, aporte ejemplos adicionales. Se sugiere mantener proyectado el cuadro en las actividades siguientes de la misma secuencia para facilitar el trabajo de los alumnos.

1. Estar a punto de; 2. Deber; él y su hermano debieron separarse...; 3. Deber de; Este programa debió de ser el trampolín...; 4. Dejar de; ...dejó de estudiar; 5. Ponerse a; En 1993 se puso a estudiar; 6. Volver a; ...volver a empezar en Estados Unidos; 7. Seguir; Ha seguido trabajando como modelo...; 8. Estar; estuvo trabajando como modelo...

> 2 Actividad de comprensión auditiva que tiene como objetivo consolidar el estudio de las perífrasis y su significado en relación al concepto de cambio. Pida a los estudiantes que tomen notas de lo que escuchen atendiendo a los cambios que han sufrido las personas que hablan. Después, con los apuntes que han tomado, ínstelos a comparar sus respuestas y a comentar dichos cambios con sus compañeros, usando para ello las perífrasis estudiadas.

55

- **Periodista:** Buenos días, perdone. Es para Tele 6. Estamos haciendo un programa para hablar sobre cambios importantes en la vida de una persona, ¿tiene un minuto?
- **María:** Sí, claro.
- **Periodista:** ¿Cómo se llama?
- **María:** Me llamo María.
- **Periodista:** ¿Ha habido algún cambio importante en su vida, María?
- **María:** Hombre, muchos, claro, como le pasará a todas las personas de mi edad, pero bueno, el último es que dejé de comer carne hace dos años y, aunque al principio me costó un poco, ahora me siento mucho mejor. Se lo recomiendo a todo el mundo.
- **Periodista:** Buenos días, ¿os puedo hacer una pregunta para Tele 6?
- **Roberto:** Sí, por supuesto.
- **Periodista:** ¿Cómo os llamáis?
- **Fernando:** Yo soy Fernando y este es Roberto.
- **Periodista:** ¿Ha pasado algo en vuestra vida? ¿Algún cambio importante?
- **Fernando:** Pues yo estuve trabajando como voluntario en África y esa experiencia me abrió los ojos. Me di cuenta de que hay muchísima gente que necesita ayuda. Todavía sigo participando en proyectos humanitarios siempre que puedo.
- **Periodista:** ¿Y tú, Roberto?
- **Roberto:** Pues yo estuve a punto de tener un grave accidente de coche porque iba hablando por el móvil. Por suerte el otro conductor evitó el golpe. No he vuelto a hablar por teléfono mientras conduzco.
- **Periodista:** Buenos días, ¿podría hacerte una pregunta, por favor? Es para Tele 6.

Sara: Claro, claro.

Periodista: ¿Cuál consideras el cambio más importante de tu vida?

Sara: Soy Sara y, bueno, el cambio más importante de mi vida sucedió a los 18 años. Cuando tenía 16 años, dejé de estudiar y me puse a trabajar en una pastelería. Pero a los 18 volví a matricularme. Me di cuenta de que los estudios son muy importantes. Y ahora, mírame, tengo mi propia empresa.

Periodista: Buenos días, ¿una pregunta para la televisión?

Vicente: Vale.

Periodista: ¿Cómo se llama?

Vicente: Vicente.

Periodista: ¿Cuál ha sido el cambio más importante de su vida, Vicente?

Vicente: Pues… Me enamoré de una colombiana y me fui a vivir a Santa Marta. Al principio me puse a trabajar en la empresa de mi suegro, pero ahora estoy llevando mi propia empresa. Eso sí, sigo viniendo a España cada verano.

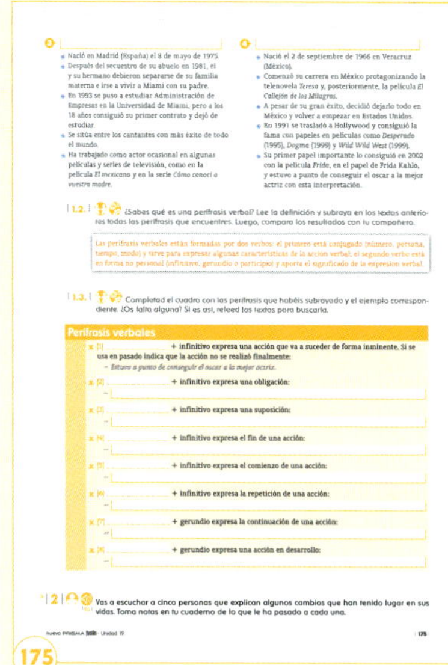

175

María: dejó de comer carne hace dos años y ahora se siente mucho mejor; Roberto: estuvo a punto de tener un grave accidente de coche porque iba hablando por el móvil. Por suerte el otro conductor evitó el golpe. No ha vuelto a hablar por teléfono mientras conduce; Fernando: estuvo trabajando como voluntario en África y esa experiencia le abrió los ojos. Se dio cuenta de que hay muchísima gente que necesita ayuda. Todavía sigue participando en proyectos humanitarios siempre que puede; Sara: cuando tenía 16 años dejó de estudiar y se puso a trabajar en una pastelería. Pero a los 18 volvió a matricularse porque se dio cuenta de que los estudios son muy importantes. Ahora tiene su propia empresa; Vicente: se enamoró de una colombiana y se fue a vivir a Santa Marta. Al principio se puso a trabajar en la empresa de su suegro, pero ahora está llevando su propia empresa. Sigue viniendo a España cada verano.

2.1. Se pasa a una actividad de producción escrita siguiendo los parámetros anteriores. Aprovechando la red social de Twitter, se proponen algunos *hashtags* para que los estudiantes escriban los cambios personales que han tenido lugar en sus vidas siguiendo el modelo de la audición. Para la corrección de sus producciones escritas, puede optar por ir supervisando el trabajo a medida que van escribiendo o proponer a los alumnos que sean ellos los que corrijan los textos de sus compañeros una vez finalizada la tarea.

2.2. "Dicen que todos los cambios son positivos". A partir de esta afirmación se puede introducir el debate propuesto en esta actividad oral. Los estudiantes deberán compartir con sus compañeros los cambios que han sufrido en su propia vida y explicar cuáles han sentido como positivos o negativos, y por qué.

Para consolidar la forma y uso de las perífrasis verbales de gerundio e infinitivo, puede realizar los ejercicios 5 a 7 de la unidad 19 del *Libro de ejercicios*.

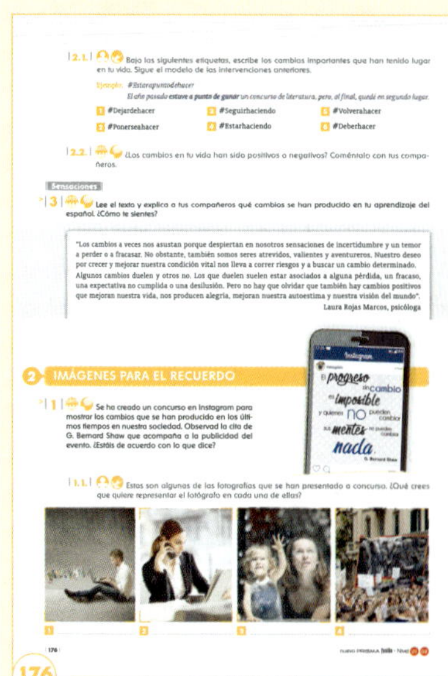

176

> 3 Se propone transferir los cambios de la vida tratados hasta ahora a los cambios que se producen en el aprendizaje del español de cada uno de los estudiantes. Para ello, se ofrece un texto introductorio sobre los cambios escrito por la psicóloga Laura Rojas Marcos. Después de llevar a cabo la lectura y de realizar una ronda de preguntas al respecto, pida a los alumnos que expliquen qué cambios detectan ellos en su aprendizaje de la lengua, cómo se sienten, y si creen que es algo positivo, negativo, un reto… Es importante recordar que las emociones y sensaciones son respuestas a la forma en que se satisfacen o no necesidades y expectativas personales.

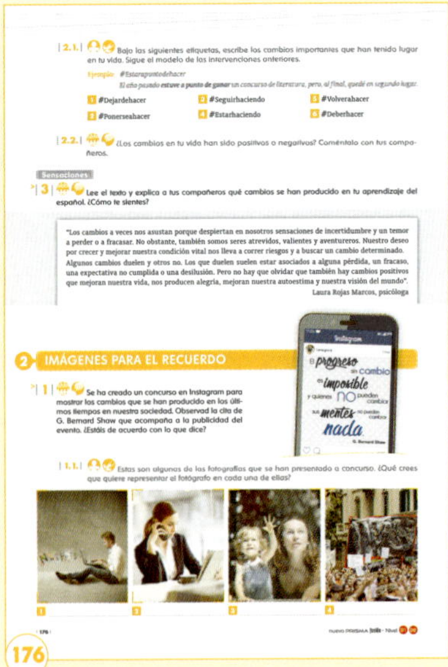

176

2 IMÁGENES PARA EL RECUERDO 176

El siguiente epígrafe se articula a través de dos temas principales: los cambios que se han producido en la sociedad actual por el uso de las nuevas tecnologías, por un lado, y por otro, los nuevos modelos de familia. Desde el punto de vista gramatical, se introducen las perífrasis modales y se trabajan diversas estrategias relacionadas con el trabajo textual, cuyo objetivo es facilitar la comprensión de los elementos de un texto complejo además de ordenarlo, así como extraer información de un texto oral para hacer un resumen.

> 1 Actividad grupal de interacción oral que introduce el tema de los cambios en la sociedad actual a través de una cita de G. Bernard Shaw. Lea la cita para que opinen a favor o en contra justificando su respuesta.

1.1. Ponga a los estudiantes en situación diciéndoles que las cuatro fotografías que aparecen en el libro son algunas de las que se han presentado al concurso. Propóngales que, individualmente, las observen con atención y que escriban debajo de cada una el mensaje que creen que quiere transmitir. Adviértales de que todas estas fotografías se refieren a cambios que se han producido en los últimos años en nuestra sociedad. Déjeles unos minutos para realizar la actividad y, luego, haga una puesta en común.

177

1.2. Pida a los estudiantes que, en parejas, comenten los temas que se proponen y que digan en qué consisten los cambios a los que se refieren. También puede realizar esta primera parte de la actividad en plenario. La emancipación tardía se refiere a una situación que afecta a España: la crisis económica ha provocado que muchos jóvenes no puedan independizarse y que sigan viviendo con sus padres incluso con 25-30 años. Luego, pídales que relacionen las cuatro fotografías anteriores con alguno de estos temas.

1.3. Actividad de comprensión auditiva selectiva. El objetivo es que el estudiante identifique a cada persona que habla con la fotografía a la que se refiere, el tema que refleja y los cambios sociales que se producen. Si lo cree conveniente, puede poner la audición por segunda vez. Una vez completada la tabla, pídales que lo comparen con su respuestas a las actividades 1 y 1.2, y que las corrijan en caso necesario.

56

Hola, buenas tardes... Me llamo Rosa Catalá... Con esta fotografía quiero mostrar cómo el rol de la mujer dentro de la sociedad ha evolucionado. Y no solo en términos de inserción laboral o papel activista dentro de la familia. En la actualidad, estamos enfrentando un cambio en la definición de lo que es ser mujer y esto implica pelearse con siglos de tradición. Sin embargo, para muchos, mujeres y hombres, el papel de las mujeres en la sociedad actual representa un buen cambio que se refleja en el mundo laboral. El rol de las mujeres hoy en día es otro, más completo y más retador, gracias a que estamos más preparadas; hemos demostrado una y otra vez que hacemos un buen papel dentro del mercado laboral. Las conquistas de las mujeres en el mundo laboral, educativo, formativo y de planificación les han permitido la independencia a todos los niveles: económico, personal y socio-cultural. Cuando se equiparen los derechos, la mujer sea remunerada igual que un hombre por el mismo trabajo, no sea discriminada por unos parámetros estéticos que no se le exigen al hombre, la dedicación a los hijos sea compartida al igual que el mantenimiento de la casa, etc., entonces, estaremos hablando de una igualdad en términos reales. Se va mejorando... pero falta...

Hola, ¿qué tal? Yo soy Daniel Gutiérrez. Nos venden que el fenómeno de la globalización es muy importante para el desarrollo de un país, ya que genera libertad económica y política a través de la democracia. La globalización da como fruto tanto prosperidad económica como incremento de oportunidades, especialmente en los países en desarrollo, lo que conduce a la reducción de los precios, más empleos, y un incremento de la producción y del nivel de vida. Pero resulta que la globalización actual, según mi opinión, no funciona. Con esta imagen de gente manifestándose trato de expresar mi disconformidad con este tema. No puede ser que 963 millones de personas pasen hambre en el mundo en 2008 (según datos de la FAO) y que, sin embargo, y según la OMS, 1600 millones de adultos de los países desarrollados tengan sobrepeso.

Bueno, primero de todo me presento. Soy Inma Rosales, tengo 27 años y vivo en Palencia... Los españoles ya no viven como antes. Casados o solteros, con hijos o sin ellos, solos o acompañados... Lo cierto es que los espacios íntimos han cambiado y las familias ya no son lo que eran. Y esta es la idea que he querido transmitir. Hoy, el cómo y con quién vivimos es, más que una exigencia social, una opción de vida fruto de la libertad de elección. Cada vez hay menos familias numerosas y menos matrimonios, el divorcio es fácil y las mujeres no temen afrontar a solas la maternidad. Así, al esquema tradicional padre-madre-hijos le han surgido en los últimos 30 años competidores que han diversificado los modelos familiares y que desde finales de los años noventa se han ido consolidando. Los sociólogos coinciden en afirmar que la presencia de estas nuevas familias es cada vez mayor y que, en consecuencia, la sociedad está más preparada para reconocerlas y legitimarlas.

Buenas tardes, me llamo Jacob Enterría y soy fotógrafo aficionado. El avance de los últimos años en cuanto a las nuevas tecnologías pone en la vanguardia a Internet, que ha pasado a formar parte importante de nuestro vivir cotidiano. He querido mostrar esta idea con mi fotografía. Internet es una de las herramientas más significativas en cuanto al desarrollo de las tecnologías de la comunicación. La distancia ya no es un obstáculo para Internet, la red de computadores interconectados nos permite intercambiar información de forma muy rápida y llegar a cualquier parte de mundo. Sería impensable para las personas en la actualidad no contar con Internet, considerando, además, las herramientas que nos ofrece: chat, correo, videoconferencia, telefonía..., herramientas que han modificado nuestra forma de comunicarnos y nuestro lenguaje. Todos estos hechos hacen indiscutible la afirmación de que esta tecnología, absolutamente relacionada con las comunicaciones, está modificando radicalmente nuestros hábitos y conductas dentro de la sociedad.

Rosa: fotografía 2; La igualdad de género; Incorporación de la mujer al mundo laboral; Daniel: fotografía 4; La globalización; Desigualdad económica; Inma: fotografía 3; El concepto de familia; Los nuevos modelos de familia en la sociedad española; Jacob: fotografía 1; Internet; La revolución que ha supuesto Internet para las comunicaciones.

> 2 En pequeños grupos, pida a los estudiantes que hablen de la aplicación de Instagram, si la usan y con qué finalidad. Luego, observan lo que están haciendo las personas de la foto y lo comentan entre ellos.

Se están haciendo un *selfie*.

2.1. Para comprobar su respuesta anterior, los estudiantes, individualmente, van a ordenar un texto. La actividad, enfocada al desarrollo de la competencia estratégica, da previamente una serie de pautas para ordenar un texto de manera eficaz. Pídales que lean el cuadro y aclárelas las dudas que puedan surgir. Luego, sugiérales que hagan una lectura silenciosa del texto y que lo ordenen siguiendo los consejos que han leído. Para realizar la corrección, use la proyección 38.

Proyección 38. *Instagram, la aplicación que cambió nuestras vidas.* Texto ordenado.

7, 1, 2, 6, 5, 4, 3.

ELEteca
50. Instagram.

2.2. Se concluye esta secuencia sobre la incorporación de Internet y el uso de las redes sociales con un debate defendiendo Facebook o Twitter como la red social que más cambios ha producido en nuestras vidas. Para ello divida la clase en dos grupos: (A) defensores de Facebook y (B) defensores de Twitter. Puede formar los grupos usted o proponer a los estudiantes que formen ellos mismos los grupos dependiendo si defienden Facebook o Twitter.

ELEteca
51. Facebook y Twitter.

>3 Actividad de comprensión auditiva que introduce una secuencia donde se presentan los nuevos modelos de familia en la sociedad española actual. Indíqueles que observen las fotografías y las asocien al tipo de familia correspondiente. A continuación, proceda a la escucha de la audición para que relacionen los testimonios con la imagen y su descripción.

57

Testimonio 1. "No pasa nada por estar sola", dice convencida Nuria Bermejo. Ella siempre quiso tener hijos. "Cuando superas hacer todo sola, te vuelves muy exigente, y simplemente no apareció la persona adecuada", comenta. Ella optó por la fecundación in vitro, la opción más cara, pero también la más rápida y eficaz. El resultado es Sara, un bebé de dos meses que duerme junto a la cama de su madre. Se acerca la hora de su toma y Nuria la despierta. "¿Qué pasa, gordita, tienes hambre?", pregunta entre caricias. "Al principio te sientes un bicho raro, pero luego dices: "¡Cuánto tiempo he perdido!" A veces se sufre mucho porque mi familia debe de pensar que tener una familia estandarizada sería lo mejor para mí, pero no pasa nada por estar sola". Su día a día, de momento, es muy anárquico, pero lo lleva bien. "Cada día es un descubrimiento", dice. Ahora, lo que más le agobia es tener que trabajar. "La llevaré a la guardería o contrataré a alguien para que esté con ella en casa de mi madre", explica.

Testimonio 2. "No me imagino conviviendo con alguien" dice Virginia Barbancho. En su casa todo huele a nuevo. Tras su divorcio, hace ya tres años, siguió viviendo en el apartamento de alquiler que compartió con su exmarido, pero el verano pasado decidió comprarse algo propio. "Me hace mucha ilusión", confiesa. A su alrededor no queda ni rastro de su vida anterior. "Con la nueva ley todo fue facilísimo, y como no teníamos hijos ni patrimonio en común…". Ahora está tan adaptada a estar sola que no puede imaginarse conviviendo con nadie más. "Al principio piensas que no lo vas a superar nunca, pero ahora llegar a casa y que no haya nadie se me hace muy cómodo", explica. Lo que peor lleva es cocinar para uno. "Siempre hago de más, así que tiro de congelador... También miro mucho la fecha de caducidad de las cosas cuando hago la compra". Las claves de su vida son el trabajo, la familia y los amigos, y aunque no cierra las puertas al amor, no está dispuesta a renunciar a su independencia. ¿Volvería a casarse? "Si se dan las circunstancias, ¿por qué no?".

Testimonio 3. "Casarnos no es nuestro plan", comentan Óscar y Elena. Se nota que es viernes, el día preferido de Óscar. No viste el traje de entre semana, sino vaqueros, camiseta y zapatillas de andar por casa. Ha llegado hace un par de horas del trabajo y en su rostro se refleja el placer del ocio inminente. Llevan cuatro años saliendo y tres viviendo juntos en un pequeño apartamento en Plaza de España, en pleno centro de Madrid. "No pensamos en casarnos. La puerta no está cerrada, pero no es nuestro plan. Lo importante es seguir juntos y disfrutar el uno del otro", explica Óscar. Mientras, Elena calienta una pizza en el horno y le pone ojitos a su chico. El poco espacio del salón se lo reparten un acuario con peces de colores, una guitarra y fotos de sus vacaciones. París, el Caribe, la Costa Brava... Se levantan a la misma hora y desayunan juntos, pero él, por su trabajo, debe pasar más horas fuera de casa. Por eso, ella suele encargarse de la cena. "Nos tomamos un vinito y charlamos. Luego vemos alguna serie hasta que nos quedamos dormidos. ¿Hijos? Para eso hay que tener una vida más tranquila. Bueno, "algún día", responden casi a la vez.

Testimonio 4. "Tenemos la vida que queremos", comentan José y Esther. ¡Quién los ha visto y quién los ve! Hace tres años su buhardilla en el barrio de Chueca, en pleno centro de Madrid, era el punto de encuentro entre sus amigos cuando llegaba el fin de semana. Eran los reyes de las cañas y el *sing star*, y si no, que les pregunten a sus vecinos. Pero todo cambió con la llegada de Deva, hace ya dos años y medio. Entonces dejaron su buhardilla por una amplia casa en una urbanización con piscina en las afueras, y de reinar sobre las cañas pasaron a reinar sobre los pañales. "Nos mudamos por la niña", explica Esther al tiempo que prepara el biberón de Nora, su segunda hija. Llevan juntos 10 años y se casaron hace cinco. "Queríamos dar un paso más en nuestra relación, y también era una forma de celebrar nuestro amor". Su marido la mira y asiente con la cabeza mientras Deva trepa por su pierna derecha reclamando atención. Ven a sus amigos siempre que pueden y, aunque no es como antes, no sienten nostalgia. "Hay etapas en la vida, y ahora tenemos la que queremos".

Adaptado de http://www.20minutos.es/noticia/631685/0/nuevas/familias/ejemplos/#xtor=AD-15&xts=467263

1. C, testimonio 3; 2. D, testimonio 1; 3. B, testimonio 2; 4. A, testimonio 4.

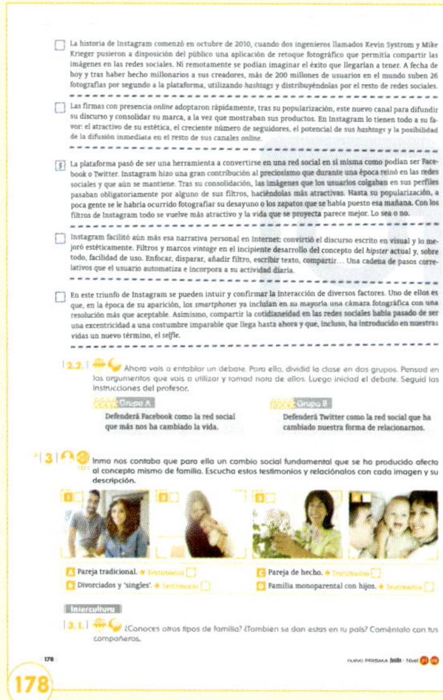

ELEteca
52. Nuevos modelos de familia.

3.1. Actividad de reflexión intercultural para que los estudiantes comenten los tipos de familia que existen actualmente en su país y expliquen cómo conviven en la sociedad con las familias tradicionales. Sugiera una comparación de la situación de sus países con España, si es diferente, y en qué radica esta diferencia.

3.2. Actividad de comprensión auditiva selectiva del mismo audio de donde se obtendrán las muestras de lengua con las estructuras de las perífrasis modales que se trabajarán en la actividad 3.3. Vuelva a poner el audio y pida a los estudiantes que completen las frases con las palabras que faltan.

1. debe de; 2. tener que; 3. puede; 4. debe; 5. hay que.

3.3. Actividad de reflexión gramatical para realizar individualmente o, si lo considera oportuno, en parejas. Primero, realizan una lectura silenciosa del cuadro para luego completar los ejemplos con las frases de la actividad ante-

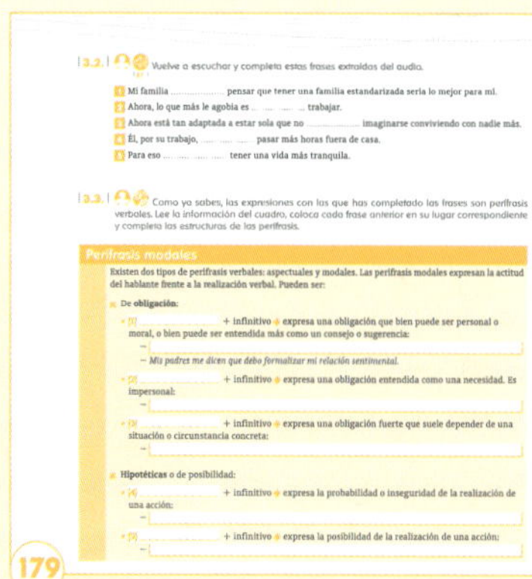

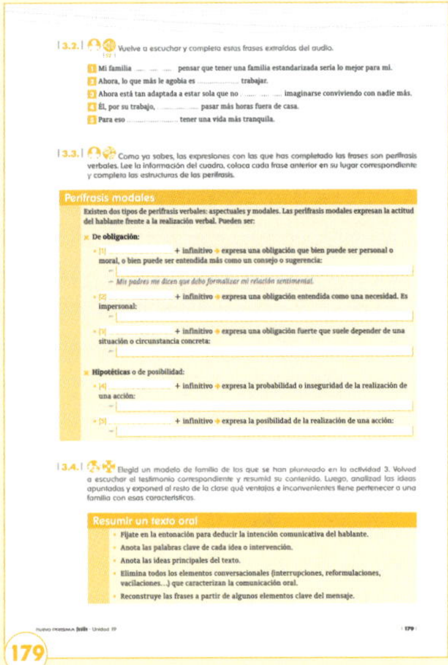

rior y las estructuras de las perífrasis. Corrija en plenario y explique que la perífrasis *poder* + infinitivo, además del sentido hipotético, también puede indicar capacitación o permiso: *Ya puedo mover la mano*; *¿Puedo entrar?*

1. Deber; Él, por su trabajo, debe pasar más horas fuera de casa; 2. Hay que; Para eso hay que tener una vida más tranquila; 3. Tener que; Ahora, lo que más le agobia es tener que trabajar; 4. Deber de; Mi familia debe de pensar que tener una familia estandarizada sería lo mejor para mí; 5. Poder; Ahora está tan adaptada a estar sola que no puede imaginarse conviviendo con nadie más.

Si quiere practicar de manera controlada estas perífrasis, puede realizar el ejercicio 2 de la unidad 19 del *Libro de ejercicios*.

3.4. Para terminar esta secuencia de actividades, cuya temática tiene como eje los distintos modelos de familia que existen en la actualidad, se ofrece una actividad de carácter estratégico. En pequeños grupos, los estudiantes escogen un tipo de familia de los que han visto. Antes de realizar la escucha, dirija la atención al cuadro en el que se dan las pautas para realizar un resumen de un texto oral. Una vez estas hayan quedado claras, ponga el audio de nuevo para que cada grupo pueda escuchar el testimonio correspondiente y realizar un resumen. Para finalizar, pídales que, en plenario, expongan las ventajas e inconvenientes de pertenecer a una familia con esas características.

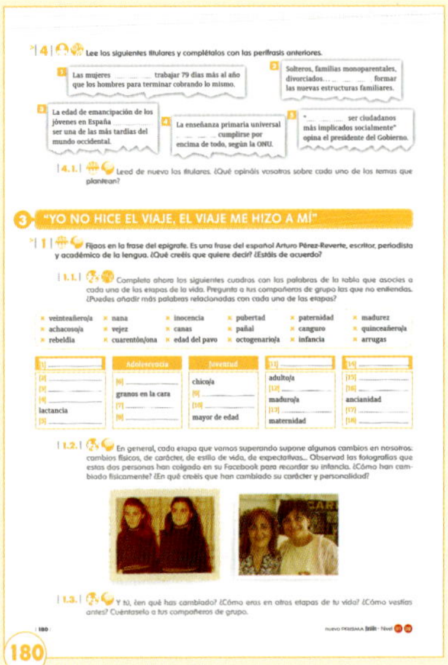

>4 Se continúa con una actividad individual de reflexión gramatical cuyo objetivo es la práctica y consolidación del uso de las perífrasis modales. Antes de llevar a cabo la corrección, puede sugerirles que comparen y justifiquen sus respuestas. Posible respuesta. 1. tienen que; 2. pueden/podrían; 3. debe de; 4. debe; 5. Hay que.

4.1. Propuesta de interacción oral en la que los estudiantes dan abiertamente su opinión sobre los artículos anteriores. Pídales que realicen una lectura silenciosa de los cinco artículos antes de comenzar a hablar.

Para cerrar el epígrafe, y si quiere profundizar en las perífrasis, en este caso en las aspectuales, se propone trabajar con la ficha 48.

Ficha 48. Perífrasis aspectuales.

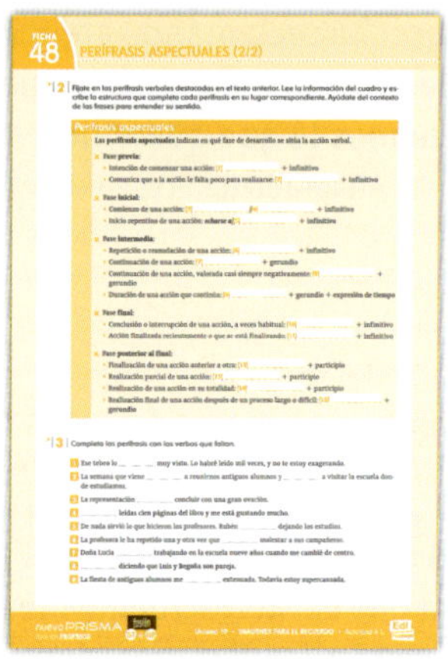

Dinámica. Entrégueles la ficha en la que se trabajan las perífrasis aspectuales. En primer lugar, pídales que lean un texto sobre la EGB (etapa educativa obligatoria regulada en 1970 y cuyas siglas significan Educación General Básica) y que después completen el cuadro sobre las perífrasis aspectuales con las frases destacadas en el texto. Una vez corregido el cuadro y resueltas las posibles dudas, proponga la siguiente actividad de consolidación gramatical para confirmar la asimilación de los contenidos.

2. 1. ir a; 2. estar a punto de; 3. empezar a; 4. comenzar a; 5. ponerse a; 6. volver a; 7. seguir; 8. andar; 9. llevar; 10. dejar de; 11. acabar de; 12. tener; 13. llevar; 14. dejar; 15. acabar.

3. 1. tengo; 2. vamos, volveremos; 3. acaba de; 4. Llevo; 5. acabó; 6. deje de; 7. llevaba; 8. Andan; 9. ha dejado.

3 "YO NO HICE EL VIAJE, EL VIAJE ME HIZO A MÍ" 180

Se inicia este epígrafe con un juego de palabras con la intención de invitar a una reflexión sobre cómo la experiencia de un viaje puede influir en una persona cambiando su perspectiva sobre la vida. Se introduce el léxico relacionado con las etapas de la vida y los viajes, y se presentan los verbos de cambio.

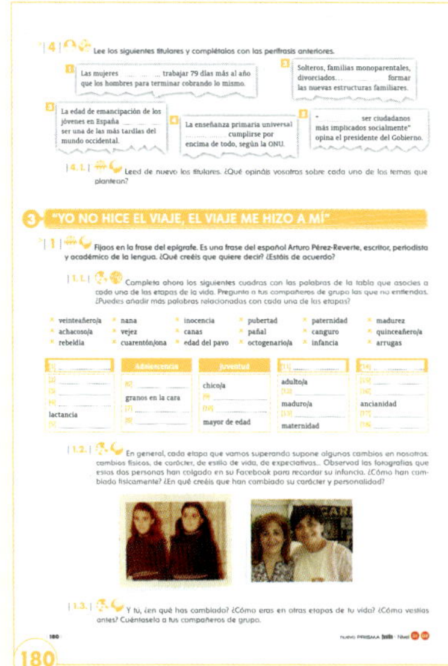

> 1 Se inicia este epígrafe trabajando su título. Proponga a los estudiantes que en plenario reflexionen sobre el significado de la frase, que lo expliquen y que opinen si están o no de acuerdo con lo que dice.

i+ ELEteca
53. Arturo Pérez-Reverte.

1.1. Actividad de léxico para llevarse a cabo en pequeños grupos. Infórmeles de que van a leer una serie de palabras relacionadas con las diferentes etapas de la vida. Recomiende que lean primero las palabras y que se aseguren de que entienden su significado. Si no es así, pueden preguntar a sus compañeros de grupo, consultar en un diccionario monolingüe, o usted mismo puede explicar su significado. A continuación, clasifican cada palabra en la columna correspondiente según la etapa de la vida a la que crean que pertenecen. Posible respuesta. 1. Infancia; 2. nana; 3. inocencia; 4. pañal; 5. canguro; 6. edad del pavo; 7. pubertad; 8. quinceañero/a; 9. veinteañero/a; 10. rebeldía; 11. Madurez; 12. cuarentón/ona; 13. paternidad; 14. Vejez; 15. achacoso/a; 16. canas; 17. octogenario/a; 18. arrugas.

1.2. Mantenga los grupos anteriores. Propóngales que observen con atención las fotos que han colgado en Facebook dos personas y que representan dos etapas diferentes de su vida para que comenten los cambios físicos que aprecian. Anímelos a que intuyan los cambios que creen que se han podido producir en su carácter a través de la imagen que sus expresiones proyectan.

1.3. Propóngales ahora que expliquen cómo eran ellos en otras etapas de su vida: infancia, juventud…: cómo eran físicamente, cómo vestían, su carácter…, y que comenten si eran muy diferentes de como son ahora.

> 2 Tarea de comprensión lectora y reflexión gramatical sobre los verbos de cambio. De manera individual y a través de una lectura silenciosa del texto que trata sobre los cambios que se producen en la vida de las personas cuando viven en otro país, deben completar los espacios en blanco con las palabras del recuadro. En el caso de que no entiendan alguna palabra, anímelos a consultar un diccionario monolingüe. Luego, pídales que vuelvan a leer el texto y que se fijen en los verbos resaltados en negrita. Pregúnteles: "¿Qué expresan estos verbos?" (algún tipo de cambio).
1. tu vida; 2. quieto; 3. en un vaivén de emociones; 4. adictiva; 5. triste; 6. uno más; 7. una persona más humana.

2.1. Actividad de reflexión gramatical para realizar individualmente, con el objetivo de presentar los verbos que expresan cambios. Pídales que se fijen en los verbos resaltados en el texto (los verbos de cambio) y que analicen el tipo de cambio que indican ayudándose del contexto en que aparecen para completar con ellos los espacios en blanco del cuadro y el ejemplo correspondiente. Para la corrección, utilice la proyección 39.

Cosas que cambian para siempre cuando vives en otro país

181

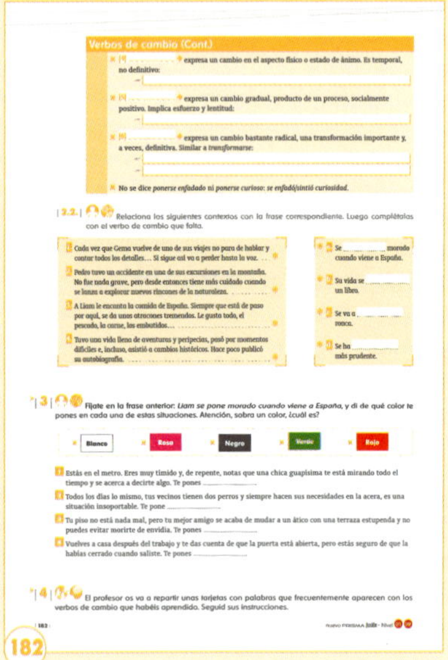
Verbos de cambio (Cont.)

182

Proyección 39. Verbos de cambio.

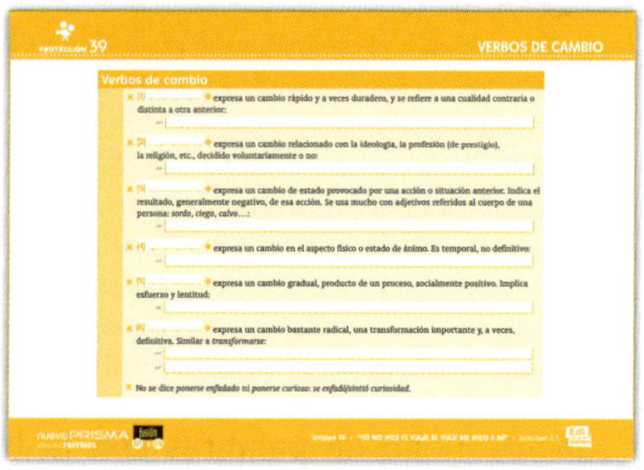
Verbos de cambio

Dinámica. Proyecte el cuadro en la pizarra y pídales que, por turnos, vayan completando los verbos y los ejemplos. Aclare las dudas que surjan y ponga más ejemplos para que queden claras las diferencias entre unos y otros verbos.

1. Volverse; La sensación de comenzar de cero debería asustarte, pero se vuelve adictiva; 2. Hacerse; Te haces una persona más humana y más empática; 3. Quedarse; Renuncias a quedarte quieto; 4. Ponerse; Perfeccionas el equilibro entre crear lazos y saber desprenderte de objetos y recuerdos sin ponerte triste; 5. Llegar a ser; Llegas a ser uno más en el lugar en el que te encuentras; 6. Convertirse en; Cuando conviertes tu vida en viaje e incertidumbre, creces; Tu vida se convierte en un vaivén de emociones.

Antes de continuar, y si así lo considera oportuno, puede realizar el ejercicio 4 de la unidad 19 del *Libro de ejercicios*.

2.2. Actividad de práctica controlada de los verbos de cambio. Si lo considera oportuno, puede pedir que trabajen en parejas. En la columna de la izquierda aparecen una serie de situaciones que deben relacionar con una frase de la columna derecha. Indíqueles que las situaciones les permitirán deducir el tipo de cambio que se produce para poder luego completar con el verbo adecuado la frase correspondiente. Una vez corregido, pregúnteles qué frases reflejan un cambio duradero y cuáles uno más o menos momentáneo.

1. c, quedar; 2. d, vuelto; 3. a, pone; 4. b. convirtió en.

>3 Tarea de léxico en la que se trabajan expresiones idiomáticas que indican un cambio con el verbo *ponerse* y los colores. Si lo considera conveniente, pregúnteles si en su lengua se utilizan también expresiones con colores y qué significan, propiciando así un intercambio intercultural.

1. rojo; 2. negro; 3. verde; 4. blanco. Sobra el color rosa.

>4 Para cerrar esta secuencia de actividades, lleve a cabo la siguiente actividad con la ficha 49. Se trata de una tarea más abierta y lúdica que les permitirá poner en práctica de manera más libre los contenidos aprendidos.

Ficha 49. Verbos de cambio y léxico asociado.

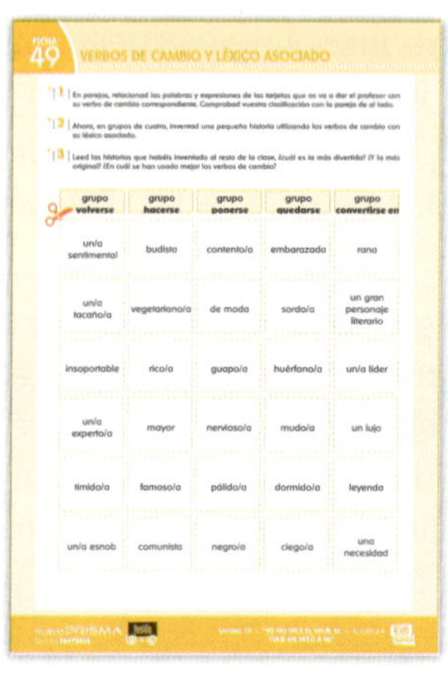
Verbos de cambio y léxico asociado

Dinámica. El objetivo de esta ficha es llevar a cabo la práctica de diferentes verbos de cambio asociándolos a un determinado léxico, pero de una manera más lúdica. Pida a los estudiantes que se agrupen en parejas, recorte las tarjetas y repártalas, e indíqueles que asocien las palabras y expresiones de sus tarjetas con el verbo de cambio correspondiente. Corrija y dígales que van a crear una pequeña historia utilizando los verbos de cambio con su léxico asociado. Para finalizar, hagan una puesta común de todas las historias y pídales que elijan la más divertida y original, además de analizar si se han utilizado los verbos de cambio adecuadamente.

182

> 5 Actividad de corte cooperativo consistente en la investigación en grupo y de manera colaborativa sobre un popular programa de la televisión pública española: *Españoles en el mundo*, que trata sobre la vida de españoles que viven en la actualidad en distintas partes del mundo. Divida la clase en pequeños grupos indicándoles las pautas a seguir. Pueden ver capítulos de este programa en http://www.rtve.es/television/espanoles-en-el-mundo/ y http://www.rtve.es/alacarta/videos/espanoles-en-el-mundo/

Como cierre de actividad, puede trabajar con la ficha 50, en la que se explica la situación actual de la juventud española derivada de la crisis económica.

Ficha 50. Los españoles vuelven a ser emigrantes.

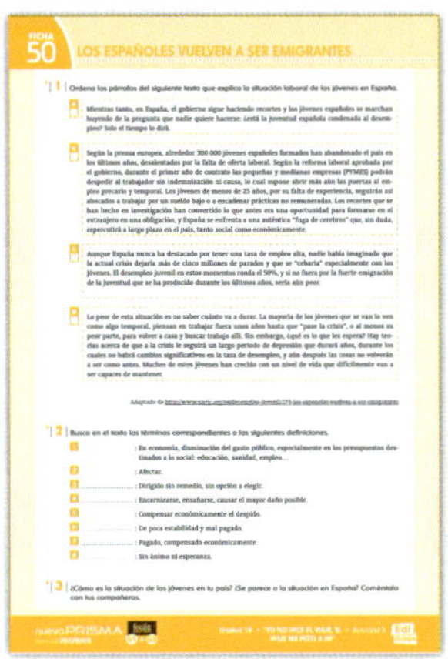

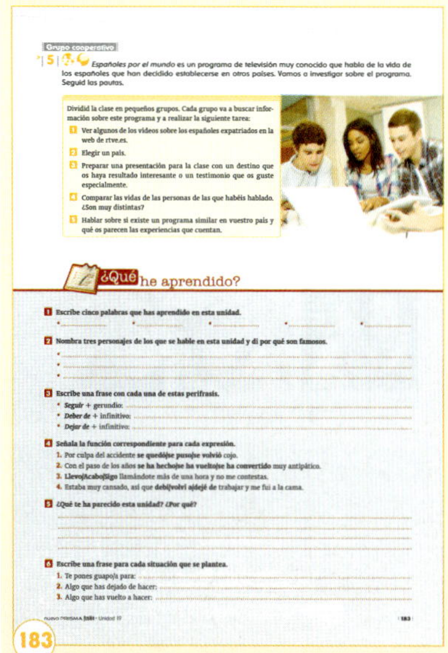

183

Dinámica. Reparta una copia de la ficha a cada estudiante y lleve a cabo las actividades que se proponen. Las actividades 1 y 2 se han diseñado para hacer de manera individual. La actividad 3, de interacción oral, permite a los estudiantes hablar de la situación laboral de los jóvenes en su país, comparándola con España.

1. A. 4; B. 2; C. 1; D. 3. **2.** 1. Recorte; 2. Repercutir; 3. Abocado; 4. Cebarse; 5. Indemnización; 6. Precario; 7. Remunerado; 8. Desalentado.

¿QUÉ HE APRENDIDO? 183

4. 1. se quedó; 2. se ha vuelto; 3. Llevo; 4. dejé de.

ELEteca
Léxico. Fotos para el recuerdo.

20 ¡NI PUNTO DE COMPARACIÓN!

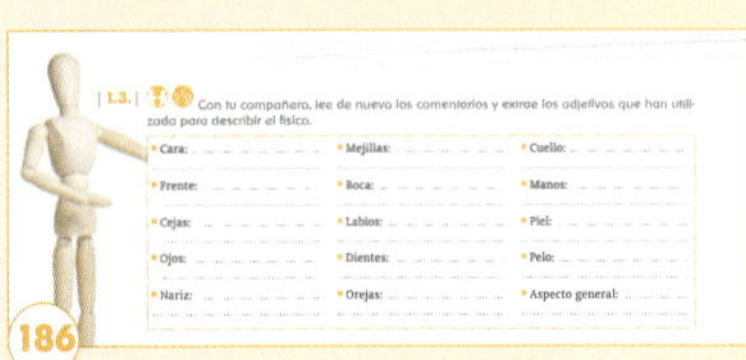

El objetivo de esta unidad es aprender a comparar determinadas realidades: a las personas por su aspecto físico, diferentes lugares, diferentes tipos de viviendas y diferentes formas de diversión.

Desde el punto de vista gramatical, se tratan los grados de comparación: comparativo de superioridad, inferioridad e igualdad, y el superlativo relativo y absoluto, así como aquellos verbos que rigen una determinada preposición. El apartado funcional focaliza su atención en hablar de las apariencias y parecidos, valorar una información, dar opiniones y hacer comparaciones o establecer diferencias. Se trabajará también el léxico para realizar descripciones físicas y para hablar de un lugar.

1 DE TAL PALO, TAL ASTILLA 184

El título del epígrafe: *De tal palo, tal astilla* es un refrán que significa que, por lo general, el carácter y las costumbres se transmiten de padres a hijos. Se aplica también a todo aquello que se parece a su origen. Este refrán nos facilita información sobre el contenido del epígrafe: hablar de apariencias y parecidos entre las personas. Gramaticalmente, se repasan y amplían las estructuras que sirven para comparar: comparativos de superioridad, igualdad e inferioridad. Desde el punto de vista léxico, se repasan y practican los diferentes significados del verbo *parecer(se)*.

> 1 Antes de empezar, pregunte a los estudiantes por el título del epígrafe, si saben qué es y qué significa. De esta manera, introducirá el tema: hablar de los parecidos entre las personas. Luego, pase a la actividad de interacción oral en parejas, pidiéndoles que se fijen en las fotografías y que describan a las personas de las fotos comparándolas. Antes de que comiencen a hablar, dirija la atención del grupo al cuadro en el que se ofrecen estructuras que sirven para hablar de los parecidos entre las personas.

1.1. Se presenta a continuación una tarea de comprensión lectora. Sugiera a los estudiantes una lectura atenta pero rápida de los tres textos para relacionarlos luego con las imágenes correspondientes de la actividad anterior. Si lo cree conveniente, antes de llevar a cabo la corrección en plenario, pídales que comparen sus respuestas en parejas.

Fotografías A, C y F, respectivamente.

1.2. Indique a los estudiantes que vuelvan a leer los textos anteriores fijándose en las formas de *parecer/parecerse* que están numeradas y en color. Una vez leídos de nuevo los textos, lleve a cabo la actividad de léxico: los estudiantes, en parejas, tienen que asignar a cada significado del verbo *parecer(se)* dos ejemplos de los que aparecen numerados en los textos.

Hablar de apariencias: 1, 3; Hablar de parecidos: 6, 8; Pedir y dar opiniones: 4, 7; Valorar: 2, 5.

Antes de continuar, puede consolidar este contenido léxico con los ejercicios 1, 2 y 3 de la unidad 20 del *Libro de ejercicios*.

1.3. Se continúa con una tarea de léxico propuesta con el objetivo de que el estudiante pueda ampliar el vocabulario utilizado para realizar una descripción física. Indíqueles que, de nuevo en parejas, lean otra vez los textos, extrayendo aquellos adjetivos que describen el físico y lo clasifiquen en el apartado correspondiente.

Cara: redonda, dulce, ancha, expresiva, chupada, larga, simpática, llenita; Frente: amplia, estrecha; Cejas: separadas, espesas; Ojos: vivos, inexpresivos, mirada triste, negrísimos, impenetrables; Nariz: larga, chata, recta, puntiaguda, aguileña; Mejillas: rollizas; Boca: pequeña, redonda; Labios: finos; Dientes: alineados, blancos; Orejas: de soplillo, redonditas, pequeñas; Cuello: cortito; Manos: finas, delicadas; Piel: morena, bronceada, rosada; Pelo: lacio, sedoso, rizado, fino; Aspecto general: joven, esbelto, atlético, flaco.

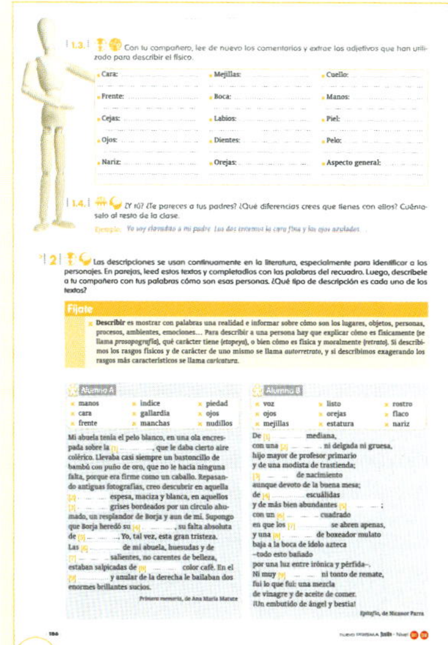

186

1.4. Se cierra esta secuencia de actividades sobre las descripciones físicas y los parecidos con una tarea de interacción oral diseñada para realizarse en plenario. El objetivo es que los estudiantes puedan poner en práctica el léxico y las estructuras aprendidas hablando de los parecidos y similitudes con sus padres. Si lo considera oportuno puede ampliar esta actividad proponiendo a los estudiantes que comenten los parecidos que tienen con otros miembros de la familia como, por ejemplo, sus abuelos o hermanos.

> 2 Se aborda en esta actividad la descripción literaria para poner en práctica todos los contenidos aprendidos hasta el momento. Se trata de un fragmento en prosa de la obra *Primera memoria* de la escritora española Ana M.ª Matute, y otro en verso del escritor chileno Nicanor Parra. Antes de llevar a cabo la actividad, lea detenidamente con ellos el cuadro en el que se define el concepto de describir y, particularmente, los tipos de descripciones físicas de personas que se pueden hacer. Una vez que han quedado claros los conceptos, los estudiantes, en parejas, leen los textos y los completan con las palabras del recuadro. Sugiérales que usen el diccionario para consultar las palabras que no conozcan. A continuación, cada estudiante describe con sus propias palabras a su compañero cómo es la persona de uno de los textos, e identifican el tipo de descripción de cada texto.

Alumno A: 1. frente; 2. cara; 3. ojos; 4. gallardía; 5. piedad; 6. manos; 7. nudillos; 8. manchas; 9. índice. Caricatura. Alumno B: 1. estatura; 2. voz; 3. flaco; 4. mejillas; 5. orejas; 6. rostro; 7. ojos; 8. nariz; 9. listo. Autorretrato.

i+ ELEteca
54. Ana M.ª Matute y Nicanor Parra.

> 3 Pida a los estudiantes que formen pequeños grupos y que se fijen en el aspecto de los dos jóvenes de la fotografía. Haga que los describan y que opinen sobre su aspecto: ¿Creen que cuidan su imagen? ¿Por qué? Sugiérales también que hablen de sí mismos y expliquen qué importancia le dan a su imagen y al cuidado de la misma.

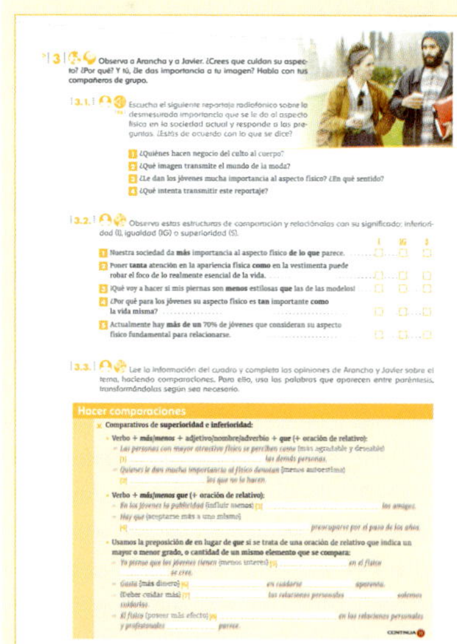

187

3.1. Se continúa ahora con la primera actividad de comprensión auditiva de la unidad. Indíqueles que van a escuchar un reportaje radiofónico en el que se aborda la excesiva importancia que se le presta al aspecto físico en la sociedad actual. Dígales que lean primero las preguntas que deben responder y proceda a la escucha de la audición. Si lo considera necesario, puede hacer una segunda escucha.

58 Hoy en día, la apariencia física está sobrevalorada en nuestra sociedad, y el culto al cuerpo, fomentado por los medios de comunicación, se ha convertido en un factor de discriminación entre sus miembros.

Para algunos, este fenómeno se ha convertido en un negocio: gimnasios, industria de la moda, clínicas de estética…, pues la obsesión por estar perfecto las veinticuatro horas del día hace que la gente consuma estos productos y servicios.

En la industria de la moda se ha creado una fuerte polémica en relación al tema de las tallas y la extrema delgadez de las modelos. Nos venden una imagen que ellos creen que es la perfección, basada en la delgadez y el culto excesivo al cuerpo, y motivada por sus intereses económicos. Muchas firmas carecen de tallas más allá de una 38, de modo que las personas que

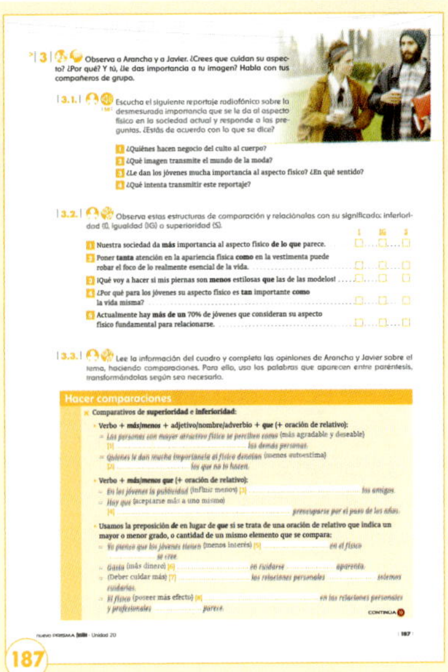

gastan una talla 40 o 42 piensan que están gordas, dando lugar, de esta manera, al aumento de casos de enfermedades tan graves como la anorexia y la bulimia. Cada persona tiene una constitución física determinada y no se debe confundir la vida sana con la perfección.

Vivimos en una sociedad donde no podemos ser nosotros mismos, porque estamos muy influenciados por la moda y todo lo que la rodea, pero debemos intentar tener una personalidad propia y guiarnos por nuestros propios criterios.

Actualmente hay más de un 70% de jóvenes que consideran su aspecto físico como un factor muy importante para poder relacionarse con los demás y ser aceptados socialmente, y una gran mayoría quisiera ganarse la vida con su físico, como modelos publicitarios, en la pasarela…, salir en la televisión y hacerse famosos.

Si bien el aspecto físico es nuestra "envoltura", y debemos cuidar y querer nuestro cuerpo, esto no significa que sea necesario tener una silueta perfecta, un cabello ideal, un rostro sin imperfecciones, un vientre plano… El excesivo culto al cuerpo viene propiciado por la sociedad actual y los medios de comunicación, y hace que se robe el foco de lo realmente esencial de la vida. Cuando uno encuentra su verdadero valor más allá de la apariencia y logra que su propia belleza interior rebase la forma de su cuerpo, entonces puede sentirse seguro de su envoltura. No importa si tienes los ojos verdes o negros, todos los ojos son hermosos, no por el color, sino por lo que hay detrás de ellos, y por la forma en la que miran y entienden el mundo. ¿De qué sirven unos ojos bellos si no transmiten la belleza que hay en el ser humano que los posee?

1. Todos los negocios relacionados con el cuidado físico y estético: gimnasios, la industria de la moda, las clínicas de estética…; 2. Una imagen ideal de perfección física basada en la delgadez extrema; 3. Sí, le dan mucha importancia porque piensan que es el modo de relacionarse en sociedad y ser aceptados, y también aspiran a ganarse la vida en profesiones relacionadas con el aspecto físico; 4. La necesidad de ser uno mismo y ser capaz de ver la belleza interior de las personas.

3.2. Actividad de reflexión gramatical que introduce las estructuras de comparación. Pídales que lean las frases extraídas del audio anterior y que, de manera individual, las clasifiquen según el grado de comparación que indican.

Inferioridad: 3; Igualdad: 2, 4; Superioridad: 1, 5.

3.3. Mediante el cuadro se profundiza en las diferentes estructuras para comparar que existen en español. Los estudiantes, de manera individual, han de transformar las frases que aparecen entre paréntesis reproduciendo la estructura comparativa que se indica. Antes de llevar a cabo la corrección, puede proponerles que comparen sus respuestas en parejas o en pequeños grupos. A continuación, corrija la actividad con la proyección 40.

Proyección 40. Hacer comparaciones.

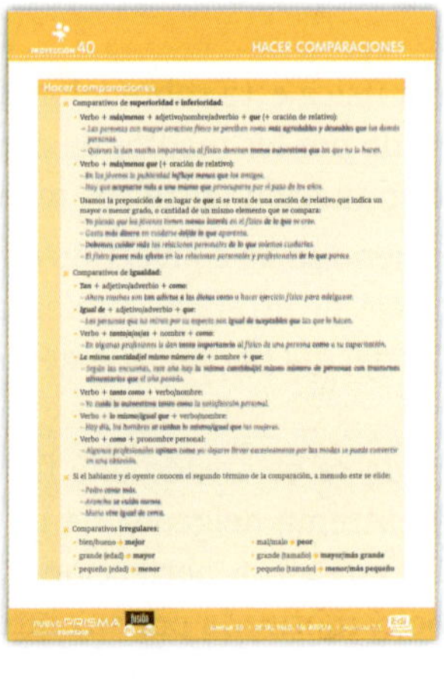

1. más agradables y deseables que; 2. menos autoestima que; 3. influye menos que; 4. aceptarse más a uno mismo que; 5. menos interés [...] de lo que; 6. más dinero [...] del/de lo que; 7. Debemos cuidar más [...] de lo que; 8. posee más efecto [...] de lo que; 9. tan adictos a las dietas como; 10. igual de aceptables que; 11. tanta importancia [...] como; 12. la misma cantidad/el mismo número de personas con trastornos alimentarios que; 13. cuido la autoestima tanto como; 14. se cuidan lo mismo/igual que; 15. opinan como; 16. come más; 17. se cuida menos; 18. vive igual de cerca.

Para practicar y consolidar el uso de las estructuras comparativas, puede llevar a cabo los ejercicios 4, 5 y 6 de la unidad 20 del *Libro de Ejercicios*.

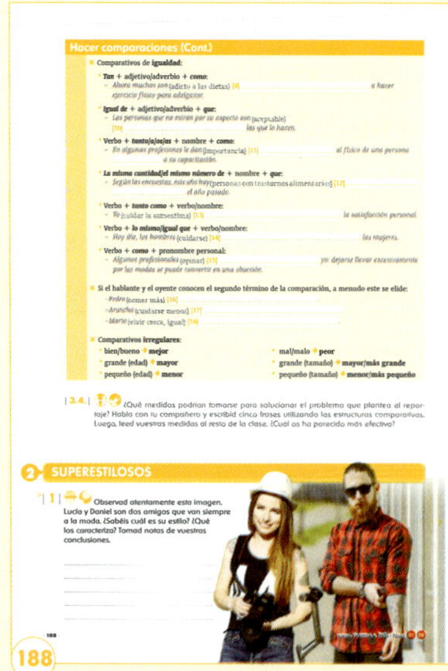

3.4. Se finaliza el epígrafe con una propuesta de tarea de expresión escrita en parejas. Sugiérales primero que reflexionen sobre las medidas que pueden tomarse para solucionar el problema de la desmesurada importancia que se le da al aspecto físico en la sociedad actual pensando en cinco medidas. Tienen que utilizar las estructuras comparativas estudiadas. Déjeles un tiempo para elaborar el trabajo y, luego, en plenario, pida a las parejas que lean sus propuestas, corrigiendo si es necesario. Para finalizar, haga que elijan dos o tres propuestas de las expuestas como las más efectivas para combatir el problema.

2 SUPERESTILOSOS 188

A través de la comparación de dos lugares, el barrio de Malasaña en Madrid y el barrio de Palermo en Buenos Aires, se presenta y practica el superlativo. Desde el punto de vista léxico, se profundiza en el vocabulario relacionado con el aspecto físico de las personas.

> 1 y 1.1. Se comienza el epígrafe con una propuesta de interacción oral en plenario. Pida a los estudiantes que observen con atención la fotografía y que definan el estilo de las dos personas que aparecen, fijándose en su físico y en su ropa. A continuación, contrastan sus opiniones leyendo el texto que aparece en la actividad 1.1.

ELEteca
55. Definición de *hipster*.

1.2. Actividad para la adquisición de léxico en parejas. Teniendo en cuenta la definición anterior y la fotografía de la actividad 1, deben elegir aquellos adjetivos que mejor describen a un *hipster*. Haga una puesta en común para ver si coinciden. Aproveche para explicar los términos que no estén claros.

1.3. Actividad oral en grupos reducidos enmarcada dentro de la etiqueta de sensaciones. En ella, los estudiantes hablan de su estilo en el vestir: qué ropa llevan habitualmente, qué ropa no llevarían nunca... Puede ampliar las preguntas a un ámbito más psicológico planteando si la ropa define en cierto modo a la persona que la lleva, si se dejan influir por la apariencia de la gente a la que ven por primera vez, etc.

> 2 Se inicia con esta tarea una secuencia de actividades de corte cultural, donde los estudiantes van a conocer dos barrios emblemáticos de dos grandes ciudades hispanas: El barrio de Malasaña en Madrid y el barrio de Palermo en Buenos Aires. Pregunte primero si alguien conoce estas ciudades y estos barrios en concreto. De ser así, pídales que expliquen cómo son, para luego observar las fotografías y ver si coinciden con la descripción. En el caso de que nadie haya estado en estas ciudades, pídales que comenten la impresión que les causan las fotos, qué tipo de barrio creen que son y qué creen que tienen en común.

2.1. Se procede ahora a una tarea de comprensión auditiva, en la que los estudiantes van a escuchar información sobre ambos barrios. La tarea consiste en asignar las afirmaciones que tienen debajo a su barrio correspondiente. Antes de la escucha, deje unos minutos para que lean las frases, así la actividad será más efectiva. Explique los siguientes términos propios del español de Argentina y otros países hispanoamericanos: *disquería* (tienda de discos) y *carrete* (actividad de diversión nocturna).

Alternativa. Antes de escuchar, pídales que realicen la actividad teniendo en cuenta lo comentado en la actividad anterior. Luego, ponga el audio para que comprueben sus hipótesis y las rectifiquen en caso necesario.

1. Barrio de Malasaña

59 En el centro de Madrid encontramos el archiconocido barrio de Malasaña. Es el barrio más de moda y con más personalidad de Madrid, con un ambiente alternativo y una animadísima vida nocturna.

La diversidad cultural que caracteriza Malasaña se refleja también en su amplia oferta de ocio: restaurantes, bares y tabernas con una gran variedad gastronómica, tiendas de moda y de segunda mano, galerías de arte urbano, además de cafés y animadas terrazas para disfrutar del barrio y su gente.

Durante las noches del fin de semana encontraréis numerosos bares, sobre todo pequeños locales donde disfrutar de música de distintas épocas, aunque a pesar de toda esa animación de los días festivos, resulta un sitio la mar de tranquilo para vivir el resto del tiempo: no hay prácticamente tráfico y sigue teniendo espíritu de pueblecillo, un oasis entre los bulevares y la Gran Vía.

Malasaña se puso muy de moda en la época de la movida madrileña, entre los años 70 y 80, y desde entonces cuenta con la mejor oferta de ocio de la ciudad. Destaca la calle Fuencarral, donde se mezclan tiendas de firmas con otras independientes y franquicias.

Se puede comparar con Camden Town o Portobello de Londres, y el East Village de Nueva York, con la ventaja de que su céntrica ubicación te permite visitar a pie los museos y monumentos históricos más famosos de Madrid.

Arquitectónicamente, la mayoría de los edificios son del siglo XIX y primeros del XX, algunos tipo corrala, con estructuras de madera y balcones de hierro, aunque existen otros más antiguos, tipo palacete, de los siglos XVII y XVIII.

En definitiva, un barrio antiquísimo, céntrico, con todo el sabor de lo añejo, pero con la más variada oferta moderna y actual de la capital.

Adaptado de http://apimonteleon.com/?p=2061

2. Barrio de Palermo

Palermo es el barrio porteño más bohemio y *top*. Este barrio es la capital *hipster* y *cool* de Buenos Aires, especialmente su zona conocida como Palermo Soho. ¡Palermo ha sido tomado por las bicis, los tupés y las barbas!

Sus precios pueden ser un poco elevados comparados con el resto de la ciudad, ya que es un sector de moda. Hace apenas diez años, el barrio era una zona gris y apartada; hoy, la gente linda y con aspiraciones artísticas (algo bastante común entre los porteños) se reúne en los bares y restaurantes de este renacido barrio de casas bajas y calles empedradas. Ahí se encuentran los mejores restaurantes de la ciudad, con una amplia oferta gastronómica, y también muchos bares y lugares para beber al aire libre. Además, se pueden encontrar pequeños locales bastante interesantes: de arte y diseño, librerías, objetos de autor y disquerías.

Pasear por sus calles también es un buen plan, ya que el lugar es limpio y tranquilo, aun cuando está tan lleno de vida y carrete en la noche. En el barrio se encuentran el parque Los Bosques de Palermo y su jardín japonés, el paseo Rosedal y el zoológico de Buenos Aires, así que es sumamente fácil encontrar un lugar para dar un agradable paseo. En realidad, es una enorme zona residencial dividida en varias áreas: Palermo Viejo, Palermo Soho, cuya comparación con su homónimo neoyorquino es indudable, y Palermo Hollywood, bautizado de este modo por ser el lugar en que se congregan la mayoría de las productoras de cine.

Malasaña: 1, 4, 6, 8; Palermo: 2, 3, 5, 7.

2.2. Para llevar a cabo la siguiente actividad de reflexión gramatical, entregue a los estudiantes la ficha 51 y siga las pautas.

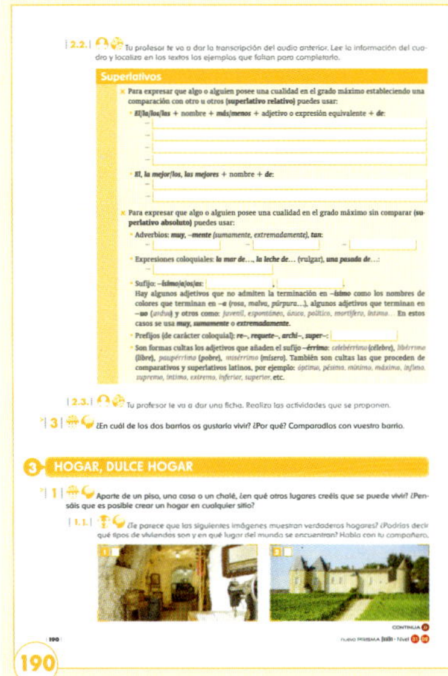
Superlativos
3 HOGAR, DULCE HOGAR
190

Ficha 51. Barrios de Malasaña (Madrid) y Palermo (Buenos Aires).

FICHA 51 BARRIOS DE MALASAÑA (MADRID) Y PALERMO (BUENOS AIRES)

1. BARRIO DE MALASAÑA

2. BARRIO DE PALERMO

Dinámica. Pida a los estudiantes que, de manera individual, lean con atención el cuadro explicativo sobre el superlativo. A continuación, entrégueles copias de la ficha 51, con la transcripción del audio anterior, para que localicen en ambos textos los ejemplos para completar el cuadro. Antes de realizar la corrección final, puede pedir a los estudiantes que formen parejas, comparen y justifiquen sus respuestas.

Superlativo relativo: El barrio más de moda y con más personalidad de Madrid; Los museos y monumentos históricos más famosos de Madrid; La más variada oferta moderna y actual de la capital; El barrio porteño más bohemio y top; La mejor oferta de ocio de la ciudad; Los mejores restaurantes de la ciudad; Superlativo absoluto: muy de moda; tan lleno de vida; sumamente fácil; la mar de tranquilo; animadísima; antiquísimo; archiconocido.

2.3. Actividad de práctica controlada sobre el superlativo. Para la realización de esta actividad, entregue a los estudiantes la ficha 52.

Ficha 52. Practiquísimo.

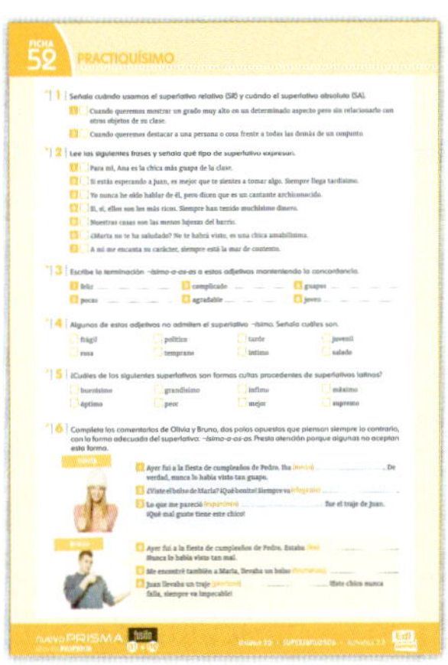
FICHA 52 PRACTIQUÍSIMO

Dinámica. Entregue a cada estudiante una copia de la ficha con el objetivo de practicar y consolidar los conocimientos adquiridos sobre el superlativo. La ficha está diseñada para realizar de modo individual, pero, si lo cree opor-

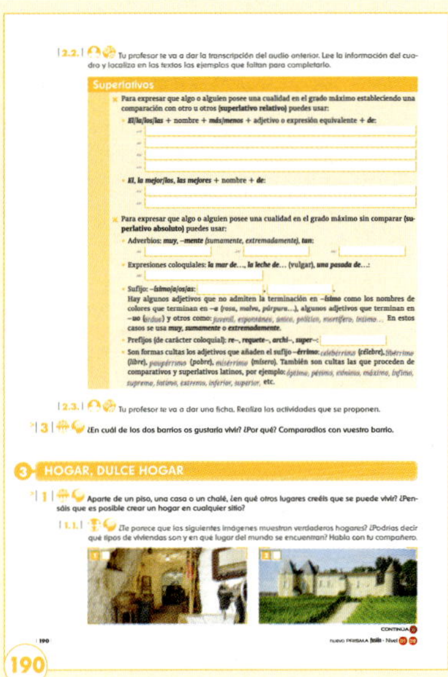

tuno, puede proponer su realización en parejas. También puede realizarse como tarea de casa. Si tiene tiempo suficiente, corrija en plenario para detectar posibles fallos y volver a la explicación, si es necesario.

1. 1. SA; 2. SR; **2.** 1. SR; 2. SA; 3. SA; 4. SR; 5. SR; 6. SA; 7. SA; **3.** 1. felicísimo/a; 2. poquísimas; 3. complicadísimo; 4. agradabilísimo/a; 5. guapísimos; 6. jovencísimo/a; **4.** rosa; político; íntimo; juvenil; **5.** óptimo; ínfimo; máximo; supremo; **6.** Olivia: 1. monísimo; 2. elegantísima; 3. No admite la terminación *–ísimo/a*; se puede decir *superespantoso*, por ejemplo. Bruno: 4. feísimo; 5. No admite la terminación *–ísimo/a* porque ya es un superlativo en sí mismo de *feo*; 6. En el lenguaje coloquial se puede decir *preciosísimo*, aunque *precioso* es el superlativo de *bonito* y, por tanto, no necesitaría añadirse terminación o superlativo alguno.

Puede seguir practicando los superlativos con el ejercicio 8 de la unidad 20 del *Libro de ejercicios*.

>3 Concluimos el epígrafe con una tarea de interacción oral en plenario en la que los estudiantes darán su opinión sobre los dos barrios que han conocido comparándolos con sus propios barrios: sus similitudes y diferencias. Si lo considera oportuno, puede proponer como tarea para casa una breve redacción en la que comparen por escrito estos barrios con el suyo, utilizando las estructuras comparativas y los superlativos que han aprendido.

Alternativa. Pídales que realicen el mismo tipo de actividad de comparación pero con las ciudades de San Sebastián (España) y Monterrey (México) que se encuentran en la lista de las 10 ciudades más felices del mundo, según un estudio elaborado por *National Geographic*. Para ello, utilice la ficha 53.

Ficha 53. San Sebastián y Monterrey, dos de las ciudades más felices del mundo.

Dinámica. Entregue una copia de la ficha a cada estudiante para que la lean y comparen las características que se indican con su propia ciudad. Deben decir en su escrito si su ciudad podría entrar en el ranking de las diez ciudades más felices del mundo, justificando su elección.

3 HOGAR, DULCE HOGAR 190

Se plantea en este epígrafe una actividad de componente estratégico con el objetivo de que el estudiante aprenda a prescindir del vocabulario que no pertenezca al léxico que se presenta. Se introduce un nuevo contenido gramatical: los usos de *como si/ni que* + imperfecto/pluscuamperfecto de subjuntivo. Desde el punto de vista cultural se presenta una secuencia de actividades en la que se reflejan las costumbres en España a la hora de elegir vivienda y la disyuntiva entre alquiler o compra.

> **1** Actividad de interacción oral en plenario como precalentamiento para para introducir el tema del epígrafe: la vivienda. Pida a los estudiantes que piensen en tipos de viviendas no tradicionales (piso, casa o chalé) para que comenten qué características deberían tener para considerarlas un hogar. Luego plantee la pregunta general: ¿se puede crear un hogar en cualquier sitio? Y amplíela si lo cree oportuno: ¿el hogar depende del lugar físico de las personas que lo componen? Puede aportar la siguiente definición:

"La palabra *hogar* se usa para designar un lugar donde un individuo o grupo habita, creando la sensación de seguridad y calma. En esta sensación se diferencia del concepto de casa, que sencillamente se refiere a la vivienda física. La palabra *hogar* proviene del lugar donde se encendía el fuego, a cuyo alrededor se reunía la familia para calentarse y alimentarse".

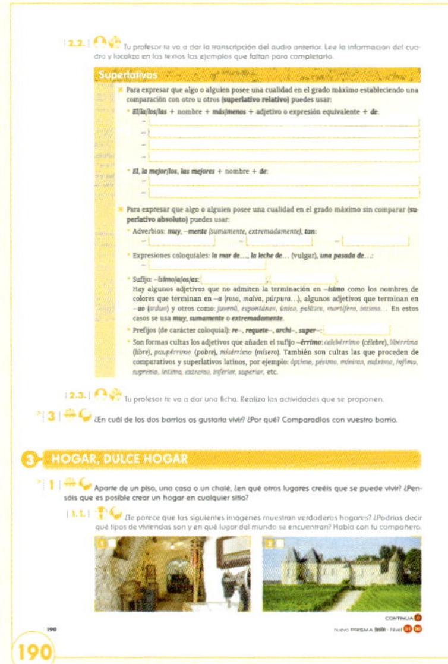

1.1. Actividad de interacción oral en parejas, donde, a través de una serie de imágenes, se muestran diferentes tipos de viviendas. Diga a los estudiantes que observen las fotografías y que, en parejas y según lo hablado en la actividad anterior, opinen sobre si estas viviendas pueden considerarse hogares o no. Luego, echando mano de sus conocimientos previos, pídales que identifiquen en qué lugar del mundo están esas viviendas. Haga una puesta en común, pero no dé las soluciones. Si le parece oportuno, puede realizar la actividad en plenario desde el principio.

1. casa cueva (Granada); 2. *chateau* (Francia); 3. rascacielos (Hong Kong); 4. tienda beduina (Sáhara); 5. *loft* (Nueva York); 6. palafito (Chile).

1.2. Actividad de comprensión auditiva en la que los alumnos van a escuchar una descripción de las viviendas anteriores. La tarea consiste en relacionar cada descripción con su fotografía correspondiente. Una vez corregida la actividad, dígales cómo se llaman estas viviendas y dónde están. Puede ampliar la actividad preguntándoles por las características de las personas que podrían vivir en cada lugar, su modo de vida, a qué se dedican...

60

A. Este tipo de vivienda muestra cómo la casa se fusiona con el entorno y permite disfrutar de la magia del paisaje, pese a los problemas de humedad o de accesibilidad que muchas veces conlleva.

B. Como no hay mucho espacio, se construyen ciudades verticales. Estas torres tienen ascensores y escaleras mecánicas para transitar entre los pisos, donde también hay supermercados y guarderías. Son un símbolo indiscutible de modernidad.

C. Sus grandes espacios diáfanos, los techos altos, las paredes de ladrillo o las instalaciones a la vista son, para muchos, parte de una estética cautivadora que les recuerda a las viejas fábricas y que resulta tremendamente inspiradora.

D. A veces te llegas a sentir como si fueras una princesa y estuvieras viviendo en un cuento de hadas, pero otras puedes pasar un poco de miedo perdiéndote por las innumerables habitaciones y salones.

E. El material que se utiliza para su construcción es la lona, un tejido muy pesado que protege bastante bien de la humedad y del frío. Suele ser la vivienda de nómadas y pastores.

F. La temperatura en su interior es prácticamente constante tanto en invierno como en verano, por lo que apenas necesitan energía para ser climatizadas.

1. F; 2. D; 3. B; 4. E; 5. C; 6. A.

1.3. Se plantea ahora una actividad de estrategias sobre el léxico, en la que se entrena a los estudiantes a centrarse en el vocabulario que se quiere aprender, prescindiendo del resto. Escriba en la pizarra "Tipo de viviendas" y diga a los estudiantes que se van a centrar en todas las palabras relacionadas con ese tema. Para ello deben realizar dos tareas consecutivas: eliminar del listado

| 1.2. | Escucha la siguiente información sobre cada una de estas viviendas y señala a cuál se refiere en cada caso.

| 1.3. | ¿Qué otros tipos de viviendas conoces? Elimina de la siguiente lista las palabras que no son un tipo de vivienda y clasifica las otras según sean las más baratas, las más originales o las más cómodas. Trabaja con tus compañeros de grupo.

- choza
- hipoteca
- alojamiento
- residencia estival
- patio
- ático
- chabola
- inmobiliaria
- buhardilla
- dúplex
- cabaña de madera
- casero
- piso a estrenar
- caravana
- vecindario
- loft
- villa
- mansión
- iglú
- tipi
- rascacielos
- palafito
- estudio
- barrio
- residencia
- establo

| 2 | Manuel es un joven catalán que ha decidido dejar la comodidad de un piso en el centro de Barcelona para instalarse en una caravana y viajar con su novia, cumpliendo así su sueño. Escucha la conversación que tiene con su primo Álex y responde a las preguntas.

1. ¿Qué cosas va a dejar Manuel para emprender su viaje?
2. ¿Qué va a hacer con su piso en Barcelona?
3. ¿Cuál es la primera impresión de Álex?
4. ¿Crees que Manuel es rico?
5. ¿Cómo crees que será el viaje de Manuel y María? ¿Cuánto tiempo pasarán viajando?

| 2.1. | Observa algunas de las frases que has oído en la actividad anterior y fíjate en las partículas resaltadas en negrita. ¿Qué expresan en cada caso? Relaciona las frases con su uso. Trabaja con tu compañero.

- **¡Ni que** fueras rico!
- **Como** yo no voy a estar, me gustaría alquilarlo.
- Depende de **cómo** os organicéis.
- Me lo dices **como si** quisieras desanimarme.
- Vamos a vivir **como** de verdad nos gusta.
- Hablas **como si** tú lo hubieras hecho alguna vez en la vida.

- Expresa la causa.
- Describe el modo.
- Describe algo recurriendo a una idea imaginaria o irreal.
- Compara con énfasis una acción con otra que sabemos que no es real.

nuevo PRISMA fusión · Unidad 20 | 191 |

191

de palabras las que no pertenecen a ese campo semántico y clasificar las que queden según las categorías que se indican. Pida que comparen sus resultados con el grupo de al lado. Una vez corregida la actividad, puede ampliarla pidiéndoles que añadan otros tipos de viviendas que no estén en el listado.

No son tipos de viviendas: hipoteca, alojamiento, patio, inmobiliaria, casero, vecindario, barrio y establo. *Piso a estrenar* es una expresión que se usa comúnmente en el lenguaje inmobiliario para indicar que un piso es nuevo y no ha vivido nadie antes en él.

> 2 El contenido gramatical del epígrafe se introduce a través de una comprensión auditiva en la que dos amigos conversan sobre las causas que ha llevado a uno de ellos a realizar un cambio de vivienda. Antes de escuchar el audio, pídales que lean con atención las preguntas a las que deben responder terminada la escucha.

| 61 |

- **Álex:** Hola, Manuel, ¡cuánto tiempo! ¿Cómo te van las cosas?
- **Manuel:** ¿Qué pasa? Muy bien todo la verdad, sí que hace tiempo que no te veía...
- **Álex:** Me dijo Carol que estabas pensando en mudarte.
- **Manuel:** Pues sí, de hecho ya he dejado el piso. Como yo no voy a estar, me gustaría alquilárselo a alguien una temporada.
- **Álex:** ¿Y dónde vives ahora?
- **Manuel:** Pues me he ido a vivir con María, tenemos un gran proyecto... No te lo vas a creer...
- **Álex:** A ver...
- **Manuel:** Nos hemos comprado una caravana y vamos a vivir en ella. Vamos a viajar durante algunos meses y también pasaremos temporadas en algunos lugares que queremos conocer mejor.
- **Álex:** ¿En serio? ¿Y dejáis el piso aquí en Barcelona? ¿Y el trabajo?
- **Manuel:** Sí, ahora o nunca. Este es el momento, lo tengo claro. Por fin vamos a vivir como de verdad nos gusta y no como la gente espera que vivamos.
- **Álex:** Hombre, Manuel, es una idea atractiva pero tiene sus inconvenientes, ¿no crees? ¿Cómo vais a vivir sin trabajar? Ni que fueras rico...
- **Manuel:** Claro, pero trabajaremos algunas temporadas, en el campo o en la hostelería. Ya veremos. Además, tampoco hace falta tanto dinero para vivir si tenemos la caravana.
- **Álex:** Bueno, eso depende de cómo os organicéis. Pero la gasolina no te la regalan...
- **Manuel:** Ya, ese será el mayor gasto. Y tenemos algunos ahorros.
- **Álex:** ¿Y no crees que os cansaréis de esa vida nómada? La vida os va a parecer como si estuvierais siempre de vacaciones y al final perderá su encanto.
- **Manuel:** Eso no lo sabes. Hablas como si tú lo hubieras hecho alguna vez en tu vida y supieras de qué va. Vamos, que me lo dices como si quisieras desanimarme...
- **Álex:** No, desanimarte no. Pero quiero que tengas en cuenta todo antes de tomar una decisión así. Tienes un trabajo aquí en Barcelona que no está nada mal.
- **Manuel:** Sí, no está nada mal, pero cada uno debe vivir la vida como quiera, creo yo. Y María y yo estamos seguros de que ahora es el momento de vivir esta aventura.
- **Álex:** Bueno, si es lo que queréis... Yo no tengo novia ni caravana, así que... ni me lo planteo.

1. Su trabajo y su piso de Barcelona; 2. Alquilárselo a alguien una temporada; 3. Le parece una idea atractiva, pero le ve varios inconvenientes; 4. No lo es; 5. Respuesta abierta.

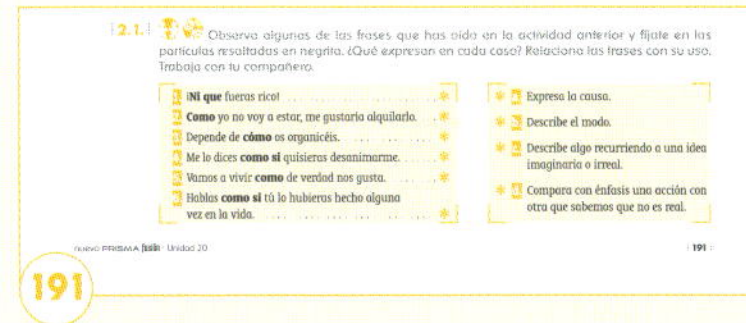

2.1. Comienza el trabajo de reflexión gramatical a través de una serie de muestras de lengua extraídas del audio anterior. Pídales que, en parejas, las analicen, fijándose especialmente en las partículas resaltadas en negrita, para relacionarlas con el uso que expresa cada una de ellas. Antes de corregir, deben comparar sus respuestas con otra pareja.

1. c; 2. a; 3. b; 4. d; 5. b; 6. d.

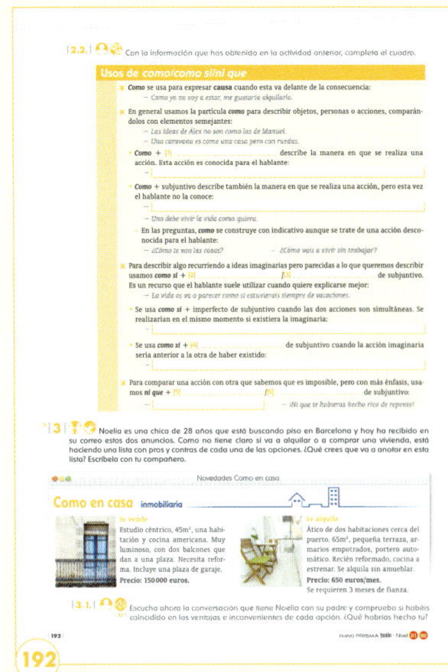

2.2. Tarea de reflexión gramatical diseñada para trabajar individualmente en la que se sistematizan los usos de estas partículas. Los estudiantes deben colocar las frases de la actividad anterior en su lugar correspondiente y analizar su estructura para completar el cuadro correctamente. Para corregir, utilice la proyección 41.

Proyección 41. Usos de *como/como si/ni que.*

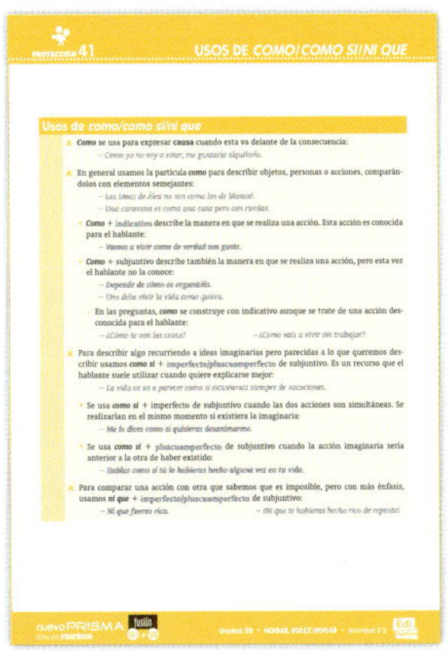

Dinámica. Mantenga la imagen proyectada para llevar a cabo la corrección de la actividad. Incida en el tipo de frases irreales de la segunda parte del cuadro, haciendo hincapié en su carácter solo imaginario, no real.

1. indicativo, Vamos a vivir como de verdad nos guste; Depende de cómo os organicéis; 2. imperfecto; 3. pluscuamperfecto; Me lo dices como si quisieras desanimarme; 4. pluscuamperfecto; Hablas como si tú lo hubieras hecho alguna vez en tu vida; 5. imperfecto; 6. pluscuamperfecto; Ni que fueras rico.

Para consolidar estos contenidos gramaticales, puede llevar a cabo el ejercicio 9 de la unidad 20 del *Libro de ejercicios*.

>3 y **3.1.** Se continúa con una secuencia de actividades en la que se aborda el debate sobre la compra vs. alquiler de la vivienda. Los estudiantes, en parejas, leen dos anuncios de una inmobiliaria y realizan una lista por escrito con los pros y los contras de alquilar o comprar una vivienda. En España, una de las mayores aspiraciones de las personas es poseer una casa en propiedad, aunque, en la última década y debido a la crisis económica, el paro y la precariedad laboral, es una aspiración que se está perdiendo, en especial entre la juventud. Una vez escrita la lista, ponga el audio de la actividad 3.1. para que comparen las conclusiones de Noelia y su padre con las suyas, y ver si coinciden. Para finalizar, y en plenario, pídales que digan qué harían ellos si estuvieran en la situación de Noelia.

Padre: Bueno, ¿qué? ¿Ya tienes piso?

62 **Noelia:** ¡Qué va! He estado dándole muchas vueltas al tema y todavía no sé qué hacer. Mi plan era meterme en una hipoteca y por fin tener algo mío, pero no lo tengo muy claro. Cuanto más lo pienso, más pegas encuentro.

Padre: Pero yo creo que sería la mejor opción. Es verdad que tiene más riesgo y supone más esfuerzo, pero así sabrás que tienes tu piso.

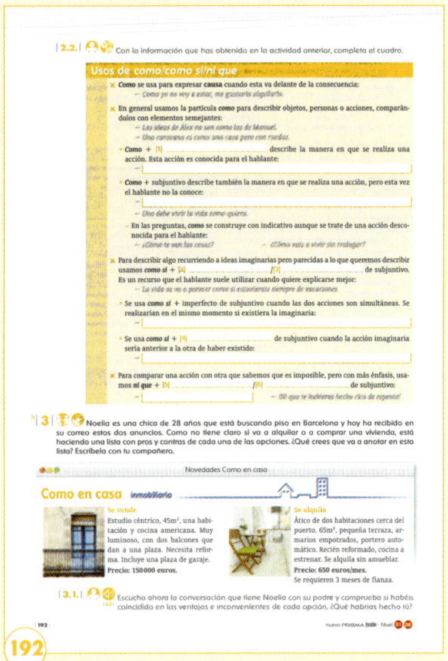

Noelia: Ya, pero un piso de 45 metros cuadrados y con una habitación solamente... Dentro de unos años me parecerá pequeño y tendré que seguir pagando la hipoteca.

Padre: Eso no es un problema, siempre lo podrás vender si ya no te viene bien, o alquilarlo. Pero no tiras el dinero pagando un alquiler.

Noelia: Sí, pero es que he pensado mucho en esa idea tuya de tirar el dinero y no me parece que alquilar sea tirarlo. Mira, este piso cerca del puerto es bastante barato, son 650 euros al mes y tiene dos habitaciones. Igual podría compartirlo con alguien más. Nunca podría comprarme un piso así, con terraza y todo, sería demasiado caro. Pero sí que puedo alquilarlo.

Padre: Me parece mucho dinero cada mes. Y dentro de unos años sigues sin tener nada.

Noelia: Pero a lo mejor dentro de unos años bajan los precios, o decido cambiar de ciudad, o tengo un trabajo mejor y puedo permitirme comprar algo mejor... Quién sabe...

Padre: Bueno, eso es verdad, pero 650 me sigue pareciendo mucho dinero.

Noelia: No tanto, porque además están incluidos todos los gastos. No tendré que pagar impuestos, ni comunidad, ni el alta en los servicios. Pagaré solo agua y luz. Y si finalmente me decido por compartir, todo se dividirá entre dos.

Padre: Pero lo que deberías negociar con el casero es lo de la fianza, tres meses me parece una exageración.

Noelia: Tienes razón, es una pasta. Le voy a proponer solo un mes. Parece muy simpático, lo conocí cuando me lo enseñó y yo creo que podemos llegar a un acuerdo.

Padre: Pues entonces, si es lo que quieres..., me parece bien. Al fin y al cabo, es verdad que firmar una hipoteca tiene muchas desventajas siendo tú sola, y te va a atar más.

Noelia: Es que en España la gente siempre piensa en comprar y muy pocos alquilan. Al final, lo que me ha convencido de la idea de alquilar es, sobre todo, la flexibilidad y la libertad que te da. Cuando ya no te guste o no te interese vivir ahí, te vas y punto.

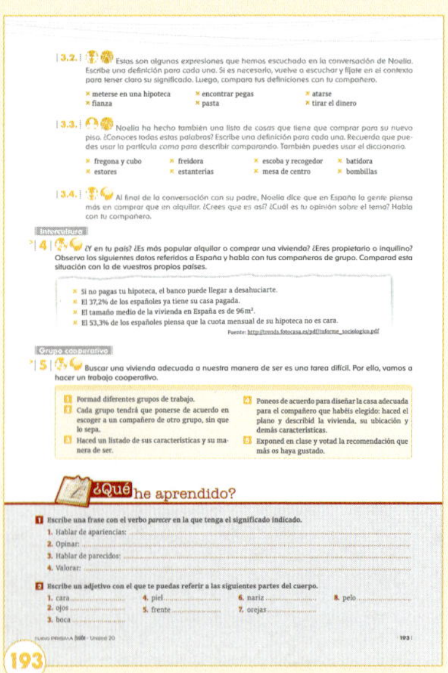

3.2. Tarea de ampliación de léxico relacionado con el tema de la vivienda. Pida a los estudiantes que lean con atención las expresiones que aparecen y vuelva a poner el audio para que puedan situarlas en su contexto correspondiente. Después de la escucha, pídales que escriban una definición y que, luego, en parejas, comparen los resultados.

Meterse en una hipoteca: comprometerse a pagar un crédito a un banco para comprar una casa; Fianza: dinero que paga el arrendatario de un alquiler al propietario para garantizar el cumplimiento de su obligación. Este dinero se devuelve al final del contrato; Encontrar pegas: ver inconvenientes; Pasta: dinero; Atarse: comprometerse con algo que no quieres; Tirar el dinero: desperdiciar el dinero en algo que no merece la pena.

3.3. Se continúa ampliando el campo léxico proponiendo un listado de utensilios típicos de una casa. Proponga a los estudiantes que de manera individual, o en parejas si lo considera más oportuno, elaboren una definición para cada palabra ayudándose de un diccionario monolingüe en caso necesario. Haga hincapié en la posibilidad de utilizar la partícula *como* para describir comparando, y ponga un ejemplo: "una freidora es como una sartén honda que sirve para freír y que es eléctrica".

Posible respuesta. Fregona y cubo: utensilio y recipiente para fregar los suelos sin necesidad de arrodillarse; Estor: cortina de una sola pieza que se recoge verticalmente; Freidora: pequeño electrodoméstico usado para freír; Estantería: mueble que sirve para poner libros; Escoba y recogedor: utensilio y recipiente que sirven para quitar la basura del suelo y limpiarlo;

Mesa de centro: mesa baja auxiliar que se suele colocar delante del sofá y que sirve para poner cosas; Batidora: pequeño electrodoméstico que sirve para triturar los alimentos; Bombilla: aparato de vidrio que, conectado a la electricidad, da luz.

3.4. Actividad de interacción oral. Proponga a los estudiantes que, en parejas, hablen de cómo ven o creen que es en España la situación en relación al tema compra vs. alquiler de la vivienda.

Para comprobar sus soluciones puede repartirles el texto con una estadística sobre el tema de la ficha de información extra n.º 56.

ELEteca
56. El sentimiento de propiedad.

> 4 Se llega al final del epígrafe con una actividad que fomenta el conocimiento intercultural. En pequeños grupos, los estudiantes comparan la situación de España con la de sus países y su propia situación personal y dan su opinión sobre los datos que se presentan referidos a España comparándolos con los de sus países.

Ampliación. Si dispone de los medios necesarios, puede ver con ellos la película *Cinco metros cuadrados*, que trata sobre este tema.

> 5 Se finaliza el epígrafe con una propuesta de trabajo cooperativo cuyo objetivo es que los alumnos sean capaces de elaborar un proyecto de casa ideal adecuada para el compañero de la clase que ellos elijan. Pida a los alumnos que se formen en pequeños grupos de acuerdo con el número de alumnos que haya en el curso para hacer la actividad viable e indíqueles que realicen la tarea siguiendo las pautas marcadas.

ELEteca
Léxico. Comparaciones odiosas.

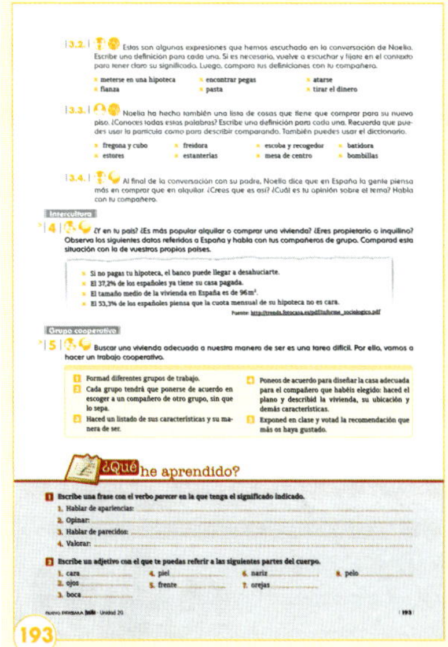

3.2. Estas son algunas expresiones que hemos escuchado en la conversación de Noelia. Escribe una definición para cada una. Si es necesario, vuelve a escuchar y fíjate en el contexto para tener claro su significado. Luego, compara tus definiciones con tu compañero.

- meterse en una hipoteca
- encontrar pegas
- atarse
- fianza
- pasta
- tirar el dinero

3.3. Noelia ha hecho también una lista de cosas que tiene que comprar para su nuevo piso. ¿Conoces todas estas palabras? Escribe una definición para cada una. Recuerda que puedes usar la partícula como para describir comparando. También puedes usar el diccionario.

- fregona y cubo
- freidora
- escoba y recogedor
- batidora
- estores
- estanterías
- mesa de centro
- bombillas

3.4. Al final de la conversación con su padre, Noelia dice que en España la gente piensa más en comprar que en alquilar. ¿Crees que es así? ¿Cuál es tu opinión sobre el tema? Habla con tu compañero.

Intercultura

4 ¿Y en tu país? ¿Es más popular alquilar o comprar una vivienda? ¿Eres propietario o inquilino? Observa los siguientes datos referidos a España y habla con tus compañeros de grupo. Comparad esta situación con la de vuestros propios países.

- Si no pagas tu hipoteca, el banco puede llegar a desahuciarte.
- El 37,2% de los españoles ya tiene su casa pagada.
- El tamaño medio de la vivienda en España es de 96 m².
- El 53,3% de los españoles piensa que la cuota mensual de su hipoteca no es cara.

Fuente: http://trends.fotocasa.es/pdf/informe_sociologico.pdf

Grupo cooperativo

5 Buscar una vivienda adecuada a nuestra manera de ser es una tarea difícil. Por ello, vamos a hacer un trabajo cooperativo.

1. Formad diferentes grupos de trabajo.
2. Cada grupo tendrá que ponerse de acuerdo en escoger a un compañero de otro grupo, sin que lo sepa.
3. Haced un listado de sus características y su manera de ser.
4. Poneos de acuerdo para diseñar la casa adecuada para el compañero que habéis elegido: haced el plano y describid la vivienda, su ubicación y demás características.
5. Exponed en clase y votad la recomendación que más os haya gustado.

¿Qué he aprendido?

1 Escribe una frase con el verbo *parecer* en la que tenga el significado indicado.
1. Hablar de apariencias: ...
2. Opinar: ...
3. Hablar de parecidos: ...
4. Valorar: ...

2 Escribe un adjetivo con el que te puedas referir a las siguientes partes del cuerpo.
1. cara ...
2. ojos ...
3. boca ...
4. piel ...
5. frente ...
6. nariz ...
7. orejas ...
8. pelo ...

nuevo PRISMA fusión · Unidad 20 | 193

193

21 ASÍ SOMOS

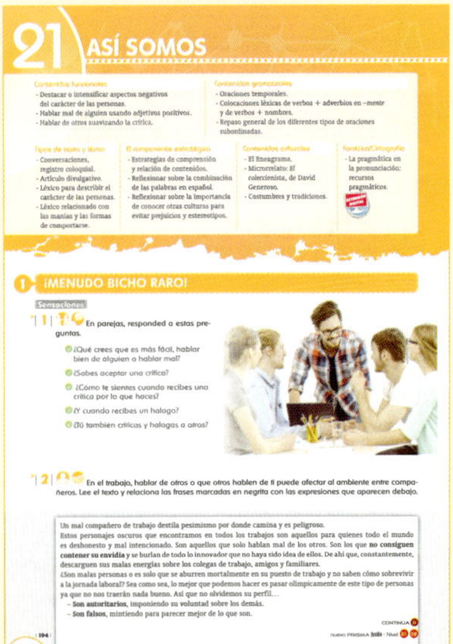

194

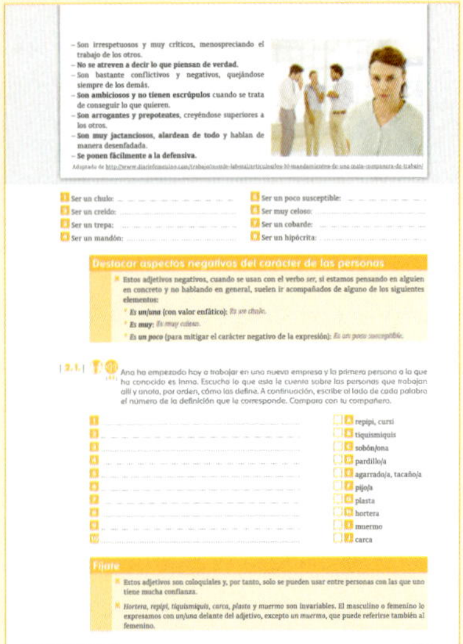

195

La unidad se dedica al estudio de las personalidades en diferentes ámbitos de la vida. Desde el punto de vista gramatical, se abordan las oraciones temporales, las colocaciones léxicas y se hace una revisión general de las oraciones subordinadas estudiadas a lo largo del curso. El componente estratégico se centra en el desarrollo de estrategias para mejorar la fluidez y la naturalidad en la conversación.

1 ¡MENUDO BICHO RARO! 194

Este primer epígrafe se centra en el léxico y en los mecanismos lingüísticos para hablar negativamente del carácter de una persona.

> 1 Esta actividad tiene la finalidad de trabajar el componente emocional. En parejas, proponga a los estudiantes que lean las preguntas, las respondan y comenten las respuestas. Si lo cree conveniente, puede hacer la actividad en plenario, de esta manera propiciará una mayor comunicación y conocimiento en el grupo. Puede hacer también otras preguntas: ¿qué es una crítica positiva?, ¿son útiles las críticas?, ¿se puede aprender de ellas?...

> 2 Avance a los estudiantes el contenido del texto que alude a la influencia negativa que puede tener en el trabajo un mal compañero y adviértales de que, además de la comprensión del texto, el objetivo de esta tarea radica en la adquisición de expresiones coloquiales relacionadas con aspectos negativos del carácter de las personas. Anímelos a que realicen una lectura del texto prestando especial atención a las frases señaladas en negrita para relacionarlas con las expresiones correspondientes. Al finalizar, focalice su atención en el cuadro funcional "Destacar aspectos negativos del carácter de las personas" en el que se explican algunos mecanismos lingüísticos que permiten matizar estas expresiones.

1. Son muy jactanciosos, alardean de todo; 2. Son arrogantes y prepotentes; 3. Son ambiciosos y no tienen escrúpulos; 4. Son autoritarios; 5. Se ponen fácilmente a la defensiva; 6. No consiguen contener su envidia; 7. No se atreven a decir lo que piensan de verdad; 8. Son falsos.

2.1. Se continúa con una tarea de comprensión auditiva cuya finalidad es la aportación de léxico coloquial relacionado con aspectos negativos del carácter de una persona. Pídales que escuchen con atención cómo Inma describe a sus compañeros de trabajo y que anoten por orden cómo las define. Si lo cree conveniente, proceda a una segunda escucha. Corrija esta primera parte de la actividad y, a continuación, pídales que relacionen esas definiciones con las palabras de la columna de la derecha, echando mano de sus conocimientos previos. Antes de corregir, permita que, en parejas, comparen sus resultados.

Una vez corregida la actividad asegurándose de que entienden bien todas las palabras, focalice la atención de los estudiantes en los dos cuadros que aparecen a continuación. El cuadro de atención advierte del carácter marcadamente coloquial de estas expresiones y de algunas peculiaridades morfológicas de las mismas. El cuadro funcional describe algunos mecanismos lingüísticos para intensificar el carácter negativo de estas expresiones.

63 Bueno, en esta oficina hay de todo, la verdad, te vas a encontrar a cada personaje... pero en el fondo somos todos muy majos, ya verás. Los hay que no

quieren gastar su dinero, con estos mejor no salir a tomar un café porque te harán pagar; luego están los que visten fatal, con ropa pasada de moda, y con colores que no combinan, en fin, dan colorido a la oficina; aunque otros intentan todo lo contrario, quieren ser muy sofisticados llevando ropa muy cara para ir siempre a la última... Solo unos pocos lo consiguen; algo que nos pasa un poco a todos es que a veces nos obsesionamos con detalles tontos e insignificantes. ¡Ah! Y luego están los que repiten todo cuarenta veces y te consultan hasta el más mínimo detalle, pesadísimos, oye... Te irás acostumbrando, no te queda otra, así es en todos los trabajos. Luego, en el departamento de facturación hay gente muy tradicional, muy chapada a la antigua, con ideas que ya nadie comparte; estos son, encima, los más aburridos de la empresa, no participan en casi ningún evento social, ni fiestas, ni regalos a compañeros ni nada. ¿Qué más...? ¡Ah! También están los que se acercan demasiado, un poco pegajosos. Y los que a mí me dan más risa son esos que pretenden ser finos y elegantes y acaban siendo ridículos y de mal gusto, la verdad es que no los aguanto, de esos hay algún jefe. Y bueno, con esto yo creo que te haces una idea, ¿no? Lo importante es que te pongas las pilas para estar al día de todo, de quién es quién y todo eso. Y no te comportes como una novata. Sí, mujer, que no te dejes engañar por nadie, que no piensen que eres tonta...

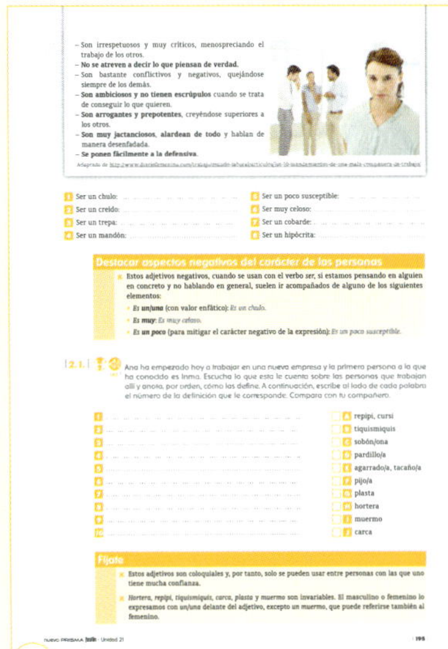

195

1. Los hay que no quieren gastar su dinero, E; 2. están los que visten fatal, H; 3. otros quieren ser muy sofisticados llevando ropa muy cara, F; 4. nos obsesionamos con detalles tontos e insignificantes, B; 5. Y luego están los que repiten todo cuarenta veces y te consultan hasta el más mínimo detalle, pesadísimos, oye, G; 6. hay gente muy tradicional, muy chapada a la antigua, con ideas que ya nadie comparte, J; 7. los más aburridos, I; 8. los que se acercan demasiado, un poco pegajosos, C; 9. esos que pretenden ser finos y elegantes, y acaban siendo ridículos y de mal gusto, A; 10. Y no te comportes como una novata. Sí, mujer, que no te dejes engañar por nadie, que no piensen que eres tonta..., D.

2.2. A través de esta tarea de comprensión auditiva, los estudiantes van a poner en práctica las estructuras aprendidas en el cuadro anterior. Pídales que escuchen con atención los comentarios de los compañeros de Ana para, a continuación, en parejas, ponerse en el lugar de Ana y reaccionar utilizando las expresiones aprendidas. Si lo considera necesario, proceda a una segunda escucha de la audición. Antes de realizar una corrección final, proponga que comparen sus respuestas con otra pareja de la clase.

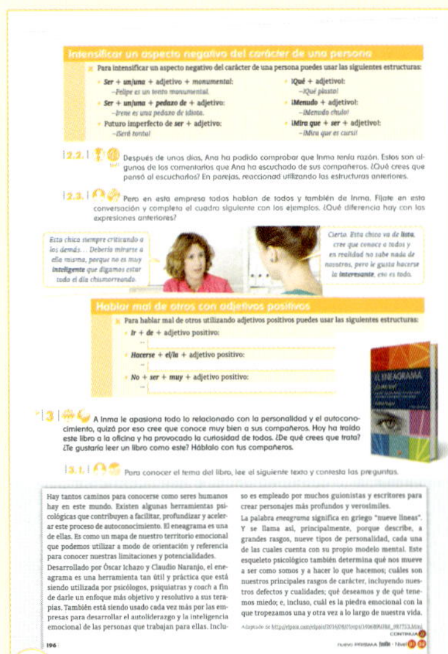

196

64

1. No me gusta que mi hija salga por ahí hasta tan tarde. Aunque tenga 22 años, vive todavía con nosotros y la norma es que tiene que estar en casa a las once. Y, por supuesto, nada de traer chicos, ni hacer fiestas en casa, qué locura. Cómo está hoy en día la juventud, de verdad... Lo que tiene que hacer es terminar sus estudios y encontrar un trabajo serio.

2. ¿Mi ropa preferida? Me encanta llevar vestidos de colores chillones (fucsia, naranja, amarillo...), combinados con medias de rayas y zapatillas de deporte. Es que yo soy muy moderna, pero sobre todo divertida, me encanta dar la nota. Si necesitas asesor de imagen, me dices.

3. La mejor forma de ahorrar es no gastar. Por ejemplo, si salgo con mis amigos, siempre pago lo mío. A veces, no llevo dinero, me invitan y digo que pago yo la próxima vez, pero nunca lo hago... Algunos lo ven como un defecto, sobre todo en mi familia, pero es que eso de estar todo el día con el monedero abierto... Luego pasa lo que pasa, que muchos no llegan a fin de mes.

4. Si quieres hacer bien tu trabajo, hazlo como lo hago yo. Mi método siempre funciona y no vas a equivocarte nunca. Tienes mucho que aprender, es

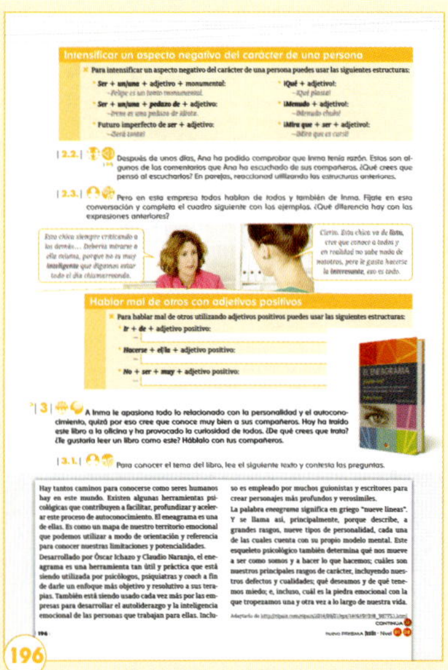

tranquila, si tienes alguna duda sobre algo, me dices y yo te ayudo, que yo controlo. Lo dicen también los jefes, ¿eh? Soy un profesional.

Posible respuesta. 1. ¡Será carca!; 2. ¡Mira que es hortera!; 3. ¡Menudo tacaño!; 4. Es un creído.

2.3. Siguiendo con los mecanismos lingüísticos para hablar negativamente del carácter de una persona, se presenta un nuevo recurso: el uso de adjetivos positivos para hablar mal de otros. Pida a los estudiantes que, de manera individual, lean las conversaciones y que completen el cuadro. Luego, permita que comparen sus resultados en parejas.

Se utilizan adjetivos positivos para hablar mal de otra persona. Va de lista; Le gusta hacerse la interesante; No es muy inteligente que digamos.

>3 Comienza una nueva secuencia de actividades centradas en el léxico, en concreto, en las colocaciones léxicas referidas a la descripción de la personalidad. Las actividades se articulan en torno al eneagrama, un sistema que describe nueve tipos de personalidad y que permite el autoconocimiento. Para introducir el tema, dirija la atención de los estudiantes a la portada del libro. Para ello, utilice la proyección 42. Pídales que comenten entre ellos de qué creen que trata el libro observando la portada y los textos que aparecen en esta, y pregunte si alguno sabe lo que es un eneagrama. Si es así, pida que se lo cuente a los demás. De esta manera, sondeará los conocimientos previos que los estudiantes tengan sobre el tema.

Proyección 42. Portada de *El eneagrama*, de Andrea Vargas.

3.1. Actividad de compresión lectora a través de un texto donde se explica a grandes rasgos que es este nuevo sistema de análisis de la personalidad. Pida a los estudiantes que lean el texto individualmente y que contesten a las preguntas de comprensión que aparecen debajo. Para que la tarea sea más productiva, aconséjeles que lean las preguntas que deben contestar antes de llevar a cabo la lectura del texto.

1. Se está utilizando para crear personajes más profundos y verosímiles; 2. Describe lo que nos mueve a ser como somos y a hacer los que hacemos, los principales rasgos del carácter, los deseos y miedos de las personas, etc.; 3. Nos puede facilitar y acelerar el proceso de autoconocimiento para saber cuáles son nuestras limitaciones y potencialidades; 4. Respuesta abierta.

i+ ELEteca
57. El eneagrama.

3.2. A continuación, se va a realizar una tarea de estrategias que proporcionará a los estudiantes las herramientas para comprender y relacionar contenidos. Pídales que formen pequeños grupos y entrégueles una copia de la ficha 54.

Ficha 54. El eneagrama.

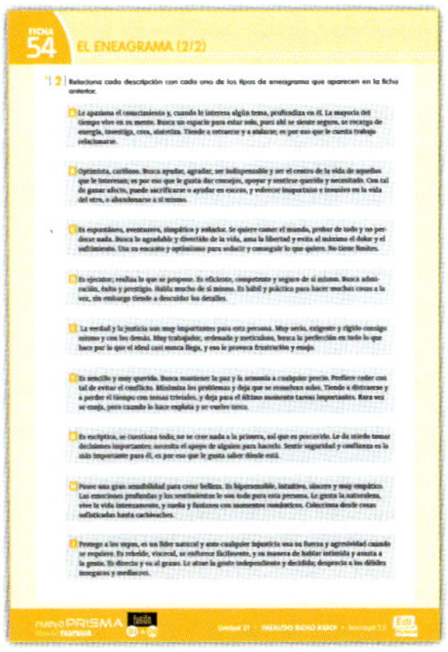

Dinámica. Reparta las fichas a cada grupo. La tarea consiste en relacionar cada tipo de eneagrama de la ficha 1/2 con su definición (ficha 2/2). Antes de comenzar, lea con ellos las recomendaciones que aparecen en el cuadro de atención del libro para que la realización de la tarea sea más efectiva. Una vez terminada y corregida la actividad, haga que recorten cada eneagrama y cada definición y que, con ellas, confeccionen un póster entre todos para colgar en la clase. Por último, pídales que analicen los nueve tipos de personalidad y que digan cuál creen que es la suya, justificando su elección.

1. E; 2. B; 3. D; 4. H; 5. A; 6. G; 7. C; 8. I; 9. F.

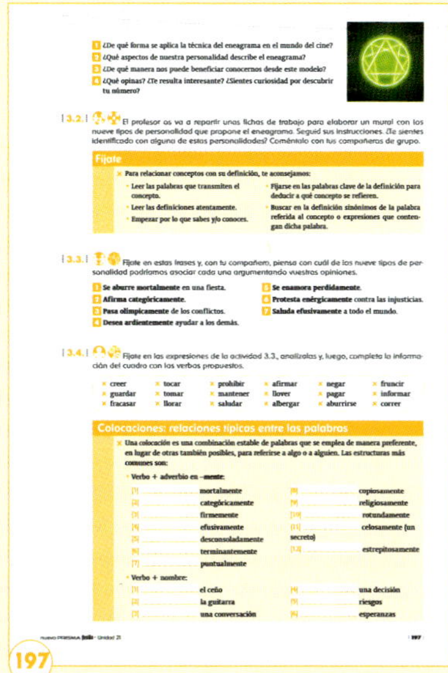

3.3. Los estudiantes, en parejas, leen las frases y las asocian con uno de los nueve tipos de personalidad, argumentando su elección. Deje que se acerquen al póster que han confeccionado para guiarse. Haga una puesta en común para que vean si coinciden y si no, pida que justifiquen sus respuestas.

1. Tipo 5; 2. Tipo 8; 3. Tipo 6, 9; 4. Tipo 2; 5. Tipo 4; 6. Tipo 1; 7. Tipo 7.

Una vez terminada la actividad, dígales que se fijen de nuevo en la primera expresión: "se aburre mortalmente". Pídales que den una definición ('se aburre mucho') y pregúnteles si la han oído en alguna ocasión. A continuación, escriba en la pizarra "perecedero" y dígales que es un sinónimo de "mortal". Seguidamente escriba "se aburre perecederamente", y pregúnteles si han oído alguna vez esa expresión. Obviamente, no lo habrán hecho, pues es una combinación de palabras que nunca se da. Dígales que todas las expresiones en negrita son colocaciones, es decir, combinaciones de palabras que aparecen frecuentemente en la lengua. En las colocaciones, a diferencia de lo que ocurre en las locuciones, las palabras conservan su sentido original y por el hecho de que aparezcan combinadas no cambia su significado.

3.4. Actividad de reflexión gramatical sobre las colocaciones. Los estudiantes van a conocer otras colocaciones léxicas comunes. Para ello, de manera individual, deben asociar cada verbo con el adverbio o nombre con el que normalmente se combina. Si considera que esta actividad reviste cierta dificultad para sus estudiantes, agrúpelos en parejas. Corrija la actividad con la proyección 43.

Proyección 43. Colocaciones: relaciones típicas entre las palabras.

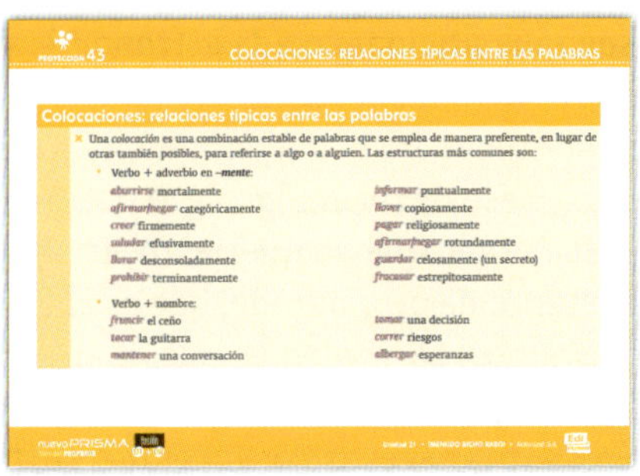

Verbo + adverbio en *–mente*: 1. aburrirse; 2. afirmar/negar; 3. creer; 4. saludar; 5. llorar; 6. prohibir; 7. informar; 8. llover; 9. pagar; 10. afirmar/negar; 11. guardar; 12. fracasar; Verbo + nombre: 1. fruncir; 2. tocar; 3. mantener; 4. tomar; 5. correr; 6. albergar.

Si sus estudiantes necesitan una práctica extra, lleve a cabo los ejercicios 1 y 2 de la unidad 21 del *Libro de ejercicios*.

3.5. Como fin de epígrafe, se propone una actividad de interacción oral que integra los contenidos presentados en las últimas actividades: las colocaciones y los eneagramas. Los estudiantes, en pequeños grupos, asocian las colocaciones anteriores a los nueve tipos de eneagramas que han trabajado en las fichas, justificando sus elecciones. Puede hacer una puesta en común con todos los grupos.

2 EL ARTE DE AMONTONAR 198

El epígrafe se centra en el componente lingüístico, por un lado, con la presentación de las oraciones temporales, usos y estructuras, y el repaso de las oraciones subordinadas que han ido presentándose a lo largo del curso y, por otro lado, el análisis textual del microrrelato, todo ello articulado a través del tema del coleccionismo.

> 1 Con esta actividad de léxico se introduce el tema del epígrafe: el coleccionismo, enlazando con la actividad del epígrafe anterior: las colocaciones. Los estudiantes, de manera individual, deben asociar los verbos que aparecen en la tabla con palabras combinables con ellos. Para empezar, haga la primera combinación de cada verbo en plenario, apoyándose en las imágenes: *coleccionar sellos*, *recaudar dinero*, *recopilar información*, *amontonar ropa*. La actividad también puede llevarse a cabo en parejas y apoyarse en el diccionario, si así lo cree necesario.

Posible respuesta. Coleccionar: tesoros, llaveros, sellos, cromos, historias...; Recaudar: fondos, impuestos, dinero...; Recopilar: textos, datos, archivos, poemas, escritos...; Amontonar: libros, trastos, cosas, riquezas, polvo...

1.1. Actividad de comprensión auditiva que sirve para introducir el núcleo de la unidad: las oraciones temporales. Explique a los estudiantes que van a escuchar unas entrevistas que se han hecho a algunos coleccionistas. La tarea de la actividad es que, mediante una escucha global, completen la tabla especificando qué colecciona cada uno, desde cuándo y qué proyectos tienen para el futuro.

Si lo considera oportuno, puede proceder a una segunda escucha del audio.

65

1.

Entrevistadora: Buenas tardes, José Manuel, estás hoy en nuestro programa para hablarnos de una colección bastante curiosa, ¿no? Porque tú coleccionas meteoritos. ¿Cómo decide uno de repente empezar a reunir algo tan difícil de conseguir, imagino...?

José Manuel: Pues sí. Al principio empezó como un hobby en mi adolescencia... porque yo soy muy aficionado a la astronomía y me encantaba mirar por el telescopio, pero da mucha rabia cuando todo lo que te interesa está tan lejos, no lo puedes tocar, no lo puedes tener... La única forma que tiene alguien que se dedica a eso de tocar algo de Marte o la Luna es esta, a través de los meteoritos. Eso era lo que yo quería, tocar algo del espacio, tener en mis manos un fragmento de otro mundo, que es al fin y al cabo lo que es un meteorito, y aquí estamos. La verdad es que, al principio, pensé que lo dejaría cuando tuviera unas cuantas piezas que habrían sido suficientes para satisfacer mi deseo de tocar el espacio. Sin embargo, pasó todo lo contrario. Cuantas más me llegaban, más quería.

Entrevistadora: ¿Y cuántos has conseguido reunir?

José Manuel: Tengo más de 700 en mi colección, y todo tipo de meteoritos conocidos. Es la colección privada más grande del país, y también se utiliza para la investigación. Algunos vienen de Marte o de la Luna, pero la inmensa mayoría no se sabe de dónde vienen. Yo seguiré buscando por todo el mundo en busca de más y, quién sabe, igual en unos años llegamos a saber de qué otros planetas son.

Entrevistadora: ¿Recuerdas cuando llegó ese primer trocito del espacio a tus manos?

José Manuel: No lo recuerdo, pero sí recuerdo la emoción de estar tocando algo que la mayoría de la gente no puede tocar ni ver. La sensación de saber que tienes algo muy especial en tus manos que normalmente está a millones de kilómetros. Sí es verdad que, cuando tuve el primer meteorito en mis manos, sentí una emoción muy fuerte. Algo indescriptible. Mira, esta es una de las piezas más especiales de mi colección, es un meteorito que me enviaron de Australia. Yo estoy en contacto con personas de todo el mundo, eso es algo muy bonito también.

2.

Entrevistadora: También tenemos con nosotros a Mercedes Mejías, cubana de 34 años, que vive en Miami y que es una gran coleccionista de cervezas. Mercedes, ¿desde cuándo llenas tus estanterías con botellas de todo el mundo?

Mercedes: Yo empecé en 1993 pidiendo cervezas a la gente que viajaba; también comencé a comprar más aquí... Yo no las bebo, no creo que la colección se vea bonita con las botellas vacías, yo colecciono cervezas, no botellas. Así que es importante para mí conservar la cerveza.

Entrevistadora: ¿Y cuáles son las más curiosas?

Mercedes: Por ejemplo, aquí tenemos una peruana de coca, otra de Alemania que es de marihuana, hay con sabores, con frutas... A veces algunos piensan que una está loca, pero esto ayuda a conocer gente de otros lugares que comparten esta afición... Muchos dicen que es como una esclavitud, pero no, todo lo contrario. Mira, una que me gusta mucho es esta que tiene un corcho con este tipo de alambre y con el tapón de cerámica. En el vidrio podemos ver el año de envasado..., mira, esta es del 77 por ejemplo, que es el año en el que yo nací.

Entrevistadora: Y en el futuro, ¿cuál es tu sueño?

Mercedes: Espero seguir coleccionando y me gustaría en el futuro tener un bar-museo donde la gente pueda venir a apreciar la colección, tomar algo, comer... Sobre todo, que puedan encontrar la mayor variedad de cervezas que puedan imaginar en un solo lugar.

3.

Entrevistadora: Bueno, y nuestro último invitado del día sí que tiene una colección curiosa... Juan Carlos, ¿qué coleccionas?

Juan Carlos: Pues yo, junto con mi equipo de compañeros, colecciono sonidos.

Entrevistadora: ¿¡Sonidos!? A ver, explícanos un poquito más cómo es eso de coleccionar sonidos.

Juan Carlos: Yo llevo muchos años componiendo música electrónica y se me ocurrió empezar a incorporar algunas grabaciones que yo hice de sonidos del campo. Mi idea era encontrar nuevas sonoridades, pero la verdad es que la colección de sonidos fue creciendo y más colegas comenzaron también a colaborar en el proceso de grabación y, al final, acabamos más metidos en esto de recopilar sonidos que en lo de la música.

Entrevistadora: ¿Y a dónde os ha llevado exactamente esta recopilación de sonidos?

Juan Carlos: Pues desde hace cuatro años formamos un colectivo aquí en Galicia, con el objetivo de crear un mapa sonoro de la región, con grabaciones propias y aportes de otros fonografistas. Nuestro gran objetivo es

|3.5.| En grupos de tres, asociad las colocaciones de la actividad anterior con los nueve tipos de eneagramas que habéis trabajado en las fichas de la actividad 3.2.

Tipo 1	
perfeccionista	estricto
ético	íntegro

Una persona que pertenece a este tipo puede guardar celosamente un secreto.

2 EL ARTE DE AMONTONAR

|1| En el eneagrama se definen las personas del tipo 4 como aficionadas a coleccionar todo tipo de cosas. Pero, ¿qué cosas? Fíjate en estos verbos y escribe palabras que se pueden combinar con ellos. Puedes usar el diccionario.

Coleccionar	Recaudar	Recopilar	Amontonar

|1.1.| Escucha las siguientes entrevistas realizadas para el documental *Esos locos coleccionistas* y completa la tabla.

	¿Qué colecciona?	¿Desde cuándo?	Proyectos para el futuro
Entrevista 1			
Entrevista 2			
Entrevista 3			

|1.2.| En las entrevistas anteriores han aparecido algunos ejemplos de oraciones temporales. Lee la información del cuadro y, luego, clasifica los conectores según el momento que expresen en relación con la oración principal.

Oraciones temporales

- Las oraciones subordinadas temporales indican el tiempo en que ocurre la acción expresada en la oración principal. Algunos conectores temporales son:
  - ***Al, nada más, hasta, antes de, después de*** + infinitivo:
    - *No dijo nada hasta finalizar el curso.*
  - ***Antes de que, después de que*** + subjuntivo:
    - *Escondieron todos los regalos antes de que se diera cuenta.*

CONTINÚA

198

198

mostrar la verdadera imagen de Galicia, pero no desde un punto de vista visual, que viene siendo el habitual y el único, sino más bien desde la percepción auditiva. Y en ello estamos... Ahora tenemos una web y, gracias a la tecnología de Google Maps, los coleccionistas de sonidos pueden subir sus grabaciones sobre un mapa de Galicia. El próximo mapa sonoro será de Madrid, seguramente. Así que también es un trabajo y una colección muy compartida entre mucha gente. Eso le da un valor especial.

Entrevistadora: ¿Y qué tipo de sonidos podemos encontrar en vuestra web?

Juan Carlos: Como no podía ser de otra manera, predominan las sonoridades marinas, pero también es verdad que hay una fuerte presencia de sonidos urbanos. Una de las últimas grabaciones que yo hice, espectacular, por cierto, fue el canto de los pájaros al amanecer. Fue algo impresionante, mezclado con el sonido del viento... Bueno, una joya para nuestro archivo de sonidos.

Adaptado de: http://elpais.com/diario/2010/12/27/radiotv/1293404403_850215.html

Entrevista 1. José Manuel colecciona meteoritos; Desde que era adolescente; Seguir coleccionando meteoritos y quizás saber más sobre su procedencia; Entrevista 2. Mercedes colecciona cervezas; Desde 1993; Tener un bar-museo en el que la gente pueda apreciar su colección y tomar algo; Entrevista 3. Juan Carlos colecciona sonidos de Galicia; Desde hace unos años. Desde hace cuatro, lo hace dentro de un colectivo con su equipo; Dar una visión más sonora de Galicia, menos visual, y hacer también un mapa sonoro de Madrid.

1.2. En esta actividad de reflexión gramatical el estudiante va a establecer su primera toma de contacto con las oraciones temporales. Pídales que, individualmente, lean muy atentamente el cuadro y realicen una clasificación de los conectores según el momento que expresen en relación con la oración principal. Para la explicación detallada de las oraciones y conectores temporales, y su posterior corrección, utilice la proyección 44.

Proyección 44. Oraciones temporales.

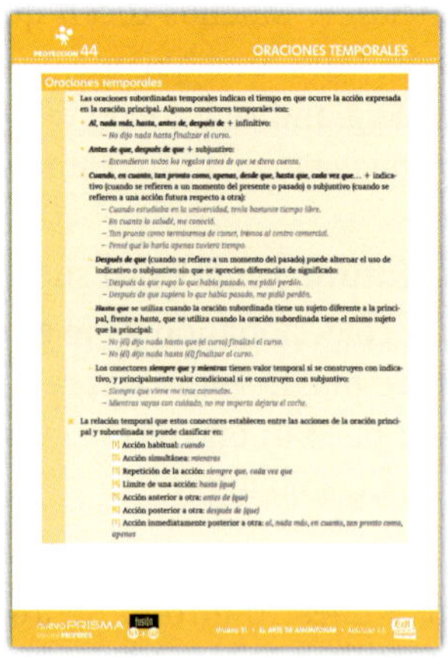

Dinámica. Proyecte la imagen para focalizar la atención de los estudiantes y así facilitar la explicación de este tipo de oraciones. Además, con ella podrá corregir la segunda parte de la actividad. Antes de corregir, permita que comparen sus respuestas con su compañero/a.

2. mientras; 3. siempre que, cada vez que; 4. hasta (que); 5. antes de (que); 6. después de (que); 7. al, nada más, en cuanto, tan pronto como, apenas.

Para practicar las relaciones temporales que establecen estos conectores, puede realizar el ejercicio 3 de la unidad 21 del *Libro de ejercicios*.

1.3. Actividad de práctica de las oraciones temporales a través de la elaboración de noticias a partir de unas estructuras dadas. La realización de esta actividad se llevará a cabo siguiendo las instrucciones de la ficha 55.

Ficha 55. Titulares.

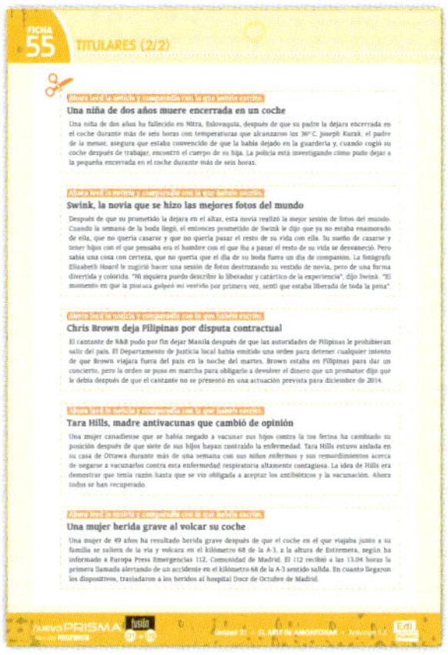

Dinámica. Distribuya a los alumnos en pequeños grupos, haga una copia de la ficha 55 (1/2), recorte los titulares y reparta uno a cada grupo. Tendrán que redactar la noticia a partir del titular y las frases que aparecen debajo y que deben incluirse obligatoriamente en su texto. Una vez que hayan terminado, cada grupo leerá su noticia en voz alta. Luego, reparta copias de la ficha 54 (2/2) donde aparecen las noticias originales de los titulares que han trabajado para que las comparen con las suyas.

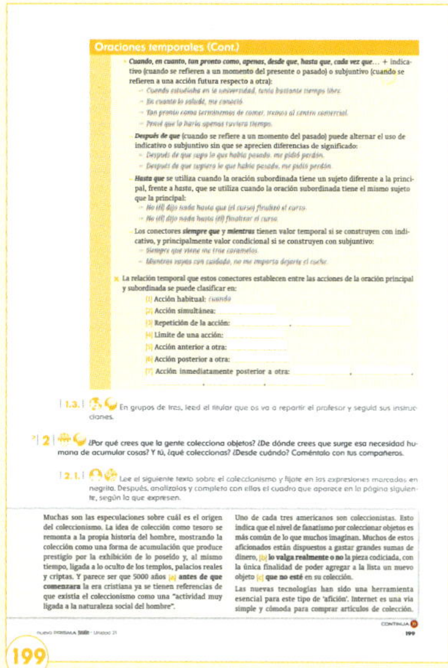

>2 Actividad de interacción oral para llevar a cabo en plenario sobre el tema del coleccionismo donde intercambiarán su opinión sobre el motivo por el que creen que se acumulan objetos y hablarán de su propia experiencia al aspecto.

2.1. A través de una lectura sobre el coleccionismo, se hará una revisión de los tipos de oraciones subordinadas vistas a lo largo del curso. Pídales que lean el texto una primera vez y comente lo que les haya llamado la atención. En una segunda lectura, deben fijarse en las expresiones destacadas y clasificarlas en el cuadro las oraciones subordinadas.

1. e; 2. j; 3. a; 4. c; 5. g; 6. f, k; 7. d; 8. i; 9. b; 10. h.

Para repasar los conocimientos presentados en esta actividad, puede llevar a cabo el ejercicio 7 de la unidad 21 del *Libro de ejercicios*.

>3 Serie de actividades de corte cultural donde se estudia y analiza el género del microrrelato. En esta actividad se presenta un microrrelato de David Generoso, "El coleccionista", que deben leer y completar con los fragmentos del recuadro. Antes de empezar, recuérdeles la figura de David Generoso, escritor español que ya conocen de la unidad 10. Permítales el uso del diccionario en caso necesario. Terminada la actividad, deje un tiempo para que lean el relato por el simple placer de la lectura, activando, así, un estado emocional muy positivo en los estudiantes.

1. De niño, coleccionaba cromos; 2. un bote de cristal después de haberles cercenado el rabo; 3. compraba en el quiosco y que leía de camino a casa; 4. su cuerpo en interminables recreos; 5. que vomitaba sobre el papel.

i+ ELEteca
58. Microrrelato.

3.1. Actividad de estrategias en la que, en parejas, hacen una definición de microrrelato a partir de las características que se ofrecen y de la muestra real vista en la actividad anterior.

Antes de proceder a la actividad 3.2, puede proponer al estudiante la lectura de más microrrelatos en el siguiente enlace: http://www.abc.es/20121003/cultura-libros/abci-diez-microrrelatos-linea-201210021505.html

3.2. Actividad de expresión escrita en la que, en parejas, escriben un microrrelato. Anímelos a que escojan un tema que les parezca interesante, que elijan cuidadosamente el vocabulario que van a utilizar y que elaboren el microrrelato teniendo en cuenta la definición que han hecho en la actividad anterior. A continuación, proponga que lo lean al resto de lo clase. Una vez leídos todos, escogerán aquel que les haya gustado más justificando su elección.

3.3. Para concluir el epígrafe se plantea una actividad de corte emocional en la que los estudiantes, en plenario, hablan de cómo se han sentido al elaborar la tarea anterior y qué emociones les han despertado los textos de sus compañeros, expresando así sus sensaciones ante una tarea creativa.

3 LA GENTE Y SUS MANÍAS 201

Este epígrafe trata sobre las manías de las personas, centrándose en los mecanismos lingüísticos para restar fuerza a una opinión, desdibujando la primera persona, usando elementos atenuadores o los conectores de probabilidad, etc. Un fragmento del cortometraje *Expreso nocturno* ilustrará el tema del epígrafe.

> 1 Para introducir el tema y conseguir que los estudiantes tengan información previa, se les pide que interactúen sobre las manías que puedan tener cada uno de ellos o sobre otras personas que conozcan. Antes de empezar, pregúnteles qué significa "tener una manía". La definición del DRAE es la siguiente: Manía: 1. f. Preocupación fija y obsesiva por algo determinado. *En ti la puntualidad es una verdadera manía.*

1.1. Actividad de interacción oral en parejas para interpretar las fotos que se ofrecen y que aluden a algunas manías comunes de las personas. No hay una única solución. Si no coinciden en su respuesta, pídales que se justifiquen.
1. Orden/desorden; 2. Lavarse continuamente las manos; 3. Miedo a la oscuridad; 4. La limpieza.

1.2. Audición en la que escucharán un diálogo del cortometraje español *Expreso nocturno*. Explíqueles previamente que van a ver un cortometraje de ficción que transcurre en el compartimento de un tren en el que aparecen dos personajes, pero que, antes, van a escuchar un fragmento del corto. La actividad consiste en describir el carácter de los personajes que aparecen, imaginando su personalidad y sus manías. Realizada la escucha, abra un debate sobre el tema en el que los estudiantes lancen sus hipótesis. Puede realizar una segunda escucha si es necesario. Terminado el debate, visualice en corto con ellos para que comprueben sus hipótesis. Puede encontrarlo en: https://www.youtube.com/watch?v=lhKP6fl8-gg

66

Personaje 1: Buenas noches.
Personaje 2: ¿Fuma usted?
Personaje 1: No, gracias.
Personaje 2: Que… yo no soporto el humo.
Personaje 1: Puede estar tranquilo, que no fumo.
Personaje 2: Si… si fumara usted, no podría soportarlo. Tengo los pulmones muy… muy sensibles.
Personaje 1: No se preocupe.
Personaje 2: Tal vez lo está usted dejando… y no podrá aguantarse a media noche y… y se levantará y…
Personaje 1: No. No he fumado nunca.
Personaje 2: ¿Y si empieza ahora?
Personaje 1: ¿El qué?
Personaje 2: A fumar.
Personaje 1: Ni me lo he planteado. Además, no llevo tabaco.

Personaje 2: Se lo puede pedir usted al revisor.
Personaje 1: No sé si fuma.
Personaje 2: ¿Y si fuma?
Personaje 1: Entonces saldría al pasillo. No fumaría en el compartimento.
Personaje 2: ¿Y si se le atasca la puerta?
Personaje 1: No importa, porque yo no fumo, no he fumado nunca y no tengo ganas de empezar a fumar. Buenas noches.
Personaje 2: ¿No apaga usted la luz?
Personaje 1: Primero tendré que desvestirme.
Personaje 2: Claro y… le gustará a usted leer y yo no podré dormir… Es que soy muy sensible a la luz.
Personaje 1: Soy analfabeto.
Personaje 2: Bueno, pero tendrá una foto de su familia y querrá mirarla antes de dormir.
Personaje 1: Estoy divorciado.
Personaje 2: ¿Y los hijos?
Personaje 1: No tengo hijos.
Personaje 2: Todos tenemos a alguien próximo…
Personaje 1: No llevo ninguna foto. ¿Quiere registrarme?
Personaje 2: Se mirará usted los granos en el espejo… ¡Yo, yo, yo qué sé! ¡Es que no lo soporto! Oiga y… usted… ¿ronca?
Personaje 1: No…
Personaje 2: Todo el mundo ronca, pero no se dan cuenta. Y a mí me molesta, tengo un oído hipersensible.
Personaje 1: No le sirvo.
Personaje 2: ¿Está usted seguro?
Personaje 1: Del todo. Y ahora, déjeme dormir, estoy muy cansado.
Personaje 2: ¡Oiga! ¡Oiga! Oiga, si usted no fuma, no ronca y no deja la luz encendida, ¿qué es lo que hace?
Personaje 1: ¿Quiere saberlo?
Personaje 2: ¡Sí, dígamelo, por Dios, que no puedo dormir!

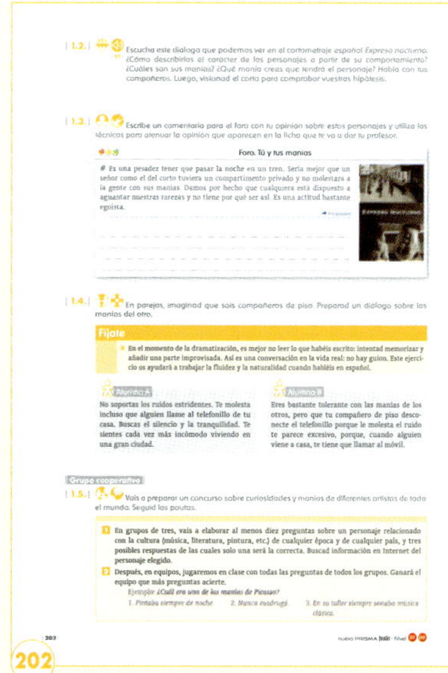

ELEteca
59. *Expreso nocturno*, de Imanol Ortiz López.

1.3. Propuesta de expresión escrita en la que los estudiantes, de manera individual, darán su opinión sobre los personajes del cortometraje con el objetivo de que utilicen las técnicas de atenuación de la opinión de la ficha 56.

Ficha 56. Restar fuerza a la propia opinión.

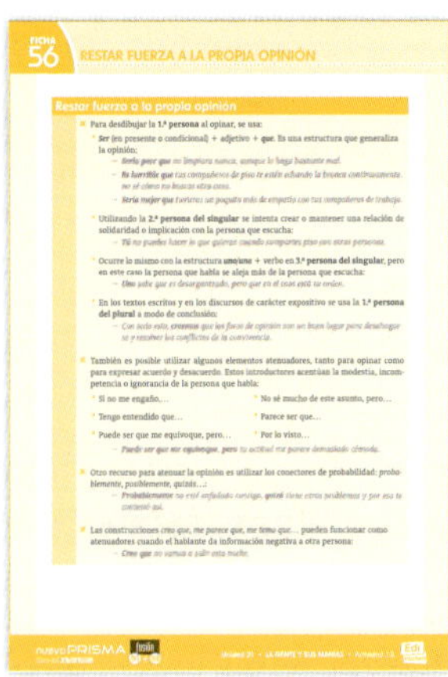

Dinámica. Reparta a cada estudiante una copia de la ficha 56, en la que aparece un cuadro de reflexión gramatical sobre los recursos lingüísticos del español para restar fuerza a la propia opinión. En plenario, antes de realizar la actividad 1.3., explique los recursos que aparecen en la ficha dando más ejemplos. Una vez que los estudiantes hayan comprendido, pueden proceder a la tarea escrita usando algunas de las estructuras vistas.

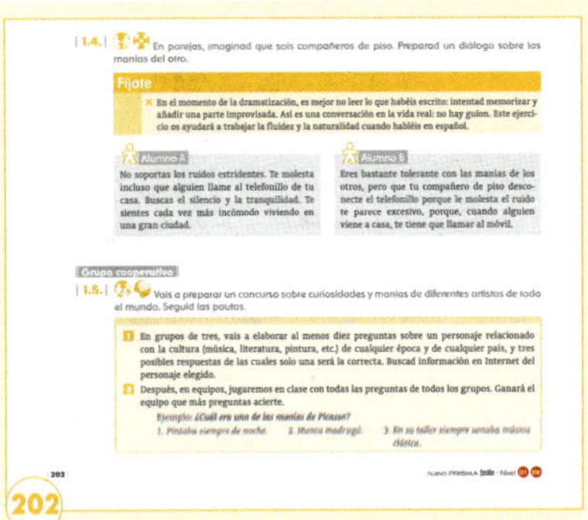

Si cree oportuno seguir practicando la atenuación de la opinión, proponga la realización del ejercicio 10 de la unidad 21 del *Libro de ejercicios*.

1.4. Actividad de estrategias con la finalidad de que los estudiantes puedan trabajar y practicar la fluidez y naturalidad al hablar español. Pídales que formen parejas, que imaginen que son compañeros de piso y que preparen un diálogo sobre las manías del otro teniendo en cuenta la información que se aporta. Antes de ponerlo en escena, dirija su atención al cuadro explicativo donde se dan consejos para lograr una mayor naturalidad y fluidez en la expresión.

1.5. Se finaliza el epígrafe con una propuesta de grupo cooperativo cuyo objetivo es la preparación por parte de los estudiantes de un concurso sobre curiosidades y manías de diferentes artistas de todo el mundo. Pídales que formen grupos de tres e indíqueles con precisión las pautas a seguir.
Picasso nunca madrugó.

4 LA GENTE Y SUS COSTUMBRES 203

En este breve epígrafe de marcado carácter intercultural y estratégico en el que se trabajan los conceptos de rito, costumbre y tradición.

> 1 Propuesta de interacción oral para llevarse a cabo en plenario con el objetivo de acercar a los estudiantes al tema de las costumbres típicas de un determinado país, región, pueblo... Pídales que reflexionen sobre los estereotipos que se crean a partir de costumbres, tradiciones o ritos y que se convierten en un prejuicio, y que pongan ejemplos referidos a su país.

1.1. En parejas, deben leer las definiciones y relacionarlas con la palabra adecuada. Al finalizar, dígales que observen la foto y que comenten si saben a qué tradición se refiere.
1. c; 2. b; 3. a. La foto se refiere al Día de Muertos, una fiesta mexicana.

1.2. Trabajo de carácter intercultural en plenario para hablar de una costumbre, un rito y una tradición típica de su país, ciudad o pueblo. Al finalizar, propóngales que comenten cuál es la que más les ha sorprendido.

¿QUÉ HE APRENDIDO? 203

1. 1. Vulgar y de mal gusto; 2. Persona a la que no le gusta gastar el dinero; 3. Persona que tiene una costumbre o comportamiento raro, o una preocupación injustificada por algo; 4. Conjunto de reglas establecidas para el culto y ceremonias religiosas.

2. Afirmar/negar rotundamente; Fracasar estrepitosamente; Correr riesgos; Tomar una decisión; Saludar/abrazar efusivamente; Prohibir terminantemente.

ELEteca
Léxico. El autoconocimiento.